大学生 心理健康教育

主编◎杨 慧 汤 堃 邓华杰

中国出版集团
中国民主法制出版社 | 全国百佳图书出版单位

图书在版编目（CIP）数据

大学生心理健康教育 / 杨慧，汤堃，邓华杰主编；何春涛总主编 .—北京：中国民主法制出版社，2023.6

ISBN 978-7-5162-3232-3

Ⅰ . ①大… Ⅱ . ①杨… ②汤… ③邓… ④何… Ⅲ . ①大学生 – 心理健康 – 健康教育 Ⅳ . ① G444

中国国家版本馆 CIP 数据核字（2023）第 084189 号

图书出品人：刘海涛
出 版 统 筹：石 松
责 任 编 辑：张佳彬 吴若楠

书　　名 / 大学生心理健康教育
作　　者 / 杨 慧 汤 堃 邓华杰 主编

出版 · 发行 / 中国民主法制出版社
地址 / 北京市丰台区右安门外玉林里 7 号（100069）
电话 /（010）63055259（总编室） 63058068 63057714（营销中心）
传真 /（010）63055259
http：// www.npcpub.com
E-mail：mzfz@npcpub.com
经销 / 新华书店
开本 / 16 开 787 毫米 × 1092 毫米
印张 / 20 **字数** / 438 千字
版本 / 2023 年 8 月第 1 版 2023 年 8 月第 1 次印刷
印刷 / 北京荣玉印刷有限公司

书号 / ISBN 978-7-5162-3232-3
定价 / 49.80 元

前言

加强和改善大学生心理健康教育，是新时代背景下全面贯彻党的教育方针、推进素质教育的重要举措，是促进大学生健康成长，培养高素质合格人才的重要途径，是加强和改善大学生思想政治教育的重要任务。

当代大学生面临的学习、生活和就业压力明显增大，大学生心理问题也随之明显增多。当前，加强和改善大学生心理健康教育的重要任务，包括宣传、普及心理健康知识，帮助大学生认识心理健康对成长成才的重要意义；介绍促进心理健康的方法和途径，帮助大学生培养良好的心理品质和自尊、自爱、自律、自强的优良品格，有效开发心理潜能，培养创新精神；传授心理调适方法，帮助大学生消除心理困惑，增强其克服困难、承受挫折的能力，令大学生学会珍爱生命、关心集体，悦纳自己、善待他人；建立大学生心理健康的危机干预机制，努力减少因大学生心理问题而引发的人身伤害事故。为此，编者根据多年的工作经验，在学习大学生心理健康教育领域众多先进理论成果的基础上，编写了本书。

本书在内容上有三大特点：一是适应大学生的知识水平和认知特点；二是理论联系实际，每章既有抽象的理论探讨，又有具体的案例分析，还有可操作的预防或调适的方法；三是各章附有与之相配套的心理训练游戏和心理测试，让学生了解自己，以便预防或调适。本书内容通俗易懂，理论联系实际，有利于心理知识的传授、心理活动的体验及心理调适技能的训练，也有利于充分尊重和发挥学生的主体性，调动学生参与教学过程的主动性、积极性和能动性，以及增强师生教学的互动性，符合教育部关于大学生心理健康教育课程教学的基本要求，既可以作为教师教学用书，又可以作为学生自学自助用书。限于编者的学识水平，书中的不妥和疏漏之处还请读者批评指正。

此外，本书编者还为广大一线教师提供了服务于本书的教学资源库，有需要者可致电 13810412048 或发邮件至 2393867076@qq.com。

编　者

2022 年 12 月

前言

2022年12月

课程计划

章名	章节内容	课时分配	
第 1 章　大学生心理健康导论	第 1 节　健康与心理健康	1	2
	第 2 节　大学生的心理特点及常见问题		
	第 3 节　提高大学生心理健康水平的方法	1	
第 2 章　大学生的自我意识	第 1 节　自我意识概述	2	4
	第 2 节　自我意识的发展		
	第 3 节　塑造健全的自我意识	2	
第 3 章　大学生的情绪管理	第 1 节　认识情绪	2	4
	第 2 节　大学生情绪特点及常见的情绪困扰		
	第 3 节　大学生情绪管理策略	2	
第 4 章　大学生的学习心理	第 1 节　大学生学习概述	1	2
	第 2 节　大学生常见学习心理困扰及调适		
	第 3 节　大学生学习方法与学习能力培养	1	
第 5 章　大学生的人格发展	第 1 节　人格概述	1	2
	第 2 节　人格的形成与发展		
	第 3 节　健全人格的塑造	1	
第 6 章　大学生的人际交往	第 1 节　人际交往概述	2	4
	第 2 节　大学生人际交往中常见的心理障碍及调适		
	第 3 节　良好人际交往的培养	2	
第 7 章　大学生的恋爱和性心理	第 1 节　爱情概述	2	6
	第 2 节　大学生恋爱的特点及类型		
	第 3 节　大学生恋爱中的心理问题及调适	2	
	第 4 节　性心理的发展与特点	2	
	第 5 节　大学生常见的性困扰及调适		
第 8 章　大学生的网络心理	第 1 节　大学生网络心理概述	1	2
	第 2 节　大学生常见的网络心理问题及调适		
	第 3 节　网络成瘾及其防治	1	

续表

<table>
<tr><th>章名</th><th>章节内容</th><th colspan="2">课时分配</th></tr>
<tr><td rowspan="3">第 9 章　大学生的压力与挫折</td><td>第 1 节　压力与挫折概述</td><td rowspan="2">1</td><td rowspan="3">2</td></tr>
<tr><td>第 2 节　大学生压力和挫折的成因</td></tr>
<tr><td>第 3 节　压力管理与挫折应对</td><td>1</td></tr>
<tr><td rowspan="3">第 10 章　大学生生命教育及心理危机干预</td><td>第 1 节　认识生命</td><td rowspan="2">2</td><td rowspan="3">4</td></tr>
<tr><td>第 2 节　生命教育</td></tr>
<tr><td>第 3 节　大学生心理危机与危机干预</td><td>2</td></tr>
<tr><td colspan="2">合计</td><td colspan="2">32</td></tr>
</table>

目录

第1章

大学生心理健康导论

心理健康是人的生命中非常重要的组成部分，工作、生活和社交都和心理状况有着千丝万缕的关系。大学生年龄一般在 18 岁至 25 岁，正处在青年期，青年期是人的一生中心理状况变化最剧烈的时期。大学生由于心理发展不成熟、情绪不稳定，在面临一系列生理、心理、社会适应的问题时，时常产生心理冲突，如理想与现实的冲突、理智与情感的冲突、独立与依赖的冲突、自尊与自卑的冲突、求知与辨别能力差的冲突、竞争与求稳的冲突等。这些冲突若得不到有效疏导、合理解决，就会导致大学生心理紊乱。而各种生理因素、心理因素、社会因素交织在一起，极易造成大学生心理发展的失衡。想要解决这一问题，就需要开展心理健康教育，以培养大学生良好的心理素质，增强大学生适应社会的能力，为大学生成长成才打好坚实的基础。

学习目标

1. 知晓健康和心理健康的概念、心理健康的标准。
2. 了解大学生心理健康的特点和常见问题。
3. 掌握提高心理健康水平的方法。

第1节
健康与心理健康

青年的求知和成长实质上是一种持续不断的心理活动和心理发展过程。教育提供给个体的文化知识只有被个体选择和内化才能渗透于个体的人格特质中，使个体从幼稚走向成熟。这个过程也是个体的心理素质水平不断提高的过程。因此，青年综合素质的提高，在很大程度上受到心理素质的影响。在复杂多变的社会环境中，拥有良好的心理调适能力，是抗拒诱惑、承受挫折、实现自我提升的关键。

本节主要介绍健康和心理健康的概念、心理健康的标准及其重要意义等内容。

薇薇考上了梦寐以求的某著名学府。接到大学录取通知书时，举家欢庆，她对未来的生活也十分憧憬。然而，她一进校门，就从考上大学的美梦中跌进了承受心理折磨的噩梦中。她失去自信心，情绪低落、消沉，认为自己进入了一个“不太好”的环境，常常在深夜偷偷落泪。

宿舍4个同学中，除她之外，其余3个都是本地人。薇薇觉得自己与她们是不同世界的人，因为她们不仅说着标准的普通话，时尚漂亮，而且见识丰富，活跃能干，在一起时讨论的话题包罗万象，有说有笑。在课堂上，老师讲的艰深晦涩而又枯燥无味的内容不能激发她的学习热情。她发现自己“毫无特长”，感到自己与周围环境格格不入。她喜欢独来独往，也没有人理她。她说她找不到自我，并开始厌恶周围的事物，觉得很多人、事都很“假”。她知道自己并不差，渴望获得成功，但她又不愿去改变自己的性格，她认为那是骨子里的东西，无法改变。薇薇觉得现在的生活就像黑暗的隧道一样没有尽头，她想退学。

一、心理健康概述

健康是人生的第一财富，是个人幸福的源泉、事业成功的保障、家庭幸福的根本。

（一）健康的概念

于1948年生效的《世界卫生组织组织法》中规定：“健康不仅为疾病或羸弱之消除，

而系体格、精神与社会之完全健康状态。”世界卫生组织在 1989 年又进一步完善并提出了 21 世纪人类健康的概念：“健康不仅是没有疾病，而且包括躯体健康、心理健康、社会适应良好和道德健康。”这个概念将道德健康纳入健康的定义之内。由此可见，人类的健康是生理健康、心理健康、社会适应与道德健康的有机整合。

世界卫生组织在对健康的定义里不断强调“心理健康”这个概念，说明心理健康也是健康的重要组成部分。

（二）心理健康的概念

关于心理健康的定义，当前在学术界仍是一个有争议的问题。由于个人所处的社会文化背景不同，国内外学者研究问题的立场、观点和方法相异，迄今尚未有统一的认识。

历史上，学者们对心理健康给出了不同的定义。

霍勒斯・英格里士认为：“心理健康是指一种持续的心理情况，当事者在那种情况下能作良好适应，具有生命的活力，而能充分发展其身心的潜能；这乃是一种积极的丰富状态，不仅是免于心理疾病而已。”

卡尔・门宁格尔认为：“心理健康是指人们对于环境及相互间具有最高效率及快乐的适应情况。不仅是要有效率，也不仅是要能有满足之感，或是能愉快地接受生活的规范，而是需要三者具备。心理健康的人应能保持平静的情绪、敏锐的智能、适于社会环境的行为和愉快的气质。”

亚拉伯罕・马斯洛认为心理健康的人要具备下列品质：①对现实具有有效率的知觉；②具有自发而不流俗的思想；③既能悦纳自身，也能悦纳他人；④在环境中能保持独立，欣赏宁静；⑤注意哲学与道德的理论；⑥对于平常事物甚至每天的例行工作能一直保持兴趣；⑦能与少数人建立深厚的感情，具有助人为乐的精神；⑧具有民主态度、创造性的观念和幽默感；⑨能经受欢乐与受伤的体验。

1946 年召开的第三届国际心理卫生大会提出：“所谓心理健康，是指在身体、智能及情感上与他人的心理健康不相矛盾的范围内，将个人的心境发展成最佳状态。”《简明不列颠百科全书》指出：“心理健康是指个体心理在本身及环境条件许可范围内所能达到的最佳功能状态，但不是指十全十美的绝对状态。”

综合以上关于心理健康的定义来看，无非强调了充分发挥个体的心理潜能，以及个体内部心理协调与外部行为适应这两个方面。因此，我们认为，心理健康是指充分发挥个体潜能的内部心理与外部行为适应和统一的良好状态。这一定义表明，心理健康既表现在个体与环境互动时的适应行为上，又蕴涵在相对稳定并处于动态发展和完善中的心理特质上。这两者是辩证统一的，心理健康的个体在与环境互动时的适应行为正是其内在的良好心理特质使然，而个体在对环境的良好适应中，又发挥并完善了自己的心理特质。

拓展阅读

心理健康和身体健康的关系

心理健康是身体健康的精神支柱，身体健康是心理健康的物质基础。

心理健康能促进身体健康，反之，心理处于不健康的状态，则会导致一些身心疾病的发生。主要包括两个方面。

一是情绪与身体健康。早在两千多年前，我国古代医学家们就发现了人的情绪与健康有着重要的关系，七情“喜、怒、忧、思、悲、恐、惊”是致病性因素，并总结出“七情过度百病生”的说法，认为人的情绪过度发生变化，会引起阴阳失调、气血不和、经脉阻塞、气机紊乱。古代医书《黄帝内经》上也说“怒则气上，喜则气缓，悲则气消，恐则气下，寒则气收，炅则气泄，惊则气乱，劳则气耗，思则气结”，《黄帝内经》还特别强调“心者，五脏六腑之大主也，精神之所舍也”。从科学的角度来讲，大脑是人的中枢神经机构，一旦受到过度的精神刺激，就会产生强烈而持久的情绪波动，这种情绪波动会通过神经和内分泌系统对全身各个系统和器官产生明显的影响。例如，人们常有这样的体验：大喜临门的时候，就会因为激动、兴奋而睡不着；忧虑、悲伤的时候，就会食不知味；受到惊吓的时候，晚上睡觉就会做噩梦。这些体验就是因为人的大脑受到情绪的影响，通过神经系统和内分泌系统对人的机体产生影响，使人心跳加快、血压升高、汗腺分泌增加或肠胃功能发生紊乱。

现代医学研究也证明，情绪的强烈波动会扰乱人的大脑功能，引起机体内环境的失调，从而导致疾病。一位学者指出：“在对人的一切不利的影响中，最能使人短命夭亡的是不好的情绪和恶劣的心境。”

二是性格与身体健康。现代医学实践证明，性格开朗、活泼、直爽、乐观的人不易得病，即使得了病也会好得快，容易康复。性格暴躁、容易激动的人，易患高血压、冠心病等。性格内向、忧郁、消沉、多虑的人，易患胃溃疡、神经症，并提前衰老。一个人的性格能反映一个人的心理状态，心理的变化会影响内分泌系统和免疫机制的生理功能和抗病能力。一定程度上，性格特征既可能成为致病因素，成为许多疾病的发病基础，又可以改变疾病过程。

因此，古希腊医学家希波克拉底就说：“了解什么样的人得了病，比了解一个人得了什么病更为重要。”

由此可见，人的心理状态与人的身体健康有着紧密的联系。因此，我们在平时就要注意用理智控制情绪，使我们能够情绪保持稳定、心态保持平衡、心情保持平静。此外，还要注意培养锻炼我们的性格，要乐观开朗、宽容豁达、积极向上。

二、心理健康的标准

心理健康标准对大众的心理健康调节具有重要作用，能够提供指导性信息，并有效提高心理健康水平。有学者发现，如果一个地区的人可以获得更多关于心理健康标准的信息，该地区的自杀率会显著下降。心理健康标准是一个复杂而又重要的标准，心理学、教育学、社会学、医学等领域都有相关讨论，即使在心理学领域，观点也有很多，不同学派、不同应用领域和不同理论视角都有各自的定义和标准。

我国学者吴智育对心理健康标准的相关研究进行了分析，发现在阐述心理健康标准的模式方面有精神分析学派的健康人格观、人格特质论的健康人格模式、人本主义心理学的健康人格模式，以及我国传统文化中的心理健康思想等。于是，他总结出心理健康的标准：①有适度的安全感、正确的生存意识及良好的竞争意识和创新意识；②能了解自我，悦纳自我，不断完善自我；③接受他人，善与人相处，人际关系协调和谐；④能正视现实，接受现实，改造现实；⑤热爱生活，乐于学习与工作，追求人生价值；⑥能协调与控制情绪，保持心境良好；⑦人格完整和谐，并不断完善人格；⑧智力正常，智商在中等或以上，自觉开发智力。

一般来说，个体的心理健康体现在其认知、情绪、意志，以及相应的行为与生活方式上。所以，心理健康的标准可以概括为以下几个方面。

第一，认知正常。认知正常首先表现为智力正常。智力是人的观察力、注意力、记忆力、想象力、思维力、创造力及实践活动能力等的综合，是个体在大多数生活活动中所需要具备的能力，也称为一般能力。

第二，情绪健康。情绪是人脑对客观事物是否符合自身需要而产生的相应态度体验。情绪健康的标志是情绪稳定和具有较好的心境，具体包括积极情绪多于消极情绪、善于调控自己的情绪、合理表达个人情绪、情绪反应适度等。

第三，意志健全。意志是人自觉确定目的并努力克服困难以实现预期目的的心理活动过程。意志健全的人在自觉性、果断性、坚持性和自制性方面会表现出较高的水平，能果断决定，积极采取各种形式解决所遇到的问题，遇到困难和挫折能做出合理的反应。

第四，人格完整。人格也称个性，是个体比较稳定的心理特征的总和，其核心是个体在社会生活实践中形成的性格特征。人格完整是指有健全统一的人格，具有正确的自我意识，有积极进取的人生态度，个人的所想、所说、所做能协调一致。

第五，人际关系和谐。人际关系是人们在沟通和交往中形成的心理关系。良好而深厚的人际关系是事业成功与生活幸福的前提条件。人际关系和谐具体表现在乐于与人交往、乐于助人、保持独立、不孤独及能与人和谐相处。

第六，悦纳自我。悦纳自我是指自我认识全面、自我评价客观，能积极地接纳自己。具体表现在能够充分认识到自己的优点与缺点，不自卑、自傲，接纳自己、喜欢自己，自强、自尊、自爱、自信。

第七，社会适应正常。社会适应是心理健康的必要条件，人是社会的人，人的发展就是一个社会化的过程。个体应能适应社会，生活有秩序，能协调自己与社会的关系，积极主动改变环境使其符合自身的需要，也能积极改造自我以适应环境。

第八，心理行为符合年龄特征。年龄特征是个体发展在某个阶段所表现出的区别于其他阶段的质的特征。人的发展是和时间相关联的，心理发展的年龄特征具有相对稳定性。心理行为符合年龄特征，即个体的人格、认知等方面在某个年龄阶段应该具有这个阶段的年龄特征。

三、对心理健康的认识

从不同角度和不同层次对心理健康进行理解，有助于我们更清晰地把握心理健康的概念。

（一）判断心理健康应兼顾内外两个方面

判断一个人的心理健康与否应兼顾内外两个方面。对内，应看其心理机能是否健全，内在是否保持和谐状态，是否用正当手段满足个人需要；对外，应看其行为是否符合规范，人际关系是否保持协调，社会适应是否良好。

心理机能是人类先天遗传的、对生物适应有功能价值的心理活动倾向。例如，人会对长期存在的某种刺激习惯化，人倾向于将零散信息组织成整体，人遇到危险会产生应激反应，等等，这些都是心理机能。心理机能以生理结构为基础，除非生理上有严重缺陷，否则一般的心理机能人人都有。心理机能的存在是客观的，不以人的主观意志为转移。

人作为社会的人，其社会适应显示其心理健康状况。社会适应是指当人所处的外部周遭环境发生变化时，其通过自身的、本能的反应做出的相应回应。同时，人在适应的过程中，还应发挥积极的心理适应的重要作用，不断地调整主观与客观认知，克服消极的心理因素，使自己朝着更加积极的状态发展。

（二）心理健康有不同层次

从适应的角度来说，如果我们能保持心理平衡，内心没有冲突，则已经达到了一种心理健康的状态。当然，这种状态比较消极，因为在现代竞争激烈、压力巨大的社会现实下，我们很难保持完全的平衡状态，这种适应性的心理健康状态很容易被打破。因而从发展的角度来说，心理健康是指更积极的，高层次、有追求、有价值目标的状态，也就是在不断地追求发展、不断地产生和追求新目标的过程中，能随时保持心理平衡，迅速地调适。

心理健康的层次可以说是线性的，每个人可以保有低层次的健康，当个人的内心越来越稳定，能抵御越来越多的外在刺激，心理健康的水平就会越来越高，从而达到最高级的水平，此时，任何刺激都不太可能伤害到自身了。因此，真正绝对的心理健康几乎是不存在的，但相对的心理健康，大多数人都是可以达到的。

（三）心理健康是一种状态，更是一个过程

心理健康肯定不是静态的，生活不可能没有压力和冲突，压力和冲突必然引起内心的波动。人的心理就像一台设计精巧的机器，随时因环境的温度、湿度和气压做出状态调整，调整得适当与否会表现为个体能否继续完好地工作。因此，心理健康更是一个动态的过程，就是在平衡和不平衡中不断变化，寻找平衡，在冲突中追求突破与发展的过程。也就是说，心理健康绝不是一种固定的状态，而是一个不断发展的过程，此时的心理健康绝不能预示彼时的心理健康，随着生活事件和内心感受的变化，个人的心理状态也会发生变化。调适的速度和成功与否，则决定了个人的心理健康水平。

（四）心理健康归根结底应该是一种人生态度

心理健康不是指对任何事物都能愉快地接受，而是指在对待环境和问题冲突的反应上，能够更多地表现出适应倾向。

心理健康的人具备足够的灵活性，对人对事的观点、看法能保持弹性，即使遇到生活事件的冲突，也能随时进行调整，因此，这种健康的人生态度既不是超控制（对事物抱定“必然如此”的信念）的，也不是失控制（对事物抱定“完全不会如此”的信念）的，而是开放、乐于吸取新经验、用积极的眼光看问题的态度。

四、心理健康对人生的重要意义

米奇・阿尔博姆所著的《相约星期二》一书诠释了心理健康的意义，书中写道：“你应该发现你现在生活中的一切美好、真实的东西。回首过去会使你产生竞争的意识，而年龄是无法竞争的……当我应该是个孩子时，我乐于做个孩子；当我应该是个聪明的老人时，我也乐于做个聪明的老人；我乐于接受自己赋予我的一切权利。我属于任何一个年龄，直到现在的我。你能理解吗？我不会羡慕你的人生阶段——因为我也有过这个人生阶段。”

因此，心理健康的第一个重要的意义，就是我们可以坦然地面对生活的不同阶段和不同际遇。一个心理健康的人，不论是年轻年长还是富贵贫贱，都能保持开放的心态去面对生活中发生的事情。

心理健康的第二个重要意义在于，一个心理健康的人在接受并适应自身生活境遇的同时，还能保持自身内部及外部人际关系的和谐，他们充分接受人与人各自的独立性，享受孤独，又能分享与他人之间的亲密感。

心理健康的第三个重要意义在于，在充分接纳自身、接纳他人、接纳环境的同时，

能审时度势，设计并争取自身的发展方向，不断地探索真理。

生活中经常有这样的情况：那些平时看上去平和冷静的人，在遇到生活波折时的表现却迥异，有的人大呼小叫，有的人则比平时更冷静。例如，那些遇到荣誉、名利时就忘乎所以、得意忘形的人，那些遇到挫折、失利时就抑郁悲观、不能自拔的人，显然都是心理不够健康的。在这种情况下，他们内心的平静依赖于很多外在的事物，当然也就无法真心地接纳自己，以及与人建立真正的亲密关系，在此基础上，争取自身的发展也就变得不太可能。

那些在面对生活磨难时异常冷静并善于接纳的人，则让我们由衷地佩服。试想，当大家面对突然的变化不知所措时，有一个人声音沉稳地说，这件事情是这个样子的，因此这样处理是比较合适的。这些清晰而明确的语句对周围人的心灵有极大的抚慰作用，这类人就是我们在生活中常见的心理健康的人。

课堂小互动

最喜爱的一首歌

请同学们写出自己最喜欢的一首歌曲的歌名，唱出其中自己最喜欢的歌词，并谈谈选择这首歌的理由。

然后，请同学们列举出对我们的心情有调控作用的歌曲。

成长建议

本节“成长烦恼”中，薇薇考上著名学府，却给她带来无法承受的失落感、挫折感，原因在于薇薇从以前熟悉的环境进入一个几乎完全陌生的环境，生活、学习、人际交往及原有的性格都受到冲击和挑战，她产生了巨大的心理压力。对薇薇来说，应重新去调整适应，而她选用了不适当的方式来应对这种压力，否认自己的能力，憎恶周围的环境，逃避问题，陷进了情绪困扰的旋涡之中。究其根源，主要表现在三个方面。

（1）和同学关系问题。上大学后，她的生活习惯、文化背景和家乡与同学的有极大的不同，这种差异带来了冲突。

（2）学习问题。薇薇进入大学以前学习很自在，老师也喜欢她。进入大学后，周围都是优秀的学生，她以往的优势不存在了，自信心开始动摇、崩塌。大学的学习方式、方法、内容与中学的不同，她没有适应这种改变，因而对自己的学习能力产生怀疑，从而怀疑自我。

（3）性格问题。薇薇性格较为内向，不善与人沟通，她看到的只是自己的笨拙无能，很难适应环境的变化。

针对这些问题，薇薇可以从以下三个方面着手应对。

（1）学习对自己的生活负责。主动向同学敞开心扉，锻炼自己与人交往的技能，主动去适应环境，把适应不良的痛苦转化为成长的动力。

（2）重新建立自信心。可从学习入手，采取实际行动，定好合适的目标，做好时间安排。可向高年级同学了解一些任课老师的教学及考试情况，做到有的放矢地学习，在学习中找回自信。

（3）掌握人际交往原则和技巧，并真诚待人。

第2节 大学生的心理特点及常见问题

大学生作为思想活跃、感受灵敏、对自己期望较高、对挫折的承受力较弱的一个特殊群体，面临着更多的机遇，也承受着更大的压力。因此，大学生有必要了解自身的心理健康状况，使其保持健康稳定的状态，为以后走向社会、实现人生价值做好准备。

本节主要介绍大学生心理健康发展的特点、存在的主要问题，以及心理健康对大学生的重要意义等内容。

晓彤和雯雯是设计专业大三的学生，上大学以来同在一个宿舍生活，成了形影不离的好朋友。晓彤活泼开朗，雯雯性格内向，沉默寡言。渐渐地，雯雯觉得自己像一只丑小鸭，而晓彤却像一个美丽的公主。她认为晓彤处处都比自己强，学习比她好，朋友也比她的多，雯雯心里很不是滋味，开始远离晓彤。大学三年级，晓彤参加了学院组织的服装设计大赛，并获得了一等奖，雯雯得知这一消息后妒火中烧，趁晓彤不在宿舍时将她的参赛作品扔了。被晓彤发现后，雯雯不知道该怎样面对晓彤，更想不通为什么她们的关系变成了这样。

一、大学生心理发展的特点

（一）心理成熟度和生理成熟度不一致

大学生个体生理发育已经基本完成，已具备了成年人的体格和生理基础，因此，大学生面临的一个重要任务就是促使心理日益成熟，成为一个心理健康的成年人。

成熟应具备三个基本条件。

（1）身体的成熟。身体的成熟以个体生理成熟为标志，尤其是以性成熟为重要指标。

（2）心理成熟。心理成熟包括自我意识的发展完善、稳定个性的形成等。

（3）社会化程度的提高。社会化程度的提高表现为个体对自己在社会中的角色及担负的社会责任有正确的认识，即社会成熟。

在这三个条件中，身体成熟是心理成熟的物质基础，社会成熟是心理成熟的必要条件，而社会化程度是否提高取决于个体是否积极参与社会实践活动。

（二）自我意识的增强与认知能力发展的不协调

自我意识包括人对自身的认识和对周围事物的各种体验。它是认识、情感、意志的综合体，是人心理发展过程中一个极为重要的方面。大学生所处的年龄阶段及所具备的文化水准，决定了大学生开始注重对自己进行体察和分析，把自我分化为主体的我和客体的我、理想的我和现实的我，注重内省，注重探求自己微妙的内心世界，力图理解自己的情感和心理变化，自觉地从各方面了解自己，塑造自己的形象，设计自我的模式。大学校园又是十分强调独立、注重自我确立的地方，允许大学生在较大程度上按自己的方式安排自己的生活，有一种宽容、自由的氛围。同时，由于大学生处于独特的社会层次以及具有较高文化素质，大学生对社会上的事有其独特的见解。大学生看问题的视角较其他人可能有所不同，有一种“以天下为己任”的心愿和抱负。一方面，大学生们关心社会发展，这种关心是抛开切身利益，以大视角来进行的，注重的是整个社会的提高与进步。大学生热衷于参与社会活动，对社会舆论愿意独立思考。然而，另一方面，由于生活阅历有限，与社会有一定的距离，社会实践能力不强，大学生在谈论、评价、思考社会问题时，往往带有幻想的色彩，不能十分切合实际。大学生对事物的认识表现出一定的片面性和不成熟，还不能深入、准确、全面地认识问题。这种不足与大学生极强的自我意识不相协调。这种不相协调可能会一直困扰着大学生。这是大学生十分重要的一个心理发展特点。

（三）情感丰富而不稳定

大学生是一群正在成长的青年，是一个极其敏感的群体，内心体验极其细腻微妙。

大学生对与自身有关的事物往往体察得细致入微。随着文化层次的进一步提高、生活空间的进一步扩大，大学生的思维空间急剧延伸，其情感也必将越来越丰富而深刻。

人的情绪情感是与自身需要和价值观相联系的。大学生心理内部的需要结构发生变化，追求独特性，但价值观念尚不平衡、不稳定，时常处于波动、迷茫、抉择之中，其心理成熟又落后于生理成熟，这就导致大学生的情感不稳定，情绪变化起伏较大，易受情境变化的影响，心境变化快。学业、生活、人际关系等方面的问题都可能引起大学生情绪的波动，并且大学生容易偏激、冲动，情绪冲突也比较多。

（四）性意识明朗化但不善于处理与异性之间的关系

大学生处于青春期，生理发育已基本完成，所以性意识的明朗化与进一步发展都是正常的。一方面，性意识的发展带来强烈的按照性别特征来塑造个性和形象的精神向往，每个大学生都会在心里产生一种愿望，即成为什么样的男性或女性；另一方面，性意识的发展也使大学生对异性产生倾慕与追求。但大学生还不善于处理与异性之间的关系，或者大学生凭自身的经济地位及心理成熟度还不足以应对这种问题，造成愿望和现实相矛盾，从而带来种种烦恼与不安。这是大学生成长过程中的一个敏感问题，也是大学生十分突出的心理发展特点之一。

（五）进入社会的愿望迫切

为了接受系统、严格的专业训练，大学生在校园里的生活时间比较长，这使得大学生与社会有一定的距离。也正因为如此，大学生渴望进入社会。这种迫切地想要进入社会的愿望与大学生正在形成的价值观相互作用，是将来大学生走向社会的重要心理依据。这一心理发展特点支配、指导着大学生的学习态度，从而对大学生在大学时代的生活质量产生重要的影响。

二、常见的大学生心理健康问题

近几年的调查结果表明，学业问题、情绪问题、人际关系问题、焦虑问题、情感问题、性教育问题和网络心理问题等是目前大学生普遍存在的心理健康问题。

（一）学业问题

学习动力不足、学习目的不明确、学习成绩不理想、学习动机功利化等学业问题始终困扰着大学生。

1. 学习动力不足

由于上大学前后有“动机落差”，没有及时调整学习方式，自我控制能力差，缺乏远大的理想，没有树立正确的人生观，等等，部分大学生身上不同程度地存在着学习动力不足的问题。具体表现为：时间观念淡薄，将大量的时间花费在谈情说爱、上网玩游戏等娱乐方面，而基本的学习时间却没有办法保证；厌倦学习，听课缺乏兴趣，上课纪律差，不做笔记，课后不复习，甚至千方百计地逃课；无明确的学习目的和学习计划，不知道自己应该学什么及怎样学习，作业抄袭应付老师，考试只靠突击，等等。

2. 学习目的不明确

许多大学生将自己的时间安排得很满，紧张而自发地学习，但仔细考虑自己的学习目的却不能得到令人满意的答案。很多大学生为了应付不得不参加的考试而学习。一位大学生这样说道："在中学时代，我各方面表现都很出色，进入大学后，我沿着中学的惯性学习，尽管成绩还算理想，我学习虽然努力但却常常感到心力交瘁，学而无所获。"更多的大学生是"懒得精益求精，但求蒙混过关"。面对巨大的就业压力，很多大学生也充满了危机感，但真正要努力学习时，却提不起精神。

3. 学习成绩不理想

学习成绩不理想的大学生虽然在大学生群体中占的比例并不大，但由此产生的负面情绪对其成长是不利的。有些大学生在小学、中学都是尖子生，到大学后突然变为普通学生，就不适应大学学习生活，个人约束力差，自制力弱，大学期间管理较为松散，就自我放任，因而学习成绩变得不理想。据调查，大约有 42% 的大学生经历过考试失败。几乎每所大学每年都会出现因不及格科目太多而被迫退学的学生。

4. 学习动机功利化

市场经济的利益杠杆直接影响着大学生的学习。对于学习，大学生表现出空前的功利意识。对于还没有学的课程，一些大学生问的第一个问题是"我学习这门课有什么用"，因而出现了专业课、基础课受到冷落，而技能类课程如计算机课、外语课等备受追捧的情况，曾经的"考证热"正是学习动机功利化的直接表现。大学生充分了解到市场对各种证书的青睐，因而放弃了专业课的学习，而将精力用于考取各种证书。

（二）情绪问题

大学生正处于青年早期，生理发育趋向成熟，与此同时，其心理也正处于急剧变化的阶段。大学生心理发展相对缓慢，心理调节机制不完善，缺乏对外界变化的弹性反应和应变能力，缺乏调节和支配心理活动的意志和能力，这些都使得大学生的生理和心理的发展出现了某种程度的不平衡，影响了情绪的表现，使得大学生容易冲动。大学生群体中存在的情绪问题主要有以下两种。

1. 抑郁

抑郁是正常人以温和方式体验到、已经作为日常生活一部分、持久的一种情绪状态。个体在感到无法面对外界压力时，常常会产生这种消极情绪。部分大学生由于不喜欢所学专业，感到前途渺茫，或是由于人际关系处理不当、失恋等问题而过早"看破红尘”，就会情绪抑郁。抑郁的主要表现是情绪低落、思维迟缓、郁郁寡欢、兴趣丧失，体验不到生活、学习的快乐，并伴有食欲减退、失眠等。家庭经济状况差、连续的考试失败、同学感情失和等，都可能是抑郁的直接诱因。

2. 情绪失衡

大学生社会情感丰富而强烈，具有一定的不稳定性与内隐性，表现为情绪波动大、高低不定、喜怒无常，会因一点小小的胜利而沾沾自喜，也易为一次考试失败、情感受挫而一蹶不振，甚至无法控制自己的情绪反应。这是因为大学生的思想发展过程是一个伴随着正确与错误、全面与片面、深刻与肤浅的曲折前进的过程，大学生还没有形成系统、固定的观点。大学生用这种不成熟的认识去看待外界时，就容易发生矛盾，从而引起情绪的起伏。这是处在青年早期的大学生在发展过程中迅速走向成熟而又未完全成熟的表现。然而，正是通过这些摇摆起伏，大学生才能逐渐认识自己、认识社会，从而逐渐走向成熟。

（三）人际关系问题

良好的人际关系是大学生成长与社会化过程的重要组成部分，也是保持良好心理状态的必备条件。大学生所面临的人际关系问题主要有以下几种。

1. 人际关系不适

进入大学，远离原来熟悉的生活与学习环境，面对新的人际群体，大学生多少有些不适。部分大学生对大学的师生关系、同学关系、异性关系显得很不适应。一位新生感叹：“在大学，没有一个可以谈得来的朋友，心里感到好孤独。”有些学生从未离开过家庭，一直在父母的呵护下，对于如何关心别人、如何得到朋友的关心想得较少，但是大学生又希望得到他人的认可。没有倾诉的对象成为大学生普遍面临的问题。

2. 社交不良

大学在一定程度上给大学生创造了一个小的社会环境。在这里，大学生可以充分地展示自我。部分大学生缺乏在公众场合表达自己思想的能力与勇气，对各种各样的活动充满了兴趣，却又担心失败，只是羡慕别人，参与得不多，久而久之，甚至开始回避参与社交活动。特别是到了周末，大学生普遍感到无处可去，甚至出现“周末恐惧症”，这直接影响了这部分大学生潜能的充分发挥。

3. 个体心灵闭锁

大学生进入大学后缺乏人际交往经验，而自身在人际交往中的不自信也不利于增加其人格魅力，妨碍了良好人际交往圈的形成。很多新生认为自己“没有朋友”，感到“孤独、寂寞”，对与人主动交往感到困难，有些大学生更希望自己成为他人交流的对象，而不是交流的直接发起者。与此同时，个体间正常交往不够，又易引发猜疑、妒忌等，不利于大学生的健康成长。

（四）焦虑问题

焦虑是大学生心理健康中较为突出的问题，焦虑并非来源于现实，而是来源于内心。大学生的焦虑主要表现在自我焦虑与考试焦虑两个方面。

1. 自我焦虑

青年学生很关注自己在他人尤其是在异性心目中的形象。有些大学生担心自己长得不够漂亮或帅气，不能获得异性的好感；有些大学生认为自己的先天条件不够理想，感到自卑，因而导致人际交往出现障碍。

2. 考试焦虑

考试焦虑在大学生中普遍存在，并时常危害大学生的心理健康。尽管所有的大学生都经过了高考的严峻考验，但考试焦虑在大学生的心理问题中仍很突出。现今，各高校对学生学习要求严格，并相继取消毕业清考，因此“挂科”太多就可能导致大学生无法顺利毕业，这就给部分大学生造成了一定的心理压力。不少大学生表示，考试前基本睡不好觉，一想到考试心里还是非常紧张，无法进行自我调节。适度的焦虑和紧张对于学习、工作是必要的，但是持续、重度的焦虑则会使人丧失自信，干扰正常思维，从而妨碍学习。

（五）情感问题

爱情、友情、亲情是大学生情感方面的三个重要问题。

1. 爱情困扰

恋爱是大学较为普遍的现象，如何正确处理爱情与学业的关系实际上已成为大学生的一门必修课。大学生正值情窦初开的时期，爱情意识日趋强烈，产生爱人和被爱的渴求是生理和心理发展的必然。但是，大学生还没有能力去解决爱情中的种种问题，因此也产生了不少爱情困扰。例如，为了追求所谓的“真爱”，许多大学生不顾一切，学业在他们的心中变得黯淡无光，为了恋爱他们可以逃课、放弃学业、整日沉溺于爱河而荒废宝贵的青春时光。由于大学生还没有形成正确的恋爱观，爱情与婚姻分离、感情与责任分离成为大学生群体中较为普遍的现象。

2. 友情困扰

大学生一般是18~25岁，是人生觅友、交往的高峰期。如何与同学友好相处、建立和谐的友情，是大学生面临的一个重要课题。同高中阶段相比，大学生在大学期间对友情问题的关注程度超过了对学习的关注，这也成为大学生心理困扰的主要来源之一。大学生的友情问题常常表现为难以和别人愉快相处，没有知心朋友，缺乏必要的交往技巧，过分委屈求，等等，这些都会导致大学生与他人沟通缺乏、心理紧张、情绪压抑、产生孤独感，从而影响大学生正常学习和生活。

3. 亲情困扰

家庭教育对大学生的心理影响程度比较深，除了影响大学生的正常社交，还会影响大学生对大学环境的适应，甚至会令大学生没有足够的动力和良好的态度去完成自己的学业，更严重的还会令这些大学生无法对自我正确定位，从而产生性格障碍，甚至有些大学生很偏执，出现神经类疾病。

有些大学生认为自己的父母一直都是独断、执拗、不开明的家长，不敢和父母平等地聊天，更不敢告诉父母自己究竟想要什么，作为一名大学生，却没有学会如何与自己的父母进行良好的沟通。

（六）性教育问题

当前，大学生群体的性观念正悄悄地发生着变化，一些针对大学生群体性观念的调查显示，大学生群体性观念越来越开放，大部分被调查的大学生都承认自己已经有了性的欲求或性经历。从生理上讲，大学生年龄多在 18~25 岁，有这种欲望是极其正常的。但由于普遍缺乏性相关的知识，越来越多的大学生面临与性相关的心理与生理健康危险。在大学生群体中，有的大学生会因为不能正确对待性和处理两性关系而产生精神郁闷、自暴自弃、焦躁、多疑、神经衰弱等精神疾病，有的大学生还可能涉足色情场所、染上性传播疾病甚至进行性犯罪。

1. 性生理成熟而性心理发展滞后

大学生在生理上已经日趋成熟，心理上出现了接近异性的需求，但性心埋的发展井未达到成熟，基本上只有由生理上的急剧变化而带来的本能需要。这一阶段是冲动频繁而又欲求不满的时期。在我国，由于受传统道德观念的影响，性问题一直被蒙着神秘的面纱，加之我国很少在大学中开展系统的性教育，所以许多大学生会产生诸多性困惑。例如，有些大学生无法将爱情和性联系起来，产生与年龄不相适应的“性纯洁感”等。如果这些焦虑、困惑不能及时得到疏导，大学生的身心都会受到极大的负面影响。

2. 性意识觉醒而性知识匮乏

性意识是指对两性间性生理、性心理和性角色的认识和反映。大学生性意识觉醒，注意两性活动、关注自己的身体和外表，希望让异性产生好感和兴趣，容易被异性吸引，渴望交异性朋友，这些都是性意识觉醒的表现。随着生理成熟，大学生对性有一种本能的需求。但与此同时，当代大学生的性知识相对匮乏。大学生获取性知识的途径广泛，但主流渠道的性知识教育效果不是很理想。

（七）网络心理问题

随着网络的普及，一些大学生在网上花费了大量的时间和精力，持续地聊天、打游戏，以致影响日常生活，降低生活和学习质量，并损害身体健康，甚至出现行为异常、心理障碍、人格障碍、交感神经功能部分失调等问题。

1. 色情诱导

大学生性生理迅速发育，但性心理还处在发展阶段，对性知识充满了好奇，而网络或多或少地会使大学生获得一些不健康的性知识，并产生性冲动。由于家长的忌讳和学校性教育的缺乏，大学生的性知识教育跟不上大学生的发育需要，如此一来，网络上一些色情信息乘虚而入，让许多大学生沉迷其中。于是，大学生会出现一些不健康的性心理和行为，损害其身心健康，甚至会致使犯罪，从而酿成不可弥补的后果。

2. 游戏成瘾

游戏成瘾是指长期迷恋以至依赖电脑游戏的现象。游戏成瘾者长时间沉溺于游戏，生活节奏紊乱，视力下降；一旦停止电脑游戏活动，便难以从事其他有意义的事情，上课逐渐注意力不集中，成绩下降，情绪低落、思维迟缓、记忆减退、缺乏食欲，出现难以摆脱的渴望玩游戏的冲动，从而形成精神依赖和相应的生理反应；当恢复操作电脑游戏后，精神状态便恢复正常。这些行为特征与毒品成瘾有着许多相似之处，是一种精神病理状态。

3. 孤独抑郁

在网络中，人际交往是通过手机、电脑等媒介对话来实现的，与现实生活中的人际交往相比，其掩盖了许多丰富的内容：眼神、微笑、手势、语调等非语言符号，存在着情感深层交流不足的缺陷。在网上，人们无法体验到现实中的直接情感交流所带来的愉快；人的个性发展和情感需要特别是内在的亲和需求得不到充分的满足。因此，长期在网上与人交流的大学生，会逐渐失去对现实生活的感受力和紧张感，逐渐害怕，也不愿与周围的人交往，从而产生人际情感淡漠、社会适应能力降低等问题，进而渐渐变得孤僻，甚至引发严重的后果。

此外，特困生的思想、学习、生活已受到社会各界的广泛关注。国家和学校采取了“奖、贷、勤、免、补”等办法，广开渠道，解决特困生的生活问题。不容忽视的是，特困生不仅仅是经济困难，其心理问题也值得高度重视。特困生与普通学生相比，更多地表现出自卑、敏感、人际交往困难、心理负担重等心理健康问题。

三、心理健康对大学生的重要意义

健康的情绪、坚强的意志、良好的性格对大学生的智力发展和成就的取得具有巨大的推动作用；相反，情绪不稳定、意志力薄弱、性格存有明显缺陷的大学生，在学业上也往往到处碰壁，其智力的发展亦会受到阻碍。

（一）心理健康是正确认识自己的前提

人类在漫长的历史中一直在进行对自我的探索。大学生尚未完全成熟、定型，在思想上、观念上、行动上都有着极大的可塑性。因此，大学生只有正确地认识自己、了解自己，才能扬长避短，把自己塑造成为理想中的人。心理健康的人能客观地评价并悦纳自己，既不妄自菲薄，又不目空一切。他们从现实的角度出发，把握自己的行为，从而使自己的行为与环境相适应。有心理障碍的人，则总是以歪曲的观念看待自己与环境，要么自卑而多疑，要么抑郁而敏感。他们总是把自己放在一个不恰当的位置，并以不恰当的方式评价自己，评价自己与他人的关系，缺乏自知之明，从而无法使自己的心理平衡，也就不可能正确认识自己。

（二）心理健康是自我确立的条件

自我确立，就是树立自己独立的需要结构与价值观，是一个人走向成熟的重要标志，也是一个人全面发展、走向成功需要面临的重要课题。有些大学生之所以常常感到失落、无聊，是因为未能真正达到自我确立。现代社会变化迅速，价值观趋向多元化，这就更增加了自我确立的难度。一个人如果长期处于未自我确立的状态，就会陷入一种心理上的混乱。这对于个人人格的进一步成长是极为不利的。心理健康的人能正确地认识自己，知道自己的优势与不足，所以能有效地从纷繁的环境中汲取对自己有用的信息，及时调整对自己的认识，比较顺利地确立自己的价值观，而这种价值观又将作为保持心理健康的决定性因素，支配着其对事物的看法和行动，进而对统一个性起到重要作用。

（三）心理健康是生活适应的基础

大学生进入高校，首先面临的就是生活适应问题。而且，在此后的几年大学生活及将来走向社会的过程中，大学生随时都有可能遇到生活适应问题。适应能力与成绩并不是一致的，它不是指现有的具体知识、技能如何。适应不仅与能力有关，而且与更广泛意义上的个性有极大关系。适应性不是固定不变的，它具有灵活性，并能被充分地开发。

（四）心理健康是学业的保证

不可否认，成才的一个重要标准是在专业领域中有出色表现。大学生是同龄人中的优秀群体，智力潜能是较高的。然而，如何发挥这种潜能，如何尽快地适应大学的学习生活，如何多方面地获取知识、博采众长，使自己的认识能力、思维能力有一个质的飞跃，等等，都与心理素质的好坏息息相关。心理健康的人，有顽强的意志品质，能富有成效地工作；有良好的思维习惯，能正确对待暂时的失败与挫折。所有这些，都为学业上的成功提供了必要条件。心理素质差的人，即使智商很高，聪明过人，却终会被自己的心理问题所困扰，不能正确地对待和处理所面临的困难，因而往往不能持久而有效地学习，也很难获得最终的成功。

（五）心理健康是实现良好的社会交往的重要因素

良好的人际环境不仅可以使人心情舒畅，高效率地学习研究，而且能使人有效地与他人交流信息，学习他人所长，开阔自己的视野，转换考虑问题的角度，从别人那里得到有益的启迪。

课堂小互动

储存好心情

心理学家发现，平时情绪良好的人，遇到不开心的事情更容易化解不良情绪。同学们可以尝试自己制作一本快乐日志，每天晚上回忆一下当日发生的令人开心的事情，并记录下来。即使你当晚的情绪不好，也不要随便忘掉当天带给你快乐体验的事情，储存点点滴滴的快乐，增强感受小快乐的能力。

成长建议

本节“成长烦恼”中，晓彤与雯雯从形影不离到反目成仇的变化令人十分惋惜。这场悲剧源于雯雯没有处理好自己和同学的关系，对朋友的成功感到心理失衡，产生了嫉妒之心。有嫉妒心理的人常常对别人的成功产生或羡慕、或难受、或憎恨的复杂情绪，这些情绪发展到一定阶段甚至会使人做出失控的行为。

雯雯需要建立正确的认识，调整自己的心态，克服嫉妒情绪。首先，她应该认识到嫉妒是很常见的一种情绪，但是要学会调整嫉妒情绪，抑制不良心理状态的蔓延；其次，她要客观评价他人和自己，他人的成绩不等于自己的失败，自己也有优点；最后，她要完善自己的个性因素，增强自己的心理素质，树立正确的竞争意识。

第3节 提高大学生心理健康水平的方法

《中国国民心理健康发展报告（2021~2022）》指出，超 80% 的成年人自评心理健康状况良好，青年群体、低收入群体心理健康风险较高。在成年人群体中，青年为抑郁

的高风险群体，18~24岁年龄段的抑郁风险检出率高达24.1%，显著高于其他年龄段。25~34岁年龄段的抑郁风险检出率为12.3%，显著低于18~24岁年龄段，显著高于35岁及以上各年龄段。焦虑风险检出率的年龄差异呈现类似趋势。大学生的心理健康状况仍然需要重点关注，并需要进一步完善大学生心理健康教育工作，提倡大学生关爱自我、了解自我、接纳自我，关注自身心理健康和心灵成长，增强自身心理素质。

本节主要介绍提高大学生心理健康水平的方法。

进入大三以来，小伍多门功课挂科。他对学习感到格外吃力，学习过程中也极易疲劳，往往只看了十几分钟的书，脑子里便乱成一团麻，再也无法继续看下去。学习中遇到一些很小的事情，也要花费很大的精力去解决，集中注意力对他而言已经成为十分困难的事情，他学习的兴趣明显下降，人也经常感到乏累，整天无精打采。但每天晚上，小伍又很难入睡，躺在床上需要两三个小时才能睡着，他尽管想了许多催眠的方法，但均无济于事。小伍每天都感到身心疲惫，情绪低落。

—知识课堂—

大学生心理健康教育是一个系统的工程，同时也是一项长期的任务，既包括学校、社会等方面的协调工作，又包括学生的自我调节，从而形成提高大学生心理健康水平的多渠道的教育格局。

一、维护大学生心理健康

（一）建立合理的生活秩序

许多大学生是第一次离家独立生活，一时间似乎得到了许多“自由”。不过，大学生如果滥用这种“自由”，不顾自己的身体状况和生活节奏，就会导致精神损伤。因此，大学生要建立健康合理的生活秩序，培养良好的生活习惯。例如，制定合适的日常作息时间，不熬夜，学习有计划；健康饮食，不挑食，不暴饮暴食；生活节奏合理，张弛有度。

（二）保持健康的情绪

保持健康的情绪，首先应学会合理宣泄、找到充分表达自己情绪的方法，既不要压抑自己，也不要放纵自己。每个大学生都应意识到任何一种情绪都是由一定原因引起的。正视这种原因，接受这种情绪，并把它适当地表达出来，才会有益于健康。

（三）建立良好的人际关系，学会去爱

建立良好而真诚的人际关系是非常重要的心理保健途径。健康的心理是需要丰富营

养的，最重要的营养是爱。爱不是抽象的，它有着十分丰富的内涵，除了通常意义上的男女爱情，诸如眷恋、关怀、安慰、鼓励、帮助、理解等，都归属爱的范畴。这些爱都可以从良好的人际关系中得到，反过来又可以使人际关系更为和谐。这是人们维护和保持心理健康的最基本、最重要的因素之一。

（四）树立符合实际的奋斗目标

一个心理健康的人能够对自己的能力做出客观的评价，并依此进行社会实践，不要苛求自己，把奋斗目标确定在自己力所能及的范围内，使自己通过艰苦的努力最终实现目标。

此外，树立切实的目标，包括不盲目与人竞争，以避免过度紧张。处处竞争会使自己终日生活在紧张状态之中，心理上承受过大的压力，这对心理健康极为不利。因此，每个大学生都应根据自己的实际情况选择竞争领域。这样，一方面有利于充分发挥自己的优势，获得成功；另一方面也有助于身心健康发展。

（五）学会自娱

一个人如果能注意培养和发展自己的业余爱好，开展多方面的自我娱乐活动，就可以在寂寞孤独、烦闷忧郁时通过自我娱乐来缓解心境的压抑，这对心理健康是极有好处的。因此，每个大学生在大学阶段都有必要依据自己的性格特点和条件培养和发展一些兴趣和业余爱好，学会自我娱乐，这对维护自身的心理健康是十分有益的。

二、发展积极的心理防御机制

心理防御机制是指个体面对挫折或冲突的紧张情境时，在其内部心理活动中具有的自觉或不自觉地解脱烦恼、减轻内心不安以恢复心理平衡与稳定的一种适应性倾向。自我防御机制作为一种自我心理调节策略，其对象是个体所遭遇的各种刺激或应激源，其功能是防止或减轻刺激所致的焦虑和精神压力，其效果是维护心理平衡以适应周围环境。积极的心理防御机制能够使个体在遭受困难与挫折后减轻或免除精神压力，恢复心理平衡，甚至激发个体的主观能动性，激励个体以顽强的毅力克服困难、战胜挫折。

自我防御机制的种类有很多，如成熟性防御和不成熟性防御、积极防御和消极防御等。现将介绍几种常见的防御机制。

（一）压抑

压抑是最基本的防御机制。此机制是指个体将一些自我所不能接受或具有威胁性、令人痛苦的经验及冲动，在不知不觉中从个体的意识中排除抑制到潜意识里去。个体对痛苦体验或创伤性事件的选择性遗忘就是压抑的表现。在这种机制下，人们表面上看起来已把事情忘记了，而事实上人们的潜意识中仍然存在着这些事情，这些事情会在某些时候会影响人们的行为，以致在日常生活中，人们可能做出一些自己也不明白的事。例如，有一些曾经遭受巨大悲伤或目睹恶性事件的人，会遗忘这段经历，无法再回想起来。

（二）否定

否定是一种比较原始而简单的防御机制，其机制是借着扭曲个体在创伤情境下的想法、情感及感觉来逃避心理上的痛苦，或否定不愉快的事件，当作它根本没有发生，来获取心理上暂时的安慰。否定与压抑极为相似，但是否定不是有目的地忘却，而是把不愉快的事情加以否定。这种现象在日常生活中处处可见，例如，小孩子闯了祸，用双手把眼睛蒙起来；许多人面对绝症或亲人去世时，会本能地说“这不是真的”，用否定来逃避伤痛；其他如“眼不见为净”“掩耳盗铃”等，都是否定机制的表现。

（三）退行

退行是指个体在遇到挫折或面临焦虑、应激等状态时，放弃已经学到的比较成熟的适应技巧或方式，而退行使用早期生活阶段的行为方式，以原始、幼稚的方法来应付当前情景，来降低自己的焦虑的防御机制。对于二三十岁的成年人来说，经常要面临来自各个方面的多重压力，于是在某些比较自由的环境中，很多人都会通过退行心理来调节情绪、释放压力。例如，自称“宝宝”便是退行心理的一种具体表现。又如，一个大龄青年害怕结婚，为避免由恐惧而引发的焦虑，就可能会退行到童年时期，变得不负责任，说话、做事幼稚，吃儿童食品，等等。

事实上，只要无伤大雅，这种暂时性的退行防御机制不仅是正常的，而且在某些情况下是极有必要的。但如果一个人在遇到困难的时候，总利用退行心理去逃避现实问题或博取别人的同情，就很有可能发展成为某种心理疾病。

（四）合理化

合理化又称文饰作用，指当个体动机未能实现或其行为不能符合社会规范时，个体尽量搜集一些合乎自己内心需要的理由，给自己的行为一个合理的解释，以掩饰自己的过失，从而减免焦虑的痛苦和维护自尊免受伤害。换句话说，合理化就是制造合理的理由来解释并遮掩自我受到的伤害。事实上，在人生的不同遭遇中，除了面对错误，当我们遇到无法接受的挫折时，短暂地采用这种方法消除内心的痛苦、避免心灵的崩溃是可以的。而且在找寻合理的理由时，也可能找到解决问题的方法。不过，如果常使用此机制，借各种托词以维护自尊，则不免文过饰非、自欺欺人，终非解决问题之道。

（五）转移

转移是指原先对某些对象的情感、欲望或态度因某种原因（如不合社会规范、具有危险性或不为自我意识所允许等）无法向其对象直接表现，而把它转移到一个较安全、较能为大家所接受的对象身上，以减轻自己心理上的焦虑的防御机制。例如，有位被上司责备的职员回家后因情绪不佳，就借题发挥与其妻子产生了争执，而妻子感觉莫名其妙，心里不愉快，刚好孩子在旁边吵闹不停，就顺势凶了他，孩子平白无故被凶，满腔怒火地走开，正好遇上挡道的玩具，就顺势踢了玩具一脚，这些都是转移的例子。转移不一定只出现在负面的感受（如憎恶、愤怒等）上，有时正面的感受（如喜爱等）也会被转移。如疼爱自己孩子的老师，也同样十分关爱她的学生，这就是正面感受转移。

（六）投射

投射是指个体将自己所具有的特点归因于他人，在认识他人与外部世界时，有将情感、意志、愿望强加于人的倾向的防御机制。

我们会根据自己过去的生活经验和观念推测他人的想法和事情的变化，评价他人和环境，并且相信自己的结论。我们同样也会把对自己的期待和要求强加于他人与环境，并且认为就应该如此。这就像我们常说的“以己度人”、“想当然”和“自以为是”。很多时候，我们看到的并不是真相，而是自己的推演。

投射是常见的心理防御机制，是个体用来减轻焦虑和维持心理平衡的自我保护方式，而过度的投射又难免使人对外部世界产生偏见，在认识同类时或许这种投射具有一定的准确性，而在认识非同类时则会导致一定程度的偏差。因此，在认识他人与外界时，我们应当将人、事、物一分为二，辩证地看待。

（七）反向形成

当个体的欲望和动机不为自己的意识或社会所接受，个体唯恐自己会做出不想做出的事情，于是将欲望和动机压抑至潜意识，并以相反的行为表现在外显行为上，这被称为反向形成。这种防御机制下，个体表现的外在行为与其内在的动机是正相反的。

弗洛伊德认为，被禁忌的东西就是我们最需要的东西。我们有意压制某些东西的时候，有可能就是在进行反向形成，我们有意地强调某事物的时候就恰好证明我们潜意识里有相反的东西存在。一些人们耳熟能详的成语可以很好地说明反向形成，如言不由衷、口是心非、表里不一等。

（八）补偿

当个体因本身生理或心理上的缺陷而不能达成目的时，个体改以其他方式来弥补这些缺陷，以减轻其焦虑，建立其自尊心的防御机制，称为补偿。补偿可分为消极性的补偿与积极性的补偿。所谓消极性的补偿，是指个体使用的弥补缺陷的方法对个体本身没有带来帮助，有时甚至带来更大的伤害。例如，一个事业失败的人，整日沉溺于酒精而无法自拔；一个想减肥的人，一遇到不如意的事就以暴饮暴食来减轻其挫败感；一个得不到正向注意与关怀的孩子，发展负面的行为以获得他人的注意，等等。积极性的补偿，是指以适宜的方法来弥补个体缺陷，运用得当，会给我们的人生带来好的转变。例如，一个基础较差的学生，致力于学问上的追求，而赢得别人的尊重；一位演说家为了克服口吃，将石子含在口中做练习，以使自己的发音更正确，结果他不但克服了口吃的缺陷，还成为了演说家与辩论家。此外，我们常说的“失之东隅，收之桑榆”也是积极性的补偿。

（九）仪式与抵消

以象征性的行为、活动、事情来抵消已经发生了的不愉快的事情，好像那些事根本没有发生，以减轻心中的愧疚和心理上的不舒服，这种方式被称为仪式与抵消。有时，抵消作用不是用来弥补已经发生了的事实，而是用来抵消自己内心的罪恶感。人们常使用此法以解除自己的罪恶感、内疚感和维持良好的人际关系。例如，人们不小心踩到他人的鞋子时，会说“对不起”；在婚嫁等喜庆日子，忌讳“死”或与之相关的不吉利的话；新年时，打破东西说“岁岁平安”等，都是采用仪式与抵消的防御机制。

（十）认同

认同指个体向比自己地位或成就高的人表示认同，以消除个体在现实生活中无法获得成功或满足时的挫折所带来的焦虑。认同是个体一生中必须经历的过程，始于儿童阶段，是大学阶段的主要发展任务。个体可借由心理上分享他人的成功，为自己带来不易得到的满足或增强个人的自信。如一位物理系学生留了胡子，是因为他十分仰慕系中一位有名的教授，而该教授的特征就是他很有个性的胡子，此学生以留胡子的方式向该教授表达认同。在对所有人的认同中，个体的自我认同是最为重要的，它是个体拥有自信、勇敢及抗挫折能力的基本前提。

（十一）升华

升华是一种最积极、富有建设性的防御机制。它可以把社会所不能接受的欲望或攻击性冲动伴有的能量转向更高级、社会所能接受的目标或渠道，进行各种创造性的活动。升华是指把内心无处发泄的欲望和精力转移到其他地方，一般会转移到那些可以被社会接受甚至被人钦佩的地方。例如，将攻击的冲动转化为运动行为，在体育运动上取得好成绩。

升华最早由弗洛伊德提出，他认为，升华就是将本能的行动如饥饿、性欲或攻击的内驱力转移到自己或社会所能接纳的范围。每个人的内心都有善的一面，也有恶的一面，而升华的作用就是让内心的善念驾驭恶念，并因此创造出不凡的成就和功勋。对每个人来说，升华是心理健康的必需品，它能治愈心理创伤、转化负面能量、提升个人品质，并用合理的方式来满足自己内心的不合理需求，从而收获更好的自己，并拥有幸福快乐的人生。

心理防御机制无处不在，积极的防御机制有利于身心健康，其中包括认同、升华等，能够使个体在遭受困难与挫折后减轻或免除精神压力，恢复心理平衡，甚至激发其主观能动性，激励其以顽强的毅力克服困难、战胜挫折。同时，防御机制也是一把双刃剑，消极的防御机制对身心健康有害，其中包括压抑、投射、否定等，它们会阻碍自身与环境的良性互动，使自身的社会适应能力降低，并阻碍痛苦和创伤的修复。因此，我们要学会运用积极的心理防御机制，避免消极的心理防御机制，为自己打造更加美好的生活和未来。

拓展阅读

心理防御机制

心理防御机制是精神分析理论中的一部分，许多心理学初学者或爱好者对其很感兴趣。经典精神分析学派的开创者弗洛伊德最初提出了多种心理防御机制。

弗洛伊德认为，一个人是什么样的人，取决于他人格中的三个“我”——“本我”“自我”和“超我”。人格中的这三个部分共同作用造就了我们以什么样的形象示人。其中，“本我”使我们追求享乐。在弗洛伊德的理论里，“本我”主要代表攻击欲和性欲。“超我”使我们遵循道德，它的核心是内疚。如果我们做出不符合社会规范的事情，它会使我们感到内疚。“自我”使我们按照现实行事，它负责执行“超我”的原则，同时抑制“本我”的欲望。但是，我们的本能总在蠢蠢欲动，一些关于欲望的想法会偶尔浮现，到达我们的思维中，越过“超我”设定的红线，因此会造成我们的焦虑，我们会担心自己做出不道德的行为。为此，“自我”为了缓解这种焦虑，就通过一些心理过程来“防御”，使自己免受焦虑的折磨。

当代心理学研究者已经不再像弗洛伊德那样强调攻击欲和性欲的重要性，因为心理防御机制起源于“对攻击欲和性欲的抵制”这种说法，一方面颇受大众的质疑，另一方面也局限了心理防御机制的作用。现在，心理学家更多地认为心理防御机制是人抑制、掩盖或升华那些不符合社会规范的想法，从而保护自尊的心理过程。所谓保护自尊，就是让自己始终能自我感觉良好。

心理防御机制是人性的一部分，可以帮助人们更好地适应环境，但这些心理防御机制是在应对以往环境的过程中形成的，所以当出现新形势时，它们也有可能不适用。无论如何，对心理防御机制有所了解，会增进我们对自我的了解，从而更好地应对自身的心理问题。

课堂小互动

挫折清单

将自己从小到大所遭遇的挫折列成清单，与下方林肯的挫折清单进行对比。

1816 年，他的家人被赶出了居住的地方，他必须工作以抚养他们。

1818 年，他的母亲去世。

1831 年，经商失败。

1832 年，竞选州议员——但落选了。

1832 年，工作也丢了——想就读法学院，但进不去。

1833 年，向朋友借了一些钱经商，但年底就破产了，接下来他花了 17 年的时间，才把债还清。

1834 年，再次竞选州议员——赢了。

1835 年，订婚后就快结婚了，但不久后妻子却去世了。

1836 年，完全精神崩溃，卧病在床 6 个月。

1838 年，争取成为州议员的发言人——没有成功。

1840 年，争取成为选举人——失败了。

1843 年，参加国会大选——落选了。

1846 年，再次参加国会大选——当选了。

1848 年，寻求国会议员连任——失败了。

1849 年，想在自己的州内担任土地局长的工作——被拒绝了。

1854 年，竞选美国参议员——落选了。

1856 年，争取副总统的提名——得票不到 100 张。

1858 年，再度竞选美国参议员——又再度落选。

1860 年，当选美国总统。

林肯说："此路破败不堪又容易滑倒。我一只脚滑了一跤，另一只脚也因而站不稳，但我回过头来告诉自己，这不过是滑了一跤，并不是死掉都爬不起来了。"

请根据上述内容，按要求完成下列题目。

（1）请你回忆自己从小到大的生活中有哪些事情比林肯一生的经历更让人痛苦。

（2）请写一段激励自己勇敢面对挫折的格言警句。

（3）通过林肯的故事，你会怎样应对挫折？

成长建议

本节"成长烦恼"中，小伍因多门功课挂科而产生巨大的学业压力，出现了精神萎靡、注意力不集中、睡眠障碍、易兴奋和易疲劳等症状，并且在日常学习和生活中遇上了很多困扰，他有可能患上了神经衰弱。

对此，可以向他提出一些建议：一是制订学习计划，完成本学期的学习任务，以及准备补考相关工作；二是合理安排生活，注意劳逸结合，适当参加体育锻炼，培养良好的生活习惯和规律；三是接受心理治疗，必要时可进行药物治疗。

心灵感悟

正视现实，从“心”开始

良好的心理健康状况能够让我们面对现实、接受现实，对周围事物和环境进行客观的认识和评价，并与环境保持良好的接触，主动适应环境；同时，也会让我们对自己的能力有充分的信心，能妥善处理学习、生活和工作中的各种困难和挑战。拥有良好的心理素质，我们就不会对学习、工作和生活中必须做的事情感到单调乏味、心烦郁闷，反而会挖掘它们之中包含着的无尽乐趣，甚至还会发现其中具有的某种崇高意义。

心理指南

心理健康自评

指导语

请仔细阅读每个条目，然后根据最近一星期之内这些情况对你的影响，选择与你的情况相符合的程度，并在括号内填写其代表的得分。答案没有对错之分，不要在每个条目花太多的时间去考虑，但所选的回答应该最恰当地体现你现在的感觉。

得分标准如表 1-1 所示

表1-1　心理健康自评得分标准表

程度	得分
没有	1 分
轻度	2 分
中度	3 分
偏重	4 分
严重	5 分

测试内容

（1）头痛。（　　）

（2）神经敏感，心中不踏实。（　　）

（3）头脑中有不必要的想法或字、句盘旋。（　　）

（4）头晕和昏倒。（　　）

（5）对异性的兴趣减退。（　　）

（6）对旁人责备求全。（　　）

（7）感到别人能控制自己的思想。（　　）

（8）责怪别人制造麻烦。（　　）

(9)忘性大。 ( )
(10)担心自己衣饰不整齐、仪态不端正。 ( )
(11)容易烦恼和激动。 ( )
(12)胸痛。 ( )
(13)害怕空旷的场所或街道。 ( )
(14)感到自己精力下降，活动减慢。 ( )
(15)想结束自己的生命。 ( )
(16)会听到旁人听不到的声音。 ( )
(17)发抖。 ( )
(18)感到大多数人都不可信任。 ( )
(19)胃口不好。 ( )
(20)容易哭泣。 ( )
(21)同异性相处时，感到害羞或不自在。 ( )
(22)感到受骗、中了圈套或有人想抓住自己。 ( )
(23)无缘无故地突然感到害怕。 ( )
(24)不能控制地发脾气。 ( )
(25)怕单独出门。 ( )
(26)经常责怪自己。 ( )
(27)腰痛。 ( )
(28)感到难以完成任务。 ( )
(29)感到孤独。 ( )
(30)感到苦闷。 ( )
(31)对事物过分担忧。 ( )
(32)对事物不感兴趣。 ( )
(33)感到害怕。 ( )
(34)自己的感情容易受到伤害。 ( )
(35)旁人能知道自己私下的想法。 ( )
(36)感到他人不理解自己，不同情自己。 ( )
(37)感到他人对自己不友好，不喜欢自己。 ( )
(38)做事必须做得很慢才能保证做得正确。 ( )
(39)心跳得很快。 ( )
(40)恶心或胃部不舒服。 ( )
(41)感到比不上他人。 ( )
(42)肌肉酸痛。 ( )
(43)感到有人在监视自己、谈论自己。 ( )
(44)难以入睡。 ( )
(45)做事必须反复检查。 ( )

（46）难以做出决定。（　　）
（47）怕乘公共汽车、地铁或火车。（　　）
（48）呼吸有困难。（　　）
（49）一阵阵发冷或发热。（　　）
（50）会因为感到害怕而避开某些东西、场合或活动。（　　）
（51）感觉脑子变空了。（　　）
（52）身体发麻或刺痛。（　　）
（53）喉咙有阻塞感。（　　）
（54）感到没有前途，没有希望。（　　）
（55）不能集中注意力。（　　）
（56）感到身体的某一部分软弱无力。（　　）
（57）容易感到紧张。（　　）
（58）感到手或脚发重。（　　）
（59）容易想到关于死亡的事。（　　）
（60）暴饮暴食。（　　）
（61）当他人看着自己或谈论自己时，感到不自在。（　　）
（62）有一些不属于自己的想法。（　　）
（63）有想伤害他人的冲动。（　　）
（64）醒得太早。（　　）
（65）必须反复洗手、点数目或触摸某些东西。（　　）
（66）睡得不稳、不深。（　　）
（67）有想破坏东西的冲动。（　　）
（68）有一些别人没有的想法或念头。（　　）
（69）感到对他人神经敏感。（　　）
（70）在商店或电影院等人多的地方感到不自在。（　　）
（71）感到任何事情都很困难。（　　）
（72）一阵阵感到恐惧或惊恐。（　　）
（73）感到在公共场合吃东西很不舒服。（　　）
（74）经常与人争论。（　　）
（75）单独一人时神经很紧张。（　　）
（76）认为他人对你的成绩没有做出恰当的评价。（　　）
（77）即使和他人在一起也感到孤单。（　　）
（78）感到坐立不安、心神不定。（　　）
（79）感到自己没有什么价值。（　　）
（80）感到熟悉的东西变得陌生或不像是真的。（　　）
（81）经常或想要大叫或摔东西。（　　）

（82）害怕会在公共场合昏倒。（　　）
（83）感觉他人想占自己的便宜。（　　）
（84）为一些有关“性”的想法苦恼。（　　）
（85）认为自己应该因为过错而受到惩罚。（　　）
（86）认为要赶快把事情做完。（　　）
（87）感到自己的身体有严重的问题。（　　）
（88）从未感到和其他人很亲近。（　　）
（89）感到自己有错。（　　）
（90）感到自己精神状态不好。（　　）

测评方法

本测试采取1~5分的5级评分标准。从1分代表无症状到5分代表症状严重，依次递进。总分为90个项目的得分总和。以总分160分为界，超过160分说明测试人可能存在着某种心理障碍。并且，任一项目得分超过2分为阳性，说明测试人身上可能存在着该因子所代表的心理障碍。各因子的因子分的计算方法：各因子包含的所有项目的分数之和除以因子项目数。每一种心理问题的阳性因子个数大于2，则说明在该类心理问题上存在问题。

量表共包括10个因子，每一因子反映测试人的一方面情况，下面是各因子的名称及所包含的项目。

1. 躯体化：1、4、12、27、40、42、48、49、52、53、56、58共12项。
2. 强迫症状：3、9、10、28、38、45、46、51、55、65共10项。
3. 人际关系敏感：6、21、34、36、37、41、61、69、73共9项。
4. 抑郁：5、14、15、20、22、26、29、30、31、32、54、71、79共13项。
5. 焦虑：2、17、23、33、39、57、72、78、80、86共10项。
6. 敌对：11、24、63、67、74、81共6项。
7. 恐怖：13、25、47、50、70、75、82共7项。
8. 偏执：8、18、43、68、76、83共6项。
9. 精神病性：7、16、35、62、77、84、85、87、88、90共10项。
10. 其他：19、44、59、60、64、66、89共7项，主要反映睡眠及饮食情况。

项目活动

价值拍卖

活动目的

1. 促使自己思考自己的价值观念，学会抓住机会，不轻易放弃。
2. 认知和澄清自己的人生态度。

活动准备

足够的道具钱、不同颜色的硬纸板、拍卖槌。

活动步骤

1. 将拍卖的东西事先写在硬纸板上（最好是不同的东西用不同的颜色），以增加拍卖的趣味性及方便拍卖的进行。

2. 每个同学手中有5000元道具钱，它代表了一个人一生的时间和精力。每个人可以根据自己对人生的理解随意竞买下表中的东西。每样东西都有底价，每次出价都以500元为单位，价高者得，有出价5000元的，立即成交。

拍卖品及其价格如表1-2所示。

表1-2　拍卖品及其价格展示表

序号	拍卖品	价格	序号	拍卖品	价格
1	爱情	500	12	金钱	1000
2	友情	500	13	欢乐	500
3	健康	1000	14	长寿	1000
4	美貌	500	15	豪车、别墅	500
5	礼貌	1000	16	美食	500
6	名望	500	17	良心	1000
7	自由	500	18	孝心	1000
8	爱心	500	19	诚信	1000
9	权力	1000	20	智慧	1000
10	图书馆	1000	21	名牌大学通知书	500
11	聪明	1000	22	冒险精神	1000

3. 由主持人或学生主持拍卖，直到所有的东西都拍卖完为止。

4. 请同学们认真考虑买回来的东西，并讨论以下问题。

（1）你是否后悔购买你买到的东西？为什么？

（2）在拍卖的过程中，你的心情如何？

（3）有没有同学什么都没有买？为什么不买？

（4）你是否后悔自己刚才争取的东西太少？

（5）争取过来的东西是不是你最想要的？

（6）钱是否一定会带来快乐？

（7）有没有一种东西比金钱更重要或能带来比拥有金钱更大的满足感呢？

（8）你是否甘愿为了金钱、名望而放弃一切呢？有没有比上面所说的这些更值得追寻的东西呢？

第2章 大学生的自我意识

已经进入大学的你了解自己吗？你是否曾为小小的成绩而沾沾自喜？你是否曾为偶尔的困境而自怨自艾？你是否曾抱怨过“英雄无用武之地”？你是否曾感慨过自己为什么有那么多的不如意？如果一个人不了解自己，看不清自己的优势，就永远不知道自己真正的价值，无法挖掘自己的潜能，一旦遇到失败和挫折就会一蹶不振。只有找到真正的自我，才能放飞希望，冲开阻碍，去寻找属于自己的那片天空，去奏响人生中最美的乐章。只有认识自我、完善自我，才能不断地发展自我、超越自我，才能保证自己身心健康、阳光灿烂地生活下去。如果想要知道自己的外表，可以去照镜子；如果想要知道自己的个性，该怎么办呢？在这里，我们也为你提供一面镜子，走进你的内心世界，一起寻找答案。

学习目标

1. 理解自我意识的概念和主要内容。
2. 知晓大学生自我意识的特点。
3. 掌握大学生健全自我意识的途径。
4. 塑造积极健康的自我意识。

第1节
自我意识概述

古希腊德尔斐的阿波罗神庙上刻着“认识你自己”几个字，向世人昭告着“认识你自己”是一道难解的人生课题。大学阶段是一个人从青年期向成年期转变的重要时期，也是个人自我意识发展并走向完善的重要时期。你在描述自己时，想到的是自己的外貌特征还是自己的个性特征？是否思考过“我是谁”“我擅长什么”“生活的意义是什么”等问题？一个人只有认识自我、悦纳自我，才能更好地塑造自我、发展自我。

本节主要介绍自我意识的概念、结构、发展阶段及自我意识对身心健康的影响等内容。

小枫今年19岁，有多种爱好。他一直认为学习好就能拥有一切，他对所选的大学专业也非常感兴趣。但军训后，他感觉一切都和自己想象的不同，认为学校的现实情况和自己理想中的大学有一定的差距，于是他思想走向极端，开始逃课、躲在宿舍睡觉、看小说……他总想着要早点打工挣钱，学习成绩一落千丈。面对今后的大学生活，他觉得很迷茫。

一、自我意识的概念

自我意识是个体对其自身的意识，以及自己与周围世界关系的认识和体验，具体包括人在实践中对自己、对自然、对他人、对社会等关系的意识活动。例如，一个人对自己的身高、外貌的了解，对自己能力、性格等的认识，对自己与周围环境及他人相处的融洽程度和自己在他人眼中的地位的理解，都是自我意识的具体表现。

自我意识是人的意识发展的高级形式，是人类特有的心理活动。它不仅能使人们认识和改造客观世界，而且能使人们认识和改造主观世界。心理学界将自我意识纳入个性调节系统，认为自我意识是个性结构中的重要部分，是个性自我完善的心理基础。

二、自我意识的结构

自我意识是一个多维度、多层次的心理系统，包含知、情、意等多种心理机能，可以从不同角度对其加以分析。

（一）从内容维度上划分

从内容维度上，可以将自我意识分为生理自我、心理自我和社会自我。

生理自我是个体生理状态方面的意识，包括对性别、容貌、身材、体重等方面的认识和评价。如“我体型偏胖”“我长相甜美”“我身高偏矮”等。

心理自我是个体心理特征和行为特征方面的意识，包括对气质、性格、情绪、志趣等及相应的行为的认识和评价。如“我是一个多愁善感的人”“我性格开朗”“我缺乏耐心”等。

社会自我是个体社会属性方面的意识，包括对自己在社会关系、人际关系中的角色、地位的认识，对自己所承担的社会义务和拥有的权利的认识。如“我在班级里很有人缘”“我应该孝顺父母”“我是一个可有可无的人”等。

拓展阅读

乔哈里视窗

乔哈里视窗是一种关于沟通的技巧和理论。它把人的内心世界比作一个窗子，这个窗子有四个区域，如图 2-1 所示。我们可以通过自我考察、根据周围人的信息反馈来综合了解自己。对于未知的自己，我们可以通过自我省察和自我观察获得更多的了解。

1. 开放我

乔哈里视窗左上角的一扇窗被称为“开放我”，也称“公众我”，属于公开区。这是自己清楚、别人也知道的部分，即当局者清，旁观者也清，如个体的性别、外貌、婚否、职业、工作生活所在地、能力、爱好、特长、成就等。“开放我”的大小取决于自我心灵开放的程度、个性张扬的力度、人际交往的广度、他人的关注度、开放信息的利害关系等。“开放我”是自我最基本的信息，也是了解自我、评价自我的基本依据。

2. 盲目我

乔哈里视窗右上角的一扇窗被称为“盲目我”，也称“背脊我”，属于盲目区。这是自己不知道而别人却知道的部分，即当局者迷，旁观者清。“盲目我”的表现可以是一些很突出的心理特征，如有人总是轻易许诺却从不兑现承诺；也可以是不经意的一些小动作或行为习惯，如得意的或不耐烦的神态和情绪的流露。“盲目我”可能是一个人的优点，也可能是一个人的缺点，因为事先没有觉察，当别人反馈给自己时，自己往往会感到惊喜、怀疑或否认。

3. 隐藏我

乔哈里视窗左下角的一扇窗被称为“隐藏我”，也称“隐私我”，属于隐蔽区。这是自己知道而别人不知道的部分，与“盲目我”正好相反，即我们常说的隐私、个人秘密等留在心底不愿意或不能让别人知道的事实或心理。适度的内敛和自我隐藏可以给自我保留一个私密的心灵空间，避免外界的干扰，这是正常的心理需要。但是如果“隐藏我”太多，“开放我”太少，就如同筑起一座封闭的心灵城堡，无法与外界进行真实有效的交流与融合。

4. 未知我

乔哈里视窗右下角的一扇窗被称为“未知我”，也称“潜在我”，属于未知区。这是自己和别人都不知道的部分，有待挖掘和发现，通常是指一些潜在能力或特性。例如一个人经过训练或学习后可能获得的知识与技能，或者在特定的机会里展示出来的才干，也包含弗洛伊德提出的潜意识层面，这一部分仿佛隐藏在海水下的冰山，潜力巨大却又容易被忽视。对“未知我”进行探索和开发后才能更全面而深入地认识自我、激励自我、发展自我、超越自我。

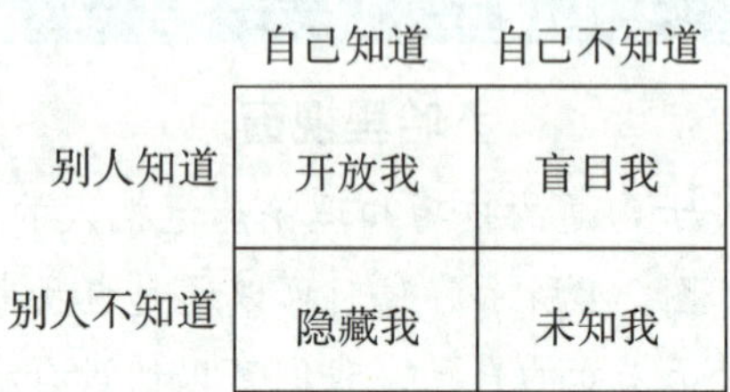

图2-1 乔哈里视窗

（二）从心理过程维度上划分

从心理过程维度上，可以将自我意识分为自我认识、自我体验和自我调控。

自我认识是自我意识的认知成分，是主体“我”对客体“我”的认知和评价，包括自我感觉、自我分析、自我评判等。如“我是一个什么样的人”“我为什么是这样的人”等。

自我体验是自我意识的情感成分，在自我认识的基础上产生，以情绪体验的形式表现个体对自己的态度。如“我是否满意自己”“我是否接受自己”等。自我体验既可以是正面的情绪体验，如肯定、自尊、自爱、自豪等，又可以是负面的情绪体验，如不满意、自卑、自弃、否定等。

自我调控是自我意识的意志成分，是个体对自己的行为和心理活动的调节与控制，是个体对自己对待他人和自己的态度的调节与控制，包括自立、自强、自我教育等。如“我怎么才能得到别人的认同”“我怎样成为我想成为的人”等。

（三）从自我观念维度上划分

从自我观念维度上，可以将自我意识分为现实自我、投射自我和理想自我。

现实自我是个体从自己的立场出发、对现实的“我”的看法，即对个体“自己眼中的我”的看法，包括身体、容貌、性格、能力等。

投射自我是个体想象他人对自己的看法，即对“他人眼中的我”的看法，包括想象自己在他人心中的形象、他人对自己的评价及由此产生的自我观感。

理想自我是个体从自己的立场出发、对“将来的我”的希望，即对“将来的我”的看法，是个体对自己的期许，也是个体追求的目标。

三、自我意识的发展阶段

人的自我意识是个体社会化的产物，是经过后天的社会实践、社会交往逐步形成的。个体的自我意识从萌芽、形成、发展到相对稳定、成熟，需要经过 20 多年的时间，大致可以分为三个时期。

（一）自我意识的形成时期（8个月至3岁）

新生儿是没有自我意识的，分不清自己和客体的区别，无法区分自己的手指、脚趾和玩具。在吮咬自己的手指、脚趾的过程中，婴儿逐渐发觉，咬自己的手指、脚趾的感觉与咬其他玩具的感觉不一样，从而慢慢地意识到手指、脚趾是自己身体的一部分。这就是自我意识的初级形态。3 岁左右的幼儿，学会了使用人称代词“我”，并开始出现了羞耻心、占有欲。这一时期，他们的行为只是以自己的身体为中心，以自己的想法和情感去认识外部世界。因此，这个时期又被称为生理自我时期或自我中心期。

（二）自我意识的发展时期（3岁至青年期）

3 岁到青年期是个体接受社会文化、学习社会角色的重要时期。青少年在家庭、学校及其他社交场所中，通过模仿、饰演、认同、练习等各种方式，形成各种角色观念，并能有意识地调控自己的心理和行为。这一时期的青少年已经开始积极关注自己的内心世界，能初步意识到自己的兴趣爱好和气质性格等，但他们主要是根据别人的观点去评价事物、认识他人，包括对自己的评价和认识。因此，这个时期又被称为社会自我时期或“客观化”时期。

（三）自我意识的完善时期（青年期至成年）

从青春期到成年的大约 10 年里，是个体的自我意识迅速发展并趋向成熟的关键期。这一时期，个体性的成熟和逻辑思维的快速发展等，促使个体的自我意识有了质的变化，并产生了“自我同一性”的危机，即理想我和现实我之间出现分化和矛盾，这促使个体去解决矛盾、追求自我意识的统一。因此，这一时期也被称为心理自我时期或“主观化”时期。

四、自我意识对身心健康的影响

自我意识不仅影响个体人格内在的和谐统一，还影响个体对现实的基本态度和看法及对未来的理想和信念。因此，自我意识对大学生身心健康具有重大影响。

（一）客观的自我意识是大学生确立合理目标的基础

自我意识影响个体对未来的期盼，这是因为个体对自己的期望是建立在自我意识的基础上的。一个人既能了解自我，又能悦纳自我，就不会对自己提出苛刻的期望与要求。个体对自我的认识越客观，就越能把自己的生活目标和理想定得切合实际，因而对自己总是满意的。同时，努力发展自身的潜能，即使自己存在无法弥补的缺陷也安然处之。个体如果缺乏自知之明，所定的目标和理想不切合实际，主观和客观的距离相差太远，则往往会陷入自责、自怨、自卑的情绪中；如果总是要求十全十美，而自己无论如何努力都无法做到完美无缺，则会使自己的心理状态永远无法平衡，亦无法摆脱挫败心理的折磨，内心经常是苦闷的。

（二）正确的自我意识能够保持内在的一致性和行为的一贯性

在生活中，我们总是对自我或周围的事物产生许多想法、感受或认识。如果这些想法、感受或认识之间不一致，相互间存在矛盾，我们就会感到不舒服。个体之所以在不同情况下总能保持其行为的一贯性，就是因为自我意识在发挥作用。例如，一个在自我意识中认为自己非常坚强的人，当他遇到困难时，其行为上的一贯表现往往是直面困难，而不是逃避和抱怨。

（三）自我意识决定个体对经验的解释并影响情绪、情感状态

一定的经验对于个体的意义是由个体的自我意识决定的。即使不同的个体获得了完全相同的经验，他们对于这种经验的解释也不会完全相同。不同的自我意识对于同一经验会产生不同的折射或解释。不同的解释、不同的观念就会带来不同的情感体验。现实生活中，大学生的很多困惑都源于情绪问题，而这些问题很多情况下是个体长期消极的自我体验造成的。培养积极、健康的自我体验，对大学生形成良好的情绪和情感状态非常必要，良好的情绪、情感状态能够促进身心健康。

（四）自我控制能力的强弱影响大学生的心理平衡

自我控制能力强的大学生能将自身的行为控制在社会要求、道德约束允许的范围之内，更有利于他们按照自我塑造计划进行自我监控，有意识地调节自身的行为，抵制消极的影响，从而保持健康的心理；自我控制能力较差的大学生遇事不冷静、好冲动，容易做出让自己后悔莫及、遗憾终生的事情，心理是无法平衡的。

（五）自我意识是否完善影响大学生的心理发展

大学生正处在人生中全面快速发展的时期，身体快速成长，智力水平不断上升，内

心情感日益丰富，社会性情感迅速发展，意志变得越来越坚强，为正式进入社会做准备，力图使自己成为一个为社会所接纳的人。自我意识对这些方面都有调控和监督的作用。如果青年时期的自我意识出现问题，如不善于给自己定位、不善于分析自我发展存在的问题、不善于培养平衡心态、不善于处理各种心理危机等，则可能对人生发展关键期有很大的负面影响。总之，完善的自我意识在大学生的人生发展中起着定位作用、驱动作用和协调作用，有利于大学生人格和社会性的全面发展。

课堂小互动

20个“我是谁”

请边思考边写出20句“我是一个________的人”。可以从身体状况（你的体貌特征如年龄、形体等）、情绪状况（你常持有的情绪态度）、才智状况（你的智力、能力）、社会关系状况（品德、人际关系等）等方面认识自己。

成长建议

本节“成长烦恼”中，大学生小枫刚刚入校时对大学生活充满了各种美好的期待，同时急于表现自己，容易产生不切实际的自我设计，而当面临现实的差距时，小枫觉得很失望，不愿意面对这种落差，在学习、生活中表现得很消极。对刚入学的新生而言，面对新的学习和生活环境，他们需要经历一个由感性到理性、由主观到客观的认识的曲折转变过程，才能发现问题、转变认识、调整目标、适应新环境。

建议小枫从以下几个方面调整自己。

（1）要重新认识和评价自我。从中学生一跃成为大学生，这一重大的角色改变意味着个人、家庭和社会对自己的期望发生了很大的变化。

（2）要适应新的环境，缓解心理压力。要注意自身良好生活习惯的养成；要注意观察周围环境并学习其他同学身上的优点和长处，以此完善自己。要注意克服不良情绪，改变悲观心理，培养乐观心态，塑造自身健康的人格特征。

第2节

自我意识的发展

内容导读

互联网时代，朋友圈、自媒体、直播成了人们展示自我的新方式。一个人生活在社会中，经常会问自己：我是一个什么样的人？怎样能够给别人留下一个完美的形象？过去的我和现在的我有什么不一样？将来的我又会怎样？建立强大的内心世界才能面对激烈的社会竞争，这也是我们一生都要进行的课题。

本节主要介绍自我意识发展的相关理论和大学生自我意识的发展等。

小郑，女，19岁，大一学生。她从小未离开过家，上大学是第一次离开父母。她刚收到大学录取通知书时是兴奋和激动的，但慢慢地，她内心又充满了紧张和惶恐，因为她实在无法想象自己离开父母的情形。在父母的陪伴下，她来到学校，父母替她拎包、办饭卡、交学费、办理相关手续、铺床、整理行李和日常用品，等等，把几乎所有能想到的都替她办好了。父母临走，小郑哭个不停，有一种被抛弃的感觉。父母走后，虽然同学们都很友好，但她还是很难过，她什么也不会，甚至从来就没做过家务，洗衣服、叠被子、买饭等日常琐事都让她烦躁不安。她对任何活动都不感兴趣，时常想念父母，怀念中学的时光，每次和父母打电话都十分难过。小郑常常想："我要是永远都长不大该多好呀，一切都由父母来做，什么也不用操心。"

一、自我意识发展的相关理论

自我意识研究的另一突破点便是探讨自我意识的发生发展。很多心理学家通过多年的研究形成了自己的理论。

（一）埃里克森的自我发展渐成学说

美国精神病学家、精神分析学派的代表人物爱利克·埃里克森，在前人研究的基础上极大地推动了完整的自我心理学体系的建立。埃里克森认为，人的自我意识发展持续一生，但要经历不同的发展阶段，每个阶段都有一个核心课题。他把自我意识的形成和发展划分为八个阶段，如表2-1所示。

表2-1　埃里克森的发展阶段表

年龄段	"心理－社会"转变期的矛盾
婴儿（0—1.5岁）	信任感－怀疑感
婴儿后期（1.5—3岁）	自主感－羞怯感
儿童期（3—5岁）	主动感－内疚感
童年（6—12岁）	勤奋感－自卑感

续表

年龄段	“心理－社会”转变期的矛盾
青少期（12—18岁）	自我同一－自我混乱
成年早期（18—25岁）	亲密感－孤独感
成年中期（25—65岁）	创造力－自我专注
成年后期（65岁以上）	完美感－失望感

埃里克森认为人的自我意识必须经历这八个阶段，每个阶段都不可逾越，但时间早晚因人而异。个体会在人生经历中不断获得或失去力量，以保证自我适应环境、健康成长。

（二）马斯洛的“自我实现理论”

亚伯拉罕·马斯洛是世界著名的人本主义心理学家，是心理学第三代思潮的主要代表人物。他从人的需求出发，提出了“自我实现理论”。因此，马斯洛心理学也被称为“自我实现心理学”。

马斯洛认为，人有两类基本的需求：生理的需求和心理、精神的需求，这两类基本需求又派生出许多需求，归纳起来主要有五个层次。这五个层次依次为生理需求、安全需求、社交需求、尊重需求、自我实现需求，如图2-2所示。

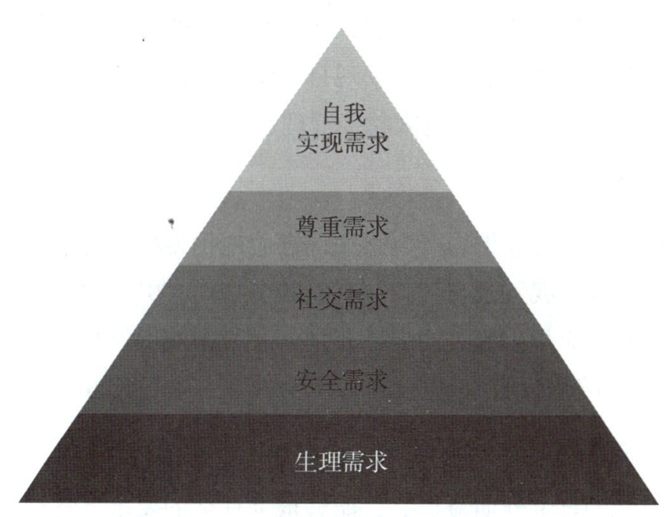

图2-2　马斯洛的需求层次理论

生理需求：食物、饮料、住所、睡眠和氧气等，与机体生存有直接关系。

安全需求：工作、秩序、安全、稳定、可预料，减少生活中的不确定性。

社交需求：社会交往，团体、组织、家庭等的归属。

尊重需求：自己尊重自己，要求他人尊重自己。

自我实现需求：所作所为符合自己的本性，潜在能力和天资不断发展，实现理想。

人只有在满足了低级需求时才会追求更高层次的需求，但并不是说每个需求都不可逾越或一定能被满足。马斯洛认为人的最高需求是自我实现需求。作为需求和动机，自我实现是以生物学和心理学为依据的内在价值追求，它是丰满人性的实现。马斯洛认为达到自我实现层次的人有很多特点，如关心人类、欣赏人生经验、行为思想一致、人际关系良好、有幽默感等。总之，自我实现的人是心理健康的人，是潜能和才能充分发挥的人。

二、大学生自我意识的发展

（一）大学生自我意识的特点

1. 自我认识的主动性

进入大学后的大学生，开始围绕个人发展、个人与他人的关系、个人与社会的关系等方面积极探索自我。大学生经常思考一些涉及能力、气质、道德、人生观和价值观等深层次的问题，还会不由自主地把自己和周围的同学、老师等进行比较，力图把外在的社会期望内化为自我的积极品质。

2. 自我评价的客观性

大学生的自我认识已经基本摆脱了单纯感性认识的层面，自我评价的客观性也逐渐增强。大学生通过对事物本质规律的认识，通过与他人的比较分析和对自己周围环境的分析，客观地认识现实生活中的自我，发现自己的优势，找到自己的不足，然后扬长避短，不断修正自我，使现实的自己越来越接近理想的自己。

3. 自我体验的敏感性

大学生往往很容易对外界事物产生感触，进而内化为深刻的自我体验。大学生的自我体验比较敏感，涉及“我”及与“我”有关的事物均会引起大学生的兴趣，这种情绪体验的内容相当丰富，大学生既关注自己在别人心目中的形象和地位，又关注他人对自己的看法，有时他人不经意的评论也会在大学生的心中掀起波澜。

4. 自我控制的自觉性

大学生自我控制的自觉性明显提高，能够根据社会的要求自觉调节自己的目标和动机。大学生具有强烈的设计未来的愿望，希望自己成为开拓进取、不断创新的人，并由此设计出理想自我的奋斗历程，并向他人充分展示自我。此外，大学生的自我控制还具有相对薄弱性。当外界出现诱惑，尤其是诱惑持续时间较长时，大学生会产生强烈的内心冲突，抵抗外界诱惑的能力受到巨大挑战。

（二）大学生自我意识发展的历程

大学时期是个体自我意识发展的重要时期，是个体的自我认识、自我体验、自我控制逐渐协调一致的过程。大学生的自我意识发展会经历一个“分化—冲突—统一”的过程。

1. 自我意识的分化

进入大学后，大学生更多地在他人与自我的比较中重新审视自己，对自己的内心世界和外部行为、对自己的角色和责任有了新的认识，自我意识进一步分化，从自我观察的角度分化为主观的“我”和客观的“我”。主观的“我”处于观察者的角度，客观的“我”则处于被观察的角度。分化的自我意识为大学生客观地评价自己和他人、调节自身行为奠定了基础。

2. 自我意识的冲突

自我意识的分化会带来自我意识的冲突，如理想“我”和现实“我”的冲突、主观“我”和客观“我”的冲突、独立意识与依附心理的冲突、理智与情感的冲突等。产生自我意识的冲突虽然是大学生自我意识发展过程中的正常现象，但会给大学生带来明显的内心冲突，甚至引起大学生内心的痛苦和不安，表现为：大学生时而肯定自己，时而否定自己；时而感到自己什么都可以做到，时而又感觉自己幼稚；时而对自己充满信心，时而又感到自己无能，对自己不满意。

大学生自我意识的冲突主要表现在以下几个方面。

（1）理想“我”与现实“我”的冲突。理想“我”是指个人想要达到的完美形象，是个人追求的目标；现实“我”是个人从自己的立场出发，对现实中自我的各种特征的认识。这两者的矛盾是大学生自我意识冲突中最突出、最集中的表现。大学生富于理想，志向远大，抱负宏伟，成就欲强，对未来充满了憧憬，一旦发现现实自我在许多方面不符合理想的要求时，就会苦恼不安。现实“我”与理想“我”的反差会对个人产生较大的影响，这种反差可以产生不竭的推动力，激发大学生奋发图强的精神，使得现实“我”不断趋向理想“我”。但如果差距过大，矛盾难以协调，则可能引发个人对自我的不满和心理失衡。

（2）主观“我”与客观“我”的冲突。主观“我”是指个体对自己的认识和评价，客观“我”是他人对个体的认识和评价。这一矛盾主要表现为个体本人对自己的评价与其他人对个体的评价不一致。例如，某大学生在班级竞选中自我感觉良好，认为自己能获得好成绩，但事实上没有得到理想中的认同，该生由此会产生挫败感。

（3）独立意识与依附心理的冲突。随着生理与心理的成熟，大学生独立意识增强，渴望独立面对学习、工作与生活中遇到的问题。但由于大学生长期生活在校园，社会阅历与经验相对缺乏，当出现紧急事件时，大学生又渴望得到家长、老师、同学和朋友的帮助。此外，大学生心理上的独立与经济上的不独立也形成鲜明的反差。大学生希望自己独立自主、不受束缚，却又无法脱离家庭与亲人。

（4）理智与情感的冲突。大学生易冲动，情绪波动较大，自我控制能力较差，面对一时的成功容易忘乎所以，面对一时的失败也可能一蹶不振。特别是当遇到失恋等打击时，大学生一般理智上能够理解，情感上却难以接受。

3. 自我意识的统一

在自我意识的矛盾冲突中，大学生的自我意识也在不断调整和发展，并逐步走向成熟。在这一过程中，大学生会想方设法去解决矛盾，使现实“我”向理想“我”靠近，即建立自我统一性。

（三）影响大学生自我意识发展的因素

自我意识作为意识的一部分，是在意识的发展过程中逐步形成和发展起来的，是主、客观因素相互作用的结果。探讨影响自我意识发展的因素，有利于促进当代大学生自我意识的健全发展。

1. 生理因素

（1）生理疾病或缺陷。遗传、创伤、传染等导致的生理疾病或缺陷有肝炎、视觉异常、白癜风、生理残疾等。处于17~22岁年龄阶段的大学生中，男生特别重视自己的身高，女生也更加重视自己的相貌。这些生理疾病对大学生的自我认识和评价等影响巨大，有的甚至造成长期的负面影响。

（2）体貌特征与运动。身高、体重、容貌、身材、皮肤、发质、牙齿等体貌特征，以及运动对身体的影响（如身体素质、肥胖、疾病等），也影响着大学生的学习与生活，可能给大学生造成适应与发展困扰，如人际回避、过度减肥、反复整容等。

2. 心理因素

（1）成败的认识、体验水平和归因方式。大学生对于成败的认识、体验水平会对自我意识的发展、成熟产生一定的影响。面对失败的结局，一些人认识到挫折、失败在个人成长过程中是不可避免的，只有理性地分析、汲取失败的教训，才能不断取得更好的成绩。他们在逆境中埋头苦干，积累力量，不断调整充实自己，尽量发挥优势，以一种积极的心态不断奋进。也有一些人面对失败时认为自己的努力白费、梦想破灭，从而选择逃避，一蹶不振。

不同的归因方式也会影响个人的自我意识发展。将个人的失败归因于运气、机遇等不可控的外在客观因素的人会趋于自我保护和防御，缺乏正视现实和挫折的勇气，不利于自我认识和反省；将个人失败归因于自身能力、水平等自身内在因素的人易丧失自信、自尊，导致其形成萎缩型自我。

拓展阅读

归因与归因现象

归因是社会心理学的一个概念，是指人们寻找现象或事件背后原因的心理机制。归因是人类的一种普遍需要，每个人都有对从其本身经验归纳出来的行为原因与其行为之间的联系的看法和观念。

美国心理学家伯纳德·韦纳对行为结果的归因进行了系统探讨，并把归因分为三个维度，即内部归因和外部归因、稳定性归因和非稳定性归因、可控制归因和不可控制归因。

内部归因是指存在于个体内部的原因，如人格、品质、动机、态度、情绪、心境及努力程度等个人特征。将行为归因于个人特征，称为内归因。

外部归因是指行为或事件发生的外部条件，包括背景、机遇、他人影响、工作任务难度等。将行为归因于外部条件，称为外归因或情境归因。

综合归因是指在许多情境中，行为与事件的发生并非由内因或外因的某一因素引起，而是兼有二者的影响。

心理学家研究了人类的归因机制，发现不同的人有不同的归因风格。例如，有人愿意把原因归于自身，有人则愿意把原因归于外界因素；有人愿意把原因归为个人努力等可控制因素，有人则习惯于把原因归于不可控制的因素，如运气等。不同的归因风格对人的影响很大。

就一般现象而言，成功者喜欢把成功的原因归为自身的努力，而失败者则喜欢把失败的原因归为外界因素或不可控制的因素，如命运、机会等。结果就是成功者相信个人努力，相信自己能掌控自己的人生和命运，而失败者则相信命运，相信个人无法掌控自己的人生。

另外，人们很容易把偶然因素或环境因素造成的境况归结为个人品质或素质造成的后果。也许，我们每个人在生活中都有过这样的经历：在光滑的地面上不小心滑倒，就会有人说你笨手笨脚；出门忘记关灯一两次，就会有人说你记性不好。这种现象被心理学家称为“基本归因错误”或“基本归因偏见”。了解这一概念后，再碰到类似的情况，就不会感到受挫了。

（2）心理和人格特征。大学生正处于青年期向成年期的过渡转变期，尚不成熟的心理使一些难以克服的人格弱点成为影响自我意识发展的因素。这主要表现在大学生思维的敏捷性、批判性增强，但缺乏理性、深刻性、客观性、全面性，因而，大学生往往自我认识偏狭：或自我评价过高，目空一切；或自我估计过低，妄自菲薄。

人格特征的缺陷常会成为影响个人自我发展的重要因素。自卑、内向型性格往往导致个人自我萎缩、自尊情感匮乏、自我接纳水平低。虽然心理、行为弱点是因人而异的，但它们也是青年特定发展阶段的心理反映。

3. 社会因素

（1）社会文化与环境。随着信息技术的发展，大数据已经渗透到了人们生活的方方面面，活跃开放的时代氛围对自我意识的发展有重要影响。参与竞争能激发自我的潜能、带来动力，但也使自我面临对等的压力和威胁；差异和对比刺激个体不断超越自我，但也会导致心理失衡和自我的失落。价值取向的困惑、个人自我定位的矛盾、自我评价的冲突在大学生身上表现得更为明显。

（2）家庭及生活环境。家庭环境、家庭成员关系、生活环境对个体人格和自我认识的影响深远。与亲人的关系及相互影响的方式、程度等，是个体获取自我价值的来源，同伴的认同、接纳也很大程度上左右着个人的自尊、自信及自我效能感，集体地位、学校体验是大学生自我同一性形成的重要影响因素。

（四）大学生自我意识形成与发展的途径

自我意识不是与生俱来的，而是后天产生的，是个体在社会环境中通过与他人的互动逐渐形成的。一般而言，大学生自我意识通过以下几个途径逐渐形成与发展。

1. 依据自己的心理和行为判断

大多数情况下，人们常常依据内部线索（自己的心理，如想法、情绪等）了解自己。如一见到人多就紧张，不知说什么，想躲着走，所以觉得自己比较内向，不爱交往。依据自己的心理倾向了解自己往往比依据外显行为更准确，因为外显行为易受外在压力的影响，更易伪装。但在内部线索微弱或模糊的情况下，人们常常依据外显行为来推断自己的特征，如性格、态度、品质、爱好等。如大学生参加公益事业，在公交车上主动让座，耐心为他人指路时，会认为自己是一个高尚的人。

然而，自我认识有时并不准确。曾经有位心理学家选择了25位被试者（他们彼此都很熟悉），采用排序法对自我评价和他人评价进行比较研究。他提出九种品质（文雅、幽默、聪明、交际、清洁、美丽、自大、势利、粗鲁），要求每位被试者分别依据这些品质给所有被试者（包括自己在内）依次排序，程度最高者排在第一，程度最低者列为第二十五，然后予以统计，把自评的排序与他人评价的排序进行比较，结果发现两者有很大差异。例如，有一位被试者自以为他的“文雅”程度应该排在前几名，可是把其他二十四人对他的评价平均算来，他的名次却排在二十名以后；另一位被试者给自己的“清洁”品质排的位置要比别人排的平均位置提前五名，给“聪明”“美丽”排的位置要比别人排的平均位置提前六名，给“势利”“自大”“粗鲁”排的位置要比别人排的平均位置退后五名到六名。这一实验结果表明，对优良品质的自我评价常常比他人对比的评价高，对不良品质的自我评价却比他人对此的评价低。

2. 依据他人的反馈

通常，别人会对我们的品质、能力、性格等给予清晰的反馈，从而帮助我们增进对自己的了解。这些人一般是与我们的学习、生活或工作密切联系的，如老师、朋友、父母、同事等。当我们被老师鼓励要更加大胆、更加主动、更加勤奋一些时，我们便会从反馈中得知自己有些害羞，不够主动，学习不够勤奋。特别是当许多人对我们的看法一致时，我们就会相信这种看法是正确的，从而确定自己是这样的人。对成长中的大学生来说，激励是非常重要的，我们经常说："优秀的学生是夸出来的。"当否定性评价过多时，人会产生"习得性无助"。

"习得性无助"是指对环境失去控制的一种信念，一个人拥有这种信念时，会感到不能从环境中逃脱出来，便会放弃脱离环境的努力。如有些大学生会说："无论我如何努力，我也不会成为受大家欢迎的人"。事实上，"习得性无助"是一种严重的自我意识障碍，它抑制了人改造与影响环境的能力，强化了顺从甚至屈从并将其转化为个体的一种内在信念。"习得性无助"是后天形成的，特别容易受到环境的影响。尤其是当我们来到一个陌生的环境，开始新的学习生活时，环境适应中的自我意识显示出巨大的张力，很多在中学时代有着傲人成绩的大学生由于种种问题而认同了自己的平凡并不尝试改变时，就极易产生"习得性无助"。

3. 依据反射性评价

在生活中，那些与我们生活无关紧要的人有时并不会给予我们清晰明确的反馈，但我们可以从他们的态度与反应中了解自己。我们常常依据他人如何对待我们来了解自己，这一过程称为反射性评价。

如果他人总是对你态度冷漠，甚至充满敌意，那你就得有所警觉，冷静地对自己进行一番反思，或许你会发现不少自己以前未留意的问题，若及时加以改正，你会重新让他人笑脸以待。但是如果他人一向对你热情友好，那也同样需要做自我反省，分析一下自己有哪些方面吸引人，不要对自己的优点熟视无睹，要让它充分地发挥出来。如一名大学生在给老师的信中提道："我感到非常孤独，舍友不喜欢我，常常是当我在宿舍外面时，能听见里面的人在热烈地讨论一个问题，而我一进入宿舍，谈话就中断了，大家的表情也显示出冷淡与不在乎。我不知道自己做错了什么，为什么得不到大家的认同，这使我非常痛苦。在来自不同家庭的同学中，我的家境略好些，可这不是我的过错，我一直主动地想与同学相处好，甚至做了一系列努力都得不到大家的认同。在大学以前，我一直是非常受人欢迎的，我现在变得沉默了，因为不知道该如何做。"由此可见，反射性评价对自我意识的形成起着重要作用。

4. 依据社会比较

美国社会心理学家利昂·费斯汀格提出的社会比较理论指出，人们非常想准确地认识自我、评估自我，为此，在缺乏明确标准时，人们常常把自己和相似的人进行比较。

大学生正处于人生重要的发展时期，人生目标、职业理想、生活态度等都在形成之中。社会比较为大学生提供了认识自我、了解自我和发展自我的重要标尺。社会比较也是每个个体认识自我不可或缺的途径。没有社会比较，就没有自我的进一步优化。当然，自我比较并不总是向着积极的方向，自我比较又分为向上比较、向下比较与相似比较。当个体的目的与动机不同时，采用的社会比较策略也不相同。如自我保护与自我美化的动机促使大学生与那些不如自己运气好、没有自己成功和幸福的人比较，而自我成功动机强的人更倾向于向上比较，与那些比自己更加成功的人比较，促使自己更加成功。

拓展阅读

大一新生心理调适大法

九月，带着秋的内敛与端庄、成熟与向往，朝我们走来了。作为大一新生的你就要整理行囊，开启崭新的大学生活了。你是不是对全新的生活满怀期待，同时也有一些对未知的焦虑呢？别怕，以下几点能够帮助你做好心理调适。

1. 塑造新的生活习惯

首先，建议你给自己制定一个简单的作息表，假期里刷手机、赖床的习惯要慢慢改变。早睡早起、规律三餐、适度运动，以健康的生活习惯开启美好生活。用你擅长发现美的眼睛寻找有趣的人和事，尊重本心，积极参与各种活动。让自己的时间充实起来，很快你会发现自己早已融入全新的大学生活。

2. 学会管理情绪

夜深人静想家、想朋友，伤心难过的时候，不要不好意思，有时哭泣也是一种很好的宣泄方式。除此之外，再教给你一些管理情绪的小方法。

（1）学会倾诉：想不通某件事的时候找人倾诉，你会发现，关心你的人很多，跟你有相同烦恼的人也很多。

（2）学会放松：觉得压抑的时候要学会放松，深呼吸，或者放空自己，出去跑跑步，开阔心胸。

（3）音乐疗法：感觉情绪消极的时候，听听音乐能够帮你驱散消极情绪、缓解压力。

（4）善于娱乐：娱乐能让你的身心得到放松，增强心理适应能力，如登山、打球、聚餐、适度游戏等。

（5）正念思维：学会用新视角看待事物，学会感受当下的自己，和自己和解，给自己、给困难一些时间，先冷静下来思考，或许有意外惊喜。

困难是暂时的，变化才是永恒的。所以，大一新生们，别怕，做好心理调适，拥抱充满希望的大学生活吧！

（五）大学生自我意识发展中的偏差

大学生正处于心理迅速成熟又尚未完全成熟的时期，自我意识还在不断发展中，如果缺乏正确的引导和自省，容易出现各种发展的偏差。

1. 扭曲的自尊——虚荣

虚荣是一种追求虚假荣誉以期获得他人尊重的心理。希望得到社会的承认和被尊重是人的正常需要，但不是通过实实在在的努力，而利用吹牛、撒谎、作假、投机等非正常手段追求虚假的荣誉就是虚荣心作祟，最终结果就是自欺欺人，不能踏踏实实追求自己的人生目标，也会失去他人的尊重和友谊，留下空虚苍白的人生。

2. 消极的自觉——自卑

当一个人的自尊需要得不到满足又不能恰如其分、实事求是地自我分析时，这个人就容易产生自卑心理。自卑心理往往会使人从怀疑自己的能力转变为不能表现自己的能力，使人从怯于与人交往转变为自我封闭。本来经过努力可以达到的目标，自卑者也会因为自认为“我不行”而放弃追求。自卑者往往只看到自己的缺点而忽略了长处，不能容忍自己的缺点，看不到自己的价值或夸大自己的不足，否定、抱怨、指责自己，感到处处低人一等，严重的还可能由自我否定发展为自我厌恶，甚至走向自我毁灭。

3. 退缩的自主——从众

从众就是在群体的影响和压力下，放弃个人意见而选择与大多数人立场一致的心理。产生从众心理的原因是多方面的：有些人是为了避免被孤立而求得团体的认同，放弃了主见；也有些人是缺乏自信，不敢自己下判断、做决定。盲目从众容易导致大学生心理产生矛盾冲突，引起心理失衡，甚至产生心理障碍。

4. 变态的自立——逆反

逆反是指在多种因素的作用下，个体对一定的准则、规范或行为表现出反感、厌恶从而产生抵触的心理。青年大学生智力发展虽已达到高峰，但由于阅历有限，感性经验不足，易感情用事，以致形成偏见。当这种偏见在现实生活中碰壁时，大学生就容易出现逆反心理。有强烈逆反心理的大学生，容易对正面宣传做反面思考，对榜样和先进人物无端否定，对不良倾向产生情感认同，对老师、家长和周围事物持消极、冷漠、反感甚至抗拒的态度。过强的逆反心理会阻碍大学生学习正确的经验，不利于大学生成长成才。

5. 极端的自信——自负

自负是个体自以为是、自命不凡的一种情感体验和情绪表现，即对自己的评价过高以至于失实的心理，它严重影响人的工作和学习，对培养健全的人格极为不利，会造成重大的人格缺陷。在现实生活中，具有自负心理的人不在少数。根据精神分析理论，自负心理的实质是潜意识的自卑心理，是反向形成的防御机制。自卑心理和自负心理都是心理不健康的表现。自卑的人胆小懦弱，自负的人傲然自大；自卑的人低估自己，自负的人高估自己；自卑的人性格软弱，自负的人性格刚强。

6. 放纵的自我——任性

在顺境中长大的大学生，缺乏挫折的磨炼，相当一部分学生有任性孤傲的毛病。例如，在人际交往中，不顾及他人的想法，而一味要求他人依着自己的想法行事；没想过自我克制，而一味要求他人对自己忍让；在待人接物时，单从个人好恶出发，只凭一时意气用事，容易被本能的欲望、偶然的动机及不良的情绪左右。社会上片面主张个性、自由、张扬的思潮，也使大学生对自己的缺点不以为意，进而发展为以自我为中心。

拓展阅读

自信训练方法

1. 给自己一个自信的新形象

从形象入手，不论你相貌美丑，换一个精神的发型，把走路步伐加大15厘米，把走路的速度加快25%，把说话声音加大20分贝，在走廊与旁人热情地打招呼……这是建立自信新形象的开始，这可以让同学们对你刮目相看，给你重新定位。许多心理学家将懒散的姿势、缓慢的步伐和对自己、对工作及对别人的不愉快的感受联系在一起。但是心理学家也告诉我们，改变姿势与走路速度，也可以改变心理状态。你若仔细观察就会发现，身体的动作是心理状态的外显。

2. 挑前排的座位坐

无论在教室还是各种会议厅、会堂中，后排的座位总是先被坐满。大部分占据后排　座的人都希望自己不会“太显眼”，而他们怕受人注目的原因就是缺乏信心。坐在前排能建立信心，从现在开始就尽量往前坐。当然，坐前排会比较显眼，但要记住，有关成功的一切都是显眼的。

3. 练习正视别人

一个人的眼神可以透露出许多有关自己的信息。某人不正视我们的时候，我们会觉得疑惑：“他想要隐藏什么呢？他怕什么呢？他会对我不利吗？”不正视别人通常意味着“在你旁边我感到很自卑，我感到我不如你”，躲避别人的眼神意味着“我做了或想到了什么我不希望你知道的事，我怕一接触你的眼神，你就会看穿我”。这都是一些不好的意味。而正视别人意味着“我很诚实，而且光明正大，我相信我告诉你的话是真的，毫不心虚”。

4. 练习当众发言

有很多思路敏捷、天资高的人在参加会议时无法发挥他们的长处参与讨论，并不是因为他们不想参与，而是因为他们缺少信心。在会议中沉默寡言的人认为：“我的意见可能没有价值，如果说出来，别人可能会觉得很愚蠢，我最好什么也不说。而且，其他人可能都比我懂得多，我并不想让他们知道我是这么无知。”这样的想法会让人越来越丧失自信。因此，不论是参加什么性质的会议，每次都要主动发言，可以评论、建议或提问题。而且，不要最后才发言，要做第一个打破沉默的人，也不要担心你会显得很愚蠢，因为总会有人同意你的见解。

5. 咧嘴大笑

大部分人都知道笑能给自己很实际的推动力，它是医治信心不足的良药。但是仍有许多人不相信这一套，他们在恐惧时从不试着笑一下。真正的笑不但能治愈自己的不良情绪，而且能马上化解别人的敌对情绪。如果你真诚地向一个人展颜微笑，他实在无法再对你生气。笑就要笑得“大”，半笑不笑是没有什么用的，要咧嘴大笑。我们常听到：“但是当我害怕或愤怒时，就是不想笑。”当然，这时任何人都笑不出来，窍门就在于你强迫自己说：“我要开始笑了。”然后就开始笑。要有控制、运用笑的能力。

6. 练习内观法

内观法是研究心理学的主要方法之一，这是实验心理学家威廉·华特提出的方法。此法就是冷静地观察自己内心的情况，而后毫无隐瞒地说出观察结果。如能使用这种方法把时时刻刻都在变化的心理秘密毫不隐瞒地用言语表达出来，那么就没有产生烦恼的余力了。例如，初次到某一个陌生的地方，我们内心难免会疑惧万分，这时候，不妨将此不安的情绪清楚地用语言表达出来，如“我几乎愣住了，我的心忐忑地跳个不停，甚至两眼也发黑，舌尖凝固，喉咙干渴得不能说话”。这样一来，不但可将内心的紧张感驱除殆尽，而且能使心情得到意外的平静。

7. 用肯定的语气

有些女生面对镜子看到自己的样貌时，忍不住产生某种幸福的感受。相反地，有些女生却被自卑感困扰。虽然肤色都很黝黑，但自信的女生会认为：“我的皮肤呈小麦色，几乎可跟黑发相媲美。”内心一定暗喜不已；可是，一个缺乏自信的女生却因此痛苦地抱怨起来：“怎么搞的，我的肤色这么黑。”这两个女生的心情完全不同。有些女生看见镜子就丧失信心，甚至在一气之下把镜子摔碎。由此可见，价值判断的标准是非常主观而又含糊的。只要认为漂亮，看见就觉得漂亮；如果认为讨厌，看来看去都觉得不顺眼。总之，运用肯定和否定的措辞形容同一件事有着完全不同的结果。在任何情况下，只要常用有价值的措辞或叙述法，就可以对同一个事实改观，从而消除自卑感。

8. 做自己能做的事

做自己做得到的事时，个性会显现出来。重要的是，与其急于改变自我形象，不如找出现在可以做的事、知道应该做的事，然后实施，就可以从自我的形象中获得解放。总之，要试着记下马上可以做的事，然后加以实践，没有必要非得是伟大、不平凡的事，只要是自己能力所及的事就足够了。“今日事今日毕”，如果今天能动手做的事拖到第二天，那么那些延迟的工作就会使自己的负担加重。

成长建议

本节“成长烦恼”中，大学生小郑一方面遇到的是对新环境的适应问题，另一方面表现出来的是个人生活不能很好地自理，即对父母的依赖性过强的问题。其问题的根源在于小郑不能学会独立地生活，至少缺乏独立生活的准备，没有明确的学习目标和生活目标，缺乏有意识地调控自己的能力，不能很好地建立人际关系。这种表现的形成和家庭教育有直接的关系，溺爱和娇惯导致孩子对父母产生了过强的依赖。依赖性强的孩子一旦离开父母独自面对生活的各种挑战，就会表现出适应不良的问题。

小郑要从以下几个方面进行自我调适，包括独立自理、主体成长、自我教育等，使自己抛弃过强的依赖心理，增强生活自理能力。

（1）培养独立生活的自理能力。学着从日常最简单的小事做起，独立处理自己的事情，树立自立自强的观念，渐渐养成良好的生活习惯，逐步摆脱依赖思想，拥有较强的自理能力。

（2）努力调整心态。在进入大学的第一天就告诉自己：“从现在开始，一切归零，我和其他同学站在同一起跑线上，我愿意付出更多努力去赢。”参加相应的社团活动或参加社会兼职，了解自己的职业兴趣，更能激发个人学习动力。

（3）适应大学学习方式。在未来的学习生活中要养成主动发现问题、探索问题和进行独立思考的习惯，把握学习的主动权。要学会充分利用、合理安排时间，主动学习，培养和提高自学能力及更新知识的能力。

第3节 塑造健全的自我意识

内容导读

人生道路是每个人都要经历的一条路，不能拒绝，不能放弃。成长的路上要树立路标，指引我们成就自我；成长的路上要学习科学方法，帮助我们打开认识自我之窗。

本节主要介绍认识自我、塑造健全的自我意识等内容。

成长烦恼

小菲，女，20岁，大学二年级学生。她家境较好，自己深受父母宠爱。她自视很高，认为自己既漂亮又聪明，经常会穿得花枝招展地站在别人面前说：“你怎么就不知道换件衣服呢？”每当有人说别人好时，她就表现出不屑一顾的样子，说：“哼，有什么了不起的……”同学们觉得小菲身上有一种令人不爽的傲气，都不喜欢她。小菲说：“我真是冤枉呀，我有什么不对呀？我就是比他们强呀，我吃的穿的都是一流的。再说了，没有我，联欢晚会能那么热闹吗？没有我，我们班能评上优秀班级吗？我怎么就惹他们讨厌了，我看他们纯粹是嫉妒我。”

知识课堂

健全的自我意识是心理健康的重要标准，是人类自身内在的一种成功机制，在人的成长过程中发挥着重要作用。大学生培养健全的自我意识需要克服自我意识的偏颇，完善自己的个性，顺利地实现自我价值。健全的自我意识有如下标准。

第一，自我意识健全的人，应该是一个有自知之明的人，既知道自己的优势，又知道自己的劣势，能正确评价自我和发展自我。

第二，自我意识健全的人，应该是自我认识、自我体验和自我控制协调一致的人。

第三，自我意识健全的人，应该是自我肯定、独立并与外在行为保持一致的人。

第四，自我意识健全的人，应该是有积极的目标意识，积极进取，永无止境，理想自我与现实自我统一的人。

一、认识自我

（一）客观地认识自我

为了客观、准确地认识自我，大学生需要深刻地剖析自己，剖析的结果可以提供一个客观认识自我的标准。

1. 通过社会活动认识自我

大学生可以在参加各种活动后根据各种活动的过程与结果来认识自己：通过与他人的合作分析自己的人际沟通能力，通过组织开展活动分析自己的组织管理能力，通过读书活动分析自己的知识掌握程度以便及时查漏补缺，等等。通过具体的活动分析自己的表现及成果，能够更加客观地认识自己。

2. 通过以往成败的经验认识自我

成功和挫折最能反映个人性格或能力上的特点，因此，大学生可以通过自己成功或失败的经验教训来发现个人的特点，在自我反思和自我检查中重新认识自己，认识自己的长处和短处。

3. 通过分析自己在生活中的表现认识自我

生活中的你如何对待别人的不合理要求？是否能自主学习？效果如何？对自己不能肯定的某方面的才能和特点，不妨找机会在生活中表现一下，从中得到验证。

另外，辩证地自省也有助于认识自我。自省的时候可能出现一些极端的情况：有些人过多注意到自己的长处，产生过高的自我评价（即自负），结果常常是盲目乐观，甚至狂妄自大，难以听取他人的批评意见；而有些人过低地评价自我（即自卑），只看到自身的缺点和不足，表现出不自信，对自己持消极的看法。过高或过低的自我评价都是错误的自我认识，其主要问题是不能全面地认识自我。全面的自我认识需要用一分为二的观点看待，既要看到自己的优点，又要看到自己的缺点。

给过高和过低自我评价者如下建议。

过高自我评价者在成功的经验中不要一味沾沾自喜，要分析自己在整个过程中还不够完善的地方；面对失败不要总是避开、不愿提及，要冷静下来，认真分析，要看到自己的不足。

过低自我评价者在面对成功时不要压抑自身的感受，要充分享受成功带来的喜悦；面对失败时，要就事论事，不要把失败扩大到生活的方方面面，同时也可以总结出整个过程中成功的方面。

（二）借助他人认识自我

“当局者迷，旁观者清”，有时站在他人角度能更好地认识自己。

（1）重视关系密切者对自己的评价。

（2）重视大多数人的评价。

（3）重视逆耳但有理的评价。

（4）重视他人言语、态度前后发生很大变化的情况。

为了更好地认识自我，大学生需要参考他人的评价和意见，但他人的评价未必都是正确的，因此需要大学生有自己的判断。

（三）多方比较，全面认识自我

1. 人比人，激励人

他人可以给我们提供一个参照的标准，与他人比较可以让我们更客观地认识自我，并且激发出超越自我的动力。与他人做比较有以下几种方式。

向上比较：和比自己优秀的人比较，可以认识到自己的不足，激励自己努力进取，改进和提高自己，但是要避免不满、气愤和自卑等负面情绪。

向下比较：和不如自己或比自己境况差的人比较，可以提升自我评价，体验到愉快、满足和成就感，但要避免自我感觉过分良好、不思进取等情绪。

相似比较：和与自己相似的人比较是最常见的比较方式，也最能影响我们对自己的看法。相似比较同样也能带来积极和消极的情绪。一般来说，更优的一方能体验到强烈的自尊、自豪，更差的一方则羞愧、内疚。相似比较要多方面比较，要既能看到自己的长处，又能看到自己的短处。

2. 己比己，完善己

人与人相比的时候，没有永远的胜利者，也没有永远的失败者，能关注自己的进步，挑战自己、战胜自己的一方，可以是永远的胜利者。无论处在什么位置，都比过去进步了，这就是成功。

坚持每天自我反思。每天反省自己，对一天的行为进行总结，分析自己的得失。例如，每天睡前不妨用一小段时间来思考当天的事情或写日记。

坚持定期自我总结。事情发生的当时和之后，人们的自我认识常常会有所不同。隔一段时间来总结，往往能获得新的自我认识。因此，不妨每周、每月、每学期和每年都进行总结，主要是总结与分析这段时间里的重要事件，从而发现自己的成败、进步及不足。

拓展阅读

悦纳自我

每个人都有自己的优点和缺点、长处和短处，自己的长处要充分发挥，自己的短处也要正确对待，积极悦纳自我是塑造健全自我意识的关键。一个人首先应自我接纳，然后才能为他人所接纳。积极悦纳自我就是无条件地接受自己的一切，而不是回避自己的缺点，更不能否定自己存在的价值。一项关于大学生“我的长处和短处”的调查表明：大约有70%的大学生能比较客观地写下自己的长处和短处，还有15%的大学生只写长处，不愿写自己的短处；10%的大学生只写短处，写不出自己的长处；5%的大学生没有答案。由此可见，大多数大学生能积极接纳自己，还有部分大学生不能正确面对自己、接纳自己，表现为过分夸大自己的优点而产生自负心理或过分夸大自己的缺点而产生自卑心理，这两种情况都会对一个人的发展产生不利影响。作为大学生，只有积极悦纳自我才能坦然面对一切，做到自信、自强。心理学家在研究积极错觉时发现有积极自我认识的人具有如下特点。

第一，对未来的看法更积极，有更多的生活幸福感。

第二，对自己和他人有更高的评价，有更满意的人际关系。

第三，有积极地看待自己的能力，更可能从事有挑战性和创造性的工作，并取得更高的成就。

第四，在面对压力、困境和危险时，更可能采取积极的应对措施，并获得好的结果。

二、成就自我

（一）发挥优势

每个人都有其独特的优势。才干、知识和技能合在一起就构成了一个人的优势。才干、知识和技能都可以通过学习和实践获得并发展。一个人需要认识和培养自己的主导才干，然后针对性地获得相应的知识和技能，继而将它们转化为优势。每个人都应该知道自己的优势，然后将自己的生活、工作发展都建立在这个优势之上，这样方能成功。乔治·盖洛普曾对上万个成功的企业家进行研究，研究分析发现，尽管成功者的路径各异，但他们都有一个共同点，就是扬长避短。而“传统智慧”则鼓励人们不遗余力地去纠错补缺，然而当人们把精力和时间用于弥补缺点时，就无暇顾及增强和发挥优势，因为纠错补缺会消耗大量的心理能量，使人越来越难以保持热情。因此，成就自我的两大原则就是：最大限度地发挥优势，而不是克服弱点；通过学习和实践获得才干、知识和技能以形成和保持自身的优势。

心理学家威廉·詹姆斯认为，普通人只用了其潜力的极小部分，与我们应该成为的人相比，我们只苏醒了一半，我们的热情受到打击，我们的蓝图没能展开，我们只运用了我们头脑和身体资源的极小一部分。成就自我就是要最大限度地开发个人潜能，让自己走向力所能及的高度。

课堂小互动

识别你的优势

（1）当你看到别人在做哪类事时，你心里也有一种热切的被召唤感——“我也想做这件事”？

（2）如果你可以成为某一方面的专家，你觉得最可能在哪个领域？

（3）你在做哪类事情时几乎是自发地、无师自通地就能完成？

（4）你在做哪类事情时不是一步一步地，而是行云流水般地一气呵成？

（二）找准方向

做自己热爱的事业，才能在学习和工作中充满激情与想象力，充分发挥出自己的潜能。找准了方向，你可以不必强迫自己就能够全身心地投入其中，并且体会到无穷的乐趣和成就感，甚至为它废寝忘食也乐在其中。这时候，你不是为工作而工作，而是在享受工作。

课堂小互动

选你所“爱”

（1）你最向往成为哪个领域的杰出人物？

（2）什么事情让你可以自发地全身心投入，即使有困难也感到乐趣无穷？

（3）你做什么事情最能体会到由衷的喜悦和成就感？

（4）你的人生中最快乐和自豪的时刻与做什么事情有关？

（三）挖掘潜能

很多人之所以不成功，是因为时常犹豫不决、畏首畏尾，没有下定决心。当一个人决定必须去做一件事的时候，他的潜能才可能真正被激发出来。成就动机够强烈，便能寻找到做事的方法。

三、平衡自我

平衡自我即自我和谐。自我和谐强调个人的独特和价值，这要求我们既要做自己，又要处理好自己和周围环境、他人的关系。

自我和谐的人在身处困境时不会悲观失望、怨天尤人，在生活比较顺利、平稳时不会饱食终日、无所事事且内心空虚，在有了一定身份和地位之后也不会颐指气使、得意忘形。

自我和谐的人，在不得志时可以平静地面对，并积极挖掘自身的资源，善待身边的人，做眼前必须做的事，过好生活的每一天；当人生有所发展、事业有所成就、衣食无忧的时候，可以把眼光放开，对社会多一份担当；当人生发展到相当辉煌的时候，其就能去关注国计民生，成为推动社会发展的中坚力量。

（一）建立和谐的心态

1. 拥有平常心

人需要追求卓越，但不要有优越感，平常心最好。“人不知而不愠，不亦君子乎？”君子不会因为别人没有把自己当作君子而生气，因为他们是以平常心来看待自己、看待他人的。人得意时要有平常心，困顿失意时更要有平常心。

2. 辩证看得失

一般来说，我们在人生之中最为在意的就是得失，我们得到想要的东西时会高兴，我们失去喜欢的东西时候会伤感，我们的人生因得到而有光彩，因失去而黯淡。表面上看，得到对于自己是好的，失去对于自己是坏的，其实也不尽然，得失之间是相互关联、相互影响、相互转化的，我们要学会客观、辩证地看待得与失之间的关系。

我们应珍惜拥有的人和事物，保持感恩的心态，调整好自己的心态，使得自己在得失之间可以掌控情绪。

生活中，我们常会失去一些东西，但也许正是因为失去了一些东西，才能释放出空间来接纳另一些东西。这样看来，失去未必就是坏事，失去是另一种获得。

（二）积极融入社会

1. 积累生活经验

大学生活中，我们不仅要学习专业知识和技能，而且要不断思考和总结以获得各类生活经验。

我们要经常换位思考，思考自己经历过的事情，思考身边的朋友、同学经历的事情。可以站在男性的角度思考，也站在女性的角度思考，还要学会站在其他角度思考，包括老师、父母的角度。

要经常对思考出来的经验进行总结，因为经验也有对与错之分。对于错误的经验要进行分析，去弊留利，得出来的有利经验才会多。

多观察他人失败的经验，用他人的教训来完善自己。

多问有经验的朋友，多听有经验的朋友的意见。

2. 处理好身边的人和事

认真做好身边的小事，处理好周围的人际关系，用做大事的态度来做好小事，个人将能更好地融入社会。

（三）做真实的自己

人本主义心理学家卡尔·罗杰斯发现，人越是能按自己真实的意愿生活，就越能感受到生活的价值和意义，体验到幸福感。

1. 倾听自己内心的声音

按照自己内心最真实的想法来生活，需要常常倾听内心的声音。在现实中，大学生往往受到亲人的期望、他人的言论及社会的偏见等的干扰，而忽略了自己内心的需要。

人只有在心思宁静的情况下，才能听到自己内心深处的需要。这里有一个倾听内心需要的步骤。

课堂小互动

（1）找一个安静舒适的环境，让自己的心情能放松下来。

（2）把所有的人、事、物都暂时抛开，无论是好人、坏人、好事、坏事，都从心中彻彻底底地清除，给自己一个纯净的心理空间。

（3）只从自己的需要出发，如“我想……”“我希望能……”等。

（4）把这些想法和现实结合起来，尽力在现实中达成自己的想法。

2. 敢于做出选择

在成长过程中，每个人都在追求自己想要的东西，可是一些失败的经历可能导致我们不敢再去追求想要的东西。例如，经历了一段失败的恋爱后，内心敏感的人会对亲密关系感到失望，就会压抑内心对亲密关系的需求。对选择和后果的恐惧也会使人变得越来越没有勇气和信心。这个时候，为了寻找幸福体验，可能就会模仿、迎合他人。模仿、从众、迎合、攀比是人性的弱点。人们一旦遵从了人性的弱点，就会失去自主选择能力，就会变得浮躁，幸福也就无从谈起。做真实的自己，就应该先做到不迎合、不苟同。每个人都有自己的生活节奏，只有跟着自己的生活节奏才能够发现幸福。当看到他人过得幸福的时候，人们会不由自主地跟随他人的脚步，被他人的生活节奏左右。这种现象就是在迎合他人。要避免从众或迎合，就要坚定地选择自己的生活方式，而不是模仿他人。因此，人们更加需要把握每一次选择的机会和权利，让自己拥有自主选择的能力。敢于做出选择和决定的人，才有能力对自己的行为和后果负责，这是每个人人生中的必修课。

拓展阅读

镜子技巧

镜子技巧是由美国心理学家布里斯托总结出来的，这一方法简单、有效，可以使你增加信心。具体做法如下。

站在镜子前，看到身体的上半部分。笔直站立，脚后脚跟靠拢，收腹、挺胸、昂首，再做三四次深呼吸，直到能感受到自己的能力和决心。然后凝视镜子里自己的眼睛，告诉自己会得到自己想要的东西，大声说出它的名字。每天至少早晚各做一次。还可以用肥皂将喜欢的口号、精彩的格言写在镜面上，只要它们确实代表你曾经的设想或希望实现的某些事情即可。

如果你准备去访问一位极其固执的人，或拜访一位曾使你感到害怕的人，那么请运用镜子技巧，直到你能够相信自己。如果你要去演讲，那么务必提前对着镜子进行一番练习，用拳头敲另一只手掌，练习能使观众接受你的观点的自然洒脱的手势。

当你在镜子前站好，就反复对自己说，你会获得巨大的成功，世界上没有任何东西能够阻止你。这样做并不可笑，因为任何渗入潜意识的设想都可能在生活中成为现实。

眼睛作为心灵的窗户，不仅会泄露你内心的思想活动，而且比你想象的更能表达你的内心世界。一旦开始实践镜子技巧，眼睛就会产生一种你从未想到过的你所具备的力量，你会获得一种锐利的目光，使别人以为你正在注视着他们的内心世界。你的眼睛迟早会把你的信念的强度真切地表露出来，这时你就会赢得人们的赞赏。眼神能反映出一个人在现实生活中所属的阶层、所处的位置，所以要训练你的眼睛，使之充满信心，而镜子则能帮助你。

镜子技巧可以运用在许多方面。如果你走路的姿势很糟或无精打采，试着在大镜子前练习镜子技巧，将会有令人满意的效果。镜子向你显示他人看到的你，你可以对着镜子改进姿势，塑造任何符合社会大众审美标准的姿态。

成长建议

本节“成长烦恼”中，大学生小菲显然是自我意识出现了偏差，她不能客观地分析自己，只把自己的优点无限地放大，而对自己的缺点视而不见，自我标榜，趾高气扬，过高地估计了自己在同学们心中的位置，不能和同学和睦相处。

针对小菲的状况，我们首先应该改变她的思维方式，让她认识到自己的自负，而自负的源头是自高自大。其次是引导其学会换位思考，让她思考一下，如果她辛辛苦苦获得成功，别人却对此嗤之以鼻，她会有何感触？此外，还要督促她采用日记等形式记录自己每天的言行，尝试对自己提出一些建议。这样慢慢地使她认识到自己的一些想法不正确，并逐渐学会用客观的眼光去看待自己的言行和周围的事物。

身心和谐：大学生立身之本

人是身心的统一体。一个健康的人不仅要有健康的生理机能，而且要有良好的心理机能，即身心健康。只有身体健康、内在精神和谐的人，才能以积极的心态处理各种人际关系，以饱满的热情投入学习、工作、生活中。儒家特别强调个体自我身心内外的和谐，主张保持平和、恬淡的心态，做到“喜怒哀乐之未发”。心理健康与生理健康息息相关。健康的体魄是健全的心理的生理基础，健康的身体使人精力充沛、充满活力、思维敏捷、思路清晰、朝气蓬勃、奋发向上。大学生应将自身的生理健康纳入个人的发展计划之中，养成健康的生活方式，为身心和谐打下坚实的根基。

自我和谐量表

指导语

下面是一些个人对自己看法的陈述，填答时，请你看清每句话的意思，然后用1~5之间的一个整数数字表示你自身的情况。

数字1代表完全不符合你的情况。

数字2代表比较不符合你的情况。

数字3代表不确定。

数字4代表比较符合你的情况。

数字5代表完全符合你的情况。

数字表示这句话与你现在对自己的看法相符合的程度。每个人对自己的看法都有其独特性，因此答案没有对错之分，你只要如实回答即可。

测试内容

（1）我周围的人往往觉得我对自己的看法有些矛盾。 （　　）

（2）有时我会对自己在某方面的表现不满意。（　）
（3）每当遇到困难，我总是先分析造成困难的原因。（　）
（4）我很难恰当地表达我对别人的情感。（　）
（5）我对很多事情都有自己的观点，但我并不要求别人的与我的一样。（　）
（6）我一旦形成对某一事物的看法就不会再改变。（　）
（7）我经常对自己的行为不满意。（　）
（8）尽管有时要做一些我不情愿的事，但我基本上是按自己意愿办事的。（　）
（9）一件事好就是好，不好就是不好，没有什么可含糊的。（　）
（10）如果我在某件事上不顺利，我就会怀疑自己的能力。（　）
（11）我至少有几个知心朋友。（　）
（12）我觉得我做的很多事情都是不该做的。（　）
（13）不论别人怎么说，我的观点决不改变。（　）
（14）别人常常会误解我对他们的好意。（　）
（15）很多情况下我会对自己的能力表示怀疑。（　）
（16）我朋友中有些是与我截然不同的人，这并不影响我们的关系。（　）
（17）与朋友交往过多容易暴露自己的隐私。（　）
（18）我很了解自己对周围人的情感。（　）
（19）我觉得自己目前的处境与我的理想处境相距太远。（　）
（20）我很少去想自己做的事是否应该。（　）
（21）我遇到的很多问题都无法由我自己解决。（　）
（22）我很清楚自己是什么样的人。（　）
（23）我能很自如地表达我要表达的意思。（　）
（24）如果有足够有力的事实，我也可以改变自己的观点。（　）
（25）我很少思考自己是一个什么样的人。（　）
（26）我认为把心里话告诉别人不仅得不到帮助，还可能招致麻烦。（　）
（27）在遇到问题时，我总觉得别人都离我很远。（　）
（28）我觉得我很难发挥出自己应有的水平。（　）
（29）我很担心自己的所作所为会引起别人的误解。（　）
（30）如果我发现自己某些方面表现不佳，总希望尽快弥补。（　）
（31）每个人都在忙自己的事，我很难与他们沟通。（　）
（32）我认为能力再强的人也可能遇上难题。（　）
（33）我经常感到自己是孤立无援的。（　）
（34）我认为一旦遇到麻烦，无论怎样做都无济于事。（　）
（35）我总能清楚地了解自己的感受。（　）

☑ 测评方法

自我与经验的不和谐：1、4、7、10、12、14、15、17、19、21、23、27、28、29、

31、33 共 16 项。

自我的灵活性：2、3、5、8、11、16、18、22、24、30、32、35 共 12 项。

自我的刻板性：6、9、13、20、25、26、34 共 7 项。

三个维度的平均分如下。

自我与经验的不和谐：46.1+10.0。

自我的灵活性：45.4+7.4。

自我的刻板性：18.1+5.1。

将自我的灵活性反向计分，再与其他两个分数相加。得分越高则自我和谐度越低。在大学生中，低于 74 分为低分组，75~102 为中间组，103 以上为高分组。

项目活动

发现和认识“我”

活动目的

通过活动发掘自身的优点，增强自己的自信心。此外，观察身边的人和事，学会发现他人身上的优点，并表达出来。

活动准备

10 人一组，每人 1 张卡片、1 支水彩笔；舒缓轻柔的音乐。

活动步骤

1. 每个学生拿 1 张卡片、1 支水彩笔。

2. 每个小组的学生坐在一起，围成两个圈：一个内圈，一个外圈。外圈的学生要和内圈的学生一一对应，确保每个内圈的学生都与一个外圈的学生面对面而坐。

活动规则：当音乐声响起时，所有内圈的人都需要把自己的卡片交给对面的人，然后告诉对方自己的一个优点、一件擅长做的事情，由外圈的人记录、签名后还给内圈的人。当音乐声停止时，所有的人都要停下来。然后，内圈的人不动，外圈的人按顺时针的方向转动，换一个位置。

音乐声再次响起的时候，内圈的人把自己的卡片交给对面的人，再告诉对方自己的另一个优点、另一件擅长做的事情，外圈的人记录、签名并归还卡片。依次轮流，直到所有的人都轮过一整圈。

接下来，内外圈学生交换位置。按上述的规则由原先外圈的学生把自己的优点和擅长做的事告诉原先内圈的学生。

3. 学生将卡片内容念给大家听。

（1）说优点时，你会觉得困难吗？

（2）是什么原因让你没有集齐应有的 10 个签名？

（3）集齐 10 个签名的感觉是怎样的呢？

（4）你能说出其他人的优点吗？

第 3 章

大学生的情绪管理

“人有悲欢离合，月有阴晴圆缺”，快乐、悲伤、思念、焦虑、郁闷……每个人都处于一定的情绪体验中。不同的情绪体验对人的身心和行为会产生不同的影响，积极的情绪体验可以提高人的工作效率，增进人的身心健康；而消极的情绪体验则会降低人的工作效率，影响人的身心健康和成长。现代社会生活节奏加快，竞争日趋激烈，文化观念出现多元碰撞，生活、学习中会产生各种压力，使得大学生易受消极情绪的困扰。一个心理健康的人会识别情绪、支配情绪、控制情绪，而不会受到情绪的支配。

学习目标

1. 了解情绪的概念和构成。
2. 了解大学生的情绪特点。
3. 掌握情绪调适的方法。
4. 培养管理自己情绪的能力。

第1节

认识情绪

情绪如同影子伴随着我们，并渗透到我们生活的各个方面，对我们的生命健康和事业成就产生重要影响。从心理健康的角度来看，要识别情绪、管理情绪，就应该先了解情绪的概念和类型，以便判断自己或他人的情绪或状态。此外，还应了解情绪产生的原因，从而培养管理自己情绪的能力。

本节主要介绍情绪的概念、构成、功能等内容。

小洁是一位大三女生，可能是受到父母的影响，她从小性格急躁，不善交际。小洁和同学间的关系很淡薄，她有时会觉得别人很虚伪，所以无法与别人成为真正的朋友。遇到事情时，她总会往坏处想。也许是由于小洁的性格原因，她经常与室友闹矛盾，她有时候也觉得室友谈的话题太无聊，如吃饭、逛街、买化妆品等，不理解为什么室友总在这些无聊的话题上浪费时间。小洁有一个谈了两年的男朋友，他性格温和，从来不发脾气，但是小洁总是对他不满，经常因为一些不开心的事情向男朋友发火。比如，男友的手机突然没电关机，小洁就会一遍遍地拨打电话直到打通为止，然后愤怒地斥责男朋友，直到他道歉为止。心情不好的时候，小洁就会找个借口和他吵架，吵完之后自己心情就会好很多。现在的她有点神经质，越来越控制不住自己的脾气了，不知道该怎么办。

一、情绪的概念

一般认为，情绪是人对于客观事物是否符合自己的需要而产生主观体验，并伴随特定的生理反应与外部表现的一种心理过程。例如，我们会因为获得各种荣誉或别人的赞赏而喜悦，也会因为遭遇挫折而忧伤。

拓展阅读

影响情绪的主要因素

情绪状态是人的需要是否得到满足的反映，同时又因人的主观体验的不同而千差万别。

1. 情绪为刺激所引起

情绪虽是一种主观体验，但这种主观体验不是自发的，而是个体与各种内外刺激相互作用引发的。例如，风景秀丽、空气清新的自然环境就令人心旷神怡，限时的贷款、未完成的工作却令人焦虑不安。

至于引起情绪的内在刺激，有生理性的，如腺体分泌失常、器官功能失常等；还有心理性的，如联想、记忆等心理活动。这些生理性的和心理性的内在刺激都能使人产生不同的情绪。

2. 情绪与需求有关

情绪的产生与个体的需求密切相关，个体的需求和欲望得到满足的时候，个体会产生积极的情绪体验，如满意、喜悦、兴奋等；当个体的需求和欲望没有得到满足时，个体会产生消极的情绪体验，如忧虑、厌恶、愤怒等。

3. 情绪与认知水平有关

情绪与个体的认知水平有密切关系，同一种外在刺激未必引起不同个体同样的情绪状态。如面对他人的批评意见，有人焦躁不安，有人则显得轻松自然。这些不同的反应与人们对自己和社会的态度及信念有关。

二、情绪的构成

从情绪的概念可以看出，情绪是由主观体验、生理唤醒和外部表现三种成分组成的。

（一）主观体验

情绪的主观体验是指个体对不同情绪状态的自我感受。喜、怒、哀、乐等情绪的不同主观体验，代表了人们对特定事物的不同感受，它们构成了个体情绪的心理内容。

正如德国哲学家戈特弗里德·威廉·莱布尼茨所说，世上没有两片完全相同的树叶。同样，世上也没有两个完全相同的人。不同的人面对同样的客观现实产生的情绪不尽相同，每个人体验到的情绪内容、性质、强度等都是主观、独一无二的。例如，面对竞争的失利，有人会耿耿于怀，生气愤怒；有人会总结经验，再接再厉；也有人享受过程，并不太在意结果。之所以情绪体验具有主观性，是因为情绪是以个体的愿望和需要为基准的一种心理活动，情绪是在个体对外部的客观现实和自己的主观需求、个人能力等符合程度的认知的基础上产生的。换言之，任何一种情绪的背后，都对应着自身感受与主观认知的一种互动。当个体感知到客观现实，并与自己内心的需求进行对比后，自己的需要和愿望得以满足，心理世界就会产生满意、愉悦及狂喜等积极的情绪；反之，自己的需要和愿望没有被满足，心理上则会产生失落、烦闷甚至痛苦等消极的情绪。

（二）生理唤醒

情绪的生理唤醒是指个体在不同情绪下的生理反应，即生理唤醒。它涉及一系列生理活动过程，人的心率、血压乃至整个神经系统、循环系统、内分泌系统都会发生相应的变化。例如，人在激动的状态下，会有面红耳赤、血压升高等生理反应；在恐惧的状态下，会有心跳加快、呼吸急促等生理反应。这些反应受到人的自主神经的支配，不由人的意识控制。有时，我们会极力调整自己的情绪或掩饰真实情绪，但情绪引起的生理反应还是会暴露我们的情绪状态。

（三）外部表现

情绪的外部表现是指个体的情绪体验会直接反映到人的行为中，主要包括面部表情、姿态表情和语调表情。

面部表情是通过面部的变化来表现各种情绪状态，如高兴时眉头舒展、嘴角上扬，生气时眉头紧锁、嘴角向下、鼻孔不自觉张开。我们可以通过观察人的面部表情来了解一个人的情绪状态。

姿态表情是指面部表情以外的身体其他部分的表情、动作，包括手势、身体姿势等，如人在痛苦时捶胸顿足，在焦虑时坐立不安，在高兴时手舞足蹈，等等，都可以反映出不同的情绪状态。

语调也是表达情绪的一种重要形式，是指人们在与人交流时的声调、音色和节奏快慢等方面的表现。如人在悲伤时会语调低沉，言语缓慢、断断续续，而在兴奋时则会语调高昂，语速加快，声音抑扬顿挫、清晰有力。

拓展阅读

基本情绪

关于情绪的种类，说法众多。我国古代有喜、怒、忧、思、悲、恐、惊“七情”说，美国心理学家罗伯特·普拉切克提出了八种基本情绪：悲伤、恐惧、惊讶、期待、高兴、愤怒、信任、厌恶。美国心理学家保罗·艾克曼指出，人类的四种基本情绪即快乐、愤怒、悲哀、恐惧，对应的特定面部表情具有普遍性，其他复杂情绪都由四种基本情绪组成。

快乐是指个体达到盼望和追求的目的后产生的情绪体验。由于个体需要得到满足，愿望得以实现，快乐随之而生。快乐从强度上可以区分为愉悦、欣喜、欢乐、狂喜等。

愤怒是指追求的目的受到阻碍，愿望无法实现时产生的情绪体验。愤怒时个体紧张感增加，有时不能自我控制，甚至出现攻击行为。愤怒也有程度上的区别，一般的愿望无法实现时，个体只会感到不快或生气；但当遇到不合理的阻碍或恶意的破坏时，个体的愤怒会急剧爆发。这种情绪对人的身心伤害也是明显的。

悲哀是指个体失去追求和重视的事物，或理想和愿望破灭时产生的情绪体验。悲哀的强度取决于失去的事物对个体的重要程度和对个体来说的心理价值的高低。对个体来说的心理价值越高，个体的悲哀就会越强烈。悲哀从强度上可分为遗憾、失望、悲伤和哀痛等。

恐惧是个体企图摆脱和逃避某种危险情境而又无力应对时产生的情绪体验。恐惧的产生不仅仅是由于危险情境的存在，更是由于与个人应对危险的能力不足。恐惧从强度上可以区分为不安、忧虑、惧怕等。

课堂小互动

猜一猜

目的：认识情绪表达的方式，并了解识别他人情绪的方式。

内容：找四位同学分别表演“快乐”“愤怒”“悲伤”“恐惧”这四种情绪，其他同学负责猜他们表演的情绪，然后由负责表演的同学分享表达情绪的方法，由其他同学分享识别对方情绪的方法。

三、情绪的存在状态

根据情绪发生的强度、速度和持续性，可将情绪的存在状态分为心境、激情、应激三种。

（一）心境

心境是一种微弱、持久而又具有弥漫性的情绪状态，是一种具有感染性、比较平稳的情绪状态。古话说“忧者见之则忧，喜者见之则喜”，人们由于各自的心境不同，对周围环境产生的体验也是不同的。心境忧伤的人看到的周边的一切都带有忧伤的色彩，心境愉悦的人看到的周边的一切都带有快乐的色彩。

（二）激情

激情是一种强烈、爆发式、持续时间较短的情绪状态。因为激情多是由某种强烈刺激所致，所以它会伴以强烈的生理反应和表情行为。例如，人们狂喜时会手舞足蹈，发怒时会暴跳如雷，恐惧时会面如土色。激情有积极和消极之分，积极的激情可以成为人们积极行动的巨大力量，促使人们高效和创造性地完成工作。消极的激情会使人们认识活动范围缩小，理智分析能力减弱，不能正确评价自己行为的后果。消极的激情让人不能约束自己的行为，使人在激情下产生不良冲动，从而酿成大错。

（三）应激

应激是人在遭遇意外事件或危险情况时出现的高度紧张的情绪状态。当人在遭遇突发事件或危险情况时，人体会把各种资源都动员起来以应对紧张的局面，这时产生的复杂生理和心理反应都属于应激状态。例如，在遇到严重自然灾害时，人们需要根据自己的知识、经验集中意志力迅速判明情况，果断做出决定。

在应激状态下，人可能有两种表现：一种是目瞪口呆、手足无措，陷入一片混乱之中；一种是头脑清醒、急中生智、动作准确、行动有力，及时摆脱困境。应激状态是可以被训练出来的，但不能维持过久，因为这种状态会消耗人的体力和心理能量，若人长时间处于应激状态，可能会产生适应性疾病。

四、情绪的功能

情绪的功能主要包括适应功能、动机功能、组织功能、社会功能、识别功能等。

（一）适应功能

情绪是帮助人们适应环境并得以发展的一种重要方式。人的情绪最初就是人为了适应生存而发展起来的。从婴儿情绪的发展来看，先有悲伤的情绪，这是最具特征的适应方式，身体不舒服、饥饿、生病，都可以用哭来表示。从日常生活来看，情绪不好就会吃不好，甚至会导致一些身体疾病的产生和加重，这是情绪影响适应的一个明显表现。

（二）动机功能

动机是激励人们进行活动的原因，可以引发并维持个体有组织、有目的、有方向的行动。情绪是动机的源泉之一，是动机系统的一个基本成分。它能激励人的活动，提高人的活动效率。适度的情绪兴奋可以使身心处于活动的最佳状态，促使人们有效地完成任务。研究表明，适度的紧张和焦虑能促使人积极地思考和解决问题。

（三）组织功能

情绪的组织功能是指情绪能对其他心理过程产生影响。情绪心理学家认为，情绪作为脑内的一个检测系统，对其他心理活动具有组织作用。这种作用表现为积极情绪的协调作用和消极情绪的破坏、瓦解作用。中等强度的愉快情绪有利于改善认知活动的效果，而消极情绪如恐惧、痛苦等会对认知活动产生负面影响。消极情绪的激活水平越高，认知活动的效果越差。

（四）社会功能

人际交往中，人们除借助言语进行交流以外，还通过情绪的流露来传递自己的想法和意图，这种功能就是情绪的社会功能。人们可以凭借一定的表情来传递情绪信息和想法、愿望。在社会交往的许多场合，人们之间的思想、愿望、态度、观点，仅靠言语无法充分表达，有时甚至不能言传，只能意会，这时表情就起到了信息交流的作用，如用微笑表示赞赏、用点头表示默认等。情绪的沟通交流作用还体现在构成人际关系的情感联结上，如依恋、友谊、亲情和恋爱等都是以感情为纽带的联结模式。

（五）识别功能

我们在生活、工作中与人相处时，任何人的一句话或是一个举动都可能带着情绪。这些情绪往往在人际交往中占有重要的地位。情绪的识别功能是指人们能识别情绪、准确地捕捉别人的真实情绪。这种对情绪的识别能力，有助于人们更加准确地理解别人的感受。

成长建议

本节“成长烦恼”中的小洁，由于性格不完善，在人际交往方面产生了诸多困扰。一个人性格的养成与家庭环境有关，孩子常常模仿父母待人接物的方式，但是后天的成长环境也会对个人的性格产生影响。小洁在成长过程中性格急躁，在与同学的交往中，也能看出她不擅长表达自我和人际交往。

建议小洁试着分析自己的情绪变化规律，学习情绪控制的方法，学习人际交往的技巧，并在生活中不断运用。她也可以效仿同龄人的做法，学习别人的优点，这样能促进自己的人际关系和谐，自己的性格也会逐渐得到优化。

第2节
大学生情绪特点及常见的情绪困扰

大学生的情绪体验较为深刻，有效的情绪识别和恰当的表达情绪的方式是大学生在

成长过程中的必修课，对大学生的生存和发展至关重要，它们帮助大学生相互理解，和谐相处，建立起良好的人际关系。

本节主要介绍大学生情绪发展的特点、情绪对大学生的影响及大学生常见的情绪困扰等内容。

小屈，男，19 岁，大学二年级学生。他从小学习成绩优秀，后在某城镇重点中学就读，初中、高中六年成绩一直是学校第一名，备受教师和家长赞扬，也顺利考入某市重点大学。大学一年级第一学期考试时，小屈正患重感冒，他在考场晕倒。后来他补考成绩不理想，总分在全年级只占第 17 名，这对他打击很大。从那以后，他见人不爱讲话，天天泡在图书馆，不愿与同学一起活动，上课无法集中注意力，情绪低落，不愿与同班同学一起上课，经常坐在教室最后一排。他惧怕考试，一听说考试就睡不好觉、吃不下饭，一进考场就出汗、心慌。

一、大学生情绪发展的特点

大学生正处在青年期，对人、事、社会现象十分敏感，对友谊、美、爱情、正义等的追求十分执着，爱思考，爱辩论，并常以行动来维护心目中的真善美。大学生具有深刻、强烈的情感体验，在外界刺激下容易冲动、凭感情用事，过后又懊悔不已。大学生的情绪起伏较大，呈两极趋势，有时兴奋激动，有时消沉忧郁。此外，大学生这一群体由于其独特的社会地位、知识水平、心理发展特点及生理状况，其情绪也具有鲜明的特点。

（一）复杂性和丰富性

大学阶段，大学生的情绪领域不断拓展，情绪内容日趋复杂。大学生处于心理断乳期，生理基本成熟而心理尚未完全成熟，大学生对人、事、社会各种现象等特别关注，对友谊与爱情执着追求，对新鲜事物十分好奇，对学业和未来充满信心，朝气蓬勃、积极进取，拥有许多积极情绪。

但大学也有竞争与压力。考试不及格、朋友误解、恋爱失败甚至天气变化等，都可能导致消极情绪的产生。随着大学生认识能力的提高，大学生的情感体验也在逐步加深，主要表现在道德感、理智感、美感等高级情感的发展方面。在道德感的体验方面，大学生对社会道德价值的理解更为深刻，各种不同层次的道德感在大学生身上都有所体现，如责任感、义务感、荣誉感等。在理智感的体验方面，大学生的知识创造和专业能力等都有了长足进步。在美感的体验方面，大学生审美情趣迅速增长，美感体验的多样性和深刻性明显增加。

（二）波动性和两极性

大学生情绪的稳定性有了很大的提高，但仍存在一定的波动性。社会、家庭、学校及生活事件都会对大学生的情绪产生影响。在社会转型过程中，大学生面对复杂的社会现象，易产生困惑和迷茫，价值的判断、认知的取舍、前途的选择等会引起许多心理矛盾，家庭的变故、家庭成员关系的亲疏及学习、交友等个人生活事件都会影响大学生的情绪。这些使大学生的情绪表现出极大的波动性。

大学生情绪波动的极端形式就是情绪的两极性。大学生可能因一时的成功而产生积极、愉快的情绪体验，甚至骄傲自满、忘乎所以，也可能因一时的挫折、失败而低估自我，甚至悲观失望。

（三）爆发性和冲动性

心理学家斯坦利·霍尔认为青年期处于“蒙昧时代”向“文明时代”演化的过渡期，其特点是动摇、起伏的，他把这一时期称为“狂风暴雨”时期。由于知识水平和认知能力的提高，大学生对自己的情绪能够有所控制，但大学生兴趣广泛，对外界事物较为敏感，加之年轻气盛和有从众心理，因而在许多情况下，大学生情绪体验强烈，常常一触即发，表现出热情奔放的冲动性特点。大学生往往对符合自己信念、观点和理想的事件或行为迅速产生热烈的情绪，对不符合自己信念、观点和理想的事件或行为则迅速产生否定情绪。情绪来得快，平息得也快。

大学生情绪的冲动性常常与爆发性相连。大学生自制力较弱，一旦外部出现某种强烈的刺激，其情绪便会突然爆发，受到冲动力量的驱使，在语言、神态及动作等方面失去控制，忘却了其他事物的存在，极易产生破坏性的行为和后果。

（四）阶段性和层次性

大学阶段，由于不同年级的培养目标和培养重点不同，教育方式和课程设置有所区别，各个年级的大学生面临的问题不同，因此大学生的情绪呈现出阶段性和层次性的特点。大学新生面临的是新环境的适应、学习方法的改变、交往对象的变化，以及新目标的确立等问题，他们的自豪感和自卑感混杂，放松感和压力感并存，新鲜感和恋旧感交替，情绪波动大。二、三年级的大学生经过了一年级的适应过程，能够融入校园生活，情绪较为稳定。毕业班学生面临毕业论文及就业等多方面的重大问题，压力大，情绪波动大，消极情绪多。此外，由于社会、家庭及自身要求、期望不同，以及个体能力、心理素质的差别，大学生也会体现出不同的情绪状态。

（五）外显性和内隐性

大学生对外界刺激的反应迅速、敏感，情绪的表现方式更为外露和直接，但也会隐藏或抑制自己的真实情感，表现出内隐、含蓄的特点。一般而言，大学生的很多情绪是一眼就能看出来的，如在竞赛获奖或得到大家的认同时，大学生的喜悦之情会溢于言表。随着自制力的逐渐增强，以及思维的独立性提高和自尊心的强化，大学生情绪的外在表现和内心体验并不总是一致的。在某些场合和特定问题上，大学生会隐藏或抑制自己的真实情感，例如，对于学习、交友、恋爱和择业等具体问题的感受，大学生往往深藏于心，情绪具有很大的内隐性。

二、情绪对大学生的影响

大学生由于缺乏处事经验，身心发展尚未完全成熟，情绪的自我调节和自我控制能力不强，遇到复杂的自身和环境问题时往往容易产生强烈的心理冲突，情绪对于大学生的成长有着非常重要的影响，主要表现在以下几个方面。

（一）对身心健康的影响

现代生理学、心理学和医学的研究成果表明，情绪对人的身心健康具有直接影响。若能保持愉快的心境，为人开朗乐观、积极向上，则人体免疫功能活跃，可以减少患病的概率，有益健康。良好的情绪不仅使大学生对生活充满希望，对自己满怀自信，而且能够使大学生求知欲增强，思维敏捷，富于创造力，爱好广泛，建立良好的人际关系，促进大学生的全方位发展。与此相反，消极的情绪对人的身心健康危害极大，在压抑、紧张、焦虑、恐惧等消极情绪的长期作用下，人免疫能力下降，容易患各种传染性疾病，内脏功能也会受到伤害。许多研究表明，消极情绪是健康的大敌。突然而强烈的紧张情绪会抑制大脑皮层的活动，破坏大脑皮层的兴奋和抑制状态的平衡，使人意识范围狭窄、判断力减弱，失去理智和自制力。

大学生常见的心理障碍和疾病大多与长期的消极情绪有关。大学生有时因无法消除不良情绪而陷于苦闷、低沉、压抑的状态中，不仅无法正常学习和生活，甚至还会悲观厌世。因此，不良情绪对大学生的身心健康危害极大。

（二）对学业的影响

情绪不仅与大学生的身心健康有关，而且与大学生的潜能开发、学习效率有关。不少大学生有这样的体验：当自己的情绪良好时，自己会注意力集中，思路开阔，富有创造性，学习效率倍增；当自己的情绪低迷、抑郁或愤怒时，自己会无法理性分析问题，学习往往也是一团糟。

心理学家曾用实验方法研究情绪与学习成绩的关系，研究结果表明，适度的焦虑能使大学生取得良好的学习效率，焦虑程度过高或过低的大学生均难以取得优异的学习成绩。在生活中常有这种现象：有些大学生在考试时过分紧张，结果出现“晕场”现象；有些大学生对考试采取不以为然的态度，考试成绩也不高。

（三）对行为目标的影响

心理学家戴维埃普斯顿认为积极的情绪体验与积极的行为变化总是有一致的关系。他在《人类情绪的生态学研究》文章中，介绍了他对大学生的自我观念、情绪与行为变化之间关系的研究成果。他让数百名大学生描述其自我观念发生积极或消极的显著变化时的生活经历，让他们观察自己的情绪变化情况，并报告相应行为、态度和目标方面的变化。埃普斯顿分析这些大学生的自我报告发现，经历过消极体验之后行为出现积极变化的大学生，在这种体验出现前，其生活是幸福、快乐和充实的，后来发生的消极体验导致他们对价值和长远目标重新评价，从而变得更加明智、更富于思想和现实感、更少轻浮和脆弱。随着时间的推移，消极的结果减少，积极的结果增加。可见，无论何种情绪都会对大学生的行为目标产生一定的影响。使影响变得积极的关键在于情绪发生时要善于因势利导，使情绪起到强化或促进积极的行为变化的作用。

（四）对人际关系的影响

人的良好情绪特征，如乐观、热情、自尊、自信等，是人与他人产生相互吸引的重要条件，能使彼此心理距离缩短、情感融洽；而自卑、情绪压抑、爱发怒的人，往往不能与他人正常相处，双方很难沟通，使人与人之间的关系疏远。

由于情绪具有感染性，因此拥有良好情绪的人更容易受到欢迎，更容易获得别人的赞赏，也更容易形成良好的人际关系。因此，在人际交往中，大学生应注重提高自身修养，学会适度控制与调适自己的情绪，这样才能拥有良好的人际关系。

拓展阅读

情商

情商，通常是指情绪商数，是心理学家提出的与智商相对应的概念，是一种衡量个体自我情绪控制能力的指数。生活中，不同情商的人处理问题的表现有所不同：高情商的人懂得控制情绪，掌握人际技巧，对自己有清醒的认识，自信而不自满，人际关系良好，善于处理生活中遇到的各种问题；低情商的人没有自信，说话和做事时不考虑别人的感受，处理人际关系的能力差，应对焦虑的能力差，生活无序。

美国心理学家丹尼尔·戈尔曼认为情商和智商一样重要，而且情商可经人指导而改善。他认为情商包含五个主要方面。

1. 自我认识

自我认识是指个体能够察觉某种情绪的出现，观察和审视自己的内心世界的能力。某种情绪一出现时便能察觉它，这种能力是情商的核心。人类情绪有愤怒、悲哀、恐惧、焦虑、快乐、幸福、惊奇、厌恶、羞耻等。从诸多复杂情绪中，要先察觉自己情绪的变化，才能有效地管理自己的情绪。因此，我们需要学会认识情绪的变化，只有认识自己，才能成为自己生活的主宰。

2. 自我管理

自我管理是指调控自己的情绪，使之适时适度地表现出来。自我管理能力包括自我安慰、摆脱焦虑的能力；对冲动和愤怒的控制能力；临危不惧、处变不惊的能力；在挫折和困难面前保持冷静，摆脱消极情绪侵袭的能力等。自我管理是情商的重要内容。

3. 自我激励

自我激励是指为了某一目标的实现，调动、指挥个人情绪的能力。人们在追求成功的道路上，需要自我激励，不断地自我激励会使人产生一股内在的动力，促使人朝着期望的目标前进并最终达到目标。因此，自我激励在个人走向成功的过程中起着重要作用。

4. 识别他人情绪

通过细微的信号敏感地感受到他人的需求与欲望，即识别他人的情绪，这是与他人正常交往、实现顺利沟通的基础。

识别他人情绪就是要善于移情。移情是既能分享他人的情感，对他人的处境感同身受，又能客观理解、分析他人情感的能力。移情的典型表现：设身处地，将心比心，他人的痛苦就是自己的痛苦；推己及人；角色转换，换位思考，站在对方的角度考虑问题。

5. 人际交往

在当今竞争激烈而又人际依存紧密的社会里，人际交往能力是一种生存和发展的最基本的能力。人际交往能力可强化一个人的受社会欢迎的程度、领导权威、人际互动的效能等。擅长处理人际关系的人往往社交能力极佳，外向而乐观，对人对事容易投入，情感生活丰富，能设身处地地理解别人，富有同情心，自信心强，有较高的挫折容忍力，能悦纳自己，并坦然地与人相处。因此，良好的人际交往有利于个体与身边的人和事物保持和谐关系，提高个体的社会适应性，促进个体的事业成功。

课堂小互动

宿舍风波

娟娟是一名刚进入大学不久的女生，并且比较爱整洁。有一天自习后回到宿舍，她发现宿舍其他舍友正在说笑，其中两个舍友就坐在娟娟的床铺上。娟娟看到自己的床铺有些凌乱，心中不痛快，当时脸就沉了下来，随后摔门而出，到外面去散心了，没看到宿舍里那五张带着惊愕表情的面孔。类似的事情发生了几次，每次娟娟对宿舍的舍友有了意见，就采取摔摔打打或摔门而去的做法，事后她也很后悔，但一有令她愤怒的事，她就控制不住自己的怒火。没过多久，娟娟发现，她被宿舍的其他五个舍友孤立了。

请问：娟娟为什么容易产生愤怒的情绪？如果是你遇到类似的事情，你觉得应该如何控制和管理自己的情绪？

三、大学生常见的情绪困扰与相应的调适方法

大学生常见的情绪困扰主要有焦虑、抑郁、愤怒、嫉妒、冷漠等。

（一）焦虑

1. 焦虑的含义

焦虑是人们在面临威胁或预料到某种不良后果时产生的情绪体验，是一种紧张、害怕、担忧等混合交织的情绪体验。简言之，当人们对一件事情感到没有把握、无能为力时，产生的担心、紧张的情绪就是焦虑。

大学生的焦虑大多是客观、现实的焦虑。例如：有些大学生平时没有好好学习，担心考试不及格，出现焦虑情绪；有些大学生面对严峻的就业压力，担心毕业就失业，从而产生焦虑情绪。焦虑是一种比较普遍的情绪表现。

适度的焦虑可以提高人的警觉水平，充分调动身心潜能，使人注意力更加集中、思维更加活跃、心理反应更加迅速，从而促使人能更好地解决面临的问题。适度的焦虑能使大学生在各种活动和学业上表现出色。

不适当或过分的焦虑，会使人心情过度紧张，心烦意乱，情绪不稳定，记忆力减退，不能正确地推理、判断，严重的焦虑还会让人有头痛、失眠、缺乏食欲、胃痛等身体反应，以致影响人的学习、人际关系及日常生活。

2. 焦虑产生的原因

大学生产生焦虑情绪并深受其困扰的原因主要有以下四个方面。

第一，适应困难。有少数大学生在面对生活、学习环境的重大改变时，个体的心理、行为无法适应，难以融入新环境，情绪不稳，不善于与人交往，就会产生焦虑情绪。

第二，学习压力。为了提高学生的就业竞争能力，大学里门类繁多的考试层出不穷，如英语、计算机、普通话的考级，各种技能的考证，等等，这让许多大学生感到紧

张和担忧。

第三，不当的人际交往和人际关系。不当的人际交往和人际关系也会让大学生感到紧张和害怕，从而产生焦虑。

第四，个人自身因素。部分大学生会因为自己的行为习惯较差、自身修养不够、存在某些性格方面的不足等而产生焦虑。

3. 解决焦虑的方法

首先，大学生要形成科学的认知，即对焦虑的对象和可能出现的后果进行客观评价。

其次，大学生要学会放松。焦虑往往伴随着紧张，紧张又进一步加剧焦虑，因此学会放松对减轻焦虑很有帮助。情绪放松有以下几个标准：心率平缓而有节奏；呼吸慢而均匀；肌肉松而不散；心境平和而舒畅；精力充沛，思维敏捷；动作灵活、自然、无拘无束；身体能从疲劳中得到恢复，工作和学习效率高。

常用的情绪放松的方法有深度呼吸法、静坐冥想法、自我暗示法、意象训练法和身体放松法。

最后，大学生要增强自信心。大学生的考试焦虑、人际关系引起的焦虑通常是由自信心不足引起的。所以，要消除焦虑就必须增强自信心，相信自己的能力和水平。当然，这种自信必须建立在一定的学识、能力基础之上。

（二）抑郁

1. 抑郁的含义

抑郁是一种个体感到无力应对外界压力而产生的消极情绪，常常伴有厌恶、羞愧、自卑等情绪体验。对大多数人来说，抑郁情绪只是偶尔出现，很快会消失，但也有少数人无法调整情绪，长期处于抑郁状态，发展为抑郁症。

大学生抑郁的主要表现是情绪低落、思维迟缓、郁郁寡欢、兴趣丧失、缺乏活力，干什么都打不起精神；不愿参加社交，故意回避熟人，对生活缺乏信心，也体验不到生活的快乐，并伴有食欲减退、失眠等症状。长期的抑郁会使人的身心受到严重伤害，使大学生无法有效地学习和生活。

2. 抑郁产生的原因

抑郁情绪是大学生群体中一种比较普遍的不良情绪。抑郁情绪的产生与个体的心理社会环境因素、早期经历、人格因素、遗传因素等有密切联系。大学生心理和社会性发展不成熟，因而在遇到挫折时，大学生往往难以接受，把生活看成非黑即白、非好即坏的，且多看消极面、阴暗面，极易陷入悲观、沮丧、情绪低落的抑郁状态。人们在遭受重大不幸事件和灾难，如亲人亡故、罹患重病、家境贫困、负担过重，以及长期努力却得不到回报时，也容易产生抑郁情绪。此外，性格内向、敏感多疑、易悲观的大学生更易产生抑郁情绪。

3. 解决抑郁的方法

第一，参加各种活动，积极社交。处于抑郁消沉状态的人一般都过分关注自己的内心体验，而缺少对外界事物和他人的关心。当一个人独处时，便会沉浸在自己的忧思之中。摆脱抑郁的最好办法是让自己动起来、忙起来。大学生应积极参加各种集体活动，融入集体的愉快气氛中，同时选择几位知心朋友深交下去，在互帮互助、友爱关心中感受友谊的珍贵和生活的美好。大学生还可以参加体育运动，通过运动提升身体的活动量，让郁闷的情绪得以释放。

第二，改善思考方式。当抑郁的程度较轻时，可以安排较愉快的事情以转移注意力，如采用"移情制情"法。愉快的情绪会战胜悲伤的情绪，但一定要将注意力转移到真正快乐的事情上，避免无意间参与使情绪变得更低沉的活动。

第三，树立积极的信念。人生漫长，没有人会一帆风顺，烦恼、痛苦不可避免，关键是要尽快重新振作起来。积极的信念会使人乐观向上、朝气蓬勃，并产生坚定的意志、必胜的信念，会使人始终充满斗志，充满乐观主义的豪情。

第四，善待自己，学会做生活的减法。热爱生活、享受生活也是一种摆脱抑郁的良方。让自己从担忧、焦虑的情绪中逃离出来，尝试去关注身边的事物，吃顿美食、逛街、旅游等都会使我们的身心得到放松。

（三）愤怒

1. 愤怒的含义

愤怒是人在客观事物与人的主观愿望相悖或愿望不能实现并一再受到挫折时产生的强烈的情绪反应。大学生正处在热情高涨、激情澎湃的青年期，有时难以控制自己的情绪。愤怒也是大学生中常见的消极情绪。

愤怒情绪对一个人的身心健康有明显的不良影响。当人发怒时，会心跳加速、心律失常，严重时可出现心脏停搏，甚至猝死。此外，愤怒会使人丧失理智、阻塞思维，导致人做出损物、伤人甚至犯罪等许多失去理智的行为。

2. 愤怒产生的原因

为什么会产生愤怒情绪？就外部原因来看，一是事情没有按照个人的希望发展，二是别人冒犯、贬低自己或自己的东西。就内部原因来看，一是与个人意志和自控能力有关。青年大学生自我控制能力尚处于发展阶段，还不够成熟，所以大学生容易发怒。二是与个人身心状况有关，如生病、疲劳、困倦时，个人意愿和活动受阻时个人就容易发怒，心境不佳时，个人遇到一点烦心事就容易发怒。三是与个人的错误认知有关，如有些人认为，愤怒可以威慑他人，可以推卸责任，可以挽回面子，甚至可以满足愿望，等等。四是与个性有关，如自私、完美主义的要求、猜疑。

3. 解决愤怒的方法

第一，及时止怒。在怒气刚产生时以理智来抑制，可以强迫自己先不要讲话，一段时间的静默能够让人对事情进行冷静的思考；也可以在怒不可遏时，选择如“制怒”“怒伤肝”之类的语言来暗示自己，使冲动的言行得以缓解，避免不必要的损失。

第二，逆向思维。人在愤怒时，容易顺着激情的指向去考虑问题，这样会越想越气。如果把思维从愤怒的指向中拉回来，从相反的方向考虑问题，使自己考虑到问题的其他方面，看问题就比较客观，以免做出过激的举动和令自己后悔莫及的事情。

第三，转移环境。生气时应注意控制自己的言行，如果觉得自己的愤怒情绪难以缓和，甚至愈演愈烈，就应尽快离开引起愤怒的人和事，换换环境，待心情平静后再考虑和处理问题。

第四，听取规劝。愤怒使人的控制力降低，这时人如果愿意接受别人的劝告，对及时控制愤怒可以产生一定的作用。如果一意孤行，拒绝别人的规劝，旁人助控也就很难产生作用了。

第五，活动宣泄。有意识地参加一些感兴趣的文体活动，通过正确的途径转移注意力，使怒气得以宣泄，如唱歌、跳舞、写书法、绘画、跑步等活动。

（四）嫉妒

1. 嫉妒的含义

嫉妒是一种因看到他人在某些方面优于自己而怀有冷漠、贬低、排斥甚至是敌视的心理状态或情感表达。嫉妒是一种复杂的认知状态，它并不是简单的一种情绪反馈，还包括其他情绪，如憎恨、厌恶、难过、自卑、焦虑等。一个人看见和面对比自己优秀的人，钦佩和敬仰之心油然而生，这是一种羡慕，如果此人心里有说不出的滋味，或难受，或憎恨，这便是一种嫉妒。

每个人天生都有嫉妒心理，幼儿从16~18个月就开始出现嫉妒情绪。有人做过实验，如果妈妈当着自己16个月大的孩子的面抱其他孩子，她的孩子就会有所反应，非要让妈妈放下别人抱自己，并紧紧搂住妈妈，好像在说：“这是我的妈妈，不是你的。”

心理学家认为，嫉妒会导致两种结果：恶性的结果和良性的结果。恶性嫉妒容易引发我们的焦虑，过度的焦虑会对我们的身体和心理造成损害。而嫉妒所包含的道德谴责也会隐隐地折磨着我们。更严重的嫉妒会激起愤怒和恨意，引发具有攻击性和破坏性的意图。有些人甚至会通过付诸行动的方式攻击和贬低被嫉妒者，从而减少被嫉妒者在比较中的优势。例如，人们可能会通过造谣、毁谤等行为贬损被嫉妒者或破坏其所取得的成就。良性嫉妒包含不甘心和启发性的成分，它更像是一种“他能做到，那我也能”的心理。这种情况下，人们将焦虑转化为动机，通过模仿、观察、学习、自我提升等方式尝试接近或达到被嫉妒者的成就。

2. 嫉妒产生的原因

嫉妒产生于竞争、模仿和对比之中，是自信心缺乏或能力缺乏的表现。其本质是对自我价值的不确信。格奥尔格·黑格尔说："嫉妒乃平庸的情调对于卓越才能的反感。"嫉妒往往是在人们通过与他人比较来确定自身的价值时产生的。如果别人的价值增加，个人便会觉得自己的价值在下降，产生痛苦的体验，尤其是当比较对象原来与自己不分上下甚至不如自己时，个人更觉得难以忍受。这种情绪很容易转化成对比较对象的不满和怨恨，进而引发种种嫉妒行为，或寻找对方不足将其贬低，或散布谣言诋毁对方名誉，甚至采取极端手段毁物伤人。有些人即使控制自己不表现出过激行为，但出于防御心理，往往在对方面前表现出一种傲慢的、难以接近的样子，以维护自己的"自尊"，其实自己内心非常自卑。

大学生中的嫉妒有七类：一是嫉妒别人政治上的进步，二是嫉妒别人学习上的拔尖，三是嫉妒别人某一方面的专长，四是嫉妒别人生活上的优裕，五是嫉妒别人社交上的活跃，六是嫉妒别人仪表上的出众，七是嫉妒别人恋爱上的成功。

嫉妒的人心里有一个幻想性的对手，这个对手其实是其自身的一部分。大学生有时并没有真正地学会爱自己，不明白自己也是值得被爱的，所以把自己厌恶的一部分压抑并投射给别人。

3. 解决嫉妒的方法

嫉妒是一种合理的情绪，它和愤怒、抑郁、快乐、焦虑一样，是人类正常情绪的一种，产生了嫉妒的情绪时，不需要自责，而要分析嫉妒产生的原因，积极调适，避免嫉妒的恶性结果出现。

第一，调整自我价值的确认方式。嫉妒的产生往往是自我价值的确认与社会标准比较不足的结果。当一个人不顾自身条件，盲目与他人相比时，就容易产生嫉妒；而当一个人能够倾向于内在标准，即以自己的内在准则作为参照时，就能减少嫉妒。心理健康水平高的人，大都以内在标准为主，即自我定向。因为一个人不可能十全十美，每个人都有其优势和劣势，如果拿自己的劣势与别人的优势相比，只能徒增烦恼。在交往中，不但要减少自己的嫉妒心，而且应学会理解别人的嫉妒心。在他人面前尤其是在不如意者或嫉妒心强的人面前要采取谦逊的态度，有时也可以故意暴露一下自己的不足和苦恼，这样不仅能减少对他人的刺激，而且还能得到他人的友谊。

第二，增强自信，提高能力。一个人如果有充足的自信就不会产生嫉妒。自信来源于自身的能力，而增强自信的关键是努力学习，不断充实自己的知识，提高自己各方面的能力，相信自己有能力赶超别人，这样就可以减轻或避免失去自信带来的嫉妒情绪。当我们发现自己嫉妒时，如果能将关注点聚焦在你自己而非他人身上，磨砺自己的技艺，获得更大的成就，嫉妒带来的不安和焦虑终将消失。

（五）冷漠

1. 冷漠的含义

冷漠是一种情绪反应强度不足的表现，表现为对人对事漠不关心的消极状态。大学生正处于感情丰富、兴趣广泛、情感体验深刻而强烈的时期。拥有冷漠情绪的大学生在行为上常表现为：对生活没有热情和兴趣；对学习应付了事、缺乏兴趣，对成绩好坏无所谓；对周围的同学、亲戚和生活中的悲欢离合冷漠无情，甚至对他人的冷暖无动于衷；对集体活动漠不关心、麻木不仁。冷漠是一种对环境和现实的自我逃避的退缩性心理反应，它本身虽然带有一定的心理防御性质，但是它会导致当事者的萎靡不振、退缩躲避和自我封闭，并严重影响一个人的身心健康。

2. 冷漠产生的原因

第一，个人早期心理的发展。一个人出生之后，有很长一段时间不能独立，需要家人的照顾，家人相处的方式和生活氛围对一个人的性格养成很重要。如果在这段时期里，家人对孩子不闻不问，一点都不关心，甚至经常打骂，孩子从小感受不到关爱，无法学习表达爱，也会造成心理出现偏差，留下心理阴影，会逃避与家人的接触，这样就容易造成冷漠。

第二，冷漠是自私心理的一种突出表现，自私心理严重的人以自我为中心。这种心理就会让人不顾及他人、目中无人，甚至为了自己的利益去损害他人的利益，造成冷漠。

第三，遭遇挫折。一个人遇到挫折时，往往会失去动力和信心，这时可能就会自暴自弃，情绪变得十分不稳定，冷漠也就随之侵入。

3. 解决冷漠的方法

克服冷漠情绪，要从建立责任意识入手，逐步建立起自己的生活目标和学习目标，同时应开展人际交往，积极投入生活和学习中。这一过程是对我们以往的人际关系、交往方式的重新调整，我们会不断地和自己以往的认知进行斗争，这具有很大的挑战性，因此我们需要有积极的心态以帮助我们去应对种种不适应。

冷漠是一种情感障碍，很多精神分裂症患者都有这种症状。发现自己有这一问题，需要及时调整情绪，如果自己不能应对这种不良情绪，需要寻求心理医生的帮助，获取更专业的指导。

课堂小互动

情绪复杂多变，我们直接感受到或表现出的情绪可能已经被包装或伪装过。情绪体验与特定情境的需要不一致时，为了符合社会规范或某种特殊要求，我们需要包装情绪，以使外在表现与客观需要一致。但是，长期的情绪伪装会使正常情绪受到压抑，影响身心健康，甚至使人失去自我，不清楚自己的真实情绪。所以，要适时卸下伪装，辨别自己真正的情绪。

你只是隐约地感觉到不舒服、不愉快，至于那个让你不舒服的是什么，却说不上来。请你尝试挖掘自己真正的情绪。

今天发生的主要事情：______________________。

哪件事情让我感觉到不舒服：______________________。

这种不舒服是愤怒、悲伤、挫折、害怕、羞耻、罪恶感还是其他？________

我对这些事情的解释：______________________。

我的真实感觉：______________________。

成长建议

本节“成长烦恼”中，大二学生小屈是一个成绩优异的学生，但不一定有严格的思维逻辑和健全的个性。如果在一帆风顺的生活和赞扬中成长起来的青年碰到了意想不到的挫折，他很可能由骄傲变成自卑。这种青年期个性稳定性较差的特点，往往是他们产生心理障碍的内在根源。

面对这种情况，小屈可以通过参加实践活动或与同学交流进一步认清自己的优点，接受自己的缺点；也可以通过适当的方式调整情绪状态，积极进行各种成功体验，以克服自卑感；必要时可到心理咨询中心寻求帮助。

第3节 大学生情绪管理策略

人的一生会面临各种挑战、挫折，产生不良情绪是一个很正常的现象，但是如果我们不会调节，被情绪牵着鼻子走，就会得不偿失。心理学家发现，任何事情的发生都是中立的，但是我们内心的解读会给自己带来各种身心的压力。我们成为自己情绪的主人时，就会从冷静客观的立场厘清事物内部千丝万缕的联系，内心的强大可以让我们处于主动有利的位置，许多困扰自身多时的问题也会迎刃而解。

本节主要介绍情绪健康的标准、情绪管理策略等内容。

成长烦恼

小李，男，大二学生。刚进校时，他情绪特别高昂，喜欢参加班级和学校的各种活动，还喜欢和舍友聊天，一起出去玩。但没过多久，一次参加学院学生会竞选时，他因为没有充分准备，演讲表现不佳，结果落选了。小李心情一下子就低落了许多，很长时间都恢复不过来。他平时情绪波动很大，情绪不好时，舍友跟他说话他也不理睬；情绪好时，他又主动找同学说话。

小李对待学习也是如此，情绪不好时，他注意力无法集中。看到周围同学都很刻苦，他也只好硬着头皮去上自习，可效果并不好，他的期末考试成绩都是勉强及格。

知识课堂

情绪管理是指个体对情绪进行调节和控制，使之适当、适时、适度，即以适当的方式在适时的情景表达适度的情绪，从而达到个体身心适应良好的状态。情绪影响着我们生活的方方面面。那么，情绪健康的人具体有哪些表现？如何进行情绪管理，让自己成为一个情绪健康的人呢？下面将对情绪健康的标准和情绪管理策略进行介绍。

一、情绪健康的标准

情绪健康是心理健康的重要标志，也是健全人格的必要条件之一。健康的事情应具备以下四个特征。

（一）情绪的目的性明确

任何情绪的产生与发展都是由一定的原因引起的。情绪既是主观体验，又是客观的生理、行为反应，具有目的性，可以说它是一种社会表达，由各种不同的原因引起。例如，高兴是因为有喜事，悲哀是因为遇到不愉快或不幸的事件，愤怒是挫折引起的，等等。无缘无故的喜、怒、哀、乐，莫名其妙的悲伤、恐惧，都不是情绪健康的表现。

（二）情绪表达恰当

情绪健康的人能通过语言、神态、行为准确地表达自己的情绪，其情绪内容、情绪反应的时间与反应的强度都与引起该情绪的情境相适应。当喜则喜，当怒则怒，喜怒有度。如果一个人得到令人伤心的消息却兴高采烈，遇到一件让人开心的事情却痛不欲生，则是情绪不健康的表现。同时，情绪健康的人能够控制自己的情绪，在适当的时间、适度地表达出来。例如，一个人把刚买的手机遗失了，他当时可能会非常生气、自责、心情沮丧，但几天后就可以自己调节过来。如果长期生气，这就是情绪不健康的表现。情绪健康的人对自己情绪的控制还表现在选取适当的场合以社会允许的方式去释放。如考试失利的学生伤心难过时，可以向亲人、朋友或老师私下表达这种情绪，但如果不能控制自己的情绪，在大庭广众之下发泄，又哭又闹，这就是情绪不健康的表现。

（三）积极情绪多于消极情绪

消极情绪有它存在的合理性和意义，但情绪健康的人一定是积极情绪多于消极情绪的。愉快的心情常伴左右，表示这个人的身心处于一种健康的状态。当然，每个人都可能有不开心的时候。如上所述，情绪健康的人的消极情绪的出现有其明确的指向性，持续时间较短、反应强度较弱，并且他们会及时主动地调节消极情绪，以尽快恢复心理上的愉悦。

（四）情绪持续稳定

情绪稳定表明一个人的中枢神经系统活动处于相对的平衡状况，反映了中枢神经系统活动的协调。情绪健康的人的情绪相对比较稳定。相反，情绪不健康的人的情绪变化莫测，让人捉摸不透。如果一个人的情绪长期不稳定，喜怒无常，是情绪不健康的表现。

根据国内外学者的相关观点，我们认为大学生的情绪健康应具备以下特征。

（1）开朗、豁达，遇事不斤斤计较。

（2）及时、准确、适当地表达自己的主观感受。

（3）情绪正常、稳定，能承受欢乐与痛苦的考验。

（4）充满爱心和同情心，乐于助人。

（5）能正确地认识自己和他人，人际关系良好。

（6）对前途充满信心，富有朝气，勇于进取，坚韧不拔。

（7）善于寻找快乐，创造快乐。

（8）能面对、承认和接受现实，善于把个人需要与社会需求协调起来。

拓展阅读

情绪健康的判断标准

情绪对人的发展影响极大，因此，如何判断一个人的情绪是否健康或是否成熟就成了心理学家们普遍关心的问题，各种见解相继出现。但事实上，规定具体的情绪健康评价标准是非常困难的。因为对于情绪，无论是出于个人自身体验还是出于他人观察都是很难具体把握的。因此，心理学家们只能给出大体上的评价标准。

美国心理学家伊丽莎白·赫洛克对青年情绪成熟提出了四条判断标准：①能够保持健康，自己能控制因身体疲劳、睡眠不足、头痛、消化不良及其他疾病等引起的情绪不稳定；②能够控制环境，不是随心所欲，而是先预料后果，再采取行动；③能使情绪的紧张消解到无害的方面，不是压抑情绪，而是将情绪转变、升华到社会性的高度；④能够洞察、理解社会。

课堂小互动

如何选择

当你在自习室认真看书时，坐在后排的情侣说话声音很大，干扰了你的学习，你会怎么做？请你做出选择。

A.“不要说了，你们真烦人。”

B.“不要讲话了，难道你们不知道我的感受吗？”

C.“同学，我正在看书，请你们安静一点好吗？谢谢！”

D.“怎么回事，不知道这里是自习室吗？”

二、情绪管理策略

（一）理性情绪疗法

美国心理学家阿尔伯特·艾利斯认为，在人们情绪产生的过程中有三个重要的因素：诱发情绪的事件 A（activating events），人们对诱发事件所持的相应的信念、态度和解释 B（beliefs），以及由此引发的人们的情绪和行为的结果 C（consequences）。情绪 C 并非是由导致情绪发生的诱发事件 A 直接引起的，而是通过人们对这一诱发事件的解释和评价 B 引起的，即并非是事件引起了情绪，而是人们对事件的认识引起了情绪。这就是艾利斯提出的情绪 ABC 理论，该理论认为，对事件正确的认识一般会给人带来适当的行为和情绪反应，而对事件错误的认知往往是导致不良情绪产生的直接原因，如图 3-1 所示。人们对事件产生错误认识的背后，往往是某些不合理的信念导致的，艾利斯称其为非理性观念。非理性观念会使人陷入情绪的逆境中而不能自拔。情绪控制与调节的重要方法之一就是运用理性情绪疗法。

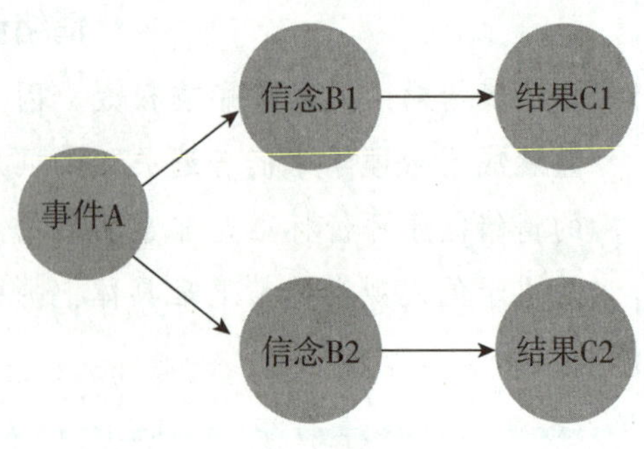

图3-1　情绪ABC理论

事件 A：小刚和阿强是同学，也都是足球迷，今天是两人第一次到学校报到的日子，他们约好晚上一起看球赛，但是在回家的时候他们走错了路，比预计回家时间晚了半小时，导致错过了精彩的球赛。

信念 B：阿强觉得自己真是太倒霉了，没有看到足球比赛最精彩的部分，整晚闷闷不乐，吃饭也没吃多少；小刚回到家之后给父母讲述了自己开学第一天的经历，也讲到回家的时候走错了路的事，他说虽然走错了路，也错过了球赛，但是他发现了 一条风景很好的林间小道，看到了美丽的风景，心情也变得愉悦了。

结果 C：阿强沉浸在错过球赛的难过中，一直到晚上睡觉还梦到自己走错路；小刚带着看到美景的愉悦心情重新观看了球赛，即使看到自己喜欢的球队输球，也没有影响他今天的心情。

我们发现在这个案例中，两人面临一模一样的情况，同样是开学第一天回家走错路，同样是错过了比赛，但两个人的情绪体验却完全不一样，这是因为二人对事件的看法和解释不一样。

情绪 ABC 理论认为，正是我们常有的一些不合理的信念才使我们产生情绪困扰。如果这些不合理的信念持久不消，还会引起更为严重的情绪障碍。

拓展阅读

不合理认知和信念的类型

美国认知疗法发展者戴维·伯恩斯总结的我们生活中常见的不合理认知和信念包括以下几点。

（1）非此即彼思维。即用非黑即白的思维模式看待整个世界。只要自己的表现有一点不完美，就宣告自己彻底失败。

（2）以偏概全。以一件事的成败来评价人或事，放大失败的影响。如只要发生一件负面事件，就表示失败会接踵而来、无休无止；发现一件事没做好，就认为自己一无是处；别人稍有过错，就是能力不足；等等。

（3）否定正面思考。拒绝正面的体验，坚持以各种理由暗示自己“它们不算”。否定正面思考是最具破坏性的一种认知扭曲形式。只要有过负面体验，就会纠缠于其中并断言：“这足以证明我的假设是对的。”相反，如果有正面体验，又会说：“这只是意外罢了。”这种习惯性思维将使人无法欣赏美好的事物。

（4）妄下结论。喜欢用消极的理解方式下结论，即使没有确切的事实来佐证也会如此。例如“读心术”，即如果发现他人的行为不尽如人意，就认为是针对自己的；还有一种“先知错误”，觉得自己的事情只会越来越糟糕，并对这一预言深信不疑，甚至不去证实就认为它是板上钉钉的事实。

（5）放大和缩小。对于自己的错误和他人的成就等，往往夸大它们的重要性。但对于自己的优点和他人的缺点等，又会不理智地把它们缩小，把它们看得微不足道。我们也将这种不合理认知称为“双目镜把戏”。

（6）“应该”句式。习惯用“我应该做这个”和“我不应该做那个”来鞭策自己，“必须”和“应当”这类句式也会产生同样的负面效果。这种句式带来的情绪后果就是内疚。当自己把“应该”句式强加于他人时，就会产生愤怒、沮丧甚至仇恨的情绪。

（7）乱贴标签。用高度情绪化、充满感情色彩的语言来描述事物，这是一种极端的以偏概全的形式。此时，个人不再描述自己的错误，而是给自己贴上消极的标签——“我是个废物”。如果有人惹恼个人，个人又会给他贴上消极的标签——“他真是个讨厌鬼”。

（8）罪责归己。即使某些外界消极事件根本不需要自己负责，但自己依旧认为自己是罪魁祸首。罪责归己会让人感到极端的内疚，强大的责任感迫使个人背负整个世界，令个人不堪重负，无法动弹。

理性情绪疗法的治疗过程一般分为以下四个阶段。

1. 心理诊断阶段

这是治疗的最初阶段，治疗者首先会与病人建立良好的工作关系，帮助病人建立自信心；其次会摸清病人关心的各种问题，而后将这些问题根据所有属性质和病人对它们产生的情绪反应进行分类，从其最迫切希望解决的问题入手。

2. 领悟阶段

这一阶段主要帮助病人认识到自己不适当的情绪、行为的表现或症状，认识到产生这些症状是自己的原因，要寻找产生这些症状的思想根源，即找出它们的非理性信念。

在寻找非理性信念并对它进行分析时要按顺序进行：第一，要了解有关激发事件 A 的客观证据；第二，要了解病人对事件 A 的反应方式；第三，让病人回答对事件 A 产生恐惧、悲痛、愤怒等情绪的原因，找出造成这些负面情绪的非理性信念；第四，分析病人对事件 A 同时存在的理性的和非理性的看法或信念，并且将两者区别开来；第五，将病人的愤怒、悲痛、恐惧、抑郁、焦虑等情绪和不安全感、无助感、绝对化要求和负性自我评价等观念区别开来。

3. 修通阶段

这一阶段，治疗者主要采用辩论的方法动摇病人的非理性信念。用夸张或挑战式的发问让病人回答其对事件 A 持与众不同的看法的证据。通过反复不断的辩论，病人理屈词穷，不能为其非理性信念自圆其说，使他真正认识到自己的非理性信念是不现实的、不合乎逻辑的。开始分清理性的信念和非理性的信念，并用理性的信念取代非理性的信念。

这一阶段是理性情绪疗法最重要的阶段，治疗时还可采用其他认知和行为疗法，如让病人做认知性的家庭作业，或进行放松疗法以加强治疗效果。

4. 再教育阶段

此阶段也是治疗的最后阶段，为了进一步帮助病人摆脱旧有思维方式和非理性信念，治疗者还要探索是否存在与本症状无关的其他非理性信念，并与之辩论，使病人学习到并逐渐养成与非理性信念进行辩论的方法。用理性方式进行思考，有利于建立新的情绪。

（二）行为疗法

1. 腹式呼吸法

腹式呼吸法，也被称作深呼吸法，它是一种以慢节律方式深呼吸的方法。愤怒、焦虑、压力大或感觉疼痛的人最常出现浅而快的呼吸，腹式呼吸就是一种取代这种浅而快的呼吸方式的更放松的呼吸方式。呼吸方式放松了，愤怒情绪自然也就减轻了。不仅如此，缓慢的腹式呼吸可以起到调节自主神经的效果，并进一步调节清醒、焦虑的唤起机制，从而使头脑和身体感到放松。

2. 想象放松法

想象放松法是放松训练中的一种，简单来说，其实就是带着自己做一场“醒着的梦”。它是引导我们构建一个避难所，利用想象来创造一些轻松愉快的图景，以达到缓解或消除某种不良情绪的作用。有学者认为，这种疗法之所以能产生良好的疗效，是因为它能使人由“左脑状态”转入“右脑状态”。当人处在紧张状态时也是自我意识最强烈的状态，这种状态正好是“左脑状态”。“左脑状态”非常容易诱发沮丧、紧张、焦虑、愤怒等不良情绪。而“右脑状态”则完全不同，在“右脑状态”中，人往往是放松的、喜悦的、积极的。右脑看待问题与左脑完全不同，右脑似乎将一切看成是自然的、可以接受的、合理的。而左脑则往往拒绝合理，它往往使人从狭隘的自我角度看待问题。如果说右脑会将人带入一种超越自我和超越世俗的境界，而左脑则会将人带入自我的世俗的境界。事实上，人解决问题的途径往往有两种：一是通过现实能力去解决，二是通过精神上的超越去解决。想象放松正是超越的一种手段。在这里，想象是手段，放松才是其产生的效果。

课堂小互动

肌肉放松法

躺着或坐着均可，闭上眼睛。练习时注意力从一个肌肉群移向另一个肌肉群，不要用意志努力。每块肌肉收缩 5 秒，然后放松 10 秒，每个肌肉群重复做 2~3 次，具体步骤如下。

（1）右手用力握拳，体会紧张感；放松，再体会放松感。重复。左手做相同练习。

（2）弯曲右前臂，收缩肱二头肌，体会紧张感；放松，体会放松感。重复。左前臂做相同练习。

（3）锁眉，收缩前额肌肉，体会紧张感；放松，再体会放松感。重复。紧闭双眼，体会紧张感；放松，再体会放松感。重复。咬牙，体会紧张感；放松，再体会放松感。重复。舌头顶紧上颌，体会紧张感；放松，再体会放松感。重复。紧闭双唇，体会紧张感；放松，再体会放松感。重复。

（4）头尽量向后仰，颈部紧张，体会紧张感；放松，再体会放松感。下巴尽量抵住胸部，体验喉部与颈背部紧张感；放松，再体会放松感。重复。

（5）耸肩，头尽量往下缩，体会紧张感；放松，再体会放松感。重复。深吸气，同时弓起背、屏住气保持紧张；放松胸部，缓慢呼气。重复。

（6）收缩腹部肌肉，然后放松。重复。

（7）将臀和大腿拉紧，然后放松。重复。双脚绷紧，使小腿紧张，然后放松。重复。

（8）重复深呼吸三次，将注意力集中于整个呼吸过程，让松弛加深时的感觉传遍全身，使全身感到松弛。

（三）其他疗法

1. 适度宣泄法

阻塞的水管如果不及时疏导，可能会破裂。情绪也是如此，如果不及时将不良情绪释放出来，郁结于心，不良情绪将会越积越多，最终导致情绪的崩溃。宣泄情绪的方法有多种，最常见的可以概括为七个字：哭、笑、喊、说、听、写、动。适时地哭出来，可以宣泄内心的悲伤；大笑、微笑，可以放松肌肉，消除紧张；大喊出来，让内心的愤怒得到最大限度的抒发；找个信任的人尽情地倾诉自己内心的不快乐；信手涂鸦，以文字和图画表达自己的心情；运动起来，发泄多余的情绪。

2. 自信心训练法

在做每一件事之前都要积极自信、从容不迫，要看到自己的优势和长处，这是树立自信心的第一步。在做每件事时，都要全身心地投入，尽力去做，减少不必要的担心。面对暂时的挫折不要后退，要想方设法战胜困难。几次成功的经验会使人自信心增强，进而使人摆脱由于缺乏自信带来的情绪困扰。

3. 自我暗示法

心理暗示对人具有很大的影响，它影响人的认识和判断。自我暗示包括积极的自我暗示和消极的自我暗示，前者让人自信乐观，后者令人消沉悲观。因此，我们要学会运用积极的暗示。特别是有自卑情绪的大学生，可以经常在心里默念“我能行”“我会发挥得很好”“我一定能成功”等语句，或者写在纸上，或者找个旷野大声地喊出。这对走出自卑、消除怯懦有一定的作用。

4. 注意力转移法

注意力转移法即把注意力从消极情绪转移到积极情绪上。当不良情绪出现时，可以采取转移注意力的方法寻找一个新的刺激，激活新的兴奋中心以抵消或冲淡原来的兴奋中心，使不良情绪逐渐消失。如看电影、参加体育运动、进行自我娱乐、接受大自然的熏陶、参加感兴趣的活动等，使自己没有时间沉浸在由各种原因引起的不良情绪反应中，以获得心理平稳。

5. 音乐调节法

音乐调节法已应用到了外科手术和对精神病、抑郁症、焦虑症等病症的治疗上。如忧郁烦恼时可以听《蓝色多瑙河》《卡门》《渔舟唱晚》等意境广阔、充满活力、轻松愉快的音乐；失眠时可以听优雅宁静的《摇篮曲》《仲夏夜之梦》等乐曲；情绪浮躁时可以听《小夜曲》等宁静清爽的乐曲。每个人都可以根据自己的情绪状况选择适合的音乐来调节自己的情绪情感状态。

拓展阅读

善用“我信息”

“你这样做让我很生气”“你也太过分了吧”“你好伤我的心”“你总是失信，让我失望”……这是“你信息”的情绪表达方式，听起来像是在责备、批评、抱怨对方。“我信息”的表达则不同，它是表达情绪的最好方法，尤其是当表达负性情绪且对方是引发负性情绪的人时，用“我”来告诉对方你的想法，既能清楚地表达内心感受，又能获得对方的理解。

芳芳是演讲与口才协会的干事，正在大学生活动中心忙碌。学院的演讲比赛两个小时后要开始，她正在布置会场。糟糕的是时间快到了，比赛现场还没准备好，她忙得一塌糊涂。这时她的同学妮妮在一旁坐着玩游戏，看着妮妮悠哉地坐着，芳芳会说……

假如你是芳芳，怎么表达才能达到既不伤和气，又能让同学妮妮乐意帮忙的效果呢？有两种可供选择的说法。

第一种："没看到我忙前忙后的，你怎么不快点过来帮帮忙？你想累死我呀。"

第二种："观众一会儿就要来了，还有好多事情要做，我担心做不完，可以帮我一下吗？"

第一种属于"你信息"，它给人的感觉不是分享，而是指责、批评或抱怨。忙碌的芳芳此时的情绪是焦急、担心，当她看到同学妮妮时，真正想要表达的是希望妮妮乐意帮忙。

第二种是一种典型的"我信息"的表达，突出了此情此景下"我"的真实感受，又向对方提出了"我"的要求。

也许你认为两种说法都可以让妮妮来帮忙，但是第一种可能会让妮妮做得心不甘情不愿，而第二种妮妮应该是很乐意为芳芳分担辛苦的。

用"我信息"不仅能够清楚合理地表达自己的真实感受，而且会让对方自我反省，有效增进情感交流。

课堂小互动

"我信息"言语训练

用下方公式进行训练，可以依自己的说话方式加以改变，但在句子中多以第一人称"我"来表达。

当……（陈述引发你情绪的具体事件或言行）的时候，如"当你告诉我你不能和我一起去看电影的时候"。

我觉得……（陈述你的感受），如"我觉得很失望"。

因为……（陈述引发你情绪的理由），如"因为我很期待可以和你一起去"。

你和朋友约好今天晚上一起去看电影，但约定的时间到了却还不见朋友的身影，打电话也无人接听。你闷闷不乐地走向自习室，却看见你的朋友在操场上打篮球，你感到很气愤。请用上面的公式，向你的朋友表达你的感受。

成长建议

本节“成长烦恼”中，小李虽已是大学二年级学生，但面对竞选失败的结果失落感较强，不能理性对待失败，从而对自我评价过低。过低的自我评价使其自信心锐减，影响了其学习和人际关系。情绪表现强烈且不稳定，是大学生群体普遍存在的现象，这并非有“病”，而是青年初期的心理特点之一。

如果想要帮助小李，可以先帮助小李分析导致情绪低落的原因，通过正确认知的建立来让其对自我形成积极而客观的评价，从而消除其不良情绪。此外，小李应学会掌握一些调节情绪的有效方法，如自我暗示法、环境调节法等。

良好情绪，筑梦人生

人们在生活中不管遇到什么事都会发生情绪波动，或是开心、愉快、幸福等积极的情绪，又或是悲伤、焦虑、失望等消极的情绪。积极的情绪会激发人们学习、工作和生活的热情和潜力，但悲伤、愤怒、焦虑等消极的情绪如果持续时间过长，不但会影响人们的学习、工作和生活，而且会影响身心健康。正处在身心发展重要时期的大学生，思想不够成熟，自我认知不够清晰，学习、就业、人际交往等多种压力并存，情感稳定性与波动性并存，在适应生活的过程中通常会出现复杂多变的情绪。大学生学会正确认知情绪、及时进行情绪管理，不仅可以理性调节情绪，战胜情绪带来的冲动，还可以培养积极健康的心理素养，更好地实现自我价值。

情绪稳定性测试

指导语

（1）本测试适用于测量人的情绪稳定性。

（2）本测试由一系列陈述语句组成，请你根据自己的实际情况，选择符合自己特征的描述，选择时请根据自己的第一反应，不要思虑太多。

（3）本测试没有速度上的要求，但是请在5分钟以内完成所有的题目。

（4）每个题目只能填写一个答案，请选择最符合自己实际情况的答案。

（5）答案选择标准如下。

A. 非常符合　B. 有点符合　C. 无法确定　D. 不太符合　E. 很不符合

测试内容

（1）孤独时我常常心烦意乱。（　　）

（2）我的心情常常随当时的气氛变化而变化。（　　）

（3）我在静坐的时候可以心神安定。（　　）

（4）我常感到胸口发闷。（　　）

（5）我总觉得心慌意乱。（　　）

（6）我不了解自己内心的想法。（　　）

（7）我常担心他人对我有看法。（　　）

（8）在别人眼里我是一个忧虑的人。（　　）

（9）我很难下定决心。（　　）

（10）我不喜欢有竞争性的工作。（　　）

（11）我容易因小事恼怒。（　　）

（12）我有一种自卑感。（　　）

（13）早上起床时我会感到疲惫。（　　）

（14）心情不畅时，我无法在他人面前掩饰自己的不愉快。（　　）

（15）我常常会突发奇想。（　　）

（16）我不善于抑制自己的冲动或沮丧情绪。（　　）

（17）我常会受影片中剧情的感染。（　　）

（18）我的兴趣多变。（　　）

（19）我的作息没有什么规律。（　　）

（20）我很迷信。（　　）

测评方法

请参照以下答案，对自己的选择进行计分。

选择 A 的数目记为 A。

选择 B 的数目记为 B。

选择 C 的数目记为 C。

选择 D 的数目记为 D。

选择 E 的数目记为 E。

按照下面的公式计算出原始分数 （R）。

R=E×5+D×4+C×3+B×2+A

请按照表 3-1 列出的规则，根据你的原始分（R）找出相应的排名值（P）。例如，你的原始分（R）是 73，那么在表 3-1 中对应的排名值（P）就是 93。

表3-1 情绪稳定性程度常模对照表

R	P (%)	R	P (%)	R	P (%)	R	P (%)	R	P (%)	R	P (%)
20	0	35	7	50	58	65	80	80	98	95	100
21	1	36	8	51	41	66	82	81	98	96	100
22	1	37	10	52	44	67	84	82	98	97	100
23	1	38	11	53	47	68	86	83	99	98	100
24	1	39	13	54	50	69	87	84	99	99	100
25	1	40	14	55	53	70	89	85	99	100	100
26	2	41	16	56	56	71	90	86	99		
27	2	42	18	57	59	72	92	87	99		
28	2	43	20	58	62	73	93	88	100		
29	3	44	22	59	65	74	94	89	100		
30	3	45	25	60	68	75	95	90	100		
31	4	46	27	61	70	76	95	91	100		
32	5	47	29	62	73	77	96	92	100		
33	5	48	32	63	75	78	97	93	100		
34	6	49	35	64	76	79	97	94	100		

排名值（P）是一个百分数，假如你得到的排名值（P）是78，那就表明你的情绪稳定性要强于78%的人，反过来说明你的情绪稳定性要弱于22%的人。

项目活动1

负面情绪的表达

☑ 活动目的

掌握与人分享负面情绪的表达方式，避免采用责备、抱怨的方式表达自己的情绪。

☑ 活动准备

与同学一起排演一个因为不能恰当表达负面情绪而造成人际冲突的情景剧。

☑ 活动步骤

1. 情景剧表演。

2. 讨论：为什么会发生冲突？冲突的结果对双方造成怎样的影响？是否需要向对方表达自己的负面情绪？怎样表达？

项目活动2

正面情绪的表达

☑ 活动目的

掌握与人分享正面情绪的表达方式，与他人进行情感交流，增进良好关系。

☑ 活动准备

6~8 人一组，分成若干小组。

☑ 活动步骤

1. 每个同学分别赞美其他小组的成员，赞美内容可以是外貌、个性、才能等方面。

2. 各小组成员分享自己在接受别人赞美时内心的感受。

3. 小组讨论以下问题。

（1）别人怎么赞美自己，自己会比较乐于接受？

（2）虚伪的谄媚与真诚的赞美有什么不同？

4. 全班同学在教室里随意走动，分别找 5 个同学表达真诚的赞美。

5. 思考：当你情绪低落时，想想别人赞美你的这些话，此时你会有什么样的感受？

第 4 章

大学生的学习心理

人是知识的创造主体，也是知识运行的载体，当代大学生就是生活在这样的知识社会中，学习成为大学生的首要任务和主要的活动方式。通过学习，大学生能够获得广博的知识，并明确社会规范，从而能健康地成长，并能在将来适应知识社会对他们的要求。但是学习是一个十分复杂的过程，它需要智力因素和各种非智力因素的积极参与。每个人都会遇到不同的学习心理问题，这些问题是需要大学生积极面对的。因此，大学生的心理健康状况和心理发展水平对大学生的学习过程和学习效果将产生直接的影响。培养良好的学习心理是大学生心理健康教育的重要内容，大学生只有解决好学习心理的问题，找到适合的学习策略与方法，培养自己的学习能力，才能不断提高学习效率，成为具有创新精神和实践能力的高素质人才。

学习目标

1. 理解学习、学习动机的概念。
2. 了解大学生学习的特点和学习动机。
3. 掌握大学生学习中常见的心理问题及相应的调适方式。
4. 能够分析自己学习中遇到的心理问题并加以调适。

第1节
大学生学习概述

学习一直是人类社会发展永恒的主题，每个人的一生都在学习。人从牙牙学语到掌握各门学科知识，从蹒跚学步到擅长各类运动，每一次的进步与成长都是学习的结果。对于大学生来说，学习是大学校园活动的主要形式，是大学生的第一任务，是大学生获得广博知识，提高自身素质的重要途径。尤其是在倡导学习型社会的今天，学习不再局限于“学会”——掌握知识，而是要“会学”——改进学习方法、提高学习效率。这就需要大学生了解大学阶段的学习的特点与规律，合理安排大学的生活与学习。

小王，男，大学三年级学生。他高中时学习成绩较好，但进入大学后，学习成绩一再下降，由大一的中游水平降到大二时名次排在倒数十名之内。他非常失落，以至整日活在痛苦和焦虑中，自信心几乎降到了极点，什么也不想做，并且觉得自己突然之间什么也不会做了，甚至一度头痛欲裂，整天卧床不起。他觉得自己成了一个“废人”，整天都在自我压抑中度过。

知识课堂

“学习”一词涉及面很广，但一提到学习，人们往往想到的是学生在学校教育情境中的学习。在学校中的学习是学生成才的必需条件，对于学生个人及社会有着重要的作用。这里说的学习的核心是研究学生的学习心理，即研究学生由不知到知、由不会到会的过程在心理上是如何实现的，其实质如何，规律是什么，等等。

一、学习的概念

随着社会的发展，学习已成为现代人的根本需要之一。“学习型社会”“活到老，学到老”，类似这样的话语我们耳熟能详。大学生唯有坚持学习，才能适应社会的高速发展，才能更好地实现自我的人生价值和社会价值。

虽然人们对“学习”一词很熟悉，但是要给其下一个严谨的定义并不是件容易的事情。心理学家从不同的角度用不同的方式给予其不同的定义。

（一）广义上的学习

从广义上说，学习包括了从低等动物到人类在后天生活过程中通过活动、练习获得行为经验的过程。一般认为，要把握广义学习的实质，应从以下三个方面来理解学习的定义。

第一，主体自身必须产生某种变化，即一种相对持久的变化，人们才能做出学习已经发生的推论。这里的“相对持久”是相对于“暂时的”“短暂的”变化而言的。这些变化通常被排斥在学习之外，因为行为改变持续的时间太短，是不能算作学习。例如，小学语文教师判断学生是否学会了生字字形，通常不是依据学生当堂的正确默写率，而是依据一段时间后学生对生字字形的记忆正确率。学生默写字形的行为有了相对持久的变化，才能说明他们进行了学习。同时，这也说明训练、练习、读书等活动与学习不是等同的概念。

从科学的观点看，仅有练习、训练不一定是学习，因为练习、训练带来的变化可能是暂时的，一旦条件改变或经过一段时间，这种暂时性变化就迅速消失。因此，必须观察到练习、训练之后，学生身上出现了持久的行为变化，才能承认这些行为是学习行为。

第二，学习是由经验引起的变化。学习是个体在与环境相互作用的过程中后天习得的。个体身上表现出的变化有些是由遗传决定的，是与生俱来的且不需要学习的，个体在行为上表现出来的这类变化不属于学习的范畴。由经验产生的学习大致可以分为两类：一类是由有计划的训练或练习而产生的学习，如学校里学生通过有目的、有计划的训练或练习而获得知识；另一类是偶然的学习，如某个人看到车祸伤人的场面，便产生恐惧，由车祸获得的感知经验可能使他学习到交通安全的重要性。上述两种情况，都是由经验引起的，即先有引发经验的情境，人在情境中活动，而后才产生了学习。

第三，能力或倾向。能力或倾向是学习的结果而非学习的过程，能力或倾向是学习者内部的变化，而且这一内部的变化不能被直接观察到，只能通过学习者的外部行为来判断，即外在的表现。也就是说，内在能力或倾向的变化会体现在外在表现的变化上，表现的变化为我们提供了一个了解内在能力或倾向变化的窗口。例如，某个学生在学校总是很热心地帮助同学，那么就可以判断出他有了愿意关怀他人的倾向。又如，某个类型的题目对于一个学生来说完全没有难度，就可以认为这个学生具备了解答这一类型题目的能力。需要指出的是，由于学习涉及能力或倾向的相对持久的变化，因而作为学习指标的变化也应是相对持久的，即通过学习者行为表现的相对持久的变化，我们才可推断其内在的能力或倾向发生了相对持久的变化。

（二）狭义上的学习

狭义的学习是指在社会生活实践中，在社会传递下，以语言为中介，自觉地、积极主动地掌握社会和个体经验的过程。

狭义的学习一般是指教育情境中学生的学习，无论在内容上、方式上还是性质上都与其他动物的学习有明显的区别。

首先，从内容上看，人的学习内容比动物的学习内容广阔得多，动物的学习仅仅是掌握个体经验，而人的学习不仅是掌握个体经验，更重要的是以个体的形式掌握社会的经验。其次，从方式上看，动物学习主要是一个自发的过程，而人的学习是在社会的传递下，以语言为中介而实现的。再次，从性质上看，动物的生活方式是以其对外界自然条件的适应为特征的，其学习是不自觉的，只是消极被动地适应其生存的环境。人的学习是自觉、有目的、积极主动的过程。人不是消极被动地接收其他人类的经验，而是在积极地作用于改造周围环境的过程中，在与人们积极地交往的过程中获得知识经验的。

综上所述，人类的学习与动物的学习有着本质的区别，而且也不同于在一般条件下人们进行的学习。学生的学习是人类学习的一种特殊形式，主要具有以下特点。

第一，学生的学习是在教师的指导下有目的、有计划、有组织的学习。在学校教育情境中，按照预先确定的教学计划，教师根据社会的需要和教育目标的要求，通过了解学生的学习特点，采取有效的教学方法帮助学生学会学习。整个学习过程都是精心设计和安排的，所以学生的学习可以是快速且有效的。

第二，学生的学习以掌握间接经验为主。这一点与人类的认识过程有所不同，人类的认识是从实践开始的，而学生的学习却未必如此。学生的学习主要通过教师的讲授完成，所以也不需要像人类获取直接经验那样事事都去亲身实践。学生在短期内接受人类的认识成果，掌握前人积累起来的间接经验，为以后的直接实践打好基础。

第三，学生的学习具有一定的被动性。学生的学习与人类学习一样，应该是一个主动建构的过程。但是学生却只有在学习了前人的认识成果，掌握认识过程和认识方法的规律之后，才能使自己的认识能力得到发展。同时，学生也意识不到当前的学习与将来的关系，对于学习多存在懈怠、懒散的情况。

二、大学生学习的特点

大学教育是学校教育的最高层次，就学习生涯来说，是学校教育中的学习向社会工作环境中的学习过渡的阶段。而且，除了专业性的学习之外，大学生还要注重社会经验的学习。因此，大学生学习有其明显的特点，只有了解这些特点，大学生才能在学习中有的放矢，事半功倍。

（一）学习的独立性和自主性

大学生学习的一个明显特点就是有更强的独立性和自主性。第一，大学生不再将学习作为应试的工具，考试自然不再成为学习的唯一目标，甚至相当多的大学生为了学习新技能，会选择参加一些相应的技能考试。第二，大学期间，大学生自己支配的时间更多，除去专业学习占用的时间，大学生还有相当多的时间可以做从事自己喜欢的事情。

第三，与初中生或高中生相比，大学生生理、心理更加成熟，自主性的愿望也更加强烈，所有这些变化一方面为大学生学习创设了优良的内在条件，另一方面也对大学生的学习提出了严峻的考验。学习的独立性和自主性要求大学生有更强的自我控制和计划能力，如果不善于自我控制和计划，大学生将难以获得学习上的成功。

（二）学习的专业性和选择性

大学是大学生系统学习专业知识的开始，具有明显的职业倾向性。大学生从专业基础课程入手，逐步建构起专业性的知识体系，丰富技能，提高能力。当然，不同学科之间并不是毫不相干的，而是相互渗透和关联的。在学习本专业知识的同时，大学生也可以尝试去了解相关学科的知识，这样既能拓宽自己的视野，也能为自己的专业学习提供思路。所以，大学生学习的专业性并不妨碍大学生学习的选择性。大学生可以依据自己未来的职业理想进行专业的选择，大多数大学生都会依据自己的爱好或理想来选择自己主修的专业。而且，大学也为大学生学习的选择性提供了条件，即使确定了一个主修专业，大学生依然有机会通过辅修进行其他专业的学习。此外，由于大学校园的开放性，大学生还可以旁听或选修一些感兴趣的课程。

（三）学习方式和途径的多样性

由于大学生学习的目的不仅在于接受专业知识，而且在于发展兴趣、拓展能力、提升个人修养，这就决定了大学生学习方式和途径的多样性。在专业领域方面，大学生可以通过教师的课堂教学获得专业知识，还可以通过在图书馆或实验室自主学习加深对专业知识的理解。在兴趣方面，大学生则可以参加社团或直接与相同兴趣的同伴一起学习来培养。在能力方面，大学生一方面可以利用参加学校各类团体或组织相关活动的机会进行提升，另一方面还可以通过投身社会实践进行提升。所有这些学习方式和途径，使得大学学习无处不在。大学生应该抓住机会，在大学中练就自己过硬的本领。

（四）学习的探索性和研究性

大学是一个集教学与科研于一身的机构。从社会对大学生的期待来看，大学生必须具备为社会创造知识的能力。从真正意义的科研角度来讲，大学生在一定程度上也承担着科学研究的任务，所以大学生的学习不仅具有个人目的，而且具有社会目的，是二者的统一体。从大学生的学习方式来看，大学课本的知识并非普遍真理，也会因科技的进步而不断更新，所以大学生学习不应像中学生学习那样采用灌输的方式进行，而应积极发展自己的批判性思维。因此，大学生学习应该重视发挥主观能动性，强调自主性学习。

（五）学习的接受性和创造性

当今社会，对创造性人才的需要与日俱增，在知识爆炸的今天，能快速接受知识和创造知识成为必备的能力。大学是知识的现实载体，承担着传播知识和创造知识的任务。在一个知识密集的环境中，大学生的学习同时具有接受性和创造性。大学生学习的接受性并不意味着大学生只是机械地接收知识，而是大学生将大学学习与原有经验或整个人格相结合，进行有意义的学习。只有这样，知识才可以被迅速掌握，并成为大学生完善人格的一部分。另外，大学生学习必须具备创造性，创造性不仅要求大学生在学校环境中可以创造知识，而且要求其在企业环境中也能创造知识。创造性使大学生在学习中发现问题、解决问题、创造成果，这对大学生的创新思维和批判性思维的培养起到了很好的促进作用。

知识链接

大学学习与中学学习的不同

大学生自走进校园的第一天起，就会发现现实生活中的大学与自己想象中的大学有很多不同，特别是在学习方面。那么，大学学习与中学学习究竟有哪些不同呢？

1. 学习目的不同

中学学习主要是学习基础科学文化知识，中学教育本质上是一种中等水平的普通教育，为广大学生的继续深造和就业做一般性的基础文化知识准备，基本没有考虑未来职业的具体要求。而大学教育则主要是一种专业教育，其培养目标是培养未来社会的生产者和建设者，尽可能照顾到未来具体职业的特殊教育，因此大学学习具有职业定向性的特点。

2. 学习内容不同

中学学习的内容是多学科性、全面、不确定方向的，而大学学习则是一种基本定向的专业学习，在学习内容上表现出多元化和丰富性的特点，具体表现为以下几点：一是专业化程度较高，职业定向性较强；二是范围广，既有自然科学，又涉及人文科学，特别是一些交叉学科更能体现出这种优势；三是逐步走向社会，扩展到生活领域，从社会实践中学习；四是注重能力的培养；五是注重情感态度的学习；六是开始创新探索，进行科学研究。

3. 学习方法不同

中学时期，教师教学生是“手拉手”领着教，教师安排得详细周到，不少学生养成了依赖教师、只会记忆和背诵的习惯。而大学教师则是“引着走”，提倡学生自主学习，自己安排课外时间，逐渐从“要我学”向“我要学”转变，不采用题海战术和死记硬背的方法，提倡自由、自主地学习，提倡勤于思考、自主学习。

三、学习与大学生心理健康的关系

学习是人得以生存和发展的必要条件，大学生的学习促进了大学生身心的全面发展，是大学生心理健康的保证。而学习又是一个非常复杂的心理现象，大学生的心理健康状况、心理发展水平也会对其学习的结果产生直接的影响。可见，大学生的学习与其心理健康的关系是相互影响、相互制约的。

（一）学习对大学生心理健康的影响

1. 学习对大学生心理健康的积极影响

（1）学习能够开发大学生的智力和潜能。每个人都有与生俱来的智力和潜能，这些智力和潜能只有在学习中才能得到开发和利用。同样，大学生的观察力、注意力、记忆力、思维能力及想象力只有在实际学习过程中才能得到开发、利用和提高。如果不学习，先天素质再好的大学生，其智力和潜能也得不到开发和利用。

（2）学习能够提高大学生的各种能力。能力是人顺利地完成某种活动所必须具备的心理特征，它总是在一定的活动中表现出来，并且在活动中获得和加强。随着社会的发展，社会对大学生的能力要求越来越高，总体来说，这些能力包括自学能力、操作能力、创造能力、表达能力、管理能力等，而这些能力都可以通过学习来提高的。因此，大学生要具备社会需要的各种能力，就必须加强学习。只有不断学习，能力才能不断提高。

（3）学习能够促进正向情绪、情感的产生。一个善于学习、乐于工作的人，常把学习和工作当作自己的爱好，能从中找到幸福和快乐。大学生通过努力学习完成一项学习任务或取得一定的成绩后，就会感受到成功的喜悦。同时，也能真正体会到自己的价值和自尊。遇到不如意的事情时，大学生若能专注于学习，也会冲淡或忘掉烦恼。以学习为乐，可以调节大学生的情绪、情感，促进正向积极情绪、情感的产生，改善大学生的心理健康状态。

（4）学习能够促进自我意识的发展。只有多学习，才能提高自身的理论水平，从而提高认识、分析问题的能力，大学生掌握科学的认知方法，才能更好地发现自身的不足，才能正确认识和评价自己和他人，才能不断地根据社会需要进行自我调节，以便更好地适应社会。

（5）学习能使心理健康水平不断提高。提高心理健康水平是一个循序渐进的过程，大学生需要不断地学习和实践，而在这一过程中，掌握必要的心理学知识和理论，无疑对提高大学生的身心健康水平有一定的帮助。只有不断地学习，大学生才能获得必要的知识，才能提高自己的心理健康状态。

2. 学习大学生对心理健康的消极影响

任何事物都有正反两面，学习同样也不例外。大学生的学习是一项艰苦的脑力劳动，需要消耗大量的心理、生理能量，必然会带来一些消极的影响。

（1）从学习的强度来说，学习负担如果过重，会给大学生带来一定的心理压力，造成大学生精神高度紧张，出现学习焦虑现象。此时，大学生如果不能采取适当的劳逸结合的方法，就容易对身体健康造成危害，进而影响心理健康。

（2）从学习的内容来说，由于大学生在对学习内容和学习时间的支配上具有高度的自主性，因此在完成学校的指定课程外，大学生还有足够的时间去学习其他知识。如果选择的学习内容不合适，就易造成心理污染，一些辨别能力差、抵抗力弱的大学生就容易受到伤害。另外，学习内容难度过大也容易使大学生产生畏难情绪，甚至失去学习的信心。

（3）从学习的方法来说，如果大学生采用的学习方法不当，结果就会是所下功夫与所得成绩不成正比，即出现很努力地学习却不见成效的现象，学习成绩长期得不到提高。长此以往，大学生会出现自卑心理，甚至自暴自弃，导致恶性循环，影响心理健康。

（二）心理健康对大学生学习的影响

学生学习的结果受很多条件与因素的影响。从个体的发展来看，影响个人学习结果的因素既有遗传因素、个体生理健康因素，又有环境因素和个体心理因素等。

从个体心理因素来看，影响学习结果的主要因素又可以分为智力因素和非智力因素。智力是指个人凭借感觉、知觉、注意、记忆、想象和思维的活动来分析问题和解决问题的能力，而个人分析问题与解决问题所赖以使用的观察力、注意力、记忆力、想象力和思维能力构成了智力的因素。智力因素固然能够影响学习的结果，但并不是影响学习结果的唯一因素。通过高考入学的大学生，在智力因素方面的差距不太大，对于大学生来说，影响学习结果的因素更多的是非智力因素。

影响学习结果的非智力因素包括除智力以外的全部个体心理特征，如大学生的学习动机、态度、情绪情感、意志、个性等因素。这些因素是影响大学生学习结果的关键所在。大学生为了提高学习效率和质量，在充分发挥潜能、调动和组织智力因素的基础上，还要充分激发自己的学习动机等非智力因素，而在这一过程中，大学生的心理健康与否与其学习动机和其他非智力因素的正向发挥有着很大的关系。良好的心理健康状况有利于激发积极的学习动机，形成良好的情绪情感，坚定意志，促进积极个性的形成，进而对学习产生促进作用。反之，大学生若心理状况不良，甚至有心理疾病，则会不同程度地影响非智力因素，妨碍学习，阻碍潜能的发挥，严重者甚至无法学习。

成长建议

本节“成长烦恼”中，小王对大学的学习生活不适应，主要表现为学习成绩下降，情绪低落，有自卑感、孤独感，等等。大学与中学的学习方式、习惯、要求等都存在很大差异。在大学学习中，没有教师督促，教师也不完全讲授课本上的内容，大学生基本上以自学为主。这就要求大学生在学习上有高度的自觉性，养成良好的学习习惯，转变学习方法。

针对小王遇到的问题，我们建议：改变学习方法，特别要改变以记忆为主的学习方式，学会理解记忆；广泛阅读有关资料，多角度看问题；制订学习和读书计划；适量练习，增加练习的思考性，提升学习的能力。

第2节

大学生常见学习心理困扰及调适

内容导读

刚进入大学校园时，从中学的被动学习跨越到大学的自主学习，很多大学生会由于不适应或无法合理安排生活而出现各种学习问题。在这一节中，我们将一起来探讨大学生更容易出现的学习问题，以及克服这些问题应采取的方式，从而为大学生的学习生活提供支持和帮助。

成长烦恼

小林，大二学生，因为焦虑情绪前来咨询。高中时，他凭借着自己的努力在班级一直名列前茅，但由于高考发挥失常来到了不是很理想的大学，他自己暗下决心，大学期间一定要好好学习，争取四年后考上名校研究生。然而，进了大学后，他发现自己以往的学习能力仿佛被“憋在了某个地方”，无法在学业成就上再次站立在“山顶”，“俯瞰”周围的同学，甚至应对高等数学等比较难的学科时有些力不从心。这一变化让小林很难接受，他发奋努力也换不来理想的成绩，巨大的失落感袭上心头，他开始怀疑自己的能力，甚至产生了强烈的自卑感。在课堂小组作业中，小林也开始回避，认为自己没有办法承担任务，肯定会耽误大家的进度。这些情况让小林非常焦虑，寝食难安，看书也看不下去。

知识课堂

学习是一个复杂的心理过程，它不仅与感觉、知觉、记忆、思维等智力因素直接相关，而且还涉及情绪、动机、个性等各种非智力因素。许多人在学习中受到形形色色的心理障碍的困扰，从而学习效率降低，无法圆满完成学习任务。心理障碍是大学生成才路上的“绊脚石”。如果大学生摆脱不了这些困惑，就谈不上真正意义上的学习，也就不会真正成才。因此，心理辅导在学习方面的作用就显得异常重要。

一、学习动机

动机是直接推动一个人进行行为活动的内部动力。在影响大学生学习的各种内在因素中，学习动机是最活跃、最集中体现大学生主观能动性的心理成分，它直接影响大学生学习的努力程度。学习动机是指直接推动大学生进行学习的一种内部动力，是激励和指引大学生进行学习的一种需要。大学生往往对感兴趣、符合自身需要、对自己有重要价值和意义的学科投入更多的时间和精力，也能从中获得较大的满足感。用一个公式表示就是“学习动机 = 学习需要 + 学习诱因”。学习需要是个体内部动机，包括个体的成就欲望，对学习对象的兴趣爱好及好奇心、求知欲、探索愿望等，学习诱因，即外部动机，是指触发行为的外部环境，如奖学金、荣誉、表彰等。学习诱因促使学生把自己的行为指向学习的目标。学习动机是将学习需要和愿望转化为学习行为的心理动因，是发生和维持学习行动的内部力量。

综上所述，学习动机在大学生学习过程中具有重要作用，它一方面唤起大学生对学习的准备状态，促进一些非智力因素（如集中注意力、坚持不懈及忍受挫折等意志）和情感方面的品质的形成和提高，间接地促进大学生学习；另一方面，学习动机又可以作为一种学习结果，强化学习行为本身，促进“学习 - 动机 - 学习”的良性循环。需要注意的是，学习动机与学习效果并不是正比关系，心理学界著名的耶基斯—多德森定律指出，动机水平与学习效率之间的关系可以用一条倒 U 形曲线来描述，即中等程度的动机水平最有利于学习效果的提高。同时，该定律还指出：最佳的动机水平与任务难度密切相关。任务较容易，最佳动机水平较高；任务难度中等，最佳动机水平也适中；任务越困难，最佳动机水平越低。如图 4-1 所示。因此，动机缺乏和动机过强都会影响学习效率，并且带来一系列心理问题。

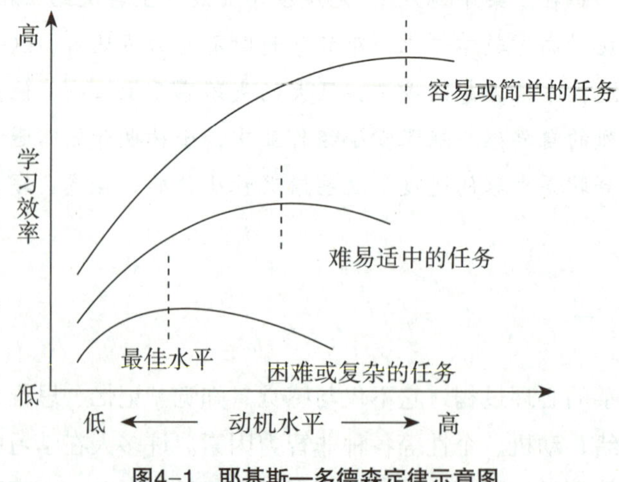

图4-1　耶基斯—多德森定律示意图

（一）学习动机缺乏及自我调适

学习动机缺乏是指学习时没有内在的驱动力量，没有明确的学习方向，无知识欲求，厌倦学习。

1. 大学生学习动机缺乏的表现

大学生学习动机缺乏的表现有以下几个方面。

（1）懒惰行为。学习动力不足的大学生学习时注意力不集中，不愿意动脑筋，不完成作业，学习上拖拉、散漫、怕苦怕累，人在课堂心在外。

（2）容易分心。动机不足的大学生注意力差，不能专心听课，不能集中思考，兴趣容易转移，行动忽冷忽热，情绪忽高忽低。

（3）厌倦情绪。动机缺乏的大学生对学习冷漠、畏缩，常感到厌倦，对学校与班级生活感到无聊。

（4）缺乏方法。动机不足的大学生把学习看成是奉命的、被迫的“苦差事”，因此不愿积极寻求一些适合自己的学习方法。他们满足于死记硬背，应付考试，因为缺乏正确而灵活的学习策略和方法，所以往往不能适应新的学习情境。

（5）依赖性强。动机缺乏的大学生在学习上没有明确的目标，学习行为往往表现出从众性与依附性，极少有独立性和创造性。

2. 大学生学习动机缺乏的原因

研究表明，大学生学习动机缺乏可能有以下几个方面的原因。

（1）个人原因。如考试的挫折引起的沮丧和痛苦，对所学专业不感兴趣，毅力不够、不想努力，身体健康状况不好，等等，都容易使大学生学习动机缺乏。

（2）家庭原因。家庭环境会对大学生的学习动机产生影响，如父母的高期望、管教太严使大学生产生逆反心理或畏难心理，反而降低学习动机。

（3）学校原因。如大学的名声、校园环境、专业的课程设置、教师的教学水平等都会对大学生的学习动机产生影响。

（4）社会原因。社会价值观念，如“读书无用论”及社会的就业形势等，都会对大学生的学习动机产生影响。

3. 大学生学习动机缺乏的自我调适

（1）制定适合自己的学习标准。心理学研究及教学实践证明，学习标准定得过高或过低都不利于提高大学生学习的积极性。一般来说，学习标准以一个大学生在其原有学习成就的基础上增加 20% 为佳，达到该标准的时间以一学期为宜。

（2）掌握适合自己的学习方法。好的学习方法并无固定的模式，每个人应该结合大学学习的规律和自己的特点制定学习策略，采取切实可行的改进措施，使自己真正学会学习。

（3）提高对学习目的和意义的认识。明确学习目的和意义是培养和激发学习动机的重要条件之一。当我们认识到自己学习的价值时，学习就有了责任心和使命感，只有兴趣与奋斗目标及人生理想结合起来的时候，个体的学习兴趣才会由有趣、乐趣发展到志趣，这样的志趣才具有更大的自觉性和方向性，有更大的推动力量。

（4）培养并保持对所学专业的学习兴趣。首先，要明确这一学科的社会意义和专业意义，认识此学科对于自己的专业学习、品行修养等方面所产生的影响。其次，要带着问题去学习，抓住本学科中一些没有定论的、有争议的问题，广泛搜集资料。最后，通过独立思考激发学习动机。

（二）学习动机过强及自我调适

学习动机对学习活动起着激发、推进、维持的作用，但并不意味着学习动机的强度越大学习效果就越好。学习动机作用于学习活动，有一个最佳水平的控制问题。动机缺乏，大学生则不能专注于学习，不能发生学习行为，即使发生也不能维持；而动机过强，不论是内部的抱负和期望过高，还是外部的奖惩诱因过强，都会使大学生专注于自己的抱负和外部的奖惩，而不会专注于学习，从而阻碍学习。

实际上，大学学习虽然是大学生活的主题，却不是大学生活的唯一。大学为大学生提供了很多活动空间和机会，大学生能够利用各种活动丰富课余生活，提高各方面的素质和能力。同时，大学也为大学生的学习提供了丰富的资源，大学生能够充分利用各种资源，使个人的知识和技能得到全面的发展。不要错误地把学习定义为在教室里埋头苦学，勤奋和努力其实也是成功的条件之一。动机过强的大学生在不放弃学习的情况下，还要跳出自己的学习空间，反观自己的学习过程，要认识到大学里除了学习，还需要与同学相处，了解社会。学习不仅是书本上的学习，还有专业技能的练习。学习成功不仅要靠努力，还要有良好的方法。学习的成功不仅仅是用成绩来衡量，还要看个人的专业视角和专业技能。

1. 大学生学习动机过强的表现

（1）学习过于勤奋。任何事情都应该维持一个度，学习动机过强的大学生将所有精力都用在学习上，并坚信自己只要勤奋学习就有回报，在生活中把学习放在至高无上的位置，认为把时间花在别的地方是种浪费，可能无法实现个体的全面发展。

（2）争强好胜。学习动机过强的大学生无论在学习上还是在日常生活中，都表现出争强好胜的心理。他们非常看重自己的成绩与名次，经常想得到他人对自己的表扬和肯定，惧怕失败，一旦失败就会对自己产生怀疑。

（3）情绪紧张。学习动机过强的大学生往往会有学习焦虑和考试焦虑，经常会紧张不安。由于长期处于巨大的压力和超负荷的学习之中，学习动机过强的大学生在情绪上和精神上难以放松，久而久之，精力不集中，记忆力减退，思维迟钝，学习效率降低。许多身心问题如头痛、失眠、烦躁、心悸、胃肠功能失调等，也会接踵而来。所以，对学习动机过强的学生来说，学习同样是痛苦的。

（4）容易自责。为了追求完美，学习动机过强的大学生经常给自己设立过高的目标。为了达到自己的目标，他们就会强迫自己，并对自己施加更大的压力。他们总是不满足于自己的现状，认为自己应该做得更好，即使成功也不能给自己带来多少喜悦。

2. 大学生学习动机过强的原因

（1）成就动机过强。急于取得成就并超过他人，但对自己的能力认识不足，对自己的期望远远超过自己的实际能力和潜力，会导致大学生学习动机过强。

（2）不恰当的认知模式。部分大学生认为“只要我付出了努力，我就一定会成功”，从而把努力和勤奋看成是成功的唯一条件。

（3）具有一定的补偿心理。部分大学生除学习外无其他特长和爱好，因此，大学生想从学习中得到补偿。

（4）不适当的强化，如家庭、社会等的强化。社会文化倾向于赞扬发奋者，大多数人更支持那些动机过强者，称赞他们学习劲头足、刻苦、有志向，从而对他们进行了不适当的强化，使他们看不到动机过强的危害，等到造成身心困扰时已难以自拔。

3. 大学生学习动机过强的自我调适

（1）进行恰当的自我评价。学习动机过强的大学生对自己的能力要有充分、正确的认识，使自己的抱负和期望切合自己的能力发展水平。

（2）建立正确的认知模式。改变“把努力和勤奋看成成功的唯一条件”的认知，要认识到任何成功都与自身能力和环境因素有关，努力是成功的必要条件，但非唯一条件。

（3）学习动机过强的大学生应以宽容的心态对待自己，降低对学习成败的敏感度。

（4）培养广泛的兴趣爱好。学习动机过强的大学生应积极参与各类文化娱乐活动，注意劳逸结合，重视综合素质提高，培养多种特长。

（5）学习动机过强的大学生应树立远大目标，淡化名利得失，克服虚荣心理，学会调整情绪，保持旺盛的学习斗志。

二、学习焦虑与学习疲劳

（一）学习焦虑及自我调适

学习焦虑是指个体由于不能达到预期的学习目标或不能克服学习上的困难而自信心受挫，或因失败感和内疚感增加而形成的一种紧张不安、带有恐惧的情绪状态。

1. 大学生学习焦虑问题主要表现

有学习焦虑问题的大学生在学习上注意力涣散，记忆力减退，思维混乱，烦躁易怒，严重的还常伴有头晕、头痛等。学习焦虑问题突出表现为考试焦虑和考试怯场。

考试焦虑是指大学生担心自己考试失败而忧虑的一种负面情绪反应，是由应试情景引起的一种情绪表现，按程度不同可分为轻度焦虑、中度焦虑和重度焦虑。考试焦虑容易分散和阻断注意力，使注意力不能集中，让大学生不能专注于学习和应试。考试过度焦虑不仅会妨碍记忆和回忆，而且会使思维呆滞，使具体思维能力无法正常发挥，使创造性思维能力无法使用。考试焦虑是一种正常现象，但要注意适度。适度焦虑会使人的活动变得积极、思维变得清晰。过度紧张会使人的活动受到抑制。

考试怯场是指大学生在应试中的应激反应。大学生考试怯场的主要原因是缺乏自信。这种缺乏自信是过去考试失败造成的心理定式，大学生害怕考试再遭失败而产生的心理压力。在现实生活中，有些大学生在应试过程中紧张、恐惧、思维迟钝、记忆力下降，甚至还伴有生理上的不适，如腹泻、失眠、恶心等，严重时还会出现“晕场”的现象。这些都是大学生考试素质偏差的表现。

2. 大学生学习焦虑产生的原因

（1）大学生的学业压力、考试压力大，心理负担过重。

（2）大学生的自信心不足或学习动机过强，害怕自己失败。

（3）大学生考前复习准备不充分，平时不努力学习，考试前一晚突击。

（4）大学生对以前考试失败和产生挫折的体验太深刻，遇到考试就产生害怕、恐惧的心理。

3. 大学生学习焦虑的自我调适

（1）正确认识考试的意义，端正考试动机。大学生要充分认识到考试是衡量学习水平的手段之一，也是教学的一个重要环节。但是，考试成绩并不能完全准确、真实地反映一个人的知识水平，更不能全面反映一个人的能力水平。所以，大学生应重视考试，但不应过分追求高分。要考得轻松，学得愉快。

（2）大学生应增强自信心和毅力，不怕困难与失败，勇于迎接学习中的挑战，克服虚荣心理。

（3）大学生应调整适应大学的学习方式，尽快摸索、总结出一套适合自己的学习方法。

（4）提高应试技巧。大学生首先要做好考前准备，即有计划、有安排、有轻重缓急地复习，合理安排时间，不要使大脑过度疲劳，尤其是临考前几天应保持充足的睡眠，这样才能保证以清醒的头脑和充沛的精力走进考场。其次，大学生要有应付怯场的办法，可设法转移注意力，如想一件令自己高兴的事，或做几次深呼吸，考试时先做有把握的题，难题放在后面做，这样可以消除考试的紧张情绪。

（5）大学生对考试成绩的期望要符合个人的实际情况，平日努力学习，加强准备，以平常心应试。

（二）学习疲劳及自我调适

学习疲劳是指学习者由于学习过度或学习方法不当而学习效率逐渐降低，并伴有渴望停止学习活动的想法的生理和心理现象。在极度的疲劳状态下，一个人可能陷入完全不能学习的状态，即所谓的学习疲惫或学习疲劳症。学习心理研究表明，凡是需要紧张注意、积极思维和加强记忆的学习活动，都容易让人产生疲劳。

1. 大学生学习疲劳的原因

造成大学生学习疲劳的原因有以下两个。

（1）心理原因。疲劳的心理原因包括三个方面：①大学生是通过激烈的竞争考试后被选拔入学的，青年时期并未完全定型的世界观，使得大学生对事物往往具有过激的评价，因而不能正确对待现实和理想的差距，造成学习动力的缺乏；②大学校园里相对简单的人际关系有利于大学生专注学业，但也会给其心理的全面发展造成障碍，大学生无法设想学业和现实社会的复杂关系，因而求知欲大大减弱；③大学生常以实用主义的眼光看待学习，认为所学课程没有或少有现实意义，但又缺乏理想选择，因而表现出急躁情绪，影响学习积极性的持久发挥。

（2）生理原因。大学生学习疲劳的生理原因与学生体质的强弱、同一行为持续时间的长短及该行为是否有累积的经验基础有关。例如，不习惯做笔记的大学生在教师的要求下做了大段的笔记之后会感到手指酸痛，有时眼睛也有不适的感觉；不端正的坐姿既是学习积极性较差的标志，又是积极性不能很好发挥的原因，容易使人疲劳；等等。

总之，大学生的学习疲劳是心理上和生理上的双重状态，是内因和外因双重作用的结果。

2. 大学生学习疲劳的自我调适

（1）善于科学用脑。大脑有左右两半球，大脑左半球主要同抽象的智力活动（如数学计算、语言分析等逻辑思维活动）有关，大脑右半球主要同音乐、色彩、图形、空间想象等形象化的思维活动有关。为了克服疲劳，大学生要交替使用大脑左右两半球，把数学、哲学等需要高度抽象思维的活动同音乐、绘画、文娱体育活动交替进行，以克服疲劳，提高学习效率。此外，大脑活动还有一种“优势现象”，即当大脑某一功能区的活动占优势时，可使其他功能区的活动相对地处于休息状态，所以把“读书—计算”“读书—思考”“写字—听音乐”等脑力活动穿插进行，能防止疲劳，起到事半功倍的效果。

（2）注意劳逸结合。大学生学习一段时间后，应该休息片刻，放松一下。在学习之余，可参加一些文体活动，使身心得到放松和调节，消除疲劳，提高学习效率。另外，每天还应保证充足的睡眠时间。一般来说，大学生每天应保证7~8小时的睡眠时间。当然，这有很大的个体差异，每个人都应视自己的实际情况而定。

（3）养成良好的生活习惯。大学生要在大脑中建立起一个合理的“动力定式”，使脑神经的兴奋与抑制状态保持平衡。这时，大脑的兴奋和抑制就会有规律地进行，大学生就会减少脑力和体力的消耗，从而有效地学习和工作。因此，养成良好的生活和学习习惯，不仅是大学生遵守学校规章制度的要求，而且是防止学习疲劳、有效学习的需要。

（4）培养对学习的兴趣。如果对学习兴趣浓厚，学习时心情愉快，则即使学习时间长也不易感到疲劳；反之，学习那些不感兴趣甚至厌烦的内容时，就会感到枯燥，很快进入疲劳状态。因此，培养学习的兴趣也是防止学习疲劳的方法之一。

课堂小互动

找出大学最重要的学习目标

（1）请你在纸上写出你大学四年所要完成的五件大事。

（2）这些大事与学习相关吗？请分享你对这五件事情的期望与喜悦。

（3）现在有特殊事件发生，你必须在五件大事中去掉两件，去掉就意味着完全地失去了，这两件事你永远也不能接触了。你现在的心情如何？

（4）现在又有特殊事件发生了，请你再去掉一件事。这一件事也永远与你无关了。这时你的心情如何？

（5）残酷的现实再一次降临，你还要在剩下的两件事中去掉一件，永远地失去。这时你的心情又如何？

（6）现在只剩下一件事了，这就是你四年内最想做的事，对你来说也是最重要的一件大事，这就是你当前为之奋斗的目标。

总结：我们要看到的不是失去的那四件事情，而是剩下的那一件。在大学四年里，最重要的目标就是集中精力把这一件事情做好。当大学时光结束时，这件事情就是你对自己大学学习生活的一个交代。你也可以妥善地安排和计划其他四件事，让它们作为你大学生活的补充。

成长建议

本节“成长烦恼”中，小林因为学业受挫对自己的能力产生了怀疑，学业自信受到了冲击，很渴望但又害怕不能拥有一个美好的学业未来，因而出现了焦虑情绪，影响了睡眠、饮食和学习，甚至出现了社交回避现象。

针对小林遇到的问题，我们可以给出下列建议：树立正确的态度，采取积极的态度应对考试，通过日常学习的结果预计考试结果，适当接受自己的能力，从而建立自信心。当感到焦虑时，加强与家长、教师、同学的沟通，倾诉自己的焦虑情绪，明确自身的不足，请求他们帮助自己解决问题，进行心理疏导，等等。

第3节 大学生学习方法与学习能力培养

大学的学习更多地体现了学生的自主性和独立性，要求学生根据自己的需要积极开展学习，并能对自己的学习活动加以自主的监控和调节。这就要求我们掌握科学的学习方法，形成良好的学习习惯，只有“会学”才能“学会”。

某天，负责心理辅导的王老师收到了这样一张字条。

王老师：

您好！最近我被一个问题困扰住了，是关于看书的问题。其实，我知道有些书，如经典书是要精读的，而有些书只需泛读就行了。可我不知道如何泛读，是读自己感兴趣的？还是读一本书的精华？有时候，我怕漏掉一些重要信息，只好又像精读那样去读，浪费了一些时间。我也和同学们交流过，但每个人都有自己的方法，所以我想听听您的意见……

一、学习方法的培养

方法总是服务于一定的目的的，不同阶段有不同的学习目的，从而有不同的学习方法。当代大学生要圆满完成学业，就必须在大学期间探索出一套既适应大学学习要求，又适合自己各方面条件的科学的学习方法，养成良好的学习习惯和学习品质。

（一）确立科学的学习目标

明确、合理的学习目标是大学生学习获得成功的基础。学习目标缺乏科学性极易造成大学生的学习心理问题，如学习动机缺乏或过强、学习焦虑、学习疲劳等问题，影响学习的最终效果。一位研究人员曾对一所大学的毕业生是否有明确、特殊的个人发展目标进行了调查，结果显示只有3%的人有明确的目标。20年后，该研究人员又对他们进行了调查，发现原来3%有明确目标的人获得的成就比其余97%的人获得的成就之和还要多，这说明明确的目标具有不可低估的作用。大学生学习目标的制定可以从以下几个方面着手。

（1）学习目标要符合自身条件和发展方向。在制定学习目标前，大学生应正确评估自己各方面的能力，了解自己的特长和兴趣所在，决定自己的发展方向，然后再制定具体的学习目标。

（2）学习目标要难易适度。制定过于简单的学习目标等于没有制定目标，达不到促进学习的效果。难以实现的学习目标会挫伤学习的积极性。难易适度的学习目标应该是大学生在经过刻苦努力以后能够达到的，这样的学习目标才具有一定的激励和指导的作用。

（3）制定的学习目标要集中。目标不能过于分散。一般来说，一次只能制定一个目标，尽管有些大学生兴趣很多，爱好广泛，但由于一个人的精力是有限的，要成为一个专业人才，就只能选择一个主攻方向。只有目标集中，才能集中精力确保目标得以实现，学习获得成功。

（4）学习目标要长短结合。学习目标既要有远期的目标，又要有近期的目标。近期目标是在远期目标的基础上制定出来的。通过一个个近期目标的实现，大学生可以体验到目标实现的喜悦，然后鼓足干劲去追求更高层次的学习目标，进而循序渐进地接近远期目标。

（5）学习目标的确立应符合社会需要，具有长远性。学习的最终目的是服务社会，使自己的学识得到社会的认可。因此，大学生学习的知识和技能应该是实在、实用、新颖的，大学生要适应时代的发展，为社会所需要。基于这一点，大学生在制定学习目标时，要立足当前，着眼未来，精心计划和构建属于自己的知识结构，而不应过分追求眼前的热门专业。

（二）合理规划和安排时间

学习效果是学习效率与学习时间的乘积，如果效率系数接近零，时间系数再大，乘积也趋于零。提高学习效率，实际上就是妥善安排时间。对于大学生来说，在校时可自由支配的学习时间是有限的，如果能对时间进行合理安排，则能大大提高学习效率，促进学习进步。合理地安排时间就是有目的、有计划地让学习时间得到充分、合理的利用。制订一个完备的学习计划，是合理安排时间的一个有效方法。

1. 制订学习计划的好处

学习计划是指具体到每一天的计划，大学生最好能按每周 7 天列一个图表，按照自己的学习内容制订计划。制订学习计划有以下三大好处。

（1）提高学习效率。详细的学习计划让大学生每天都有明确的学习目标和任务。为了完成计划，大学生就会想办法改进学习方法，提高学习效率。这样的良性循环有利于大学生养成一种主动、高效率的学习习惯。

（2）增强学习信心。学习计划实际上是将复习的任务分解成可以逐项完成的具体任务。这些具体任务都是可实现的目标，完成这些目标能使大学生的学习活动更具有目的性，从而有利于大学生克服畏难情绪，增强学习信心。

（3）养成珍惜时间的习惯。学习计划就像一份大学生与自己签订的有关学习时间和学习量的“合同”。大学生定期检查计划完成的情况，就能够及时发现自己对时间的利用情况，杜绝浪费时间的现象。

2. 制订学习计划的注意事项

（1）根据教学大纲和教学计划表了解所学课程的特点，然后根据其特点由浅入深、有主有次地安排学习内容。

（2）计划不要订得太紧，要留有作为“应急性计划”的时间的余地，这样就能保证计划的完成。

（3）要根据自己的生理特点、学习习惯、所处的环境及可以利用的条件等实际情况来制订学习计划。如可以将一些重要、难度大的课程安排在受干扰较少的晚间学习，把一些需要记忆的课程安排在自己记忆效果最佳的时段学习，这样就可以大大提高学习效率。

（4）每次学习的时间长短要适当。应根据学习内容，学习分量及个人的爱好安排每次学习的时间。学习一段时间后应适当地休息，否则学习时间过长，造成大脑疲劳，学习效率反而降低，学习效果下降，浪费学习时间。

（5）学习计划的实施要落到实处。学习计划制订得再好，如果不落到实处，就等于没有计划，计划起不到任何效用。因此，大学生在执行计划的过程中，要有一定的毅力和耐心，不要轻易给自己找借口或一遇挫折就放弃。可以试着把计划列成表格，画成图形，贴在自己常能看到的地方，时时提醒和约束自己。在计划制订之后，不要随意变动，避免打乱已有的学习计划。要相信只要自己踏实去做，预定目标就会实现。

拓展阅读

时间分配

统计学家指出，假如一个人的寿命为60岁，按每年有365天算，那么他的一生总共有21900天。一生时间的用途分别为睡眠20年（7300天），吃饭6年（2190天），穿衣和梳洗5年（1825天），上下班和旅行5年（1825天），娱乐8年（2920天），生病3年（1095天），等待3年（1095天），打电话1年（365天），照镜子70天，擤鼻涕10天。最后，只余8年零285天用来做其他事情。这个统计是否准确还无法考证，但却提醒我们注意这样一个事实：人生看似漫长，但可以做事情的时间却很短。所以对于大学生来说，大学四年用来有效学习的时间并不是很多。因此，要想充分提高和全面发展自己的能力，就必须学会科学地管理时间。

3. 合理安排时间的优选法

（1）充分利用学习上的“黄金时间”。“黄金时间”指人的精力最充沛、注意力最集中、学习效率最高的时间段。“黄金时间”因人而异，大致可分为三种类型：早上型（早晨精力非常充沛）、晚上型（晚上劲头十足，这种状态可持续到深夜）、白天型（只要得到必要的休息和睡眠，整个白天都能保持旺盛的精力）。大学生在安排时间时应考虑自己的实际情况，在自己的“黄金时间”里安排最重要、最困难的任务，或思考最难解决的问题，切勿将这段时间用于聊天、游玩、做琐事或看小说上，这是很不明智的选择。

（2）提高效率。在每个人的时间表里，都可能出现低效时间段，大学生要注意审视自己的低效时间段，并分析其出现的原因，找出对策，减少低效时间段，增加高效时间段。首先，严格的时间计划是与低效时间段抗衡的方法之一。其次，凡事多问几个“能不能”是提高时间利用效率的第二种方法。最后，要注意科学用脑，采用“轮流作业”法，即对不同科目、不同类型的学习内容交叉进行学习，使大脑各部分轮流得到休息，缓解疲劳，提高学习效率。

（3）珍惜时间，积零为整。善于利用零散时间的人才会取得更大的成绩。大学生要优化时间安排，养成不浪费零散时间的习惯，如坚持每天晚上睡前花 10 分钟背 5 个单词。

（三）掌握科学的读书方法

读书是学习的主要方式之一，是大学生扩大知识面的重要途径。读书就其本身来说很容易，但真正会读书、读好书并不容易。一个掌握了读书技巧的大学生能从书中得到很多收获，对学习大有益处，但一个没有掌握读书技巧的大学生可能在读书上花了很多时间，却收效甚微，最终还可能对读书产生厌烦心理，不利于学习的进步。可见，掌握一套科学的读书方法是相当重要的。

1. 学会阅读理解

（1）明确阅读的任务和要求。读书要有一个明确的目标以指引方向。大学生只有在明确了具体目标，了解读书的原因、内容等方面后，才能更有效地阅读。

（2）充分利用原有的知识背景。按照现代认知心理学的观点，学习的过程不是简单的从无到有的过程，而是将头脑中的原有知识与现在所学的新知识相互联系、相互作用的过程。阅读理解也需要大学生借助原有的知识和经验去分析新的材料，使两者相互联系，这样新知识才能够真正在头脑中得到理解和论证。因此，大学生在阅读过程中，应尽量调动已有的相关知识，将新知识与已有的相关知识进行比较，找出其关系，这样就可以更加牢固地掌握新知识。

（3）区分阅读内容的主次，而不是纠结细节。在大学生的阅读材料里，有一些内容是主要的、重要的，这部分内容应该作为重点认识的对象加以理解，也有一些内容是非重要内容，可以把它们当成阅读的背景。在阅读时，大学生应注意把重点认识内容从背景中提炼出来，这样才能够对其有深入的了解和清晰的记忆。另外，大学生的时间与精力有限，要把阅读材料中的方方面面都理解和掌握是很难办到的，且不切实际，所以阅读要有的放矢，区分主次。

（4）理解阅读内容的内涵。大学生在阅读时，不应仅满足于记住文字表面的东西，更重要的是通过这些文字的表现形式去理解隐藏在其中更深层的意义，这样才能真正理解阅读的内容。因此，大学生在阅读时，可尝试用自己的话对所读的内容加以解释和阐述，挖掘其深层次的意义。

（5）监控阅读理解。大学生在阅读过程中，应经常对自己的阅读进行反思，看自己的阅读是否达到既定的目标，阅读的速度如何，理解了多少，等等，并在此基础上有效地改进自己的阅读方法、阅读策略，圆满完成后期的阅读任务。这样做不仅有助于阅读任务的完成，而且还能避免造成时间和精力上的不必要的浪费。

2. 掌握阅读策略

（1）SQ3R 阅读法。SQ3R 阅读法又称“五步读书法”，由美国教育心理学家弗朗西斯·罗宾逊发明，罗宾逊于其 1946 年出版的著作《有效的学习》中首次提出了这一方法。“SQ3R”是这一阅读法五个步骤的首字母缩写：浏览（survey）、提问（question）、阅读（read）、回想（recall）、复习（review）。

①浏览。浏览是阅读的第一步，我们通过对资料的浏览，可以大致了解其中的主题思想，并能够判断这份阅读资料是否为我们所需。例如，我们如果去阅读一本书，可以首先翻看这本书的目录、摘要、前言，从而对全书主体框架有个大致了解，并判断这本书是否对我们有用。

②提问。这一阶段，我们要去读书中各章节的标题及章节间承上启下的内容，并试着提出一些问题，这样可以激发我们的阅读兴趣，提高阅读效率。

③阅读。这个阶段要求我们从头到尾去精读，对于重点、难点要反复去读，在阅读中要随时记录下自己的感受和困惑，然后根据这些笔记查阅相关资料来帮助我们解开困惑，提高我们的阅读效率。

④回想。阅读结束后，我们可以对阅读的内容进行回想和梳理，并对照我们在第二步列出的问题清单，检验我们能否凭借记忆去回答这些问题，如果不能回答某个问题，我们要回到书本中去寻找答案，直到我们能够把所有学到的知识完整复述出来。

⑤复习。如果能够顺利完成上述四个步骤，那么我们就可以进行第五步了，第五步复习一般在第四步完成后一两天内进行，隔一段时间再重复一次。这样我们可以巩固所学知识，获得新的体会，并能够形成长期记忆。

（2）PQ4R 学习策略。PQ4R 学习策略是一种将阅读、记忆、理解和应用有机结合起来，并有利于培养学习能力的策略。在诸多具体的学习策略中，PQ4R 学习策略受到越来越多的关注。“PQ4R”分别代表预习（preview）、提问（question）、阅读（read）、反思（reflet）、背诵（reflect）和复习（review）。

①预习。预习是指快速浏览材料，大致了解材料的基本组织、标题和副标题，找出要阅读和学习的信息。

②提问。阅读时，自己可以提出一些问题，根据标题用“谁”“什么”“为什么”“哪里”“怎样”等疑问词来进行提问。

③阅读。阅读材料不是粗略地做笔记，要试图回答自己提出的问题。

④反思。通过下列途径试图理解信息并使信息有意义：把信息和已知的事物联系起来；把书本中的副标题和主要概念、原理联系起来；尝试在已有的信息上集中注意力；尝试使用这些材料去解决联想到的类似问题。

⑤背诵。背诵也称“回忆”，通过大声陈述和一问一答反复练习记住这些信息，可以使用标题、画线的词和针对要点所做的笔记来提问。

⑥复习。最后一步是积极地复习材料，主要是问自己问题，只有确实不能回答问题时，才重新阅读材料。

（3）OK5R 体系。OK5R 体系是有人尝试将思考安排进学习方法的结果。这个体系的想法是从罗宾逊的 SQ3R 阅读法中获得的。“OK5R”分别是纵览（overview）、中心思想（key idea）、阅读（read）、记录（record）、背诵（recite）、复习（review）、反思（reflect）。

①纵览。纵览相当于浏览。

②中心思想。在掌握阅读材料大体内容的基础上，列出阅读内容的中心思想，为下一环节的阅读做准备。

③阅读。

④记录。在阅读的基础上，把材料中重要的内容摘抄下来或在大脑中重点加以阅读理解，以加深对中心思想的印象。

⑤背诵。

⑥复习。

⑦反思。对整个阅读过程进行反思，包括有无理解和记住内容，阅读速度是否合适，在哪些方面需要加以改进，等等。这一环节在阅读过程中尤为重要，它体现了阅读策略的核心。因此在阅读时，必须充分重视这一环节。

（四）调整学习的具体环节

大学课堂教学与中学课堂教学的一个最显著的区别是大学课堂教学信息量大、速度快，教师经常在一节课里要讲述书本上几十页的内容，这与大学的教学任务和教学目标是相适应的。这就对大学生的学习提出了更高的要求，这要求大学生有高质量的课前预习、课堂听讲效果，课后复习习惯和一定的自学能力。

1. 课前预习

课前预习对帮助大学生深入而细致地理解书本内容是十分重要的。但预习不是一般的阅读书本，而是要围绕教师提出的要求和问题进行探索和思考，以理解书本的中心思想和主要内容。在预习的过程中，学生要善于发现问题、解决问题，对于无法解决的问题要将其记下来，以求在听课时解决。

以上是对一般预习的要求，大学生的预习应有更高的要求。大学生在预习时要在以课本为主的前提下超出课本的范围，尽可能地博览群书，以某个问题的论述与解决为中心进行比较，发现各种阅读材料的优点和不足之处，这样可以更深入地领会课本内容。另外，在需要和可能时，大学生的预习还可以不用课本，而是结合参观和对所学内容的直接观察、考察及观看音像材料等方式进行，这样可以促使大学生从感性方面理解教材的内容，促使大学生增强运用知识的能力。

2. 课堂听讲

（1）积极思考。大学生通过听课理解知识的过程就是运用已有的旧知识来理解新知识，把新知识纳入已有认知结构的过程。因此，在听课过程中，大学生要积极思考，调动大脑中已有的旧知识，促进新旧知识的衔接与融合，这样才能促进自己对新知识的理解。积极思考也是确保注意力集中、提高听课效率的一个好方法，积极思考会使听课效率大大提高。

（2）做好课堂笔记。听课以后能否吸收和记住知识与听课时能否做好笔记有很大关系。课堂笔记不仅能促进思维，帮助记忆，也便于课后复习，尤其是在课堂上来不及消化的内容和未能解决的问题，在大学生整理笔记时可以得到巩固和解决。但是，做笔记也是有策略的，一份好的笔记对学习有很大的帮助；反之，可能对学习造成不良的影响。具体来说，做笔记要注意以下几个问题。

第一，要处理好听课与做笔记的矛盾。大学生应明白，做笔记主要是为了理解和掌握教师授课的内容，所以大学生应将主要精力放在听课上，让思维紧跟着教师的讲解，不要顾此失彼。

第二，抓住重点。做笔记要有重点，既不能有言必录，因为这样会占用大量的听讲时间，使大学生跟不上教师讲课的思路，影响听课效果；又不能过于简单，因为这样不利于课后复习时参考。

第三，注意提高书写速度。这要求大学生平时就要注意提高自己的书写速度，总结一些速记的方法，这样在课堂上就能更集中精力、有条不紊、轻松自如地去做笔记。

第四，要及时整理、归纳课堂笔记，使之更加条理化、系统化，整理笔记也是学习，是提炼精华和加深理解的过程。整理笔记时，首先，应在记忆犹新的情况下，对笔记遗漏或错误之处及时地补充和纠正；其次，应根据课堂上吸收和理解知识的情况归纳要点，并对内容做出适当的补充和点评，促进自己对学习内容的理解和记忆。

3. 课后复习

（1）及时进行复习。按照赫尔曼·艾宾浩斯的遗忘曲线，遗忘进程具有先快后慢的特点，即识记过的材料在第一天遗忘得最多，以后遗忘得逐渐减少，如图 4-2 所示。因此，大学生课后复习一定要及时，当天学的课程一定要在当天就安排复习。及时复习可以减缓遗忘，节省学习时间，具有事半功倍的效果。在及时复习的过程中，试图回忆和反复阅读对巩固记忆起着十分重要的作用。

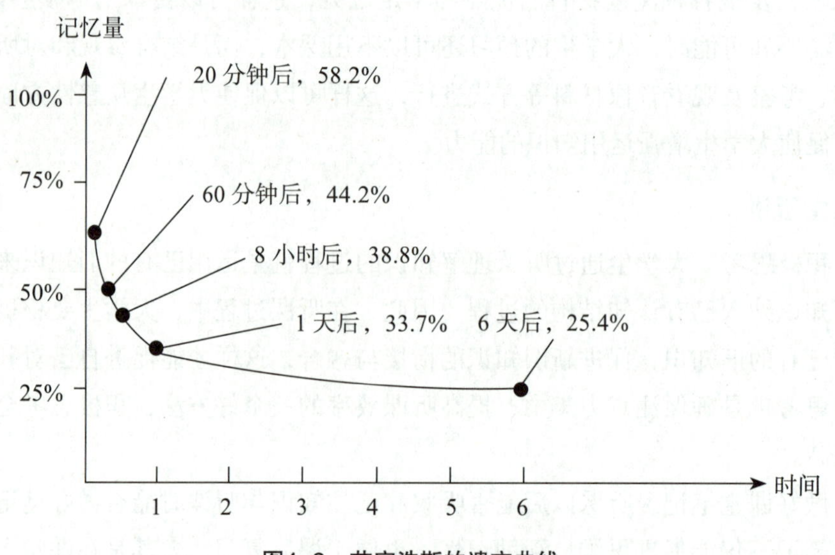

图4-2　艾宾浩斯的遗忘曲线

（2）分散复习。对已学材料的复习不能集中在一次进行，而要分散在不同的时间进行，这样可以避免大脑皮层抑制的产生，有利于提高记忆的效率。在进行分散复习时，每次复习的时间间隔不能过长，时间间隔过长就会造成遗忘，使识记效果降低。一般来说，各次复习的安排应“先密后疏”。开始时，复习的时间要多一些，间隔要短一些。以后随着识记的不断巩固，复习的时间可少一点，复习间隔的时间也可长一些。具体的分散复习的方式方法则要根据材料的数量、难度与自身的能力而定。

（3）复习方式多样化。复习不等于简单重复，因为单调机械地重复会使人倍感枯燥乏味，容易使大脑皮层产生抑制，不利于知识的复习和巩固。所以，要提高复习的效率，就要适当变换方法、形式，有时也可提出新的理解要求，以培养学习的兴趣。在复习过程中，要尽量使多种感官参与，使复习过程成为有看、听、说、做的联合活动，这样就会使多种感觉通道的信息到达大脑皮层，留下“同一意义”的痕迹，并在视觉区、听觉区、言语区、动觉区等建立起广泛的神经联系，从而加强记忆的效果。

二、学习能力的培养

当前是一个科学技术高速发展的时代，在这个时代里，大学生不可能在大学阶段就学完所有相关的专业知识。大学生要想在以后各领域的工作中有所建树，就必须在工作以后仍不断学习，以适应时代的变化和要求。有研究表明，在现代社会里，一个人的知识只有10%是靠学校教育获得的，而90%是在以后的工作实践和学习中获得的。一个大学生毕业后还有很多知识要学习，这就要求大学生必须在大学期间培养一定的学习能力以适应时代的发展。

（一）自学能力

进行自学是学习的一个重要步骤，具备自学能力的大学生可以学到更多的知识和技能。而提高自学能力的方法主要有以下几种。

1. 对自己有信心

有些大学生认为自己不是学习天才，没有学习信心，其实这是一种误解。实际上，一般的大学生都具有自学的能力。因此，要克服自卑心理，树立信心。

2. 有正确的学习动机和稳定的情绪

大学生学习动机不正确，激励不了自己去面对困难，往往会退缩，阻碍自身发挥潜能。而面对挫折、困难，稳定的情绪是大学生培养自学能力时必须具备的。

3. 学会独立思考

独立思考是培养自学能力的关键所在，大学生不但要学会找到问题，分析问题，还要能解决问题，必要时可以请教他人。思考得越多，收获就会越多。

4. 找到适合自己的自学方法

学习的方法有很多，如快速读书的方法、做笔记的方法、写学习体会的方法、与他人交流讨论的方法等。找到适合自己的自学方法有利于提高自学能力。

（二）思维能力

思维是人脑对客观现实概括、间接的反映。思维能力在学习中的作用是毋庸置疑的，如：在学习中要能提出问题，需要思维；要能深刻理解问题，离不开思维；要将所学知识加以巩固，更需要思维的参与。总之，学习知识离不开思维能力，可以说思维能力是学习知识的必备能力。大学生要培养自己良好的学习能力，则首先要培养自己的思维能力。

1. 建立合理的思维能力结构

分析、综合、比较、抽象和概括是思维能力结构不可分割的环节，其中任一环节出现问题，都会造成思维结构的不完整。大学生首先要学会分析事物的方法，其次要善于对众多的事实材料加以分类整理，从中找出关键问题以便解决问题。这样循环往复，形成习惯，能使思维能力得到全面发展。

2. 培养浓厚的兴趣

大学生对思维的对象是否有兴趣是思维能力培养的重要因素。一个人如果对自己研究的对象缺乏兴趣，那他在所研究的领域进行创造性思维几乎是不可能的，因为他缺乏动力机制。因此，大学生要有意识地培养自己的专业兴趣，以促进思维的良性发展。

3. 善于计划

计划是思维培养的关键，十分重要。大学生要在日常学习生活中培养自己的计划品质，养成制订计划的习惯，以促进思维的发展。

4. 培养努力坚持的意志

做任何一项研究都是很辛苦的事情，需要付出大量的脑力和体力劳动。只有努力坚持，才会获得成功。一个人的天赋无论有多高，如果他是浮躁的、缺乏意志力的、缺乏锲而不舍的精神的，那么他要进行创造性的思维就很困难。大学生要培养自己良好的思维能力，则首先要培养自己坚定的意志力，从日常小事做起，立下目标就要努力达成，与困难进行斗争，提高自己的意志品质。

（三）创造能力

创造能力是运用一切已知信息产生出某种新颖而独特的、具有社会价值的产品的能力。在当今，社会创造能力相当重要，因为它是科学发明和技术革新的必备能力。创造能力是大学生学习能力中最重要的组成部分，因此大学生提高创造能力是提高学习能力的关键。提高创造能力主要有以下三种方法。

1. 开阔视野，积累多方面的知识经验

知识经验是创新的基础，积累多方面的科学知识与生活经验，开阔视野，就能开启新的思路，为创造性的思维开辟道路。

2. 培养求知的渴望和探索新事物的激情

牛顿从苹果落地现象提出问题而发现万有引力，就是因为他具有强烈的求知欲望和探索事物奥秘的激情。因此，大学生激发好奇心，对事物的内在本质和规律进行探索，是培养创造能力的重要前提。

3. 培养从多角度思考问题的方法与习惯

思维中的定式常常束缚人的思维活动，使人的思维活动被局限于已有经验的框架中而难以发挥创造性。因此，培养创造性思维能力，就要使自己学会多角度地思考问题。

成长建议

本节"成长烦恼"中，这位同学提出的问题及其心中的苦恼在大学生中是普遍的，较有代表性。这里反映两个问题：一是不知如何泛读；二是患得患失的心理。该同学知道学习中仅精读或泛读都是不妥的。

针对这种情况，建议这位同学按 SQ3R 阅读法去做。除了按方法中的第一步去做，还可以根据自己的目的、当前的学习任务来选择是只看有关的章节，还是只看有关的观点或材料，甚至只看目录。既然是泛读，难免就有信息被遗漏，这可以通过以后的复习来弥补。所以，书要反复地阅读，想读一遍就把书中的内容都记住是不切实际的。因此，有效的学习不在于精读或泛读，而在于是否完整地做到了学习的步骤。

心灵感悟

做一个不畏艰难、勇于攀登的人

马克思说，在科学上没有平坦的大道，只有不畏艰险、勇于攀登的人，才能到达光辉的顶点。许多科学家在成功创造发明之前，都经历过千百次的探索、试验、失败和挫折，最后才取得成功。因此，大学生要勇于实践，大胆探索，不怕困难，不怕失败，百折不挠，不断提升自己的能力，成为一个对社会有用的人，承担起新时代青年的社会责任。

心理指南1

学习动机简易量表

指导语

本测验每道题都有 3 个可供选择的答案，请你仔细阅读每道题，选出你认为最符合你实际情况的答案。难以决定时，请选出与你较接近的答案。

测试内容

（1）你是否想在学习上成为班级第一名？（　　）

A. 不想　　B. 有时想　　C. 经常想

（2）你考试获得好成绩时，是否想得到老师的表扬？（　　）

A. 经常想　　B. 有时想　　C. 不想

（3）你是否认为，学习上遇到不懂的地方，只要努力钻研一定会弄明白？（　　）

A. 不认为　　　B. 有时认为　　　C. 经常认为

(4) 你是否想在和同学的学习竞赛中获胜?　(　　)

A. 经常想　　　B. 有时想　　　C. 不想

(5) 你是否认为，只要用功学习，成绩就会有所提高?　(　　)

A. 不认为　　　B. 有时认为　　　C. 经常认为

(6) 你是否认为，只要努力学习，即使不喜欢的功课也会变得有兴趣?　(　　)

A. 经常认为　　　B. 有时认为　　　C. 不认为

(7) 你在专心学习的时候，是否在意周围发生的事?　(　　)

A. 不在意　　　B. 有时在意　　　C. 经常在意

(8) 你是否认为，平时好好学习，考试时就会得到好成绩?　(　　)

A. 经常认为　　　B. 有时认为　　　C. 不认为

(9) 你是否认为，在测验和考试期间，可以不参加运动和游戏?　(　　)

A. 不认为　　　B. 有时认为　　　C. 经常认为

(10) 你是否认为，学习紧张的时候，可以不和同学玩?　(　　)

A. 经常认为　　　B. 有时认为　　　C. 不认为

(11) 你是否在疲劳的时候，还想再查看一遍已经做完的功课?　(　　)

A. 不想　　　B. 有时想　　　C. 经常想

(12) 你是否想在平时就复习好功课，以便能随时回答老师的提问?　(　　)

A. 经常想　　　B. 有时想　　　C. 不想

☑ 测评方法

以上各题中，凡奇数题 1、3、5、7、9、11，选 A 得 1 分，选 B 得 2 分，选 C 得 3 分；凡偶数题 2、4、6、8、10、12，选 A 得 3 分，选 B 得 2 分，选 C 得 1 分，各题得分相加得测试总分。

总分 12~21 分，学习动机较弱；总分 22~27 分，学习动机中等；总分 28~36 分，学习动机较强。中等的学习动机最利于学习，也利于心理健康。

学习习惯测试

☑ 指导语

你想知道自己在学习过程中有哪些优点和缺点吗? 尝试坦白回答下列问题，将有助于你了解自己的学习习惯。

测试内容

阅读方面

（1）阅读时，你会先确定阅读目标，认清自己要从中学什么吗？（　　）

（2）在详细阅读文章之前，你会先将该文粗略地看一遍吗？（　　）

（3）你会用不同的阅读方法及速度来配合不同的读物与阅读目的吗？（　　）

（4）你会留意文章里的标题、分题与文章前后的问题吗？（　　）

（5）你会留意文章中的表格、思维导图和图片吗？（　　）

（6）阅读时，你能分辨出哪些内容重要、哪些内容不重要吗？（　　）

（7）你会努力尝试对所阅读的内容产生兴趣吗？（　　）

记忆方面

（1）对于必须记牢的内容，你会尝试先行了解吗？（　　）

（2）你会将需要学习的东西用大纲、分类等方法组织起来吗？（　　）

（3）对于刚学到的东西，你会尽快复习吗？（　　）

（4）你会将复习时间分成若干段，并适当安排休息吗？（　　）

（5）在学习时，你能分辨出哪些资料重要、哪些资料不重要，并使注意力集中在重要的资料上吗？（　　）

（6）你会尽量将重要的东西牢牢地记住吗？（　　）

（7）你会将学过的知识融会贯通吗？（　　）

（8）你会经常复习学过的内容吗？（　　）

（9）你会将学到的东西或知识加以应用吗？（　　）

笔记方面

（1）你会应用简写的方式如符号、图表等，使笔记看起来更精简、明了吗？（　　）

（2）你的笔记有很大的灵活性，以便随时加插、修改或重新编排次序吗？（　　）

（3）你的笔记选用不同的组织方法，如列序式、大纲式、分类式等，以配合不同形式的内容吗？（　　）

（4）你的笔记是经过自己思考、过滤及重组后，用自己的语言写出来的吗？（　　）

（5）上课时，你能同时听老师讲课和用笔记录内容吗？（　　）

（6）你会挑出内容的精华而避免照抄原文，也避免将老师所讲的内容一字不漏地写下来吗？（　　）

测评方法

如果你回答“是”的次数较多，则表示你有较好的学习习惯；反之，你可能需尽快改善学习的方法了。

项目活动

未来畅想曲

活动目的

通过畅想未来，意识到现在的学习对未来发展的重要性，从而激发外部学习动机，提高学习动力。

活动准备

在活动前，选择较为安静并且有窗帘的教室，准备好舒缓的音乐，每位同学准备好纸和笔；进行团体活动分组，每组5~15人，将桌椅安排成方便小组讨论的形式；关灯，拉上窗帘，设置舒缓的背景音乐，教师声音低沉、平稳、缓慢地阅读导语，并加以适当的停顿，引导大家进行联想。

活动步骤

1. 根据引导语展开联想（引导语可由教师阅读）。

引导语："请大家找一个舒适的坐姿，闭上眼睛，身体放松，情绪放松，静下心来，平稳呼吸。我会带着大家进入一个心灵的旅程。当你遇见你的未来时，请你好好地享受那种感觉，同时在心里默默地描绘出来。

"每一个人都从过去走到现在，又从现在走向将来。大家在自己的生活道路上前进、前进，看到了一些你曾经向往的事情变成了现实。

"时间在慢慢地流逝，3年了，你看到了3年之后的自己，你在做什么？（稍作停顿）时间在慢慢地流逝，6年了，你看到了6年之后的自己，你在哪里？你在做什么？（稍作停顿）我们继续前进，时间慢慢地流逝。12年了，这时，你又在哪里？从事什么职业？（稍作停顿）再往前走，时间不断地流逝。18年了，你又看到18年之后的自己，身体是否健康？工作是否取得成绩？少年时的梦想是否已实现？"

（停顿）

"大家慢慢地睁开眼睛，回到现实。"

2. 小组讨论下列问题并分享。

（1）你看到自己的未来是什么样子的？

（2）这样的未来你是否满意？对什么方面满意？对什么方面不太满意？

（3）如果满意，你如何实现这样的未来？如果不满意，你如何改变可能的未来？你现在能做的努力有哪些（学习、人际等）？

第5章

大学生的人格发展

人格是一个人素质的重要组成部分，也是一个人精神面貌的集中反映。心理学家认为，人作为认识社会、改造社会的主体，其人格发展状况、人格呈现的面貌不仅直接影响着个人的社会生活质量，而且也间接地关系着整个人类社会能否健康和谐地发展。因此，创造良好的社会心理条件，培养和塑造健全的人格就成为了大学生心理健康教育的重要目标之一。

学习目标

1. 了解人格的基本内涵。
2. 了解人格的形成与发展。
3. 能运用所学知识塑造健全的人格。

第1节
人格概述

内容导读

人的性格就像人的面孔，千差万别、千姿百态。有的活泼，有的文静；有的勇敢，有的懦弱。人们的命运虽受种种外在因素甚至是不可知因素的影响，但无不与其自身的气质和性格有很大关系。每个人都有自己在气质和性格方面不同于他人的认知方式、情感反应方式和行为方式。如果我们能恰当地认识自己，了解自己的气质和性格的优缺点，进而扬长避短，就能形成健康的人格。

成长烦恼

悦悦："有人说生活如画，而我却是那画中的孤雁，离开熟悉的家乡，来到远在他乡的大学。"来到大学一年了，悦悦却依然开心不起来，望着校园里同学们忙碌的身影，她经常想自己为何不能融入其中。她说自己从小就不太喜欢人多的地方，刚来到大学，虽然认识了一些新朋友，能够和大家共同行动，但与他人关系太密切让她感到十分不习惯，她还是在没人理的地方才觉得自在。她也想努力改变自己，可是自己除了学习什么都不会。悦悦觉得自己很孤独，她到底该怎么办呢？

知识课堂

一、人格的含义

人格（personality）一词最初源于古希腊语"persona"，意指戏剧演员在舞台上扮演戏中角色时所戴的各种面具。在古代，戴面具表示戏中人物心理的某种典型性，面具随角色的不同而变换，使观众更准确地了解戏剧中人物的特点和身份。后来心理学沿用其含义，用其描述人的心理，生动地表现不同人物的性格。西方心理学文献中的"人格"概念与我国文献中的"个性"或"个性心理特征"的概念不尽相同。大多数西方心理学文献的"人格"概念一般仅指"气质"和"性格"，而不包含"能力"。心理学上的人格内涵极其丰富，但可以基本概括为两个方面：一是指个体在生活中表现出的种种言行、人格遵从的社会准则，这是我们可以观察到的外显的行为和人格品质；二是指个体由于各种原因不愿展现藏在"面具"后的真实的自我，是内隐的人格成分，是人格的内在特征。

"人格"是我们日常生活中的高频词汇，如评价某人人格高尚或卑劣或者说伤害了某人的人格等，这是从伦理学、法学和社会学的角度使用人格的概念。在心理学中，人格是一个有着颇多歧义的概念。到目前为止，由于心理学家各自的研究领域及研究重点不同，所以他们对人格的理解有很大差异。概括来说，人格是构成一个人的思想情感及行为的特有的统合模式，这个模式包含了一个人区别于他人的稳定而统一的思想品质。人格的这一概念包括两部分内容。一是稳定的行为方式。这种稳定是指人格特征具有时间上的前后一贯性和空间上的普遍性。在日常生活中，我们可以通过不同的时间和不同的情况来鉴别这些稳定的行为方式，例如，一个胆小谨慎的人在工作中是细心的，在与别人交往时也是谨慎的。当然，这并不意味着人格是一成不变的，它只是相对稳定，在人一生的发展中，由于主客观条件的变化，人格也具有可变性和可塑性。二是人际交往过程。它包含发生在我们内心的、影响我们行动和感觉的所有的情绪过程、动机过程和认知过程。

二、人格的特征

（一）独特性

个体的人格是在遗传、成熟、环境、教育等先天和后天环境交互作用下形成的。不同的遗传和成长环境，让个体形成了各自独特的心理特点。如有些人开放自然，有些人顽固自守，有些人沉默寡言，有些人豪爽，有些人谨慎，等等。环境会使某一人格品质在不同人身上表现出不同的含义。例如，在缺乏父母爱护的家庭中成长的孩子身上，独立性这一人格特征带有靠自己努力的含义，而在一个民主型家庭中成长的孩子身上，独立则是健全人格培养的重要部分。

（二）稳定性

人格的稳定性是指人那些经常表现出来的特点，是人一贯的行为方式的总和。一个人的某种人格特质一旦稳定下来，要改变是较为困难的。这种稳定性还表现在人格特征在不同时空下的一致性。例如，一个性格外向的大学生不仅在家庭中非常活跃，而且在班级活动中也表现出积极主动的一面，在教师面前同样也能自然地表现自己，不仅大学四年如此，即使毕业若干年再相逢，这个特质依旧不变。

（三）统合性

人是极其复杂的，人的行为表现出多元性、多层次的特点。在每个人的人格世界里，各种特征并非只是简单地堆积，而是如同宇宙一样，依据一定的内容、秩序与规则有机地组合起来。人格的有机结构具有内在一致性，受自我意识的调控。当一个人的人格结构的各方面都和谐一致时，就会呈现出健康的人格特征。

（四）功能性

人格是一个人生活成败、喜怒哀乐的根源。人格决定了一个人的生活方式，甚至有时会决定一个人的命运。人们常常使用人格特征解释一个人的言行。面对挫折与失败，有志者认真总结经验教训，在失败的“废墟”上重建人生的辉煌；而怯懦的人一蹶不振，失去了奋斗的目标。当人格功能发挥正常时，人会表现得健康有力，支配自己的生活与成败；当人格功能失调时，人就会表现得懦弱、无力和失控。

三、人格的结构

人格是一个复杂的结构系统，包括气质、性格和能力等方面。这几方面进行结合，就形成了比较稳定的人格特征。

（一）气质

1. 气质的含义

气质是个体心理活动中比较稳定的动力特征，主要表现在个体心理活动的强度、速度、稳定性、灵活性和指向性等方面。通俗地说，气质就是我们平时所说的脾气、秉性。例如，在日常生活中，有些人思维灵活，反应极快，情绪爆发较快、消失得也快，而有些人则做什么都比别人慢半拍，等等。由此可见，每个人在情绪思维、注意力等方面都有自己的特点。这些特点既决定了个体心理活动的动力特征，又让个体的心理活动具有了独特性。

2. 气质的类型及基本特征

现代心理学认为，气质类型是指在一个人身上所有相似的心理活动特征的有规律的结合。古希腊医生希波克拉底提出了“体液学说”，即人体中有四种不同的体液：黄胆汁、黑胆汁、黏液和血液，他认为人的气质是由人体中不同的体液成分所占比例的多少决定的。后来，心理学上习惯把气质类型分为胆汁质、多血质、黏液质和抑郁质四种类型，并把它们确定为气质的基本类型而沿用至今。

多血质：这种气质类型的人感受力弱，耐受性、敏感性、可塑性均强，性格外向。多血质类型的人活泼好动、敏捷、反应迅速，热情、喜欢与人交往，兴趣易变换，具有外倾性，敏捷而好动是其主要特征。多血质类型的大学生很容易适应环境的变化，性格活泼、热情，善于交际，在群体中精神愉快，与人相处自然，常能机智地摆脱困境。他们在学习和工作中肯动脑、主意多，不安于机械、刻板、循规蹈矩的生活，常常表现出较强的工作能力和较高的办事效率，对外界事物兴趣广泛，但容易浮躁，见异思迁。

黏液质：这种气质类型的人感受力弱，敏感性、可塑性、兴奋性也弱，只有耐受性强，性格内向。这种人安静、稳重、反应缓慢、沉默寡言，情绪不易外露，注意稳定且难以转移，善于忍耐，具有内倾性，缄默而沉静是其主要特征。黏液质类型的大学生反应较为迟缓，但无论环境如何变化，都能基本保持心理平衡；凡事深思熟虑，力求稳妥，一般不做无把握的事情，在各种情况下都表现出较强的自我克制能力。他们外柔内刚、沉静多思、不愿流露内心的真情实感；与人交往时态度适度、不卑不亢，不爱抛头露面；学习、工作上踏实肯干，恪守既定的生活秩序和制度。然而，他们过于拘谨，不善于随机应变，固定性有余而灵活性不足，有墨守成规、因循守旧的表现。

胆汁质：这种气质类型的人感受力弱，耐受性、敏捷性、可塑性均强，兴奋比抑制占优势，性格外向。这种人直率、热情、精力旺盛，情绪易冲动，心境变化剧烈，具有外倾性，兴奋而热烈是其主要特征。这种气质类型的大学生有理想、有抱负、有独立见解、反应迅速、行为果断、表里如一；不愿受人指挥，而喜欢指挥别人；一旦认准目标，就希望尽快实现；遇到困难也不屈不挠，且往往比较细心；学习和工作带有明显的周期性特点，能以极大的热情和旺盛的精力投入学习和工作中，一旦精力消耗殆尽，便会失去信心，情绪顿时转为沮丧而心灰意冷。

抑郁质：这种气质类型的人感受性很强，耐受性、敏捷性、可塑性、兴奋性均较弱，性格内向。这种人孤僻，行动迟缓，情感体验深刻，善于觉察别人不易觉察到的小事，对事物有较高的敏感性，外表温和，常有淡淡的抑郁的神色，多愁善感，具有内倾性，呆板而羞涩是其主要特征。这种气质类型的大学生在生理上难以忍受或大或小的神经紧张，厌恶那些强烈的刺激；感情细腻而脆弱，常常因小事而情绪波动；喜欢独处，与人交往时显得腼腆、忸怩，善于领会别人的意图，在团结友爱的集体中，很可能是一个容易相处的人；遇事三思而行，求稳不求快，对力所能及的工作能认真负责地完成；在学习、工作一段时间后，容易感到疲倦；在困难面前常怯懦、自卑和优柔寡断。

四种气质类型的区别如表 5-1 所示。

表5-1　四种气质类型的区别

体液学说	高级神经活动类型	行为特征
多血质	活泼型	活泼、好动、敏捷、反应迅速、兴趣易变、情绪外露、适应性强
黏液质	安静型	安静、稳重、反应迟缓、情绪不外露、冷淡、善于忍耐
胆汁质	兴奋型	精力旺盛、情绪易冲动、心境变化剧烈
抑郁质	抑制型	行动迟缓、敏感、怯懦、情绪体验深刻、多愁善感

3. 对气质的认识

第一，要正确区分和对待各种气质类型。气质是人的天性，本身没有好坏之分。胆汁质的人虽然热情直爽、精力充沛，却冲动鲁莽、粗枝大叶。抑郁质的人怯懦胆小，但内心情感细腻丰富，细心敏锐。每种气质类型都各有利弊，只影响人们智力活动的方式，并不能决定个体的社会价值和智力水平，没有社会道德评价含义。任何一种气质类型的人既可能成为富有能力和创造力的、有益于社会的人，也可能成为才智平庸、一事无成、碌碌无为的人。

气质只是人的性格和能力发展的一个前提，任何一种气质类型的人都有可能发挥自己的才能，对社会做出贡献。所以，我们不能凭一个人的气质预测其在事业上的成就。

第二，要注意气质的自我调节。现实中，每种活动对人的心理及动力特征都提出了一定的要求，不同气质对从事不同活动的效率有不同的影响，因此，不同气质的人适合从事的活动也不同。当气质类型与活动性质相适宜时，活动效率会被提高；相反，则会被降低。根据这一特点，我们在生活和工作中，可以选择一些较适合自己的活动，也可以选择一些活动来改善自己气质的缺陷。在学习中，大学生可以采用不同的方式提高学习效率。例如，胆汁质的大学生尽量发扬勇敢进取、不达目的决不罢休的优点，去抑制粗心毛躁的毛病；多血质的大学生应多发扬灵活、机智的特点去克服浮躁、遇到困难容易放弃的缺点；黏液质的大学生应以认真踏实、有条不紊的作风去弥补思维缓慢、主动性较差的不足；抑郁质的大学生应以聪明、坚持、忍耐性强的长处去弥补怯懦、优柔寡断的不足。

面对外界的批评或遭受挫折时，不同气质类型的大学生要积极调整心态，保持心理健康。胆汁质的大学生对批评往往是听多了大发脾气、听少了充耳不闻，基于这些情况，自身要注意领会他人的批评方式，切不可出现逆反心理。而多血质的大学生，虽然在其接受批评时，各种方式都能对其起到一定效果，但由于其多变的特点，往往容易重复犯同样的错误，所以要时常进行自我观察和检讨。对黏液质的大学生来说，要改变自己固执、不听他人劝告的毛病，千万不可“不撞南墙不回头”。而对于抑郁质的大学生来说，针对软弱胆小、多愁善感、心事重的特点，要培养较强的心理承受能力，防止产生消极情绪和自卑心理，勇于接受现实、改正不足。

总之，大学生应该充分认识到每个人都是气质的主人，而不是气质的奴隶。要学会分析自己气质特征中的优与劣，扬长避短，充分展示自身的气质美。

（二）性格

性格是人们在生活过程中形成的对现实的稳定态度，以及与之相适应的、习惯化的行为方式。不同的学者对性格的分类不同，接下来主要介绍内外倾型和 A 型、B 型、C 型性格。

1. 内外倾型

瑞士心理学家卡尔·荣格根据心理活动倾向于内部还是外部，把性格分为两大类——内倾型和外倾型。属于典型的内倾型和外倾型的人并不多见，大多数人是属于中间型的，兼有内倾型和外倾型的特点，只是偏重程度有所不同。内倾型的人重视主观世界，好沉思、善内省，常自我欣赏和陶醉，孤僻、缺乏自信、害羞、冷漠、寡言，较难适应环境的变化；外倾型的人重视外界，爱社交，活跃、开朗、自信、勇于进取、兴趣广，易适应环境变化。

后来，荣格把内倾、外倾与感觉、思维、情感和直觉四种思想机能相组合，提出了人格的八种类型，其中外倾型的包括以下几种。

（1）外倾感觉型。个体寻求享乐，无忧无虑，社会适应性强，不断追求新异感觉经验，或许特别爱吃，对艺术品感兴趣。

（2）外倾思维型。个体按固定规则行事，客观而冷静，善于积极思考问题，但武断而感情压抑。

（3）外倾情感型。个体极易动感情，尊重权威和传统，寻求与外界的和谐，爱交际，但思维压抑。

（4）外倾直觉型。个体做决定不是根据事实，而是根据预感，不能长时间地坚持某一观点，容易改变主意。富于创造性，感觉压抑。

内倾型的包括以下几种。

（1）内倾感觉型。个体定向于客观刺激所释放的主观感觉要素的强度，他们对于偶发事件的选择是非理性的，常被发生的事情牵着鼻子走。他们沉浸在自己的主观幻想中，在他们的感觉和实际客体之间不存在协调的联系。

（2）内倾直觉型。个体一方面是神秘莫测的梦幻者和窥测者，另一方面又是幻想的狂热者和艺术家。他们试图把自己与幻觉联系起来，用主观的幻想来指导直觉和自己未来的行为。

（3）内倾思维型。个体同样重视思维，受到理念的决定性影响，但是这些理念并非来自客观事件，而是源于其主观判断，有时会使得他们的理性判断显得冰冷、固执和武断。

（4）内倾情感型。个体大多沉默寡言，难以接近，让人捉摸不透。他们将自己的生命控制权交付给主观倾向的情感，所以他们一般都会把真实动机掩盖起来，呈现出一种内敛的特质。

荣格认为属于某种类型的极端形式的人是不存在的，多数人都同时兼有内倾和外倾两种性格，也同时具有不同的思想机能，只不过在不同的人身上它们具有相对的明显性。

2. A 型、B 型和 C 型性格

20 世纪 50 年代，美国心理学家迈耶·弗里德曼和雷·罗森曼根据人的行为在时间上的匆忙感、紧迫感、好胜心等特点，将个体的性格分为 A 型、B 型和 C 型。

A 型性格的人一般性格外向，具有强烈的进取心和成功意识，生活节奏快，时间紧迫感强。具体表现为具有较大的抱负、固执、急躁、紧张、冲动、好胜心强、时间观念强等。

B 型性格的人则表现为平静，与世无争，社会适应能力强，生活有节奏，为人处世比较平和，想得开、放得下，与他人关系和谐，能正视现实，相对于 A 型性格的人来说抱负较少。

C 型性格的人属于情绪受压抑的忧郁性格之人，能够把对他人的不满藏在心里，害怕竞争、逆来顺受、爱生闷气，与人发生矛盾时倾向于冷战。在行为上表现得过于友好和合作性强，没有原则，爱迁就他人，能够轻易原谅他人。

（三）能力

能力是人们顺利完成某种活动所必备的个性心理特征。一般来说，能力包括两种含义。一是个人现在实际所能做的，即实际能力。例如，画家要具备一定的色彩鉴别力和形象记忆力，而从事管理工作的人要具备一定的组织、交际、宣传、说服等能力。因为只有在能力上足以胜任工作，才能取得良好的工作绩效。二是个人将来可能在行为上表现出来的能力，即潜能。例如，有些大学生在学校成绩平平，各方面表现都不出色，但是工作之后却表现出了超强的工作能力。另外，根据不同的标准，还可以分为一般能力和特殊能力、再造能力和创造能力、认知能力和元认知能力、流体能力和晶体能力等。

拓展阅读

流体能力和晶体能力

流体能力和晶体能力是根据能力在发展过程中依赖社会文化背景和先天素质的程度划分的。流体能力是指个体在认识和解决问题的过程中表现出的能力，属于人类的基本能力，它是天生的、流动的，是以生理为基础的，如个体的感知能力、机械记忆、运算速度、概念的形成、演绎推理、关系的认知等诸多方面的能力。它较少受知识内容和文化的影响，而受先天素质决定较多。流体测验表明，人的这种能力在人十四五岁达到顶峰，在到达顶峰后会不断下降。

晶体能力是指通过后天学习获得的语文、数学及其他科学知识的能力，是指已经获得的知识和技能，表现为语言、数学知识、词汇概念、言语理解、常识等。这主要由我们接受的后天教育和经验决定，是我们所有后天经验的结晶。它与社会文化有密切关系，并在人的一生中持续发展着，只是到了25—30岁之后才从高峰到平稳状态。

成长建议

本节“成长烦恼”中，从气质类型来看，悦悦言语不紧不慢，具有较为突出的黏液质特征，这说明她从小就是一个安静的人。后天的环境使她形成了“孤独”的人格。换了一个环境后，新奇感开始能够使她和同学在一起生活，减少了孤独的感受，可是她孤独的人格特点也使她形成了自卑的性格，她不敢尝试她不会的活动，行为上又渐渐地远离了同学，内心的孤独感又被唤起。

针对悦悦的问题，我们可以给她这样的建议：人格虽然具有稳定性，但也具有社会性，是可以改变的。可以找一个外向的、爱说爱笑的同学来扰动她“安静”的生活，她来模仿这个同学的外向行为，一段时间后，就会改变孤独的人格，慢慢融入其他同学的活动之中。

第2节 人格的形成与发展

在人的素质结构中，人格起着近乎决定性的作用。人格是人的心理面貌的集中反映。心理卫生学认为，随着社会的发展，人类健康而幸福的生活越来越多地取决于人类自身的人格健康状况，而且人格的健康发展也是促进社会健康发展的一种力量。

人格素质是大学生综合素质的重要组成部分，综合素质的发展和提高包含着人格素质的发展和提高，而人格素质的发展和提高对综合素质的发展和提高也有着重要的促进作用。因此，寻找通向健全人格之路、塑造健全的人格是大学生心理健康教育的重要目标之一。

小可是一个自我感觉极好的人，她从来都看不到自身的缺点，周围很多同学都反感她，可她仍不自知。平时逛街，她总认为自己是满大街关注的焦点，认为自己拥有全世界最好的身材，她还特别喜欢照镜子。班级开展活动，她也喜欢表现自己，如果有同学说她舞跳得不好，她就认为别人是嫉妒她；如果有同学敷衍地说她跳舞好看，她回宿舍后还要埋怨很久。小可还常说："我是个将来要成大事的人，和你们不是一个档次。"若有同学反驳，她会狂怒，大声呵斥。其实，她内心很脆弱，需要别人的爱，但她的行为让同学很看不惯。

一、人格的形成

一般认为，人格的形成受到遗传和环境两个因素的共同影响。其中，遗传是人格形成的自然前提，在此基础之上，环境对人格的形成和发展起决定作用。大学生的人格就是在同环境相互作用的过程中形成和发展起来的。在诸因素中，家庭、学校、社会等因素对大学生的影响最为重要。

（一）生物遗传因素

心理学家对"生物遗传因素对人格的影响"的研究已经持续很久了。研究表明，在精神疾病中，精神分裂症、躁狂抑郁症和癫痫等多为遗传性疾病。许多心理学家认为研究双胞胎是研究人格遗传因素的最好办法，并提出了对双胞胎的研究原则。同卵双胞胎既然具有相同的基因形态，那么他们之间产生的任何差异都可以归因于环境因素，而异卵双胞胎的基因虽然不同，但在环境上有许多相似性，如出生顺序、母亲年龄等，因此异卵双胞胎也具有环境控制的可能性。同时研究同卵双胞胎与异卵双胞胎就可以评估相同基因类型下不同环境的作用，以及在相同或类似环境下不同基因类型的作用。20 世纪 80 年代，明尼苏达大学对成年双胞胎的人格进行了比较研究，其中有些双胞胎是一起长大的，有些双胞胎则是被分开抚养的，平均分开的时间是 30 年。结果发现，同卵双胞胎人格的相似度比异卵双胞胎高很多，被分开抚养的与未被分开抚养的同卵双胞胎人格具有同样高的相似度。

我国对双胞胎的研究经历了近 20 年的时间（1964—1982 年）。研究者于 1964 年通过各种生理指标确定了 22 对同卵双胞胎和 18 对异卵双胞胎为研究对象，并进行了追踪研究。1982 年，研究者又对这些双胞胎进行了明尼苏达多相人格测验并计算每项人格分量表的遗传率。结果显示，人格的许多特性都有遗传的可能性。遗传对人格的作用是一个有重要理论意义和实践意义的复杂问题，目前还难以得出明确的结论。根据现有的研究结果，可以得出以下研究结论。

（1）遗传是人格不可缺少的影响因素。

（2）遗传因素对人格的作用程度因人格特质的不同而不同。通常在智力、气质这些与生物因素相关较大的特质上，遗传因素的作用较重要；而在价值观、信念、性格等与社会因素关系密切的特质上，后天环境的作用可能更重要。

（3）人格的发展是遗传与环境两种因素交互作用的结果，遗传因素影响人格形成的难易程度和人格发展的方向。

人既具有生物属性，又具有社会属性。人在胚胎状态时，环境因素的影响就开始了，这种影响会持续一生。后天环境的因素是多种多样的，小到家庭因素，大到社会文化因素，这些因素对人格的形成与发展都有重要的影响。

（二）社会文化因素

每个人都生活在特定的社会文化环境中，社会文化因素对人格的影响极为重要，并将伴随人的一生。一般来说，文化背景、社会制度、经济地位都会对人格的形成和发展产生深刻的影响。社会文化塑造了社会成员的人格特征，使社会成员的人格结构朝着相似的方向发展，这种相似性既具有维系社会稳定的功能，又使每个社会成员能稳定地融入整个文化形态。社会文化对人格的影响力因文化而异，取决于社会对顺应的要求是否严格，要求越严格，其影响力就越大。文化、社会因素决定了人格的共同性特征，它使同一社会的人在人格上具有一定程度的相似性。

影响力的强弱也视社会成员的行为对社会产生的意义大小而定，对于不太具有社会意义的行为，社会允许其有较大的变异。但在社会功能上有重要意义的行为，社会就不允许其有太大的变异。个人若极端到偏离其社会文化所要求的人格基本特征，就不能融入社会文化。

玛格丽特·米德等人研究了新几内亚的三个民族的人格特征，结果表明，来自同一祖先的不同民族各具特色，鲜明地体现了社会文化对个体的影响力。居住在山丘地带的阿拉佩什族崇尚男女平等的生活原则，成员之间互相友爱、团结协作，日常是一幅亲和的景象。居住在河川地带的蒙杜古马族，生活以狩猎为主，男女间有权力与地位之争，对孩子处罚严厉。这个民族的成员表现出攻击性强、冷酷无情、嫉妒心强、妄自尊大、争强好胜等人格特征。居住在湖泊地带的德昌布利族，男女角色差异明显。女性是这个社会的主体，她们每日操作劳动，掌握着经济实权，而男性则处于从属地位，他们的主要活动是艺术、工艺与祭祀活动，并承担孩子的养育责任。这种社会分工使女性表现出刚毅、支配性强、独立与快活的性格，男性则有明显的自卑感。

值得注意的是，随着对文化因素的强调而产生的生物因素与文化因素之间的平衡，文化在个体人格发展中的作用进一步受到重视。

（三）家庭因素

家庭是社会最小的基本单位，是培养个人适应环境所必需的心理能力的第一个场所。家庭对人格形成产生的重要而深远的影响主要体现在以下两个方面。

1. 家长对子女的教育态度

赫伯特·亚历山大·西蒙认为，在家长和子女之间有两个基本要素：一是“接受—拒绝”，要么给子女以爱，要么就拒绝子女的爱；二是“支配—服从”，要么随心所欲地支配子女，要么服从子女的要求。家长与子女的互动都基于以上两种基本要素，但最理想的互动方式还是居于两者之间，即家长对子女爱护和严厉有度，不随意支配子女，也不完全随子女支配。家长只有给子女适度的爱，才能为其人格的健康发展提供良好的环境。

2. 家庭的气氛

一个家庭中，父母相敬如宾，兄弟姐妹相亲相爱，一家人与邻里和睦相处，往往易使个体形成谦虚、礼貌、随和、诚恳、乐观、大方等良好的人格特征。反之，家庭成员如果经常吵闹打骂，邻里之间纠纷不断，则易使个体形成粗暴、蛮横、孤僻、冷漠等不良的人格特征。

大学生入学之前，主要生活在家庭中，而这一时期正是人一生中成长的关键时期。大学时期，大学生开始离开家庭独立生活，无疑降低了家庭对其产生的影响，但因家庭成员的关系比较稳定而持久，成员之间的互动频率也较高，家庭仍然对大学生继续发挥着其特有的作用。如家庭的经济状况、家庭的文化背景、家庭的压力与期望等都会对大学生的方方面面产生影响。

（四）学校教育因素

学校是一种有目的、有计划、有组织地对学生施加影响的教育场所，教师、班集体、学生等都是学校教育的基本构成因素，各因素之间的相互关系对学生人格的形成和发展产生不同的影响。

教师对学生人格的发展起着指导定向的作用。教师的人格特征、行为方式与思维模式会对学生产生巨大的影响。每位教师都有自己独特的教学风格和人格魅力，由此会形成独特的教学氛围，在不同教师的课堂上，学生会有不同的行为表现。

在儿童阶段，师生关系、亲子关系占据绝对的主导地位，对儿童人格的发展产生巨大的影响。青少年阶段，同伴群体形成的亚文化影响力甚至会超过师生关系和亲子关系。教师与家长的某些教育效果往往会在同伴群体的亚社会环境中弱化或失去作用。因为对青少年来说，师生关系和亲子关系是一种权威性的关系，具有不可选择的强制性，而同伴关系是一种平等关系，完全是一种可自由选择的关系，更能满足精力旺盛的青少年自由尝试新的角色、新的想法和新的行为，青少年会产生检测自己内心想法和外部表现是否与同伴一致的强烈欲望。但是随着社会观念和价值取向的多元化，同伴群体存在着许多不适当甚至不健康的因素，这必然对青少年人格的形成和发展产生不利影响，也抑制和阻碍了正常同伴关系的建立和发展。学校、家长和社会要采取疏导的手段，引导青少年建立积极的同伴关系。

由此可见，学校是人格社会化的主要场所，对学生人格形成与发展的影响是不可忽视的。教师对学生的人格发展具有导向作用，同伴群体对人格发展具有“弃恶扬善”的作用。

综上所述，在人格的培养过程中，各种因素对人格的形成与发展起着不同的作用，遗传决定了人格发展的可能性，环境决定了人格发展的现实性。

二、人格偏差

人格偏差是一个相对的概念，心理问题只要未影响个体正常的学习、工作和生活，就不宜归为人格问题，更不应将认知方面的问题如因道德观、价值观和人生观变化而产生的心理冲突都归结为人格问题。

在继续讨论人格偏差之前必须厘清一个问题，那就是常见的一些负面情绪和心理与人格偏差是有很大差别的，如多疑、嫉妒、自卑、孤傲、急躁、谨小慎微、埋怨、沮丧、娇气等。这些负面情绪和心理在每个人身上都会偶尔出现，这绝对不能成为确定一个人人格偏差的理由，只有负面心理积累到相当的程度，以至于某种负面心理非常严重，其他心理特征很难在其情绪和行为中表现出来时，才有可能产生人格偏差。

（一）人格偏差者与人格障碍者的共同特征

人格偏差与人格障碍者的共同特征有三个。

第一，个体有紊乱不定的个人心理特点和难以与人相处的怪异性格，不论其行为是被动的还是主动的，都会给他人造成困扰，甚至带来灾祸。在人际交往中，人格偏差者会给与其相处的人造成难以言说的烦恼。

第二，人格偏差者与人格障碍者会把自己的困难全都归咎于命运不济或别人的差错，怨天尤人，经常把社会上的一切看作是荒谬、悖理的。他们认为自己对他人可不负任何责任，总是把自己的想法和利益放在压倒一切的位置上，而不管他人是否认同，他们对个人想法和利益有近乎偏执的信念。

第三，无论他们走到哪里，都把自己的固定看法或猜疑、仇视带到哪里，其行为从而不断影响新环境的气氛，但同时他们对自己的怪癖行为对他人的伤害或影响置之不理或毫无察觉。

可见，人格偏差者和人格障碍者最初的表现是严重影响周围人的生活，他们只有在察觉周围人的反应后才会有所反应，但大多数的人格偏差者和人格障碍者仍然我行我素，并不尝试调整和改变个人的行为方式。

人格障碍的程度从轻微的人格偏差到严重的人格障碍各有不同，轻者基本过着正常生活，只有与其最亲近的人才会发现其怪癖；严重者则事事都违抗社会习俗，并难以适应正常的社会生活。矫治严重人格障碍者几乎是一件不太可能的事。

（二）人格偏差的主要类型

以下是一些常见的人格偏差类型及其特点。

1. 强迫型人格

强迫型人格者的特点是在待人接物方面及对自己有一种求全和固执的表现，而且这种表现涉及面广，相对稳定。在生活中，这种人处处以“正人君子”自居，不苟言笑。他们总是把标准定得太高，因此，常常因为自己有一点错误而陷入深深的痛苦。在工作上，他们相信某一既成模式而不能容忍任何变化，在决断事情时往往需要思虑再三。他们表达情感的能力较差。强迫型人格者一般早年家庭环境较好，但其父母对子女的教育往往过分严厉、苛刻。75% 的强迫性神经症患者有强迫型人格问题。

2. 偏执型人格

偏执型人格者表现为极度的感觉敏感，对侮辱和伤害耿耿于怀；多疑、心胸狭隘、爱妒忌，对他人获得成就或荣誉感到紧张不安；自以为是、自命不凡，对自己的能力估计过高，惯于把失败和责任归咎于他人；同时又很自卑，总是过多、过高地要求他人，但从来不信任他人，认为他人心存恶念；有问题易从个人感情出发，主观性、片面性大，等等。因此，偏执型与人格者与人相处极其困难。

3. 分裂型人格

分裂型人格者主要表现为缺乏温情，难以与他人建立深厚的情感联系。他们不能享受人与人相处的情感乐趣，也缺乏表达细腻情感的能力。他们对他人的意见漠不关心，但部分人还可能一生沉醉于某种专业，达到较高的成就。但从总体来说，这类人生活平淡、刻板，缺乏创造性和独立性，他们以冷漠无情来应对环境、逃避现实。这种人格问题的形成一般与人的早期心理发展有很大关系。

4. 自恋型人格

自恋型人格者要求他人特别注意自己，但又不能接受他人的建议和批评。这类人对他人要求多、重依赖，内心缺乏真情。他们对批评的反应是愤怒、羞愧或感到耻辱，喜欢指使他人，要他人为自己服务。他们对无限的成功、权力、荣誉等有非分的幻想。

5. 回避型人格

回避型人格者的特点是懦弱、胆怯、敏感、羞涩，对任何事情都惴惴不安，表现为过于敏感、自卑、退缩，面对挑战采取逃避态度或无力应对，日常生活中惯于夸大潜在的危险，以达到回避某些活动的目的。这类人的个人交往十分有限，对与他人建立关系缺乏勇气。回避型人格形成的主要诱因是自卑心理。

6. 依赖型人格

依赖型人格者极度依赖他人，虽有较强的工作能力，但缺乏自信，总想请求他人来帮助自己处理日常事务或做出决策，有时即使明知他人是错的，也随声附和。因为害怕被他人抛弃，他们很难单独展开计划或做事。信赖型人格者理所当然地认为他人比自己优秀，比自己有吸引力，比自己更高明。依赖型人格一般产生于个人发展的早期。如果父母过分溺爱，鼓励子女依赖父母，久而久之，子女的心理就会逐渐产生对父母或权威的依赖心理。

7. 反社会型人格

反社会型人格者的行为因与整个社会规范相背离而令人关注。此类人对他人的感受漠不关心，缺乏同情心，忽视社会道德规范、行为准则和义务，长期对自己的行为不负责任。他们的认识完好，但行为未加深思熟虑，不考虑后果，常因微小刺激便发起攻击和暴行。他们从无内疚感，不能从经验中吸取教训，一犯再犯相同的错误。他们不能与他人维持长久的良好关系，容易责怪他人，最典型的特点是无责任感和无羞耻心。一般认为，家庭破裂、被父母抛弃和受到忽视，从小缺乏父母在生活和情感上的照顾和爱护，是反社会型人格形成和发展的主要社会因素。

8. 边缘型人格

边缘型人格者主要表现出以下几个方面的特点。他们对自我的理解不连续一致且互相矛盾，这导致他们生活中会有各种矛盾和冲突。他们经常有不稳定的、快速变化的心境，有强烈的焦虑情绪，很容易在愤怒、悲哀、羞耻感、惊慌、恐惧、兴奋感和全能感之间摇摆不定，心理状态快速多变。他们非常害怕孤独和被人抛弃。他们做事冲动，有些有冲动性的自毁、自杀行为，突发性的暴怒、毁物、斗殴、骂人也是他们常见的冲动行为。

上述各类人格障碍之间的特征可有交叉，有些人格障碍还有某些神经症的症状或情感障碍的特征，表现相当复杂。

三、人格对身心发展的影响

人格是由气质、性格等诸多因素的相互作用构成的。人格是人的心理行为的基础，在很大程度上决定了人面对外界的刺激做出的反应及反应的方向、速度、程度、效果，具体来说，人格会影响人的身心健康活动效率、潜能开发及社会适应能力等方面的状况。因此，重视人格的整合与塑造既是身心健康的需要，又是自我发展、自我实现的需要。

医学研究表明，许多生理疾病患者都有相应的人格特征，这些人格特征在疾病的发生、发展过程中起到了生成、促进、催化的作用。例如，哮喘患者多有过分依赖、幼稚、暗示性很高的人格特征；偏头痛患者多有刻板、好胜、嫉妒心强、刻意追求完美的人格特征；结肠炎、胃溃疡患者多有矛盾强迫、抑郁等人格特征。大学生优化人格，整合、塑造健全人格的目的不仅是为了避免身心疾病，更重要的是发挥人格的最佳作用，达到自我实现的目的。所谓最佳作用，指的是人是可变的，人能够实现任何一种个体潜能，能够塑造自己的生活，促进周围环境的发展，是实现自我、不断超越自我的必由之路。

近年来，人们已逐渐形成了一种共识：影响大学生成才的，除了智力因素外，更主要的是非智力因素，或者说是情商、逆境商。我们认为一个人的成功是智商、情商、逆境商和其他因素共同作用的结果。毫无疑问，情商、逆境商包含了丰富的人格因素，如独立性、自信心、勤奋踏实、坚韧、耐心、恒心、创造性、乐观、合作精神、正确的自我认知等。一些天资聪慧、富有才华者，终其一生碌碌无为、一事无成，很大程度上与人格素质的欠缺有关。而一个性情开朗、乐观、热情大方、善于交际、诚恳忠实的人，往往比较容易获得他人的悦纳，也比较容易获得他人的帮助，从而营造出有利于自己心理发展、才华施展的和谐环境。大学新生入学后的种种不适应往往与其人格素质有关。在双向选择、自主择业的毕业生就业市场上，那些具有乐群性、独立性和自律性等人格特质的毕业生易获得更多的就业机遇。

另外，人格与个体的思想品德不仅互相影响、互相制约，而且相互包容。一些良好的人格特征同样也是良好的思想品质，如对现实的态度（对他人、集体和工作的态度）既是大学生思想品质的重要内容，又是大学生人格素质的具体体现。塑造大学生健全人格的过程，也是培养思想品质的过程，两者相辅相成，互相促进。

成长建议

本节“成长烦恼”中，小可具有强烈的表现欲和从他人那里获得注意与羡慕的愿望，不现实地夸大自己，属于自恋型人格。

对于这种类型的人，我们给出如下建议。其一，小可需要解除“自我中心观”，学会与他人分享、合作，站在他人角度思考问题；其二，她要学会爱他人，主动关心他人，当他人需要自己时要及时、真诚地给予帮助。

第3节 健全人格的塑造

内容导读

人的心理差异就像人的面孔，千差万别。有些人活泼，有些人文静；有些人勇敢，有些人懦弱。这些都是人格的外在表现，它们影响、制约着人的发展和成就。大学阶段是个体人格发展、完善的重要时期，向往成才、追求卓越是每个大学生的期盼。因此，每个人都应该通过了解人格的知识关注自己的人格发展，积极主动塑造健全的人格，使自己的人格不断完善，为走向成功奠定坚实的基础。

成长烦恼

刚进入大学的小杨和所有的新生一样，加入了军训的队伍中。军训的教官是一个年轻人，年龄与大学生相差无几。由于军训要求十分严格，许多学生对教官产生了反感的情绪。一次训练中，小杨舍友未按照教官的要求正步走时，被教官大声训斥并罚站，气氛十分紧张，同宿舍的小杨看不过去，和教官大声争吵了起来。看着咆哮的小杨，教官依然没有让步的想法，并惩罚小杨到操场上跑步。小杨根本不理教官，扬长而去。此后几天的军训，小杨就请了病假，游荡在操场周围。见到班主任，他就一副理直气壮的样子，声称他们班的教官没水平，不会管教人。

知识课堂

一、健全人格

（一）健全人格的含义

健全人格是指各种良好人格特征在个体身上的集中体现。心理学对人格的研究重点曾经是“人性的疾病”（心理疾病）方面，但现在更关心“人性的健康”（心理健康）方面。研究人性健康的目的是打开并释放个体的潜能，以实现和完善个体的能力。

健全的人格不仅是人类应该追求的价值目标，还是人们充分发展所能达到的一种境界。具有健全人格的人最显著的特点是他们能够有意识地控制自己的生活，掌握自己的命运。他们正视自己、正视过去、面对现实、注重未来，渴望迎接生活的挑战，在实践中充分发挥自己的潜能并实现自己的价值。

（二）健全人格的具体特征

从具体特征上讲，拥有健全人格的人应具有以下特征。

1. 人际关系和谐

人际关系和谐的人往往都是有健全人格的人。拥有健全人格的人善于与他人交往，正面的态度要多于嫉妒、怀疑等消极态度。因此，他们诚恳待人、谦虚谨慎、尊重他人，同样也能得到来自他人的尊重与接纳。

2. 社会适应力良好

社会适应能力反映了人与社会的协调程度。拥有健全人格的人能够融入社会，能够主动关心、了解社会，能够改造自己以适应社会、适应新环境。

3. 自我意识正确清晰

拥有健全人格的人对自己有着清晰、准确的评价，精神面貌充满自信，知道利用自己的长处，能够很好地适应周围的环境。自我意识薄弱的人常会自我矛盾，有时自恃过高，有时则自卑自轻。

4. 生活态度积极向上

乐观的人生态度往往能让人在社会实践中获得力量。乐观的人往往用积极的眼光看待生活。在他们眼中，世界永远都是美好的。他们喜欢自己从事的工作或学习，并能发挥自身的智慧和能力去完成它们。他们能在危机中看到每个机会，即使在遇到困难和挫折时，也能知难而进、勇攀高峰。现代大学生的主要生活内容离不开学习，所以其对学习的爱好程度往往反映其对生活的热爱程度。

一个拥有健全人格的大学生应当热爱学习，不断拓展自己的知识领域，有坚定的信仰、健康的心理、正确的思维、坚忍的意志、奋斗的精神、合作的品格、创新的能力，有与时俱进适应环境和社会生活的能力，有美好的生活情趣和高尚的人生追求，心胸豁达、思维敏捷、敢于担当、明辨是非，追求幸福人生。相反，对学习和生活缺乏兴趣，整天萎靡不振、无所事事的大学生的人格很难是健全的。

5. 良好的情绪调控能力

人格的成熟程度往往体现在一个人的情绪调控能力上。人格健全的人情绪调控能力比较强，无论遇到什么情况，都能对情绪调控自如，保持轻松愉悦的情绪，他们永远拥有积极向上、对生活抱有希望和信心的态度。即使偶尔出现消极情绪，他们也能寻找适当的方法让自己的不良情绪得到宣泄，让自己的身体充分解压。

对健全人格的判断依据往往是多方面的：具有体验丰富的情绪和良好的情绪调控能力；具有健康的价值观和高尚的道德情操；能通过自身的能力满足自身基本需要；拥有紧跟时代潮流的学识和孜孜不倦的求知欲；可以牢牢把握当下的生活；会调整自己的生活节奏以保证自身的健康发展；有良好的交际并与朋友真诚相待，等等。这些标准既可以作为衡量个体人格健全的标尺，也可以给当代大学生完善自身人格提供参照。

二、当代大学生理想人格的特征

作为人本主义运动最杰出的代表人物，亚伯拉罕·哈罗德·马斯洛对理想人格问题进行了系统的研究。马斯洛认为自我实现是人生追求的最高境界。他列举了历史上 38 位成功的名人，包括富兰克林、罗斯福、贝多芬、爱因斯坦等，并从他们的人生历程中归纳出自我实现者的 15 种理想人格特征。

（1）全面和准确地感知现实。自我实现者对世界的感知是客观的、全面的和准确的，因为他们在感知世界时不会掺杂自己的主观愿望和成见或带有自我防御，而是按照客观世界的本来面貌去反映事物。与此相反，心理不健康者则是以自己的主观方式去感知世界的，他们试图使世界与自己的主观愿望、焦虑和担心相吻合。

（2）接纳自然、自己与他人。自我实现者能够接受自然、自身与他人的不足与缺陷，不会为这些缺陷而忧心忡忡。当然，对于可以改造或可以调整的不足与缺陷，他们会以积极的态度来对待；而对于那些不可改变的不足与缺陷，他们能顺其自然，不会与自然、他人和自己过不去。

（3）对人坦率和真实。在人际交往中，自我实现者具有流露自己真实感情的倾向，他们不会掩饰或做作，他们的行为坦诚、自然。一般而言，他们都有足够的自信心和安全感，这就使得他们足以真实地表现自己。

（4）以问题为中心，而不是以自我为中心。自我实现者热爱自己从事的工作，献身于某种事业或使命，并能全力以赴。与一般人相比，他们工作起来更刻苦、更专注。对他们来说，工作并非真正的劳苦，因为快乐恰恰在工作之中。

（5）具有独处的需要。自我实现者以自己的价值和感情指导生活，不依靠他人来求得安全和满足，他们依靠的只是自己。他们一般都喜欢安静独处，这样做并不是因为害怕他人，也不是有意逃避现实，而是为了在减少干扰的条件下更好地深思，更全面地比较，以便去寻求更为合理的问题解决方案。他们平静详和，保持冷静，能安然地度过或顶住各种灾难和不幸。

（6）具有自主性，在环境和文化中能保持相对独立性。自我实现者的行为动力主要来自其自身内部发展和自我实现的需要，而不是来自因缺少某种物质或精神上的东西需要外部的补充，因而他们更多依赖自己而不是外部环境，能够抵制外部环境和文化的压力，独立自主地发挥思考的能力，进行自我引导和自我管理。

（7）具有永不衰退的欣赏力。自我实现者能够对周围现实保持良好而经久不衰的欣赏力，充分地体验自然和人生中的一切美好。他们不会因事物重复出现而对其习以为常、失去敏感。例如，他们每见到一次日出或黄昏，都像第一次见到时那样，感到新鲜、美妙。

（8）具有难以形容的高峰体验。高峰体验是人感受到的一种强烈的、令人心醉神迷的狂喜或敬畏的情绪体验。当它到来时，人会感觉到无限的美好，产生极大的力量、自信和决断意向，甚至连平凡的日常活动也可以变成压倒一切的、妙不可言的活动。马斯洛认为，所有人都具有享受高峰体验的潜在能力，但只有自我实现者更有可能、更常得到这种体验。

（9）对人充满爱心。自我实现者关心的人不局限于他们的朋友、亲属，而是扩及全人类。他们把帮助穷困、受苦的人视为自己的天职，具有同所有的人同甘苦、共患难的强烈意识，千方百计为他人着想。在自我实现者看来，他人的快乐就是自己的快乐，他们已经把自己从满足自身狭隘需求的牢笼中解放了出来。

（10）具有深厚的友情。自我实现者注重与朋友间的友谊，他们交友的数量虽然不多，但与朋友的友情深切而充实。就对爱的理解来说，他们认为爱应当是全然无私的，至少应当是给予爱和得到爱同等重要。他们能够像关心自己一样关心所爱者的成长与发展。

（11）具备民主的精神。自我实现者谦虚待人，尊重他人的权利和个性，善于倾听不同的意见。对他们来说，他人的社会阶层、受教育程度、宗教信仰、种族或肤色都是不重要的，重要的是他人是否掌握真理。自我实现者极少有偏见，他们愿意向一切值得学习的人学习。

（12）常区分手段与目的。自我实现者的行为几乎总是表现出手段与目的的界限。一般来说，他们强调目的，而手段必须从属于目的。自我实现者常常将活动步骤看成是达到目的的手段，把活动经历当作目的本身，因而比一般人更能体验到活动本身的乐趣。

（13）富于创造。这是马斯洛研究的所有对象共同的特征之一，他们每个人都在某个方面显示出独到之处和创造性。虽然他们中的某些人并不一定是作家、艺术家或发明家，但他们具有同儿童天真想象类似的能力，具有独创、发明和追求创新的特点。

（14）幽默、风趣。自我实现者善于观察人世间的荒诞和不协调现象，并能够以一种诙谐、风趣的方式将其恰当地表现出来，但他们绝不把这种本领用于嘲笑他人，反而对不幸者寄予同情。

（15）反对盲目遵从。自我实现者对随意应和他人的观点和行为十分反感，他们认为人必须具有自己的主见，认定的事情就应坚持去做，而不应顾及传统的力量或舆论的压力。他们这种反对盲目遵从的倾向，显然不是对文化传统或舆论的有意轻视，而是他们自立、自强的人格的反映。

马斯洛同时也认为自我实现者并不一定能完全做到以上15条，他们身上也存在不少缺点，如这些人有时笨拙糊涂、浪费和不细心，以及没有耐心、激动和固执己见等。但总体来说，马斯洛所描述的自我实现者的形象是十分理想且健康向上的。

三、当代大学生理想人格的塑造

人格的形成是以一定的遗传因素为自然前提的，但环境因素和自我努力在人格的形成和完善中起决定性作用。大学生的自我意识已趋于成熟，因此，自我塑造是培养健全人格的主要途径。

（一）认识自我，优化人格整合

生活中的许多事例告诉我们，人格系统中存在着一种基本的动机，它是个体的中心能源。要想更好地完善自己的人格，大学生首先要了解自己的人格状况，然后探明自己改造人格的原因，以及塑造健全人格的标准、方法、目标等。只有对自身的人格状况有深刻的认识，才能更好地进行人格塑造。

优化人格整合必不可少的一步是人格塑造。人格整合是指随着个体心理的成熟，人格的各个方面逐渐由最初的互不相关发展到和谐状态的过程。优化人格整合的主要方面可以归结为两点：择优和汰劣。择优就是借鉴他人的一些优秀品格来完善自我，如豁达、奉献、孝顺、自强、细心、谦虚等。汰劣就是改善自己不良的部分品格，如自私、骄傲、贪婪、暴怒、粗心、逃避等。当然，择优和汰劣往往是同步进行的。

（二）学会自我教育

塑造健全人格的一个重要途径就是学会自我教育，因为自我教育是其他教育和环境影响的内化和深化，是人格形成由被动变为主动的过程。其主要内容和方法包括以下几个方面。

1. 学会反省

在自我教育的过程中，大学生要学会自我反省，即经常反省自己的思想和言行。《论语·里仁》中说：“见贤思齐焉，见不贤而内自省也。”这句话的大意是看到优秀的人或行为就去学习，看到不好的行为或事情就要反省自己是否也有同样的行为。自我反省的首要条件便是客观全面地评价自己，善于发现自己的优点，勇于承认自己的不足之处。

2. 培养自我调控能力

大学生的主体意识表现为具有强烈的内在心理需求与外部行为方面的主动性。自我调节是指根据自己的实际情况与社会的要求，主动对自己的思想道德学习及行为提出具体的奋斗目标，并对自己的活动进行有意识、有目的的调控。自我调节体现了大学生的自觉性、自信心和主体意识，它能激发大学生的内在潜能，充分调动其主观能动性，使其自身的成长与社会要求相适应，从而获得最佳的成长环境。在自我调节的具体过程中，大学生应从自己的实际情况出发，在学习活动、性格发展等实践方面学会自己教育自己、自己管理自己，从而增强自我调控能力。

学习自我控制，还要在环境的影响中保持自己的相对独立性。对待任何人、任何事，都应该有自己的主见，按照自己的信念去行动，而不是随大流。特别需要注意的是，在当前这个价值多元化、各种思潮涌现、各种生活方式竞相呈现在人们面前的时代，大学生应接受环境中积极的影响，经受住各种不良的诱惑，提高自己抗拒不良诱惑的能力。只有如此，才能使自己的观念、价值观等不受干扰，使自己的个性健康发展。

3. 保持良好心境

在自我教育中，大学生要学会保持自己良好的心境，在日常的学习生活中应该学会发展一些健康良好的生活情趣或兴趣爱好，学会在不同的环境中合理地平衡自己的心情。大学生应拥有一颗健康向上的心，并始终保持独立的人格。大学生要淡定于心、从容于行、踏实做事、方正为人，面对困难的时候，要冷静下来、心平气和，不埋怨他人，要有坚毅不屈、不畏艰难的品质。

（三）增强应对挫折的承受力

挫折是指个体在某种动机的驱使下想要达到目标而受到阻碍，因无法克服阻碍而产生的紧张状态和情绪反应，如沮丧、焦虑等。挫折承受力是指个体遭遇挫折时，能摆脱困扰而免于心理与行为失常的能力，也就是个体经得起打击或经得起挫折的能力。

大学生往往对生活和未来充满幻想，远大的理想常常令大学生无法看清现实的残酷性，大学生对未来无限向往，却没有为现实中的磨难做好充分的准备。而且，现代大学生往往认为自己在知识面上高人一等，被寄予厚望。然而，大学生自身的阅历和社会经验往往与自身的优越感不成正比。当真正步入社会时，大学生心中的理想与现实的残酷形成巨大的落差，他们往往就会因为自身能力的不足而产生一种深深的挫败感，对未来失去信心和希望，甚至开始轻视自己。

因此，加强挫折教育、增强挫折承受力，对健全人格的培养有着重要的意义。具体做法如下。

1. 确定合适的抱负水平

人要有理想和抱负，但理想和抱负不可漫无边际。在现实生活中，大学生的很多挫折是大学生自己造成的，其主要原因之一就是自我评价和自我期望太高，预期的抱负超出了自己的能力而无法实现，久而久之大学生就会产生“习得性无助感”，最终放弃自己的努力。因此，大学生应学会客观、全面地评价自我，并经常将自己的优缺点与社会的要求进行综合分析，以确定合适的抱负水平，量力而行，从而增加成功的机会，恢复自信心。

2. 调整认知，改变归因

归因是指个体把自己的行为或结果加以解释或推测的过程。通常影响个体工作成败的原因主要有四个方面，即能力高低、努力程度、任务难易、运气好坏。大学生如果将失败归因于外在的可控制因素，则有助于增强自我效能感。

3. 接受自我，悦纳自我

心理学实验研究表明，自我认识同其本身实际情况越接近，个体表现的自我防御行为就越少。同样，个体自我接受的态度与防御行为的关系也极为密切，一个人对自己的能力开始怀疑、对自己的存在表示轻视时，往往会对一些否定自己人格的因素敏感甚至反感，使自己深受打击。所以，大学生首先要学会了解自己，明白自身能力，再试着承认并接受自己的不足，并寻求正确的方法改善自己。

大学生要学会接受自我，清楚地明白自己的生存状态，从而树立相应的目标与理想。与此同时，还要学会扬长避短，与自己的优点和缺点和谐相处。总之，大学生要使理想“我”和现实“我”之间的差距尽可能缩小，进而愉快地接受现实中的“我”。另外，大学生都有强烈的自尊心，但要注意避免过分追求完美的倾向。过分追求完美常常表现在两个方面：一是对自己提出过高要求，一味地追求完美而忽略实际情况，增加了适应困难；二是对自己苛求，希望自己完美无缺，对自己的不足之处甚为苦恼，将他人遭遇的事情都归因于自己，从而影响自己的情绪和自信心。不可否认的是，每个人都希望自己是完美的，也不同程度地追求完美，但在追求完美的过程中应允许自己有一点“不完美”的表现。

4. 以积极的态度对待挫折

人在一生中难免会遇到挫折和挑战，遇到困难时，选择逃避与放弃无疑选择了失败，但是在失败后还能勇于面对挫折、勇往直前，终会成功。大学生要学会用辩证的眼光看待挫折的两面性：一方面，挫折带给人困苦、挣扎和绝望；另一方面，人又能在挫折中铸造自己坚毅的性格。所以，遇到困难时，大学生要勇于面对、沉着应战，在磨难中升华自己，以积极的态度对待挫折，并及时总结失败的经验和教训，不断提高自己对挫折的承受力。

（四）积极参与社会实践，培养良好习惯

实践是人格发展的必由之路。实践是获取知识，磨炼意志，形成、提升能力的途径。许多人格特征，如勤奋、乐观等都与长期的实践息息相关的。大学生应积极参加各种有益身心健康的实践活动，如近年来校园内兴起的青年志愿者活动，对于大学生人格的发展与塑造就很有意义。

人格的外化往往体现在人们的言行之中，换言之，一个人的言行举止成为一种习惯就是人格。因此，从小事做起，做好每件小事，才能聚沙成塔，最终构建良好的人格。

（五）扩大社会交往，建立良好的人际关系

众所周知，不良的个性品质对个体社交的影响很大。一个开朗热情、为人诚恳、尊重他人、富于同情心的大学生，能很好地适应各种社会交往，能比较容易地得到群体和他人的接纳。相反，具有虚伪、自私自利、不尊重他人、猜疑、报复、固执等不良性格倾向的人，他人在与之交往的过程中会产生不安全、紧张、不信任等反应。因此，在大学生的心理健康条件中，和谐的人际关系不可或缺，它有利于健全人格的塑造。同时，大学生在与他人交友时应注意以下几点。

1. 真诚热情

在人际交往过程中，一个人的热情往往是对与他人交往的意愿的表达。热情待人能够让他人感受到温暖，促进双方心与心的交流。双方在交往时若不能坦诚相待，久而久之，就会产生一道看不见的隔阂，给交流带来障碍。所以，大学生在与他人交往时应满怀热诚，表明自己的原则和利益，让他人可以放心地接受自己。

2. 彼此信任

美国哲学家和诗人爱默生说过："你信任人，人才对你忠实。"在人际交往中，胡乱猜疑往往会导致双方关系破裂。信任就像一张纸，皱了之后很难再恢复原样。大学生对他人的真诚要坦诚接受，并以积极的态度对待他人的言行。

3. 肯定对方

在人类的各种特性中，自尊心的满足尤为重要。大学生在与他人交往时，要学会肯定对方，一味地否定他人，不考虑对方的自尊心很可能引起他人的反感。在保护他人自尊心的条件下提出合理的意见，更能让人愉快地接受。

（六）在业余爱好活动中培养健全的人格

业余爱好可以培养人们的高尚情操，潜移默化地作用于我们的学习、生活和工作。对大学生而言，在保证自己的学习和社会工作完成的前提下，应去发展健康、高尚、有益于知识增进和性格改善的兴趣。例如，可以选择音乐、舞蹈等业余爱好，培养自己开

朗活泼的性格；可以选择游泳、足球、武术等运动项目，培养自己勇敢的性格；此外，还可以通过参加棋类、绘画、书法等活动，培养自己耐心细致的个性品质。

（七）防止“过犹不及”

凡事都有“度”，人格发展和表现的“度”是十分重要的，人格塑造过程中应把握辩证法，掌握好“度”，否则就会“过犹不及”，适得其反。具体来说，应是充满自信而不骄傲自满，谦虚而不自贬，勇猛而不武断，干脆而不冲动，沉稳而不多虑，细心而不胆小，等等。

在人格的“度与量”中合理把握，做到刚与柔两者的平衡，取长补短，填补缺漏，保证人格结构协调发展。此外，还要因人因时因地地表现人格特征，有时表现“刚”比表现“柔”好，有时表现“柔”比表现“刚”好；有时应多表现自信，有时应多谦恭，即塑造出的人格应有韧性，有较强的应变、适应能力。

（八）努力学习科学文化知识

在不断汲取知识的过程中，优化人格整合过程也在进行。可以说，科学知识对人格的完善有着举足轻重的作用。知书方能达理，充足的知识储备让人更加自信。在拓展自己知识面的同时，要注意各科的全面平衡发展。各科的知识处于一个庞大的体系中，彼此紧密联系。人格的发展和完善要有各科的知识作为基本储备，对此，培根的论述很深刻：“读史使人明智，读诗使人灵秀，数学使人周密，科学使人深刻，伦理学使人庄重，逻辑修辞之学使人善辩。凡有所学，皆成性格。”在普遍的应试压力之下，文理学科的大学生均存在发展不平衡的现象。理工科大学生缺乏人文知识，文科大学生则是科学知识掌握得不够多，此类现象不利于人格的健全发展，当代大学生应做好科学和人文知识的平衡掌握。

如果能够按照上述途径，脚踏实地，一步一个脚印，大学生会逐渐塑造起自己的健全人格。此外，如果有心理问题或困惑，可以到学校的心理咨询中心寻求帮助。

课堂小互动

关系处理

大学生小王总是处理不好和舍友的关系，她为此感到非常苦恼。

当她和舍友相处时，她总觉得舍友都在故意和她过不去。例如：当她在宿舍睡觉时，她觉得舍友总是故意制造声音把她吵醒；当她看到舍友凑在一起窃窃私语时，她就会认为舍友正在说她的坏话；当她心爱的布娃娃被舍友无意弄脏时，她就会认为舍友是故意这样做的；当舍友去上课没有喊她时，她又觉得舍友是在故意冷落她……

运用本章所学知识，请你谈谈如何帮助小王处理和宿舍舍友的关系。

成长建议

本节“成长烦恼”中，小杨与教官的冲突源于对规则执行标准的认同差异。军训活动中，教官严格按规则训练，小杨反抗规则执行者，双方的争吵不可避免。在陌生的人际环境里，人与人之间具有很强的防御性，教官是靠工作规则建立个人影响力，小杨是靠同学关系建立影响力，心理上是互不相连的两个空间。当矛盾的情绪聚积到一定强度，小杨就以帮助同学的合理化理由直接和教官发生正面冲突。冲突过后，就以逃避的方式远离军训活动。

针对小杨遇到的问题，我们可以给他这样的建议：其实两个人的个性之中有相似之处，要化解矛盾，需要中间人（最好是教师）让两个人心平气和地坐下来谈一谈，建立一个心理上的融合空间，或许他们还会成为好朋友。

加强人格健康教育

21 世纪要求大学生更具竞争意识、责任意识、机遇意识、创新意识和效率意识，具有面向世界、面向未来、面向现代化的素质，而这些往往与自信、外向、乐观、进取、顽强、灵活、守信等人格特征联系在一起。因此，加强大学生人格健康教育，培养其在人格方面的自我教育能力，是 21 世纪教育的需求。当代大学生只有具有了独立人格的行为、整合人格的意向、自我实现的愿望，祖国的未来才会变得更加美好。

气质类型测验

☑ 指导语

回答以下 60 道题。心理学研究表明，每个人的气质类型各不相同，所以，对以下 60 道题的回答没有对错之分，只要理解每道题目的意思，然后品味一下，并将题目所说和你的真实思想情感与下面 5 种情形中的 1 种相对应。

完全一致（或完全赞成、完全符合等，下同），2 分；比较一致，1 分；不确定，0 分；不太一致，−1 分；很不一致，−2 分。

注意：做题时，不要累计加分。每题分别记得分。

☑ 测试内容

（1）做事力求稳妥，不做无把握的事。（　　）

(2) 遇到令人生气的事就怒不可遏。 (　　)
(3) 宁肯一人做事，也不愿意和很多人在一起。 (　　)
(4) 很快就能适应一个新环境。 (　　)
(5) 厌恶那些强烈的刺激，如尖叫、噪声、影视作品里的危险镜头等。 (　　)
(6) 与人争吵时，总想先发制人，喜欢挑衅。 (　　)
(7) 喜欢安静的环境。 (　　)
(8) 善于和人交往。 (　　)
(9) 羡慕那些善于克制自己感情的人。 (　　)
(10) 生活有规律，很少违反作息规律。 (　　)
(11) 在多数情况下，情绪是乐观的。 (　　)
(12) 碰到陌生人觉得很拘束。 (　　)
(13) 遇到令人气愤的事也能很好地自我克制。 (　　)
(14) 做事总是有旺盛的精力。 (　　)
(15) 遇到问题常常举棋不定，优柔寡断。 (　　)
(16) 在人群中不觉得过分拘束。 (　　)
(17) 情绪高昂时，觉得什么都有趣；情绪低落时，又觉得什么都没意思。 (　　)
(18) 当注意力集中于一件事物时，很难将别的事放到心上。 (　　)
(19) 理解问题总比别人快。 (　　)
(20) 碰到危险情况时有极度恐惧感。 (　　)
(21) 对工作、学习有很高的热情。 (　　)
(22) 能够长时间做枯燥、单调的工作。 (　　)
(23) 做起感兴趣的事来劲头十足，否则就不想做。 (　　)
(24) 因为一点小事就会被引起情绪波动。 (　　)
(25) 讨厌那种需要耐心的工作。 (　　)
(26) 与人交往不卑不亢。 (　　)
(27) 喜欢热闹的活动。 (　　)
(28) 喜欢看感情细腻、描写人物内心活动的文学作品。 (　　)
(29) 工作或学习时间长了常感到厌倦。 (　　)
(30) 不喜欢长时间谈论一个问题，愿意动手去做。 (　　)
(31) 宁愿侃侃而谈，也不愿窃窃私语。 (　　)
(32) 被别人说总是闷闷不乐。 (　　)
(33) 理解问题常比别人慢。 (　　)
(34) 疲倦时只要短暂地休息一下就能精神抖擞，重新投入工作。 (　　)
(35) 心里有话宁愿自己想，也不愿说出来。 (　　)
(36) 认准一个目标就希望尽快实现，不达目的，誓不罢休。 (　　)

（37）学习工作一段时间后，常比别人更疲倦。（　　）
（38）做事有些鲁莽，常常不考虑后果。（　　）
（39）听教师讲授新知识时，总希望对方讲解慢些，多重复几遍。（　　）
（40）能够很快忘记那些不愉快的事情。（　　）
（41）做作业或完成一项工作总比别人花的时间多。（　　）
（42）喜欢运动量大的剧烈的体育活动，也喜欢参加多种文艺活动。（　　）
（43）不能很快把注意力从一件事情转移到另一件事情上去。（　　）
（44）接受一个新任务后，就希望把它迅速解决。（　　）
（45）认为墨守成规比冒险强一些。（　　）
（46）能够同时注意几件事物。（　　）
（47）烦闷的时候，别人很难使自己高兴起来。（　　）
（48）爱看情节起伏跌宕、激动人心的小说。（　　）
（49）对工作认真、严谨，持始终一贯的态度。（　　）
（50）喜欢复习学过的知识，重复做已经掌握的工作。（　　）
（51）和周围的人总是相处得不好。（　　）
（52）喜欢变化大、花样多的工作。（　　）
（53）对小时候会背的诗歌似乎比别人记得更清楚。（　　）
（54）并不觉得别人“语出伤人”的评价是对的。（　　）
（55）在体育活动中常因反应慢而落后。（　　）
（56）反应敏捷，头脑机智。（　　）
（57）喜欢有条理而不麻烦的工作。（　　）
（58）常因兴奋的事情失眠。（　　）
（59）常常听不懂教师讲的新概念。（　　）
（60）假如工作枯燥无味，马上就会情绪低落。（　　）

☑ 测评方法

气质类型量表评分标准如下。

1. 把每道题的得分按照下面的题号相加，计算各栏总分。

（1）胆汁质：2、6、9、14、17、21、27、31、36、38、42、48、50、54、58。

（2）多血质：4、8、11、16、19、23、25、29、34、40、44、46、52、56、60。

（3）黏液质：1、7、10、13、18、22、26、30、33、39、43、45、49、55、57。

（4）抑郁质：3、5、12、15、20、24、28、32、35、37、41、47、51、53、59。

2. 气质类型的诊断如下。

如果某类气质得分明显高出其他三种，且均高出4分，则可定为该类气质。如果该类气质得分超过20分，则为典型；如果该类气质得分在10~20分，则为一般型。

如果两种气质类型得分接近，其差异低于3分，而且又明显高于其他两种，且高出

4 分，则可定为这两种气质的混合型。

如果三种气质得分均高于第四种，而且得分接近，则为三种气质的混合型，如“多血质—胆汁质—黏液质混合型”或“黏液质—多血质—抑郁质混合型”。

如有一栏得分较低，其他三栏相差不大，则为四种气质混合型。

多血质的人情感丰富、反应灵活、易接受新事物，但是情绪不稳定、精力易分散。

胆汁质的人直率热情、精力旺盛，反应迅速而有力，但是脾气急躁、易于冲动。

黏液质的人安静稳重、自制力强，但是对周围事物冷淡、反应迟缓。

抑郁质的人情感体验深刻而稳定、观察敏锐、办事认真细致，但是多愁善感、行为孤僻。

要了解自己的气质类型，可参考日常生活中对自己的观察或他人的评价，还可参考一些气质类型量表的测量结果。不过，更重要的是要认识到气质是没有好坏之分的，只有适合与不适合之别。

项目活动

承担责任

☑ 活动目的

学会做一个负责的人，并能正确看待错误。

☑ 活动步骤

1. 全班同学分成不同的小组，每组四人，两人相向而立，另外两人相向蹲下，一个站着的人和蹲着的人是一队。

2. 站着的两个人进行“剪刀、石头、布”猜拳，产生猜拳胜者，则由和猜拳胜者一队蹲着的人去刮输的一队中着的人的鼻子。

3. 输方轮换位置，即站着的人蹲下，蹲着的人站起来，开始下一局。

4. 若在新局中，上次胜方站着的人在猜拳中输掉，则上次胜方蹲着的人要被上次输方站着的人刮鼻子。

5. 在接下来的一局中，胜方两人也轮换位置，即原来站着的人蹲下，蹲着的人站起来，开始新的一局。

6. 请讨论以下问题。

（1）如何看待自己的责任和别人的过错？

（2）当自己的同伴失败的时候，你有没有抱怨？

（3）同一队中的两个人有没有同心协力应对外界的压力？

第6章 大学生的人际交往

人是社会性动物，有了人就有了人际交往。良好的人际关系对每个人来说是必需的。如果拥有良好的社会关系，我们就会更健康、更快乐、更成功；反之，如果没有良好的社会关系，我们就会感到孤独、寂寞、无助，进而影响身心健康和幸福感。建立良好的人际关系是让人感到快乐和振奋的正向生活事件，而失去人际关系则是糟糕、让人难过的事件。从心理健康的角度讲，几乎所有的心理问题都与人际问题有关。对于大学生而言，人际交往更是生活中的一个重要方面，良好的人际关系是维护身心健康的基本条件。尤其是大学新生，初到一个陌生的环境，开始过集体生活，这时候的人际交往比中学时代要广阔得多。如何适应新的生活环境、建立新的人际关系、恰当处理各种人际交往，是每个大学生面临的首要问题，解决这些问题是保证大学生心理健康的重要因素。

学习目标

1. 了解人际交往的发展过程和意义。
2. 掌握人际交往中心理障碍的调适方法。
3. 能运用所学相关理论处理人际关系。

第1节

人际交往概述

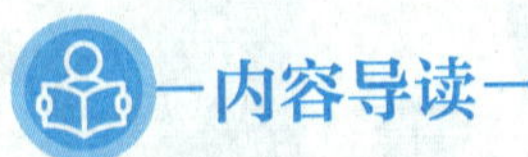

—内容导读—

有人说："大学生的主要任务，一是要学会做事，二是要学会做人。"然而，无论是做事还是做人都离不开人际交往，人际交往是每个人不可缺少的行为之一。有研究表明，良好的人际关系是大学生心理正常发展、人格保持健康及充满安全感和幸福感的重要条件之一。什么是人际交往？为什么要进行人际交往？有哪些理论可以帮助我们理解人际交往？本节将对这些问题进行介绍和探讨。

—成长烦恼—

大三女生小白一直担任班干部，她与同学相处得十分融洽，同学有心事都喜欢向她倾诉，她也会尽力为别人解忧。在同学眼中，她是个善解人意、受人欢迎的人，但在心理咨询室，她却常常止不住地哭。她说自己的内心非常压抑，总是强装笑脸为别人解忧，自己其实很痛苦。因家庭经济状况不是很好，她主要靠自己在学校勤工俭学和外出打工挣生活费，早出晚归，非常辛苦。全家的希望都寄托在她身上，她感觉压力很大，但她要强，不愿向同学提起，缺少知心朋友，因此到咨询室来倾诉。

大四女生小董，人很瘦，精神状态明显不好。她说自己学习成绩很好，同学都觉得她聪明，表面上她和许多同学关系不错，甚至可以和男生打打闹闹，许多男生也愿意陪她玩、很关心她，她也愿意和他们聊天，可她还是感到空虚寂寞。其实，她并没有和他们说心里话。她因为失恋一直都很痛苦，但没有告诉别人，她认为没人能帮她，同学并不是她真正可以信任和交心的朋友，她表面上嘻嘻哈哈的是在掩盖内心的孤独和寂寞。

—知识课堂—

良好的人际交往是大学生身心健康发展的重要保证，是大学生成长成才的重要条件。大学生只有提高人际交往能力、建立良好的人际关系，才能在充满竞争与挑战的时代达成自己人生的奋斗目标。

一、人际交往的概念

人际交往也称人际关系，是人与人之间心理上的关系。人际交往表现为人与人之间的心理距离，反映着人们寻求满足需要的心理状态。从动态角度讲，人际交往是指人与人之间一切直接或间接的相互作用，但都不超出信息沟通与物质交换的范畴。从静态角度讲，人际交往是指人与人之间通过动态的相互作用形成的情感联系。据统计，大学生每天除了睡眠时间外，其余时间有 70% 左右用于人际交往。

人际交往是人的各种社会关系得以实现和发展的手段，也就是说，交往是人与人之间所有关系的一种表现形式。积极良好的人际交往有助于个人的身心健康发展，而不良的人际交往则会妨碍个人的身心发展，导致各种消极心理的产生。

社会心理学中的人际交往一般是指人与人在社会活动中进行信息交流和情感沟通的联系过程。人际交往是人类社会活动的重要部分，个人与个人、个人与团体、团体与团体之间，都是通过这一方式使自身的社会性需要得到满足的。

人际交往的心理因素包括认知、动机、情感与态度等。认知是个体对人际交往的知觉状态，是人际交往的前提。人与人的交往首先是从感知、识别和理解开始的。认知包括个体对自己与他人关系的了解与把握，它使个体在交往中能够更好地、更有针对性地调节自己与他人之间的关系。动机在人际交往中发挥着引发、指向和强化的作用。人与人的交往总是源于某种需要、愿望与诱因的。情感是人际交往的重要调节因素。人们在交往过程中，总是伴随着一定的情感体验，如满意与不满意、喜爱与厌恶等，人们正是根据自身的情感体验不断调整自己与他人的人际关系。可以说，情感是人际交往最重要的部分，它往往被当作判断人际交往状态的决定性指标。态度是影响人际交往的重要因素，直接影响人际关系的建立、形成与发展。

二、人际交往的发展过程

（一）良好人际交往的形成和发展

良好人际交往的形成和发展一般需要经过三个阶段：定向阶段、接触阶段和融合阶段。人与人之间从开始的零接触到最后形成良好的人际交往是不断演化发展的。

1. 定向阶段

定向阶段也叫注意阶段，是指单方（或双方）注意到对方的存在，并可能以对方作为知觉对象和交往对象。定向阶段是人际交往的前期阶段，在这个阶段中，交往者由开始时的彼此无关，即零接触状态，逐渐实现选择性注意。这种选择本身具有定向性，反映着交往者的某种需要、倾向、兴趣特征和个性心理特征。一方在某些方面能引起另一方情感上的共鸣，才会促使另一方把对方纳入自己的知觉对象或交往对象的范围。在进入一个交往场所时，人们往往会选择性地注意一些人。对于注意到的对象，人们会与其进行初步的沟通，谈论无关紧要的话题，这些行为就是定向阶段的表现。在这个阶段，人们只有很表层的自我吐露，如谈论自己的职业，对新闻、事物的观点，等等。

2. 接触阶段

在定向阶段，双方对彼此有好感，产生了继续交往的意向。接着，交往双方开始直接的、充分的言语沟通，摆脱旁观者的立场，交往的过程进入接触阶段，虽然最初的接触多是表面性的，但也是双方情感关系发展的开始。情感探索和建立初步的心理联系是接触阶段的主要特征。交往者会有意识地努力寻找双方共同的兴趣或经历，通过表达自己的观点、态度和价值观并观察对方的反应来进行试探，试探双方在哪些方面可以进行更深入的交往。这时，双方都遵守交往法则，不会涉及私密性领域，即不涉及对方牢牢保密的根本方面。双方的交往还会受到角色规范、社会礼仪等方面的制约。此时，双方在一起能友好相处，离开对方也无关紧要，彼此没有强烈的吸引力。因而，这个阶段也是普通的人际交往阶段。

3. 融合阶段

随着交往的深入，交往双方的接触使情感联系不断加强，双方共同的心理领域也不断扩大，彼此之间的心理距离不断缩小，进入稳定交往阶段。在这一阶段，双方都产生了对对方的依恋和融合的情感体验，人际交往的性质发生了实质性变化，这是交往的融合阶段。这一阶段的交往双方不仅相互包容、理解，而且能很好地相互预测和解释对方的行为，并且随着交往双方接触频率的增加，彼此在认知、情感和行为上都会产生一定程度的相似性，基本的价值取向趋向一致。这可能使双方产生强烈的情感联系，而这种情感需求和情感联系是人际关系发展中一个重要的指标。

（二）人际关系恶化的过程

有些人在交往过程中成了挚友，有些人则在交往过程中反目成仇。人际关系到底是如何恶化的呢？一般来说，人际关系的恶化过程可分为冷漠、疏远、分离三个阶段。

1. 冷漠阶段

在冷漠阶段，交往的一方把交往视为一种负担，在心理上形成压力，并伴随交往活动而产生痛苦的情绪体验。人际关系的恶化始于冷漠，表现为一方对另一方持漠不关心的消极态度，严重者甚至表现为一种否定性的评价和行为。如对交往者转移注意力，故意不断扩大与其的心理距离，不愿意与对方进行交往沟通；在公共社交场合，想方设法地避免与对方接触，迫不得已时的交往也是出于纯粹的客套和应付。

2. 疏远阶段

在疏远阶段，交往者在痛苦情绪体验的基础上，会产生对交往双方人际关系的厌恶反感情绪。人际关系的恶化从冷漠开始，以疏远的形式具体表现出来，并渗透到彼此人际交往的各个方面。在这个阶段，双方又回到了原来的交往位置，变成了一种疏离的状态，或零接触状态。但这时并不是双方互不认识，而是一方故意不理睬另一方。在双方均出现的交际场合，彼此避免接触，即使不得不寒暄，也是嘲弄、讽刺、挖苦对方。疏远在非言语行为上也有所表现，如表情的不自然、脸部肌肉的呆板、身体姿势的不自然、交际距离的扩大及举止的生硬等。这些现象表明双方的人际关系已经很难再维持下去了。

3. 分离阶段

交往双方冷漠、疏远的结果便是双方结束人际关系，进入完全失去联系的状态。在这个阶段，交往者不仅把相互间的接触视为一种强加给自己的额外负担，感到烦恼、不安、焦虑、痛苦，而且用这种对交往的厌恶情绪来指导自己的行动——分离人际关系。人际关系的恶化一般均是从冷漠开始的，经过疏远阶段的恶性发展，进而出现人际关系的动机和行为。人际关系的分离可能是自然形成的，但更多时候是人为造成的。

三、人际交往的意义

（一）人际交往是人的基本心理需要

马斯洛的需求层次理论将人的需要分成五个层次，理论指出，当人满足了生存需要和安全需要后，就有了人际交往的需要，即归属和爱的需要。其实，人们为了满足生存和安全的需要也必须进行人际交往，或者说，人们在满足任何一个层面的需要时，都会有人际交往的必要。研究表明，人都有强烈的交往需要，都畏惧孤独，害怕离群索居，所以人际交往是人们最基本的心理需要之一。每个人都需要他人的关怀、帮助、爱护、同情，需要一种稳定的安全感，这些表现为人们追求稳定、安全的环境，希望得到保护，能够免除恐惧和焦虑，等等。一个人如果有亲人、朋友，他会感到充实、快乐、安全；否则，他会感到孤独、焦虑、恐惧。因此，人际交往是人在心理上的基本需要。

（二）人际交往有利于个体的社会化

个体社会化是指个体不断学习和掌握担当社会角色的知识、技能及特定的社会规范、准则，获得社会有效成员资格的过程。个体社会化程度的高低是衡量其成熟程度与能力强弱的尺度之一。一般来说，人们在社会交往的过程中，不是被动地接受生活规范，而是积极主动地习得社会规范、适应社会生活。研究表明，个体的人际交往范围越广，其获得的社会规范越多。所以，一个人把自己封闭起来不与人交往，是难以完成社会化的。特别是对大学生来说，良好的人际交往是完成个体社会化的必备条件和有效途径。

（三）人际交往塑造个体的思想与人格

一个人的思想和人格主要是通过社会学习形成和发展起来的，而人们的社会学习，不论是直接知识和间接知识的获得，还是世界观、人生观、价值观的形成，都是在人际交往中完成的。各种不同的人际交往塑造了不同的思想和人格。英国作家萧伯纳曾经形象地说："如果你有一个苹果，我有一个苹果，彼此交换，我们每人仍只有一个苹果；如果你有一种思想，我有一种思想，彼此交换，我们每人就有了两种思想。"如果交往的范围扩大，我们就会得到成百上千、各种各样的思想。心理学家高尔顿·奥尔波特发现，个性成熟的人都同他人关系良好，他们可以很好地理解他人，容忍他人的不足和缺陷，能够对他人表示同情，具有给他人温暖、关怀和爱的能力。马斯洛发现高水平的自我实现者对他人具有更强烈、更深刻的友谊与更崇高的爱。

（四）人际交往影响个体的身心健康

心理健康教育实践证明，绝大多数大学生的心理危机都与缺乏正常的人际交往和良好的人际关系有关。心理学家认为，人类的心理适应最主要的是对人际关系的适应，人类的很多心理疾病是因为人际关系失调而导致的。良好的人际交往有利于心理健康，其原因有三：它能起到代偿作用，和谐的人际关系可以代偿与父母、兄弟姐妹的亲情，消除失落感和孤独感；它能稳定情绪，烦恼时可有人倾诉，欢乐时可有人分享；它有助于自我意识的发展与深化，良好的人际关系能使个体具有归属感、安全感，进而满足自尊心，增强自信心和自豪感。尤其是亲密的交往，能使人在动机激发、能力提升、情绪调节、意志坚定、归属慰藉等方面得到更好的发挥。友爱和谐的人际关系使人感到温暖、安全、愉快，从而激发人的积极性和创造性；冷漠、排斥、充满敌意的人际关系使人产生压抑、焦虑、烦恼的情绪，从而阻碍人的潜能的发挥。

（五）人际交往影响个体事业的成功

哈佛大学曾对几千名被解雇的人员进行综合调查，其中人际交往不好者是不称职者的两倍，在每年调离的职员中，人际关系不好的占 90% 以上。哈佛大学心理学家霍华德·加德纳在《心智的结构》一书中指出，人际关系技能是多元智能中十分重要的一种，它包括领导能力、发展人际关系、保持友情的能力、化解冲突的能力和善于分析社会关系的能力等。良好的人际交往有助于个体事业的成功，是因为它能帮助个体完善个性品质，开拓个体的思维和眼界，为个体提供信息交流的机会，使个体获得事业上的合作、支持与帮助，促进个体在事业上不断进取、获得成功。

四、人际交往的相关理论

在人际交往中，相互吸引只是关系发展的一部分。吸引可以强化人们相互交往的动机，但是并不能保证关系的顺利发展。人际关系是否顺利发展，还取决于人们的交往行为与交往动机。交往行为包括工具性的交换和情感的交流，前者如互通有无、互相帮助等，后者如自我表露与内心交流、情感支持与相互陪伴等。

（一）社会交换理论

社会交换理论认为，人际交往是一个社会交换的过程，人们之间的所有活动都是交换，是一种准经济交易。个体在与他人交往时，希望获取一定的利益，并且作为回报，也准备给他人某种东西，他人也是如此。这种理论假定交换中的个体都是自利的，即人们试图使自己的收益最大化，并使自己的成本最小化，从而确保交换结果是正向收益。在这个理论里，可交换的东西是非常广泛的，可以是物质的，也可以是精神的，包括信息、金钱、地位、情感和物品等。交换关系中的每个个体都会评估自己和他人在贡献和收益两方面的相对大小。如果他们觉得自己的投入获得了大致相等的回报，就会认为这种社会关系是公平的。有学者指出，公平的关系是比较稳定和愉快的关系，当关系中存在不公平时，双方都有可能不舒服，从而产生恢复公平的动机。一些学者还讨论了权力对于交换结果公平性的影响。他们认为，在其他条件相同的情况下，权力较大的人在社会交换中收益更多。需要注意的是，在实际生活中，人际交往是在特定的社会交换结构中展开的，关系的发展必然受到这种结构的制约。

（二）自我表露理论

从广义上来说，社会交换过程包含情感交流，而情感交流是与自我表露分不开的。所谓自我表露，就是我们常说的“敞开心扉”，即把有关自我的信息、自己内心的思想和情感坦露给对方。良好的人际关系是在交往双方的自我表露逐渐增加的过程中发展起来的。

自我表露可以增加他人对自己的喜欢。自我表露本身具有很强的象征性，它给对方一个强有力的信号：你对他（她）相当信任，愿意有进一步的交往。而且，对他人的自我表露可以引发他人做自我表露，由此可以增进彼此的理解和信任。自我表露的益处包括四个方面：第一，交往双方知道彼此的相似与不同点，还能了解彼此相似与不同的程度；第二，能准确地向他人表露自我是健康人格的体现；第三，自我表露可以增强自我觉察的能力；第四，自我表露可以从他人那里获得反馈，减少不必要的行为。

当然，自我表露也必须注意分寸，过分地表露会让人不舒服。一般来说，表露的范围和深度是随着关系的发展而逐步扩大和增加的。对不同的关系对象，在不同的发展阶段，自我表露的广度和深度明显不同。在非常亲密的朋友之间，自我表露往往十分深入。但是，需要注意的是，无论关系多么亲密，人们都可能存在不愿意表露的领域，这就是所谓的“隐私”问题。自我表露也存在着风险，最实质的风险来自不同目标人的攻击、嘲笑、拒绝与不关心等。自我表露可能会受到听者的伤害，不适当的自我表露可能会引起他人的退缩或拒绝，对不适宜的人或在不适当的时间过分表露会被认为是社会化不良的表现。

（三）交往分析理论

交往分析理论又叫 PAC 理论，最初是由心理学家艾瑞克·伯恩提出的。伯恩认为，每个人的个性都包括三种身份：父母、成人与孩童。

父母（parent，下文简称“P”）身份以权威和优越感为标志。通常表现为统治人、训斥人等权威式的作风。这种状态来自父母与其他权威人物。当一个人的人格结构中 P 成分占优势时，他的行为表现为凭主观印象办事、独断专行、滥用权威，其语言特征为“你应……”“你不能……”“你必须……”等。

成人（adult，下文简称“A”）身份以客观与理智为标志。其行为表现为待人接物冷静、慎思明断、对自己负责、对他人尊重，其语言特征为“我个人认为……”或“我的想法是……”等。

孩童（child，下文简称“C”）身份以婴儿式的冲动为标志，其行为表现为服从和任人摆布，喜怒无常、感情用事，时而天真可爱，时而乱发脾气，其行为表现为即兴、不负责任、追求享乐、玩世不恭、遇事无主见、逃避退缩、以自我为中心。其语言特征为“我是……”“我想……”“我不知道……”“我不管……”等。

在 P、A、C 三种身份中，P、C 具有盲目性、被动性与两面性，而 A 具有自觉性、客观性与探索性，致力于弄清事物真相、事物间的关系与变化规律，能够站在对方的角度审视自己，具有反省能力。根据 PAC 理论，用不同的个性身份与人交往可以构成不同的交往组合。当交往双方的相互作用构成一种平行关系时，交往就是可持续的，对话可无限制地继续下去。这种交往有六种具体形式：P—P、A—A、C—C、C—P、A—P、C—A。在这 6 种交往形式中，P—P 双方都自以为是，这样的两个人交往，久而久之，会互相助长偏激苛求的性格；C—C 双方一拍即合，但都不负责任；C—P、A—P、C—A 均属于互补型交往，所以能够持续，但却潜藏着不平等与依赖，长此以往，也不利于交往双方的发展；只有 A—A 交往是最健康的，双方都本着负责与尊重的原则，力图合情合理地解决问题。因此，A—A 交往是最合理的。

成长建议

本节“成长烦恼”中，小白和小董能与人正常交往，人际关系也不错，但她们自感缺乏能互诉衷肠、肝胆相照、配合默契、同甘共苦的知心朋友，因此常常感到孤独和无助。这类学生在大学生中不算少数。进入大学，新的伙伴、新的环境要求大学生独立地与陌生人交往，但大学生由于缺乏交往经验、技巧或受限于自身性格等，难以与人建立深入持久的人际关系。有些大学生能主动调整自己、寻求改善，逐渐适应大学人际环境；而有些大学生则在整个大学期间都没有找到知心朋友，密切交往的依然是过去的中学同学。

针对小白和小董遇到的问题，我们有如下建议：学会敞开心扉与人交流，做真实的自己；不必要求自己一直保持阳光积极，适当的示弱可能会让你收获意想不到的友情。

第2节 大学生人际交往中常见的心理障碍及调适

内容导读

在大学阶段的学习、生活中，由于主观和客观原因，一部分大学生往往会出现人际交往不畅的情况，影响其身心健康和学习进步。本节内容主要介绍大学生人际交往与沟通中存在的主要障碍及其相应的调适方法。

成长烦恼

小茜，女，大一学生。她自述自己爱计较，往往会为了一点小事甚至同学的一句玩笑话而生气。因此，小茜在与同学的交往过程中经常闹别扭，使得大家都很不开心，自己心里也总是不能平静。其实，她自己也很烦恼，但又不知道该如何改变。

知识课堂

大学生尽管是进入大学的新环境，但还是从一个校园环境进入另一个校园环境，学习、生活环境并没有多大改变，人际关系也相对比较单纯。大学生进入新学校，来到新环境，便渴望有新的朋友，在精神上会产生一种强烈的交往需要，但许多大学生在交往中经常遭遇挫折，并因此陷入深深的烦恼之中。

大学生在人际交往时团队意识较强，日常往往是一个宿舍的大学生集体行动。到大学二年级以后，人际关系调整后出现了亲疏，逐渐形成较为稳定的交往群体。大学生交往中存在一个不容忽视的问题：大家渴望友谊与交往，有着人际交往的迫切需要。但有些大学生又存在心灵闭锁的倾向，有什么想法都不愿意向周围的同学讲述，而是深深埋在心底，长期的积郁再加上学业的负担会使这些大学生的人际调适力下降。

一、自卑心理及调适

自卑是个体对自己缺乏正确的认知，认为自己不如他人而产生的一种自我体验。自卑表现为过低评价自己的能力和品质，总觉得自己不足的地方太多、优势太少，担心失去他人尊重。通俗地说，自卑就是自己看不起自己，且认为自己也被他人看不起的一种心理状态。自卑心理会严重影响大学生人际交往。

（一）大学生自卑心理产生的原因

大学生产生自卑心理的原因有以下几个方面。

（1）缺乏正确的自我认识。自卑的人往往看不到自己的优势和长处，低估自己，夸大自己的不足。他们习惯用自己的短处去和他人的长处比较，其结果是越比越自卑。

（2）消极的自我暗示。有自卑心理的大学生常对自己进行“我不行”“我很难成功”的消极自我暗示，这往往使他们不相信自己的能力，抑制了自己能力的正常发挥，导致受挫或失败。而受挫或失败似乎又证明了他们过低的自我评价与自我期望，从而强化了片面的自我认识，又进一步增加了他们的自卑感。

（3）经历过一些挫折和失败。在学习和交往等方面接连受挫或失败的大学生，不能积极应对生活、学习中的困难，容易在心理上出现自卑。

（4）生理缺陷或经济条件较差。一些大学生由于生理条件和经济状况不好而心生自卑感，如有些人口吃，有些人身材矮小，有些人认为自己穿着寒酸……他们觉得别人难以接纳自己，怀有自卑心理，不敢主动和其他同学交往。

（二）大学生自卑心理的调适

严重的自卑心理会影响大学生的正常人际交往，给他们的学习和生活带来精神负担。大学生应从以下几个方面调适、克服自卑心理。

（1）正确认识自己，客观评价自己。自卑的大学生要善于发现自己的长处，肯定自己的成绩；要学会客观地与他人比较，正确看待自己的优点和长处，不要盲目否定自己。

（2）进行积极的自我暗示。自卑的大学生在平时参加一些活动之前，不能消极地暗示自己，而要多分析自己的有利条件，进行积极的心理暗示，如“我行”“我能成功”“我能超过他人”等，增加自信心。

（3）正确对待挫折和失败。一个人在成长和前进的道路上不可能一帆风顺，总会遇到曲折和困难，因此，大学生要正确对待学习和生活中遇到的挫折和失败，及时从挫折和失败的阴影中解脱出来。

（4）树立自信心。因自卑而影响交往的大学生在交往中应树立自信心。例如，可以锻炼自己径直向对方走去；讲话时敢于盯住对方的眼睛，声音洪亮、不吞吞吐吐。

二、自负心理及调适

自负的人只关心个人的需要，强调自己的感受，在人际交往中表现为目中无人。与同伴相处不愉快时会不分场合地乱发脾气，高兴时则全然不考虑他人的情绪和态度。另外，在对自己与他人的关系上，自负者会过高地估计彼此的亲密度，讲一些不该讲的话。他们这种行为会使人出于心理防范而与之疏远。

（一）大学生自负心理产生的原因

大学生产生自负心理的原因有以下几个方面。

（1）过分娇宠的家庭教育。家庭教育是一个人自负心理产生的根源。对于大学生来说，他们的自我评价首先取决于周围的人对他们的看法，家庭则是他们自我评价的第一参考系。父母的宠爱、夸赞、表扬会使他们觉得自己“相当了不起”。

（2）生活中的一帆风顺。人的认识来源于经验，生活中遭受过许多挫折和打击的人很少有自负的心理，而生活中一帆风顺的人则很容易养成自负的性格。现在的大学生大多被父母宠溺，如果在学校又出类拔萃，就会养成自信、自傲和自负的个性。

（3）片面的自我认识。自负者缩小自己的短处，夸大自己的长处。自负者缺乏自知之明，把自己的长处看得十分突出，对自己的能力评价过高，对他人的能力评价过低，自然产生自负心理。一个人只看得到自己的优点，看不到自己的缺点时，往往会形成自负的心理。这种人往往好大喜功，取得一点小小的成绩就认为自己了不起；成功时完全归因于自己的主观努力，失败时则完全归咎于客观条件。自负的人会过分自恋和以自我为中心，把自己的举手投足都看得与众不同。

（4）情感上的原因。一些人的自尊心特别强，为了保护自尊心，其在交往中遇到挫折时，常常会产生两种既相反又相通的自我保护心理：一种是自卑心理，通过自我隔绝避免自尊心进一步受伤害；另一种是自负心理，通过自我放大获得自卑不足的补偿。例如，一些家庭经济条件不是很好的大学生，怕被经济条件优越的同学看不起，就会在表面上摆出看不起这些同学的样子。这种自负心理是自尊心过分敏感的表现。

（二）大学生自负心理的调适

人不能没有自负心理，尤其是对大学生来说，在适当的范围内，自负心理可以激发大学生的斗志，帮助大学生树立必胜的信心、坚定战胜困难的信念，使大学生勇往直前。但是，自负心理又必须建立在客观现实的基础上，脱离实际的自负不但不能帮助大学生，反而会影响其生活、学习、工作，严重的还会影响心理健康。对此，可以从以下几个方面调适自负心理。

（1）接受批评。自负者的致命弱点是不愿意改变自己的态度或接受别人的观点，接受批评即针对这一点提出的方法。它并不是让自负者完全服从他人，只是要求他们能够接受别人的正确观点，通过接受别人的批评，改变过去固执己见、唯我独尊的形象。

（2）与人平等相处。自负者无论在观念上还是行动上都无理地要求别人服从自己。平等相处就是要求自负者以一个普通社会成员的身份与别人平等交往。

（3）提高自我认识。要全面地认识自我，既要看到自己的优点和长处，又要看到自己的缺点和不足，不可“一叶障目，不见泰山”，抓住一点不放，失之偏颇。大学生不能孤立地评价自我，应该将自己放在社会中去考察。每个人都有自己的特别之处，都有他人所不及的地方，同时又有不及他人的地方，与人比较不能总拿自己的长处去和别人的不足相比，把别人看得一无是处。

（4）要以发展的眼光看待自己。大学生既要看到自己的过去，又要看到自己的现在和将来，过去的辉煌并不代表现在，也不预示将来。

三、嫉妒心理及调适

嫉妒是一种消极的心理，是对他人的成就、名望、品德、优越地位和既得利益的一种敌视与憎恨的情感，嫉妒者把强于自己的人看作是对自己的威胁，是自己前进路上的绊脚石，因而对其感到不悦，甚至产生怨恨、愤怒的烦躁情绪。嫉妒心理是一种积极地想排除他人超越地位的心理状态，具有破坏和憎恨的感情色彩，是影响大学生人际交往的不良情感。有这种心理的大学生在交往中表现出强烈的排他性，并很快地出现如中伤、怨恨、诋毁等行为。而更强烈的嫉妒心理还具有报复性，嫉妒者把嫉妒对象作为发泄的目标，使其蒙受巨大的精神损伤。

嫉妒心理的发展有以下几个阶段。

（1）最早的程度较浅的嫉妒。这种嫉妒往往深藏于不易察觉的潜意识中，如自己与某同学相处很好，对于其优势、名誉、地位等并不想施以攻击，不过每念及此，心中总会有一些淡淡的酸涩感情。

（2）程度较深的嫉妒。这种嫉妒是由程度较浅的嫉妒发展而来的，其标志是个体的嫉妒心理不再完全潜藏，而是自觉或不自觉地显露出来，如对被嫉妒者进行间接或直接的挑剔、造谣、诬陷等。

（3）非常强烈的嫉妒。嫉妒者已丧失了理智，向被嫉妒者进行正面的直接攻击，这种嫉妒心理往往会导致伤人、杀人等极端行为。

（一）大学生嫉妒心理产生的原因

嫉妒心理的产生源于两种错误的认识：一是认为别人取得了成绩就说明自己没有成绩，别人成功了就说明自己失败了；二是认为别人的成功就是对自己的威胁，是对自己利益的侵害。嫉妒的产生离不开人们生活环境和心理空间中所发生的各种事件。大学生嫉妒心理产生的原因主要有以下几种。

（1）失宠心理。大学生经历了中考、高考的层层筛选，在中小学时期受到教师、同学和亲戚、朋友的广泛关注，而进入大学后，由于大学生活独立自主的特点，教师不再密切关注大学生的一举一动，这使某些大学生产生了失宠的感觉。而同时，各种独立的学生团体必定会发掘出一批能力较强的学生干部，并为广大学生提供发挥各自特长的平台，在相互的对比中，有失宠心理的大学生更容易消极地看待自我的行为及其结果，从而失去心理平衡。

（2）匮乏感（自感知识面窄、阅历浅）。中学时的知识面较窄，又局限于理论，很少与实践相联系，而且中学生与社会接触较少，阅历浅。而进入大学后，大学的学习、生活都不同于中学阶段。大学里的学术氛围浓厚，并涉及各门学科、各个科学领域。另外，大学的开放性和社会性更强调学生的实践能力，大学生要接触的事件更现实化、社会化，接触的人员也更复杂，于是有些大学生就会产生匮乏感，从而导致自卑、恐惧等心理，在有意或无意中与别人进行对比，就极易产生嫉妒心理。

（3）失落感。由于对大学的憧憬和向往，学生在中学阶段往往把大学想象得过于美好，在主观上把大学生活理想化，而进入大学后发现大学生活是现实的，并非想象中那么完美。理想与现实的差距使这类大学生不可避免地产生某种程度的失落感，与此同时，这种失落感导致各种消极心理，嫉妒心理就是其中一种。

（4）委屈。现代社会是一个充满竞争的社会，大学更是如此。在竞争中，由于主客观各方面原因，难免出现难分上下而又不得不有所区分的时候，其中一方可能会感到委屈，进而对另一方产生嫉妒。

（二）大学生嫉妒心理的调适

嫉妒心理常导致害人害己的不良后果，大学生应学会理智地处理嫉妒心理。

（1）正确地看待人生的价值。这样就能摆脱一切私心杂念，心胸开阔，不计较眼前得失，更不会花时间和精力嫉妒他人的成功了。一个埋头于自己的事业追求的人是无暇顾及别人的事的。一个人没有理想、无所事事，就会挑别人的刺、寻别人的短，自己不进取，却去阻碍他人前进。

（2）发挥自我优势。每个人有自己的优势和长处。追求万事超人前既无必要、也不可能。要全方位地认识自己，既看到自己的长处，又正视自己的差距，扬长避短，发现并开拓自身的潜能，不断提高自己，力求改善现状，开创新局面。

（3）培养乐观的人生态度。人生就像一个大舞台，自得其所，各有归宿。要有勇气承认对方比自己更高明更优越的地方，从而重新认识、发现和创造自己。这样就能从病态的自尊心和自卑感中解放出来，摆脱嫉妒心理。

（4）密切交往，加深理解。许多嫉妒心理是由误解产生的。嫉妒者误认为他人的优势会造成对自己的损害，从而耿耿于怀。所以，大学生要打开心扉，主动接近别人，加强沟通，避免发生误会，即使发生了也要及时妥善地解决。

四、害羞心理及调适

害羞心理是大学生中较常见的人际交往障碍。具有这种心理的人在交往中由于过分的焦虑和不必要的担心，会在言语上支支吾吾，行动上手足无措。有严重害羞心理的人甚至怯于交往，对交往采取回避态度，在交际场所或公共场合中则害怕见人。害羞这一交往心理障碍对大学生的直接危害是使交往者无法表达自己的心声与情感，常常造成交往双方的误解，使交往以失败告终，其间接危害则是会导致交往者情绪与性格的不良变化。害羞会使人在交往失败后产生沮丧、焦虑和孤独感，进而导致性格上的变异、软弱、退缩和冷漠。

（一）大学生害羞心理产生的原因

大学生产生害羞心理的原因有以下几个方面。

（1）先天原因。有些人生来性格内向，气质属于黏液质、抑郁质类型，他们说话低声细语，见到生人就脸红，甚至常怀有一种胆怯的心理，举手投足、平常行动也需要思前想后。

（2）家庭教育不当。过分保护型与粗暴型的家庭教育方式都可能造成子女怯懦的性格。前者，家长代替了子女的思想和行为，导致子女缺乏经验、生活办事能力差、单纯幼稚，遇事便紧张、恐惧、焦虑；后者，家长剥夺了子女思维和行动的机会，而且子女时常担心遭到批评和斥责，遇事便紧张、焦虑、消极、被动。有些家长对子女的胆小不加以引导，子女见到生人或到了陌生的地方，便习惯性地害羞、躲避，没有自信心。儿童进入青春期后，自我意识逐渐加强，敏感于别人对自己的评价，希望自己有一个“光辉形象”留在别人的心目中，为此，他们对自己的一言一行非常重视，唯恐有差错。这种心理状态导致了他们在交往中生怕被人耻笑，因此表现得不自然、腼腆。久而久之，他们便羞于与人接触，羞于在公开场合讲话。对此，家长应给予正确指导，鼓励子女大胆、真实、自然地表现自己，否则他们的害羞心理会愈演愈烈。

（3）缺乏自信和实践锻炼。有些人总认为自己没有迷人的外表，没有过人的本领，因此他们在交往中没有信心、患得患失。长期的谨小慎微不仅使他们体验不到成功的喜悦，而且使他们更加不相信自己的能力。此外，多数大学生的生活比较安稳，缺乏实践锻炼的机会。这些往往是导致害羞的重要原因。

（4）挫折的经历。有些大学生以前开朗大方，交往积极主动，但由于复杂的主客观原因，在屡屡受挫后变得胆怯畏缩、消极被动。

（二）大学生害羞心理的调适

大学生可以从以下几个方面改变自己的害羞心理。

（1）正确评价自己，建立自信心。有害羞心理的大学生要肯定自己，发现自己的闪光点，而不是只看到自己的短处，这样有助于在交往中发挥自己的特长。否定自己是对潜力的扼杀，是能力发挥的障碍。虽然我们不能盲目乐观，但至少要看到自己的长处，发现自己的闪光点，在以后的交往中就可以扬长避短。害羞的大学生要鼓起勇气，敢于迈出第一步。当害羞者在自信心的支撑下终于有成绩的时候，就会在未有过的成功体验下对自己重新评价，开始相信自己的能力。如果再有第二次、第三次的成功，害羞者就会对自己形成一个比较稳定的自我肯定认识，害羞心理就会渐渐消失。因此，害羞的大学生要看到自己的长处，不要只看自己的短处。

（2）勇于和别人交往。勇于和别人交往，就要丢下一切顾虑、大胆前行，即不要怕做错事、说错话。做错事、说错话，只要吸取教训，就能起到前车之鉴的作用，失败并不等于无能。这样，害羞者在行动之前就不会只想到失败，就会慢慢走出自我否定和自我暗示的阴影。许多害羞者在行动前过于追求完美，担心失败，害怕别人的否定性评价，这样的自我否定和自我暗示肯定会影响能力的发挥。

（3）学会交往。学会交往也是帮助害羞者摆脱障碍的有效方法。害羞者可以在交往中观察别人是怎样交往的，特别是要观察两类人：一是观察交往成功者，找出他们总是交往中心的原因，以及能将各种复杂交往方法运用得得心应手的方法；二是观察从害羞中走出来的人，并向他们学习。在日常学习和生活中，大学生应多考虑自己要怎么做；在各种社交场合中，大学生应顺其自然地表现自己，不要担忧人家是否注意自己。与人交往，特别是与陌生人交往，要善于把情绪放松。使用一些平静、放松的语句进行自我暗示，常能起到缓和紧张情绪、减轻心理负担的作用。交往时要注意一些技巧，例如，在与对方交谈时，眼睛要看着对方，并将注意力集中于对方的眼睛，这样可以增加你对对方的注意，减少对方对自己的注意；在连续讲话时不要担忧中间会有停顿，因为停顿是谈话中的正常现象；在谈话中，当你感觉脸红时，不要试图用某种动作掩饰它，这样反而会使你的脸更红，进一步增强你的羞怯心理。

（4）学会克制自己的忧虑情绪。凡事尽可能往好的方面想，多看积极的一面。平时注意培养自己的良好情绪和情感，相信大多数人是以信任和诚恳的态度来对待自己的。如果把自己置于不信任和不真诚的假定环境中，对别人总怀有某种戒备心理，自己偶有闪失，或者并无闪失也生怕别人看破似的，这样自己就会恐慌，更加重了羞怯心理。人们可以利用意志的力量来改变自己性格上的许多东西，克服如优柔寡断、神经过敏、胆怯等不良心理。

除了这些策略与技巧外，更重要的是要培养自己各方面的能力。因为有能力才会有自信，才能克服自卑、羞怯的心理。

拓展阅读

如何与有嫉妒心理的人相处

1. 走自己的路，让别人去说

与有嫉妒心的人相处时，最好不要特意采取一些特别的方式方法来对付他们。因有嫉妒心的人本身就是多疑的、爱猜忌的。所以，倒不如将有嫉妒心的人当作普通人来看待。

2. 采取妥协和退让的必要策略

古语有云："聪明睿智，守之以愚；功被天下，守之以让；勇力振世，守之以怯；富有四海，守之以谦。"一个人被鲜花与掌声包围时，更需谦虚、谨慎，这不仅能防备被嫉妒，而且能从根本上调整自己。

以爱化恨，以让抑争。以爱化恨法主要是以真诚的爱心去感化嫉妒者，从而消除和化解嫉妒。当遇人嫉妒你时，如果能够以德报怨，用爱心去感化嫉妒者，恩怨也就自然会化解了。

以有原则的忍让来抑制无原则的争斗，这是根治双向嫉妒和多向嫉妒的关键之举。如果嫉妒者向你发出挑战，你不但不迎战，还退避三舍，以不失原则的适度忍让来求大同存小异，或是求大同存大异，都不失为化解嫉妒、免遭嫉妒的好方式。

3. 说服、鼓励的对策

有些嫉妒是因误会而产生时需要进行说服和交流。否则，误会越来越深，以致严重干扰和破坏人际关系的正常交往。在说服时，要注意心平气和，也要做好多次才能说服的准备。

对嫉妒者还要采取鼓励的态度。因为嫉妒者在处于劣势时产生了心理失落和不平衡，虽表面气壮如牛，但内心是空虚的，且隐含着一种悲观情绪。所以，对嫉妒者采取鼓励的态度十分必要，主要是客观地分析其长处，强化其信心，转变其错误想法，而且还要在力所能及的情况下，为嫉妒者提供一些实质性的帮助，使嫉妒转向公平竞争。

成长建议

本节"成长烦恼"中，小茜其实就是通常说的心胸狭窄的人。这类人多半过于敏感，有些小题大做，庸人自扰，往往患得患失，特别计较别人的一言一行，总感觉别人在针对自己。小茜也认识到了自己的问题，有主动求变的意愿。

针对小茜遇到的问题，我们建议她首先应遵守人际交往的宽容原则，学会宽以待人，豁达大度，只要不是原则性的问题，就不必过于计较；其次，要避免以自我为中心，不要凡事只想到自己，不要总觉得事情是针对自己的，即使确是针对自己的，也不妨宽容大度地解决；再次，应充实自己，拓宽自己的知识面，开阔眼界，因为人的心胸与其知识修养有密切联系。

第3节
良好人际交往的培养

内容导读

随着社会的发展、大学生群体的不断变化，大学生在人际交往方面出现的问题也呈现多样性，这种现状直接影响着大学生的心理健康。因此，培养良好的人际交往能力对促进大学生的心理健康十分必要。在交往的过程中，大学生要了解人际交往的原则和常见的心理效应，从而更好地处理在生活中的各种人际关系。

成长烦恼

小王是一名大三学生，活泼外向，喜欢唱歌和主持。来到大学，小王的这些专长得到了充分发挥。大一时，他获得了“校园十大主持”的称号，还在学院担任了主要学生干部。小王感觉自己的能力得到了锻炼，很为自己高兴，可没想到，他的舍友和同班同学却开始有意疏远和孤立他。

小王表示，以前在宿舍或班里，同学之间有说有笑，有问题一起商量解决。自从他做了主要学生干部后，因为时间问题经常不能参与宿舍和班级的事务，这就导致同学们对他有意见，开始冷落他了。在宿舍里，只要有他在，其他人就沉默不语，气氛很尴尬。有时，小王上完晚自习回宿舍，大老远便听见舍友在聊天。可是他刚进门，舍友发现是他时，就会终止刚才的话题，不再说笑。有一天，小王忍不住问其中一个舍友其中的缘由。想不到对方竟然阴阳怪气地说道：“你是名人，我们哪能随便和你聊天呢？”气得小王一个晚上都没睡好。现在，舍友几乎不和他说话，有时小王想主动与他们搭讪，他们总会说些酸溜溜的话来刺激他。为此，小王十分痛苦，心理压力越来越大，不知道如何才能和舍友处好关系。

知识课堂

虽然每个人都要和不同的人进行交往，交往的对象千差万别，但交往过程中还是有一些基本不变的规范和原则可以遵循的。遵循这些原则是人际交往顺利进行、良好人际关系建立的基础。

一、人际交往的原则

（一）平等原则

在人际交往中总要有一定的付出或投人，交往双方的需要和这种需要的满足程度必须是平等的，平等是建立人际关系的前提。人际交往作为人们之间的沟通手段，是主动的、相互的、有来有往的。人都有友爱和受人尊重的需要，都希望得到别人的平等对待。人的这种需要就是平等的需要。

平等意味着双方在交往中互相尊重，这是和谐交往的基本前提。平等在一定程度上可以说是交往的最重要原则。交往是平等的，尊重他人才能让他人尊重自己。在与他人进行交往时，要把双方放在平等的位置上，既不能觉得低人一等，也不能觉得高高在上。尽管受到各种因素的影响，人与人在气质、性格、能力、家庭背景等方面存在差异，但在人格上都是平等的。因此，在交往中要对自己有信心，对别人有诚心，彼此尊重、平等地交往，良好的人际关系才可能持久。对大学生来讲，不论学习好坏、家庭背景如何、是否为班干部、长相如何，每个人都应得到同等的对待，因此不应冷落集体中的任何人。

（二）相容原则

相容是指人际交往中的心理相容，即指人与人之间的融洽关系，与人相处时的容纳、包涵、宽容及忍让。要做到心理相容，应注意增加交往频率、寻找共同点、表现出谦虚和宽容。为人处世要心胸开阔，宽以待人。要体谅他人，遇事多为他人着想，即使他人犯了错误或冒犯了自己，也不要斤斤计较，以免因小失大，伤害相互之间的感情。

每个人都有不同的个性和爱好。因此，我们与人交往时，不能用一种标准去要求他人，更不能太苛求他人，要学会宽容，求同存异。宽容他人也就是在宽容自己，苛求他人也就是在苛求自己，不会宽容他人，也同样得不到他人的宽容。《尚书·君陈》中说："有容，德乃大。"《论语·卫灵公》记载了孔子与子贡的对话，子贡问："有一言而可以终身行之者乎？"孔子说："其恕乎。"并进一步解释说，"恕"就是"己所不欲，勿施于人"。也就是说，无论做什么事，都要推己及人、将心比心、设身处地为他人着想。

相容原则非常重要，因为大学生交往中的许多问题都是由于不宽容造成的。要能宽容他人，首先要理解他人，学会设身处地地为他人着想。而要真正理解他人，为他人着想，又要多交流，深入了解各自的性情、爱好和价值观念，这样才不会在出现问题后无端猜疑，引发不必要的纠纷，从而有利于形成宽容和谐的交往氛围。宿舍舍友交往中难免会有磕磕碰碰，这个时候就更需要每个舍友以宽容的心态对待问题。

（三）互助互利原则

建立良好的人际关系离不开互助互利。互助互利可表现为人际关系的相互依存，通过对物质、精神、感情的交换而使各自的需要得到满足。人际关系以能否满足交往双方的需要为基础，如果交往双方的心理需要都能获得满足，其关系才会继续发展。因此，交往双方要本着互助互利原则。

互助原则，就是当一方需要帮助时，另一方要力所能及地给对方提供帮助。这种帮助可以是物质的，也可以是精神的；可以是脑力的，也可以是体力的。坚持互助原则，就要破除极端个人主义，与人为善，乐于帮助他人。同时，又要善于求助他人。他人帮助你克服了困难，他也会感到愉快，这也可以进一步促进双方的情感交流。

互利原则要求我们在他人遇到困难时伸出热情之手，像雪中送炭一样给他人以物质或精神的慰藉。首先，互利的关键是真诚，这是一种崇高的道德力量，是纯洁友谊的内容，不要将此曲解成斤斤计较的功利原则，如“今天我帮助你，明天你必须报答我”，或“我不图别人的好处，但我也决不白施于人”。其次，互利要注重双向性，如果一方只索取不给予，或只给予不索取，那就容易使另一方认为自己被人利用，或者误解对方的诚意，不敢再进一步向对方敞开心扉，从而中断交往。事实证明，交往中互利性越高，双方的关系越稳定和密切；互利性越低，双方的关系越容易疏远。

（四）信用原则

信用即一个人诚实、不欺骗、遵守诺言，从而取得他人的信任。人离不开交往，交往离不开信用。要做到说话算数，不轻许诺言。与人交往时要热情友好、以诚相待、不卑不亢，端庄而不过于矜持，谦逊而不矫饰作伪，还要充分显示自己的自信心。一个有自信心的人，才可能取得他人的信赖。处事果断、富有主见、精神饱满、充满自信的人就容易激发他人的交往动机，博取他人的信任，产生使人乐于与其交往的魅力。

朋友之交，言而有信。许诺他人的事就要履行，这是信用原则的重要表现。轻易许诺却失信于人，会给人一种极强的不负责任感，这是人际交往的大忌。因此，大学生要认识到，许诺是非常郑重的行为，对不应办或办不到的事情，不能轻易许诺，不要碍于面子答应，否则之后可能无法兑现承诺。守信，虽然表面看来是交往中的一件小事，但却是交往双方衡量对方品质的重要途径，常常是一方决定交往能否继续下去的关键因素。我国古人历来把守信作为一个人立身处世之本，如《论语·为政》中说：“人而无信，不知其可也。”

上述这些人际交往的基本原则是处理人际关系必不可少的几个方面。掌握和运用这些原则是处理好人际关系的基本条件。

二、人际交往中常见的心理效应与应用

每个成长中的大学生都希望自己生活在良好的人际关系氛围中。如何提高个人的交际魅力、保持良好的人际关系状态，是值得每个大学生思考的问题。调查结果也表明，那些感觉大学生活无趣的学生，存在的最主要问题就是不适应人际交往。大学生应从人

品、性格、能力、学识、体态、交际手段与社会经验等方面锻炼自己，使自己能够适应大学生活及今后的社会发展。

（一）首因效应

首因效应是指在一系列的信息中，先出现的信息会给人留下较强烈的印象。首因效应会影响人们以后的认知和行为。在人际交往中，它使人们对对方的认识带有倾向性，而这种倾向性往往会成为日后交往的根据。如果一个人在初次见面时给人留下好印象，那么人们就愿意与其接近，彼此也能较快地相互了解。反之，对于一个初次见面就引起自己反感的人，人们在与其接触时往往会产生心理上或行为上的对抗状态。

为什么第一印象这么重要呢？实验心理学研究表明，外界信息输入大脑时的顺序在决定认知效果的作用上是不容忽视的。最先输入的信息作用最大，最后输入的信息也起较大的作用。大脑处理信息的这种特点是形成首因效应的内在原因。首因效应本质上是一种“优先效应”，当不同的信息结合在一起时，人们总是倾向于重视前面的信息。人们习惯按照前面的信息解释后面的信息，即使后面的信息与前面的信息不一致，也往往会屈从于前面的信息，以形成整体一致的印象。这也就是我们常说的“先入为主”。

在交往中，大学生要充分重视第一印象，善用首因效应，精心准备第一次见面，在表情、容貌、衣着、谈吐、举止等方面多加注意，给人留下好的印象，利于今后的交往。同时，在看待他人时，大学生也要提醒自己不要过分依赖第一印象，多交往几次再下结论，能够容许后来进入的信息对前面的信息进行修正和补充，进而更完整、全面地看待他人。

（二）近因效应

与首因效应相反，近因效应是指新获得的信息对个体影响的作用比以往获得的信息作用要大。在人际交往的过程中，我们对他人最新的认识会占主体地位，掩盖以往形成的对他人的评价。现实生活中，近因效应在人际交往中的影响非常普遍。例如，尽管某人以前表现一直很好（一直都很照顾你），最近只不过偶尔犯了个“错误”（没有帮你从食堂带饭回来），或者某人以前一向表现不怎么好（不管别人睡没睡觉都在玩游戏、制造噪声），最近偶尔做了一件好事（提醒宿舍其他成员你不舒服，让他们洗漱动静小一点），你就会改变对他的态度。上面提到的首因效应具有“先入为主”的性质，但这并不是不可改变的。什么情形下首因效应的作用会削减，近因效应的作用会增强呢？答案是如果两次获得的信息中间间隔时间较长，首因效应的作用则可能让位于近因效应，人受近因效应的影响会增强。同时，在人与人交往的初期，即在生疏的阶段，首因效应的影响更重要一些；而在交往的后期，就是在彼此已经相当熟悉的时期，近因效应的影响就越来越重要。

在认知他人时，我们需要注意避免片面的眼光。评价和了解一个人，不能仅仅关注其近期或当下做了什么、说了什么，还需要跳出当下，看看他原先做了什么，从而尽量减少偏见和不当的回应。我们自身同他人互动时，也需要注意近因效应的影响，即使出现激烈冲突，也尽量能够在怒责、大吵之后给予解释、安慰，控制近因效应的破坏性作用。

（三）晕轮效应

晕轮效应最早是由美国著名心理学家爱德华·桑代克提出的。他认为，人们对他人的认知和判断往往只从局部出发，扩散而得出整体印象，即以偏概全。一个人如果被标明是好的，他就会被一种积极肯定的光环所笼罩，并被赋予一切都好的品质；如果一个人被标明是坏的，他就被一种消极否定的光环所笼罩，并被认为具有各种坏品质。这就好像刮风天气前夜月亮周围出现的圆环（月晕），其实，圆环不过是月亮光的扩大而已。据此，桑代克为这一心理现象起了一个恰如其分的名称——晕轮效应，也称光环效应。所谓爱屋及乌指的就是晕轮效应。

在大学生的人际交往中，晕轮效应也是一种常见的心理现象。例如，对身边有些人的衣着打扮或生活习惯看不顺眼，就认定他们其他方面的品质也比较差，这就是晕轮效应的表现。

晕轮效应的形成原因同个体追求整体性的知觉特征有关。个体在知觉客观事物时，并不是对知觉对象的个别属性或部分孤立地进行感知，而是倾向于把各种属性和部分有机地联系成一个整体。由于知觉整体性的作用，个体知觉客观事物时就能迅速而明了，但很多时候仍会以偏概全。

应该如何应对晕轮效应的影响呢？一是在交往中不要急于对他人做出评价，而应有意识地多交往，获得更多的信息后再进行评价；二是只针对某一方面的特征进行评价，不因某一方面的品质而牵连其他方面。

（四）投射效应

投射效应是指认为自己具有的某种特性他人也一定会有。投射效应的实质是不能看到真实的对方，以为他人的想法、愿望、喜好、特性等跟自己相同，结果造成许多误会。在人际交往中，人们常常假设他人与自己具有相同的特性、爱好或倾向，如自己喜欢说谎，就认为他人也总是在骗人；自我感觉良好，就认为他人也都认为自己很出色；自己不喜欢自己，就认为他人也会讨厌自己，等等。

投射效应的存在并非完全都是负面的，如我们常说的“将心比心”“己所不欲，勿施于人”等。有时正确地使用投射效应会让我们更加理解他人，但有时也需要给他人和自己留有对比映照的空间，容许他人和自己存有差异，然后去真正地贴近他人，与他人交往。

三、提高人际交往的策略

人际交往中主要的问题是沟通问题。每个人的内心深处都有被他人理解和尊重的渴望，沟通在人与人之间架起了一座桥梁，由此，人们才可能建立起各种各样的关系，满足被他人尊重、建立归属感的需要。

沟通，从心开始。学会理解他人的情感、表达自己的情感、对他人表示支持是沟通中的三个重要方面。大学生学会这些可以与他人进行更好的沟通、更满意的交往。

（一）学会理解他人的情感

1. 学会倾听

我们要多倾听他人。倾听可以让人们彼此之间增进理解，建立信任。

拓展阅读

倾听

“聽”是“听”的繁体字，从繁体“听”字的结构来看，倾听不仅仅是耳朵的事情，还需要眼睛和心灵的参与。

心理学研究发现，在人们的交往中，语言所占的比例只有7%，肢体语言（手势、动作和表情等）占53%，说话的语调和情感占40%。也就是说，交往仅仅依靠耳朵是不够的。在交往中，倾听意味着对他人的尊重和理解，倾听可以告诉对方：现在你可以自由地、完全地表达自己的观点，我是理解你的。这种真诚可以使双方的沟通变得更加愉快和顺畅。

2. 学会同感

同感是理解他人情感的有效方式。同感是为了更好地理解他人。倾听和同感不是截然对立的两种方式，学会倾听可以更好地促进同感，对他人同感也可以更好地倾听他人。当我们能够表达出自己同感的时候，与我们沟通的人就会感到我们是理解他的，会得到一种安全感，也会更加放开自己，使双方沟通效果得以提升，问题得以解决。同感与对他人的关心和关注有很大关系。心理学研究表明，人们在专心观察时，能看出他人高兴、悲伤、愤怒、痛苦等情感状态的准确率在90%以上。

（二）学会表达自己的情感

在与人沟通的过程中，表达自己的情感就是让他人“看见”自己的内心活动。表达情感的方式可以分为压抑情感、流露情感和描述情感三种。

1. 压抑情感

压抑情感是一种消极的情感表达方式，明明是自己内心有表达的需求，却由于各种原因不表达出来。如果压抑自己的积极情感，个体就可能失去和他人加深情感交流的机会；如果压抑自己的消极情感，个体内心可能会留下伤痕，影响自身的心理健康。

2. 流露情感

流露情感不仅可以通过语言进行，而且可以通过面部表情、肢体语言或语调、语气等来进行。面无表情的“谢谢”和脸上写满感激的“谢谢”起到的作用是不同的。流露情感多是在不经意间进行的，有时不加任何掩饰地流露自己的负面情感（如嘲笑他人），也会给他人带来伤害，致使无法顺利地进一步沟通。

3. 描述情感

描述情感是表达情感最好的方式。描述情感是以平静的而不是批判的方式叙述自己的情感，描述的时候不带有任何攻击性。首先，要确认自己的情感是愤怒、烦躁、担忧还是不舒服，这要求我们在描述之前必须先放松，尽量找出出现这种情感的原因。其次，寻找合适的语言表达自己的情感，尽量使用具体的语言，不要泛泛而谈。最后，尽可能用平静的语气和语调把情感表达出来。

（三）学会表达支持

在沟通中，当我们理解了他人的情感，也合适地表达了自己的情感时，我们还需要对他人的情感表示支持，因为每个人都需要他人的支持。也就是说，人们在表达情感的时候，通常都希望他人给一些支持性回应。支持性回应指的是说一些安慰对方、赞同对方、减轻对方痛苦或让对方平静的话语以表示我们很关心对方，并且能理解对方的感受。

当对方表达出正面的情感时，我们通常会比较容易表达出自己对对方的理解，但是当对方表达出负面的情感时，我们通常不容易表达支持。其中一个原因是，处于负面情感中的人比较敏感，我们必须小心地表达自己的看法，以免伤害到他，尽管有时候伤害可能是无心的；另一个原因是，当我们感到他人的情绪糟糕时，自己也会有压力，有时候甚至会感到不知所措而想离开。但是，处于消极情感中的人更需要理解和支持，表达支持会让对方觉得这样的情感是可以理解的，有助于他恢复情绪。

1. 直接表达支持

当朋友或亲人不开心的时候，我们可以用直接的方式表达支持。

2. 感恩

当他人为你做了令你感激的事情或是做了有意义的事情时，你要称赞他人，并向其表示感谢。我们在生活中每天都会接受他人的帮助，但是我们往往会忽略这些细节。面对他人的每一次帮助，我们都要真诚地向他人表示我们的感谢。

3. 建设性批评

当他人犯错误或要求批评时，我们可以帮助其改正错误而给予批评。然而，倘若批评不当，就会带来负面的后果。给予批评一定要有建设性，同时遵循以下原则。

第一，确定对方真心愿意接受批评。如果你认为应该给予批评，要先问对方是否真心要听。即使对方真心要求批评，也要观察其是否口是心非。

第二，尽可能先赞扬后批评。赞扬要切题、适当，即值得赞扬的事情才赞扬，而非生硬地应用该原则。只要一件事没有糟糕到一无是处，你就要先寻找它的积极意义，再批评其不妥之处。

第三，批评要对事不对人，描述行为而不是评价。例如，面对“你觉得我今天的演讲如何？”这个问题不要回答：“我感觉不是很好。”而应恰当地表示：“你在演讲的时候，缺少和听众的目光交流，表述观点时眼神不够坚定。”

四、大学生几种人际关系的处理

大学时期是人际关系走向社会化的一个重要转折时期。自从进入大学校门，每个大学生就会遇到各方面的人际关系：同学之间、师生之间、家人之间及个人与班级、学校之间的关系等。面对如此众多的人际关系，有些大学生因为处理不当，整日郁郁寡欢；有些大学生因为人际关系紧张，精神压力很大，导致不同程度的心理病症；而更多的大学生则由于不知如何处理复杂的人际关系，而经常为苦闷烦恼的情绪所困扰。可见，处理好大学生活中常见的人际关系，对于过好大学生活和成就未来的事业有着至关重要的意义。

（一）处理好自己与同学的关系

在大学生活中，同学们朝夕相处，共同学习与生活，“同学”在每个人的心目中都占有十分重要的地位。大学生发展同学之间的关系，可以获得准确地理解他人并与人和睦相处的经验，促进人际关系的发展。但一些大学生的交往动机如今逐渐由重情轻利向注重实利的方面转化。重情轻利是中华民族人际交往的传统特点。随着商品经济的发展，大学生的交往动机在迅速转变。有些大学生一切以个人利益为出发点，脱离集体，与群体格格不入，这不仅会影响自己的角色，而且会产生更强烈的孤独感。

在大学生活里，每个大学生都有愿意交往的人，也有不愿意交往的人，这主要与大学生个人人格魅力的培养和自身综合素质有着密切的联系。这种现象实际上就是人际吸引。那么，大学生如何处理好自己与班级和与同学间的关系，做一个受他人欢迎的人呢？

首先，大学生要正确处理个人与群体的关系，做好群体的成员。大学生活离不开群体，每个人都是群体的成员。因此，大学生应参加集体活动、处理好个人与群体的关系，一名好的群体成员是大学生应该扮演的重要校园角色。所以，大学生应多参加班级活动，如班级会议、集体聚会等，在群体中享受大学生活的乐趣。

其次，处理好同学之间的关系应充分利用学校现有的积极交往条件或方式，如尽量参加校园的各种协会或社团，参加各种学术沙龙、讲座、联谊活动等。另外，大学生还应注意多进行一些个别的经常性交往，多关心同学的学习和生活，善于向同学敞开心扉。大学生还应注意发展“立体型”交往，不应限于与本班、本年级同学之间的“平面型”交往，而应广交学友，发展跨年级、跨系的交往，多交一些思想情趣相投、学业上相互帮助的挚友。

最后，在掌握交往原则的基础上，注意做到以下几个方面。

（1）大学生要不断培养并形成良好的个性特征。大学生应注意追求外在美和内在美的协调一致，因为随着时间的推移、交往的加深，人外在美的作用会逐渐减弱，对他人的吸引会逐渐由外及内，从相貌、仪表转为道德。因此，大学生应提高个人的外在美和内在美，切勿形成自私、虚伪、狡猾、性情粗暴、心胸狭窄等不良的性格特点。

（2）与同学交往时要体现诚信的原则，真诚相待。真诚的心能使交往双方心心相印，彼此肝胆相照，真诚的人能使同学之间的友谊地久天长。大学生应不断调整自己的认知结构，对人际交往形成一种积极的准确的认识，不可因为社会的一些不良因素影响或同学之间的一些矛盾冲突而盲目地把人与人之间的关系视为尔虞我诈、互相利用的关系。

（3）与同学发生矛盾时要体现宽容的原则，学会适度地克制。与同学相处时，难免会发生摩擦冲突，适度克制往往会起到“化干戈为玉帛”的效果。克制是以团结为金，以大局为重，即使在自己的自尊与利益受到损害时也是如此。但克制并不是无条件的，应有理、有利、有节。如果为一时的安宁，忍气吞声地任凭他人无端攻击、指责，则是怯懦的表现，而不是正确的交往态度。

（4）与同学的交往要主动、自信。主动是建立良好人际关系的开端。在人际交往中，自信的人总是不卑不亢、落落大方、谈吐从容，对自己的不足有所认识，并善于听从他人的劝告、接受他人的帮助，勇于改正自己的错误。培养自信要善于解剖自己、发扬优点、改正缺点，在社会实践中磨炼，不断改善交往措施，使自己尽快成熟起来。总之，大学生应注意加强交往的实践锻炼，这样才有利于良好交往能力的培养。

（二）正确处理好师生关系

在大学里，除了同学之间的关系外，师生关系也是构成大学生人际关系的重要方面，并且师生关系的好坏直接影响大学生的学习生活与个性发展。在和谐的师生关系里，教与学双方都会以积极主动且富有创造性的、热情的态度去完成教学过程，并且双方都能达到一种理想而满意的效果。因此，大学师生间人际关系的和谐发展是具有极其重要的意义的。但在大学实际生活中，有些大学生表示，自己之所以某门功课学得差只是因为不喜欢教这门课的教师。师生交往是一种纵向的交往，因而在交往过程中双方的地位不同、教育性质不同。大学教师与大学生的相互接触不如中小学师生频繁，除了上课以外，在其他时间师生交往不多，而且交往带有自发性、偶然性，且多局限于知识学习方面。由于部分大学生自身观念没有转变，还是停留在中小学与教师交往的模式中，他们在与教师的关系上表现得拘谨、胆怯或反感，不知如何去建立和谐的师生关系。和谐良好的师生关系应当是尊师爱生、教学相长的关系，应当是一种民主、平等、互尊、互爱的和谐关系。大学生的自觉能动性也对师生关系起着重要作用。在师生关系相互作用的过程中，教师应该是学生的良师益友，关心、尊重、爱护学生，而大学生应有积极的态度。

（1）大学生在校学习期间必须尊师重教。在人类文明的传承和延续方面，教师有着不可磨灭的功劳。教师在培养和造就人才的事业中乐于做“人梯”，他们对学生“传道、授业、解惑”，毫无私心和保留。大学生对教师有礼貌会缩短师生之间的心理距离，产生积极的效应，为建立良好的师生关系奠定基础。

（2）大学生应抱有积极的态度主动与教师进行交往。有些大学生为了达到自己非正常的目的与教师进行交往，如试图借助教师的影响，通过不正常的途径当学生干部、入党、评为各种先进等，这只能导致师生关系的扭曲，不能形成良好的师生关系。大学生应该在学习的过程中专心致志，认真听课，刻苦钻研课程内容，专心去探究该课程的基本知识、基本技能，认真完成作业。如遇到疑难问题，大胆提问，多去请教，并在讨论的过程中学习知识，学习教师治学的态度、分析解决问题的方法，也可在请教中为教师的教学做些力所能及的工作，并在交往中彼此增进了解，建立和谐的师生关系。

（3）大学生应当学会换位思考。如教师的教育模式或性格较为直率，说话无意中伤害了学生的自尊心，大学生应当通过合理的途径婉言指出他们的缺点，即使教师误解了自己或对自己评价欠公正，也应该加强沟通，增强双方的理解度与信任度，切不可当面顶撞，更不该背后议论或辱骂。

（三）处理好宿舍内部的关系

宿舍是大学生进行学习、生活、休息的重要场所，也是大学生建立良好人际关系的重要地方。心理学研究表明，人与人之间在空间距离上的接近，是促进人际吸引的重要因素。因为人与人之间在位置上越接近，彼此交往的频率就越高，越有助于相互了解、沟通情感、密切关系。两个人即使人际关系比较紧张，但通过交往也有可能逐步消除猜疑、误会。大学生住在一起，接触密切，这是建立友情的良好的客观条件，大学生应充分利用这一条件，与同学保持适度的接触频率，才能使人际关系长久维持。在现实生活中，我们经常可以看到这样的报道：某大学学生宿舍，由于宿舍成员人际关系融洽，学习氛围较浓，在日常生活中互敬互爱、互相鼓励，全部成员都考上了研究生。由此我们不难看到，人际关系和谐、团队精神强、宿舍生活氛围良好对大学生的成长有着非常重要的作用。

然而，我们也发现在大学生宿舍里，由于过分地强调自我、不适当地强调个人利益，再加上受市场经济负面因素的影响，部分大学生极端自私的心理比较严重，其行为表现在处理个人利益、他人利益、集体利益的关系时，往往忽视或轻视他人利益和集体利益，片面强调个人利益，自私自利思想和言行极为突出。这类大学生在人际交往的处理上则表现为缺乏同情心、宽容心、团结友爱心，从而导致人际关系紧张。大学生要想拥有和谐的宿舍关系，应做到以下几点。

（1）大学生应在生活中学会互相关心、互相理解、互相帮助，营造良好的宿舍生活环境。大学生应学会肯定对方，真诚热情，即要用真心与他人交往。这是一种修养，靠平时自己的培养和锻炼。一个人在遇到坎坷、碰到困难、遭到失败时，往往对人情世态最为敏感，最需要关怀和帮助。这时，一个笑脸、一个体贴的眼神、一句温暖的话语都能让人感到安慰。因此，当他人遇到困难、陷入困境时，你如果能伸出援助之手，帮助他、安慰他，就可以很快赢得友谊，建立起良好的人际关系。如果对他人漠不关心、麻木不仁，就极易产生人际交往障碍。此外，大学生可以尝试在宿舍参加大众化的娱乐活动，在活动中加强人与人之间的交往和理解，这样也能使自己的大学宿舍生活过得丰富多彩。

（2）大学生宿舍成员之间要树立正当的竞争观念。在竞争中要消除嫉妒心理，讲求协作，培养积极良好的风尚。有些大学生把竞争建立在个人主义的基础上，常常为了一些小事就破坏同学之间的友谊。随着社会的发展，大学生面临的竞争会更加激烈。面对竞争，我们应调整心态，勇敢地参与，要摒弃陈旧观念，明确竞争意识和追名逐利或虚荣的思想有着本质的区别。同时，我们也应采取正确的竞争方式。有竞争就会有胜负，面对胜负，应保持胜不骄、败不馁的健康心态。当处于劣势时，应改变思路和方法，提高自己；当处于优势时，则应保持虚心，不能看到同学落后于自己而幸灾乐祸。另外，大学生要在竞争中发展友谊，在发展友谊中促进竞争，竞争与友谊在本质上是没有冲突的。因而，我们在竞争时也应坚持集体主义原则，积极发展友谊。竞争者应伸出友谊之手，构建一个和睦、友好、互利的宿舍文化氛围。

（四）善于处理好与家长的关系

由于生活的时代、经历、环境、教育等的不同，各代人之间由于心理和观念上的差异，矛盾和冲突时有发生。大学生的自我意识、自尊心、成人感都较为强烈，但在现实生活中遇到问题时，常被父母指责，而自己又很少主动与他们沟通，往往认为自己与父母之间存在着不同程度的“代沟”。有些大学生回到家中便把自己的心里话藏在心里，他们与父母的矛盾冲突无法避免。但两代人如果相互尊重理解、相互学习，彼此取长补短，做到求同存异，则会缩小彼此的隔阂。大学生应注意从以下几个方面处理好与家长之间的关系。

（1）在生活方式上，家长往往趋向传统，注重俭朴；大学生作为当代青年，则新潮时髦，追求新东西。在个性方面，家长一般自尊心较强，常常自恃阅历丰富；大学生则较为自信，过于相信自己。因此，在认识上，双方就存在差异：家长是从经验出发的旧的思维方式，而大学生则是全新的适应社会发展的思维方式，这使得交往难以平衡。大学生应学会理解和宽容，学会与家长沟通，在合适的时间、地点正式地、坦白地把自己的感受和看法告诉父母，从而改变他们的行为或一起探讨去寻找解决问题的途径。

（2）大学生应端正自己对家长和长者的态度。任何社会都是几代人并存与相互作用的，社会的发展是下一代对上一代的继承与发展。事实上，大学生与家长在思维方式和心理品质上各有所长，也各有所短。一般来说，大学生富于朝气、勇于创新、敢于行动却缺乏经验，缺少深思熟虑，常因莽撞而碰钉子；家长一般富有经验，长于周密深思，惯于稳重行事，以至于有些家长不易接受新鲜事物，甚至因迟疑而失去机会。当然，作为家长及其他长辈，要理解和尊重大学生，信任他们，并善于发现新生事物。家长应改变教育方法，建立“引导式”或“讨论式”的教育模式，利用经验帮助自己的孩子寻找解决问题的最佳方法和策略。大学生也应该在比较中虚心地向家人学习有价值、有意义的东西，理解、尊重家人，学会换位思考，学会宽容和负责任。

总之，随着社会的发展，大学生在校期间需面对和处理的人际关系远远不止这些，大学生活是丰富多彩的，也是严肃紧张的，它并非一片无拘无束的自由天空，大学作为社会大空间中的一个舞台，同样要求活动在这个舞台上的每个人找准自己的位置，扮演好恰当的角色，在大学这座梦幻般的舞台上营造和谐的人际关系，演绎精彩的校园人生。

成长建议

本节“成长烦恼”中，小王的情况不是个例，他作为一个能力突出的大学生，在处理宿舍关系方面应该是没问题的。可他面临的问题已经给他的生活造成了困扰，因此要改变这种状况。

通过本节的学习，小王应该学习人际交往的原则，善于利用人际关系的心理效应来解决实际问题。多参与宿舍团队中的活动，尊重和理解他人。只有这样才能构建良好的人际关系。

成长为具有“世界眼光和家国情怀”的人

人有两种力量最有魅力：一种是人格的力量，另一种是思想的力量。每个人因其不同的成长经历而对同一事物的理解有所不同，个体在相互交往中应“各美其美，美人之美，美美与共，天下大同”。成长为新时代合格的社会主义接班人是青年一代肩负的责任，是当代大学生的使命与担当。和谐的人际关系能够帮助我们拥有“信念坚定、学识扎实、为人朴实、作风踏实”的特点，成长为具有“世界眼光和家国情怀”的人。

自卑感测试

☑ 指导语

自卑是心理问题最主要的症结之一，有位著名的心理学大师认为，所有心理障碍的原因都能归结为自卑。所以，请认真完成以下 10 道题，测试一下自己是否心存自卑感。

☑ 测试内容

（1）遇到难事，你想寻求帮助，但又不愿开口求人，怕被他人取笑或轻视。（　　）

（2）当别人遇到麻烦时，你常会有幸灾乐祸的感觉。（　　）

（3）你爱向人夸耀自己的能力和“光荣历史”。（　　）

（4）你认为学习成绩、工作成绩是很重要的。（　　）

（5）你觉得入乡随俗是件困难的事。（　　）

（6）你觉得人的面子最重要，轻易认错是很没面子的行为。（　　）

（7）你害怕陌生人或陌生的地方。（　　）

（8）你常常自问“我能行吗?”这类问题。（　　）

（9）你常觉得自己是不利处境下的牺牲品。（　　）

（10）你是个爱慕虚荣的人。（　　）

☑ 测评方法

答“是”得 1 分，“否”得 0 分，统计一下你的总得分。

0~2 分：你很有自信心，能与人和睦相处。

3~6 分：你很可能缺乏自信心，行事保守而缺少魄力，但这也许能使你安于现状，生活在一种平静的环境中。如果你认真反思一下，把你认为你能做的事和你想做的事列成表格，你会发现，事实上，你能做的事要比你想做的事多一些。

7~10 分：你有一种强烈的自卑感，即使你表面上自信、自负或自傲，但你很可能在自负和自卑的两极徘徊。有时，这种性格上的矛盾令你感到痛苦或害怕，你要想办法采取行动消除自己的自卑感了。

人际关系综合诊断量表

指导语

本量表共 28 个问题，每个问题回答“是”（打√）或“否”（打 ×），请你认真完成，并填写表 6-1。

测试内容

（1）关于自己的烦恼有口难言。（ ）

（2）和陌生人见面时感觉不自然。（ ）

（3）过分地羡慕和妒忌别人。（ ）

（4）与异性交往太少。（ ）

（5）对连续不断的会谈感到难以应付。（ ）

（6）在社交场合感到紧张。（ ）

（7）时常伤害他人。（ ）

（8）与异性来往感觉不自然。（ ）

（9）与一大群朋友在一起时，常感到孤寂或失落。（ ）

（10）极易受窘。（ ）

（11）与他人不能和睦相处。（ ）

（12）不知道与异性相处如何适可而止。（ ）

（13）当不熟悉的人对自己倾诉他的生平遭遇以求同情时，自己常感到不自在。（ ）

（14）担心他人对自己有什么坏印象。（ ）

（15）总是尽力使他人赏识自己。（ ）

（16）暗自思慕异性。（ ）

（17）时常避免表达自己的感受。（ ）

（18）对自己的仪表（容貌）缺乏信心。（ ）

（19）讨厌某人或被某人讨厌。（ ）

（20）瞧不起异性。（ ）

（21）不能专注地倾听。（ ）

（22）烦恼无人可倾诉。（ ）

（23）常受到他人的排斥与冷漠对待。（ ）

（24）被异性瞧不起。（ ）

（25）不能广泛地听取各种意见、看法。（ ）

（26）常因受伤害而暗自伤心。（ ）

（27）常被他人谈论、愚弄。（ ）

（28）不知如何更好地与异性相处。（ ）

表6-1 人际关系综合诊断量表计分表

Ⅰ	题目	1	5	9	13	17	21	25	小计
	分数								
Ⅱ	题目	2	6	10	14	18	22	26	小计
	分数								
Ⅲ	题目	3	7	11	15	19	23	27	小计
	分数								
Ⅳ	题目	4	8	12	16	20	24	28	小计
	分数								
评分标准		打“√”的得1分，打“×”的得0分							
总分									

测评方法

如果你得到的总分在0~8分，那么说明你在与朋友相处上的困扰较少。你善于交谈，性格比较开朗，主动关心别人，你对周围的朋友都比较好，愿意和他们在一起，他们也都喜欢你，你们相处得不错，而且你能够从与朋友的相处中得到乐趣。你的生活是比较充实而且丰富多彩的，你与异性朋友也相处得比较好。总之，你不存在或较少存在交友方面的困扰，你善于与朋友相处，人缘很好，能获得许多的好感与赞同。

如果你得到的总分是9~14分，那么你在与朋友的相处方面存在一定程度的困扰。你的人缘很一般，换句话说，你和朋友的关系并不牢固，时好时坏，经常处在一种起伏波动之中。

如果你得到的总分是15~28分之间，那就表明你在与朋友的相处中困扰较严重。分数超过20分，则表明你的人际关系困扰程度很严重，而且在心理上出现了较为明显的障碍。你可能不善于交谈，也可能是一个性格孤僻的人，不开朗或有明显的自高自大、讨人厌的行为。

以上是从总体上评述你的人际关系。下面将根据你在每一横栏上的小计分数，具体指出你与朋友相处的困扰行为及可供参考的纠正方法。

记分表中Ⅰ横栏上的小计分数，表明你在交谈方面的困扰程度。

如果你的得分在6分以上，说明你不善于交谈，只有在极需要的情况下你才与他人交谈，你不擅于表达自己的感受；你不是个很好的倾听者，往往无法专心听他人说话或只对单独的话题感兴趣。

如果得分在3~5分，说明你的交谈能力一般，你会诉说自己的感受，但不能讲得条理清晰。你努力使自己成为一个好的倾听者，但还是做得不够。如果你与对方不太熟悉，开始时你往往表现得拘谨与沉默，不太愿意与对方交谈。但这种局面一般不会持续很久。经过一段时间的接触与锻炼，你可能主动与对方搭话，同时这一切来得自然而非造作，此时表明你的交谈能力已经有较大改善，在这方面的困扰也会逐渐消除。

如果你的得分在0~2分之间，说明你有较高的交谈能力和技巧，善于利用恰当的谈话方式来交流思想感情，因此在与他人建立友情方面，你往往比他人获得更多的成功。这些优势不仅为你的学习与生活创造了良好的心境，而且常常有助于你成为伙伴中的领袖人物。

记分表中Ⅱ横栏上的小计分数，表明你在交际方面的困扰程度。

如果你的得分在6分以上，则表明你在社交活动与交友方面存在着较大的困扰。例如，在正常集体活动与社交场合，你比大多数伙伴更为拘谨；在有陌生人或教师的场合，你往往感到更加紧张而影响思绪，你会过多地考虑自己的形象而使自己处于被动地位，从而陷入孤独的境地。总之，交际与交友方面的严重困扰使你陷入“感情危机”和孤独困窘的状态。

如果你的得分在3~5分之间，则表明你在被动地寻找被人喜欢的突破口。你不喜欢一个人待着，你需要与朋友在一起，但你又不太善于创造条件并积极主动地寻找知心朋友，而且，你心有顾虑，生怕在主动行为后受到冷落。

如果得分低于3分，则表明你对人较为真诚和热情。总之，你的人际关系较和谐，在这些问题上，你不存在较明显持久的行为困扰。

记分表中Ⅲ横栏的小计分数，表示你在待人接物方面的困扰程度。

如果你的得分在6分以上，则表明你缺乏待人接物的机智与技巧。在实际的人际关系中，你也许常有意无意地伤害他人，或者你过分地羡慕他人以致在内心嫉妒他人。因此，其他人可能会对你报以冷漠、排斥，甚至是愚弄。

如果你的得分在3~5分，则表明你是一个有多个侧面的人，也许是一个比较圆滑的人。对待不同的人，你有不同的态度，而不同的人对你也有不同的评价。你讨厌某人或被某人讨厌，但你却极喜欢另一个人或被另一个人喜欢。你的朋友关系在某些方面是和谐的、良好的，而在某些方面却是紧张的、恶劣的。因此，你的情绪很不稳定，内心极不平衡，常常处于矛盾状态中。

如果你的得分在0~2分，表明你比较尊重他人，敢于承担责任，对环境的适应性强。你常常因你的真诚、宽容、责任心强等个性获得众多的好感与赞同。

记分表中Ⅳ横栏的小计分数，表明你与异性朋友交往的困扰程度。

如果你的得分在5分以上，说明你在与异性交往的过程中存在较为严重的困扰。也许你过分思慕异性或对异性持有偏见，这两种态度都有其片面之处。也许你也正因不知如何把握好与异性交往的分寸而陷入困扰之中。

如果你的得分在3~4分，表明你与异性交往的行为困扰程度一般，有时可能会觉得与异性交往是一件愉快的事，有时又会认为这种交往似乎是一种负担，你不懂得如何与异性交往最适宜。

如果你的得分在0~2分，表明你懂得如何正确处理与异性之间的关系，对异性持公正的态度，能大大方方地与他们交往，并且在与异性的交往中得到许多从同性朋友那里不能得到的东西，既增加了对异性的了解，也丰富了自己的个性。你可能是一个较受欢迎的人，无论是同性朋友还是异性朋友，多数人都较喜欢你和赞赏你。

项目活动

叠罗汉

活动目的

1. 能够准确地记住他人的名字。这是与陌生人交往的第一个技巧，因为它表达了你对他人的关心和重视。

2. 掌握记住他人名字的方法，如提问法、重复法、联想法等。

活动准备

无。

活动步骤

1. 你有3分钟的思考时间，思考如何用最好记的方式介绍自己的名字和特点。教师可以先进行自我介绍，作为示范。

2. 按顺时针方向，从某个成员开始介绍，要求如下。

（1）先用一句话介绍自己，这句话中必须包含两个信息：姓名和自己与众不同的特点，如“我是活泼好动的×××”。

（2）从第二个成员开始，每个成员在用一句话介绍自己时都必须从上一个人开始讲起（如“我是坐在活泼好动的×××旁边的内向害羞的×××”）。最后一个人也必须从上一个人开始讲起。

（3）一句话介绍完自己后，再用1~2分钟的时间对自己的名字和特点进行解释和说明。

（4）在介绍的过程中，每个成员都要集中注意力听。努力记住其他成员的名字，而且每个人都有协助他人完整表达的义务。

3. 当成员A做完自我介绍后，小组的其他成员依次向A提一个关于个人信息的问题。要求每个人提的问题不能与前面成员提的问题重复。对于其他成员提的问题，A 可以不回答，但不能说谎。当所有成员都问完一个问题后，A 旁边的下一个成员再开始介绍自己。

4. 所有的成员都介绍完自己后，请思考和讨论以下问题。

（1）在刚才的游戏中，你说对了所有人的名字吗？你一共记住了几个人的名字？

（2）你采用了哪些方法来记住他人的名字（或者你为什么没能记住他人的名字）？

（3）当他人准确地说出你的名字时，你内心的感受如何？当他人说不出你的名字时，你的感受又如何？

第 7 章

大学生的恋爱和性心理

青少年进入青春期后，由于生理的成熟和心理的发展，产生了对异性的爱慕。大学校园相对宽松的环境使得大学生的情感在这里释放，爱情便成为一个不可避免的话题。不同个性、不同人生阅历促使千差万别的爱情观的形成，导致了各类爱情的悲喜剧在校园中上演。因此，大学生如何确立正确的爱情观，处理好恋爱中的各种问题，既关系着未来的幸福，也关系着当前身心的成长与学业的发展。

大学生正处于性生理发育基本成熟、性心理发展正趋激烈的时期。性心理的发展使得个体获得新的觉醒、新的体验，它不仅激起个体新的向往和新的追求，而且也常使个体遭遇困惑、感到不安。因此，认识性心理在青年期发展的特点，建立正确的性观念、性道德和自我保护意识，对大学生身心健康发展具有重要的指导意义。

学习目标

1. 了解爱情的内涵。
2. 了解大学生恋爱中常见的心理问题及其调适方法。
3. 了解大学生性心理的发展与特点。
4. 掌握大学生性心理困扰的调适方法。

第 1 节

爱情概述

内容导读

爱情到底是什么呢？这个古老而又神秘的话题对正值青春年华的大学生来说，更是一门吸引力极强的“必修课”，无数青年男女对它充满好奇，但又为它所伤。任何人要想获得完美爱情，都必须付出努力。

本节主要介绍爱情的概念、爱情的心理学理论及相爱要具备的心理因素等内容。

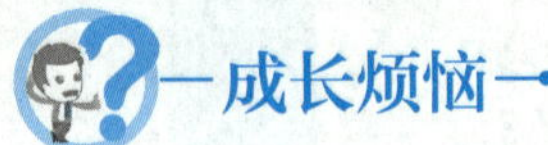

成长烦恼

小王，女，某大学一年级学生，进入大学后因社团活动认识了大三的学长，于是主动追求对方。相恋后，二人因性格不合发生过多次争吵，小王的男朋友越来越不耐烦，结果移情别恋。男朋友提出结束恋爱关系，对小王是一个沉重的打击，使她对新生活的所有期待与憧憬顷刻间化为乌有。她很难相信自己的爱情就这么结束了。多日来，她情绪抑郁、心烦意乱、无心学习，想要忘掉这件事，可无论如何，她怎么也忘不了，失恋的痛苦无情地折磨着她。她的第一次恋情就这样轻易地结束了吗？

知识课堂

爱情无疑是大学生最为关注的问题之一，同时也是最感困惑的问题之一，处理不好恋爱问题将会严重影响学习、生活乃至人格的健康发展。因此，大学生要认真学习爱情的心理学理论，学会区分不同类型的情感，积极培养自己的恋爱能力。真爱来临时要好好把握，在恋爱中遇到问题时，要学会自我调节、不断成长。

一、爱情的概念

（一）爱情的定义

爱情就是一对男女之间基于一定的社会关系和共同的生活理想，在各自内心形成的对对方最真挚的倾慕，并渴望对方成为自己终身伴侣的最强烈的感情。

总之，爱情应是两颗心相互向往、吸引，达到精神升华的产物，是一种人类特有的高尚的精神生活。一般而言，美好的爱情要经历一个萌芽、开花和结果的过程。男女双方培育爱情的过程被称为恋爱。恋爱按照进程一般又可分为初恋期、热恋期、恋爱质变期（失恋或结合）。

（二）爱情的基本特征

爱情具有平等性、专一性、依存性、创造性、能力性。爱情是人的生理性需求与社会性需求的统一，爱情不仅要求男女双方在相貌、人品、情感、能力等方面能够和谐共鸣，而且要求男女双方共同承担相应的社会责任和义务。也就是说，爱情具有三个基本特征：爱情一般是在男女双方之间产生的；爱情是相互的；爱情双方彼此必须有值得对方爱恋的特质，如相貌、人品、能力等。

二、关于爱情的心理学理论

关于爱情，研究者提出的理论众多，主要有罗伯特·斯滕伯格的爱情三角理论、爱情态度理论，约翰·艾伦·李的爱情类型理论、爱情依恋理论、爱情阶段理论、投资模式理论等。这里主要介绍常见的两种。

（一）斯滕伯格的爱情三角理论

20 世纪 90 年代，美国耶鲁大学的心理学教授斯滕伯格提出了爱情三角理论，这也是目前解释人类爱情最有影响力的观点。爱情三角理论认为，人类爱情的基本成分都是三个，即亲密、激情、承诺。亲密是以彼此间的信任为基础的情感表现，激情则必然伴随着彼此间的吸引，承诺是内化为个体心灵需求的一种责任和约定。斯滕伯格根据爱情的三种基本因素，将人类的两性关系划分为七种，如图 7–1 所示。

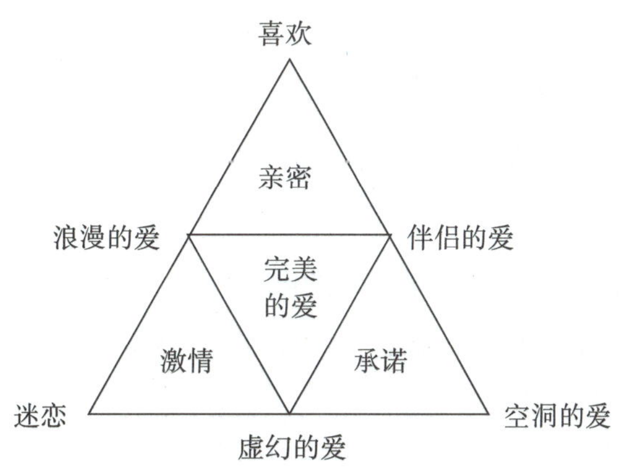

图7–1　爱情三角形

1. 喜欢：亲密因素

在爱情的三因素中，当两性之间的关系只有亲密因素时，相处的双方在交往中会感觉亲切、轻松，有很强的信赖感，表现在生活中就是两性之间具有真诚的友谊，喜欢对方。严格地说，此种关系还不能被纳入爱情之中。喜欢和爱被现代男女严格区分，所以他们常常固执地要求对方明确地答复“你究竟是喜欢我还是爱我”这个问题。当然，这种关系的稳定会因为二者间任何一方情感因素微妙地变化而发生改变，这也是人们常常怀疑男女之间是否有真正友谊的原因。

2. 迷恋：激情因素

当两性之间的关系只有激情因素时，双方有强烈的性的吸引，但彼此缺乏了解信任，更没有发展到承诺的阶段。处于迷恋中的个体相信爱不需要理由。他们迷恋一见钟情，但这种刹那间的情绪是否有生命力，能否发展为稳定的情感，取决于是否有亲密和承诺因素的形成。

3. 空洞的爱：承诺因素

当两性之间的关系只有承诺没有亲密和激情时，表明二者只有责任和义务，是高度道德化或价值高度异化的两性伙伴关系。就爱情而言，是没有爱情成分的空洞的爱。

4. 浪漫的爱：亲密和激情的结合

当两性之间的关系具有亲密和激情两个因素，双方的关系不需要承诺来维系，是一种最轻松、最享受、最唯美的浪漫之爱。浪漫之爱若是缺乏承诺的意愿或能力，则与婚姻无缘。

5. 伴侣的爱：亲密与承诺的结合

当两性之间的关系有亲密也有承诺，而缺乏性的吸引时，彼此的关系已经升华为亲情式的信任和依赖，双方虽没有青春时的激情，却具有难以描述的情感深度，是不离不弃的黄金伴侣。

6. 虚幻的爱：激情和承诺的结合

当爱情没有以信任为基础的亲密因素时，仿佛大厦没有坚实的地基，是虚幻的空中楼阁，随时有倒塌的可能。

7. 完美的爱：亲密、激情和承诺三者的结合

真正完美的爱情应该以信任为基石，以性的吸引和欣赏为催化剂，以承诺为约束，既具有相对稳定性，又充满激情和活力。

根据斯滕伯格的理论，爱情是人类心理的色彩世界，亲密、激情、承诺是爱情的三原色，爱情的色彩之所以如此丰富、差异如此之大，完全是由于个体选择的原色的比例不同。每一个人都是自己爱情色彩的调配师，调出的色彩或淡雅、或灿烂，千姿百态，只需要自己评判和欣赏，当然也只有自己负责。

（二）约翰·艾伦·李的爱情类型理论

另一种区分不同爱情的方法是由加拿大多伦多大学的社会学家约翰·艾伦·李提出来的。他在著作《爱的颜色：恋爱方式的探秘》中，使用希腊和拉丁语首次定义了六种爱情类型，后来在其论文《恋爱风格》中又进行了细致推敲。这六种爱情类型在情侣

验的深度、对恋人的投入和承诺、想要得到的恋人的特点，以及对付出爱的回报的期望等方面，有着明显的不同。

（1）情欲之爱建立在理想化的外在美上，是浪漫的、激情的爱情。其特点是一见钟情式，以貌取人，缺少心灵沟通，热烈而专一，靠激情维持。

（2）游戏之爱是双方视爱情为一场让异性青睐的游戏，并不会将真实的情感投入，常更换对象，且重视的是过程而非结果，不承担爱的责任，寻求刺激与新鲜感。

（3）友谊之爱是指青梅竹马般的感情，是一种细水长流型、稳定的爱。这种爱情以友谊为基础，在长久了解的基础上滋生，双方能够协调一致解决分歧。友谊之爱是宁静、融洽、温馨和共同成长的爱情。

（4）依附之爱的双方对情感的需求非常大，依附、占有、猜忌、狂热，在恋爱中情绪不稳定，控制对方情感的欲望强烈。

（5）现实之爱的双方会考虑彼此的现实条件，以让自己的利益增加且减少付出成本。这类爱情理性高于情感，是受市场调节的现实主义态度。

（6）利他之爱带着一种牺牲、奉献的态度，追求爱情且不求对方回报。自我牺牲型爱情是无怨无悔的，是纯洁高尚的。

三、相爱应具备的心理因素

真正的爱情不仅给我们带来无上的欢愉和幸福，而且赋予我们力量和智慧。真正的爱情具有特定的心理因素，需要恋爱双方共同努力。

（一）相同的人生观

思想感情的和谐交流是爱情的思想基础，而这种和谐交流则取决于双方的人生观。一方图安逸，一方干事业，久而久之，就会造成隔阂，情感破裂。人类的爱情具有社会性，它是在双方的思想感情、志向理想、人生态度统一而和谐的共鸣中产生和发展的，它是理性而崇高的。

（二）和谐与互补

和谐即心理相容，心理相容是爱情成功的心理条件。它是指在恋爱阶段对对方的思想感情与心理特点方面的充分了解，同时也是保证婚前、婚后爱情美满的前提。在人生观一致、心理相容的基础上，互补则是融合双方性格、习惯、爱好、情趣的重要手段，互补心理意向是实现这种融合的自觉意识。互补就是要自觉地用对方的长处弥补自己的不足，用自己的优点去影响对方，就是要适应对方的性格特点，并用自己的性格特点来提示对方，从而达到双方和谐的目的。因而，互补心理是爱情完善并升华的核心环节。

（三）忠贞的情感

忠贞是爱情心理结构的一个重要因素，是爱情成功的基础。轻率地玩弄恋爱是卑劣、低下的，这只会使人堕落，甚至走向毁灭。忠贞与爱人私有是有根本区别的，忠贞是炽热专一的情感要求，是人类的美德；爱人私有是把爱人作为附属品，而把爱情私有化的剥削意识。

（四）理解和信任

理解和信任是爱情的基本前提。只有理解对方，才能真正爱对方。在理解的基础上要充分信任对方，猜疑、嫉妒是爱情的敌人。英国画家莱顿曾反复对自己提出一个问题："我该怎样恋爱呢？"最后他得出结论，那就是"信任"。

（五）尊重与自尊

在爱情心理结构中，尊重与自尊是相辅相成的。没有尊重，便没有真正的爱情，没有自尊，则不可能有真正的尊重。对自我进行恰当的评价，才能做到自尊；对对方进行正确的评价，才能做到尊重。

（六）节制与平衡

节制与平衡的心理意向是爱情心理的外延环节，也是两个人相爱的重要途径。节制就是要使自己的感情和行为合乎自然的发展，不要一味贪求不合乎感情发展的行为。平衡，就是不要用爱情来代替生活的全部，而要用事业、学习、社交活动等来充实爱情。

课堂小互动

何为爱情？

每个大学生心中都有理想的爱情，但理想并不等于现实，当大学生心中的理想之爱注定是空想时，这种爱就会让大学生产生无尽的遗憾、懊恼与失落。

偶像化的爱情、完美的爱情、非理性观念，以及产生于孤独时的爱恋，等等，是不是爱情？请你结合本节的学习内容讨论何为爱情。

成长建议

本节"成长烦恼"中，小王在大学里第一次恋爱，是怀着美好的憧憬和愿望开始的，她没有想到，随着两个人相处的日益加深，发生了一些冲突和矛盾，这对她来说可能是意料之外的事情。小王如果在这段关系中一味地要求对方迁就自己、为自己改变，那么其男朋友很可能会因无法独自承担这样的压力而选择逃离。或许，小王会非常纳闷自己认为美好的爱情为何就这样轻易地结束了，随之产生低落的情绪。如果小王和男朋友的恋情已经不可挽回，那么她就需要学着放手。要知道，终止一段不合适的恋爱本身对双方都是好事情。小王需要试着接受现实，然后采取一些适合自己的方式慢慢处理好自己的情绪，尝试一些方法帮助自己调整。有时候，一段恋情的结束也是个人成长的机会，小王应通过这次的失恋找到完善自己的方法，为未来更好地与人相处做好准备。

第2节 大学生恋爱的特点及类型

内容导读

恋爱关系对大学生的意义已超出了恋爱关系本身，是大学生自我认定和确立自我价值的基础。所以，大学生恋爱是身心发展的需要，建立在真正的、健康的爱情基础之上的恋爱对其心理健康也有积极的促进作用。

本节主要介绍大学生恋爱的特点、类型及常见的误区等内容。

成长烦恼

月月和男朋友在大二的时候一见钟情，两人开始相处以后，月月发现男朋友有很多不好的习惯，可是她很爱他，于是选择了包容，有时候甚至听之任之。就这样，他们坚持恋爱直到毕业。大学毕业后，他们决定结婚，可是月月突然发现，男朋友背着她与其他女生暧昧，她悲痛欲绝，觉得只能放弃了。刚分手的时候，月月总会忍不住给男朋友发信息，问他为什么明明要跟自己结婚，还去喜欢别人。男朋友解释说是因为耐不住寂寞，还说自己对不起月月，对不起他们几年的感情。月月听了心里很难受，她想原谅男朋友，可是男朋友慢慢地不再回复她的信息了，打电话时也很冷淡。就这样，越和男朋友联系，月月的情绪就变得越差，可她还是忍不住去打听男朋友的事情，去关注他的一举一动。

一、大学生恋爱的特点

正处于花样年华的大学生青春激荡、才情荟萃。随着大学生年龄的增长，生理、心理的逐步发育，恋爱现象已出现在大学校园。当代大学生恋爱的主流意识是健康的，大学生敢于追求理想的爱情，恋爱思想开放，但受限于自身生理和心理的不成熟，也出现了许多问题。大学生应了解恋爱的特点及容易出现的误区，以更好地促进自身的身心健康发展。

（一）恋爱意识明显，恋爱现象普遍存在

在校大学生已度过了性发育阶段而进入了性成熟阶段，对爱情的向往和追求是正常的。大学生结束了由性意识觉醒而引起的躁动不安和心理不平衡状态，开始由性接近阶段向恋爱阶段过渡，并逐渐萌生出具有道德意义和社会意义的爱情意识，从而产生对异性的好奇和关注，有要求谈恋爱和与异性交往的渴望。

除了生理因素以外，情感的发展也是大学生恋爱现象普遍的一个重要因素。从情感发展上来说，大学生在中学阶段由于升学压力而被压抑的青春期情感此时得到了释放，生活的诸多诱惑使大多数人跃跃欲试，尤其是大多数大学生已经摆脱了家长的约束，认为自己具备了自立的能力，可以按照个人的意愿去生活。大学生在有异性的场合中会有一种强烈的自我表现欲。他们愿意与异性交往，所以很多大学生恋爱欲望强烈，渴望情感的满足。

此外，社会上的一些文艺作品中对爱情的过分渲染，对刚刚步入生理成熟期但缺少社会阅历的大学生产生了极大的影响。年轻人特有的好奇心驱使他们渴望揭开两性之间神秘的面纱，在一定程度上对大学生恋爱起了诱发作用。

（二）恋爱观念开放，注重恋爱过程

大学校园宽松的环境、和谐的氛围，使得大学生恋爱方式日渐开放，他们激情洋溢，热情奔放，大胆追求爱情。他们不再担心受到嘲讽和批评，甚至还有自豪和荣耀的心理。当代大学生渴望和追求一种真挚的感情，一种不受世俗因素干扰的纯洁的感情，这是对传统的“父母之命”“媒妁之言”等婚恋观的反叛，无疑是有进步意义的。

大学生的爱情是在特殊文化环境中萌生的，而作为爱情之果的婚姻需要在学业完成之后才能成熟，所以他们谈论的话题大多是人生、社会、学习等，他们追求丰富多彩的精神生活，而很少涉及家庭、经济等现实问题。当代一些大学生注重的是恋爱的进程本身，对恋爱的结果并不看重。

（三）恋爱动机多元化

由于大学生个人的经历及家庭情况的不同，恋爱的动机也不同。当代大学生恋爱的动机呈现多元化的特点。

1. 对婚姻家庭的向往

多数大学生对恋爱婚姻问题的认识比较深刻，认为恋爱是婚姻的基础，所以，他们在恋爱问题上较慎重，能够认真对待，选择恋爱对象较慎重。

2. 攀比心理

有些大学生谈恋爱时因为存在攀比心理，当看到他人成双成对、欢声笑语，而自己孤零零时，心理难以平衡，于是随波逐流也谈恋爱，以获得心理满足。大学生在共同的校园气氛中学习、交往、生活，知识水平、思想观念具有相似性，这促使他们在恋爱时相互攀比。

3. 寻找感情寄托

有部分大学生恋爱是为了寻找一个避风港。由高中进入大学，学习和管理方式的不同使很多大学生突然松懈下来，生活缺乏目标，感到枯燥乏味。于是，他们便到异性中去寻找感情寄托，通过恋爱消解寂寞，期望从恋爱中得到温暖、保护、关怀和体贴，使自己的感情有所依托、有所归属，排除孤独与空虚。

4. 担心失去好机会

有些大学生担心毕业后再难找到合适的恋爱对象，认为在大学里大家都比较单纯，容易找到"真爱"。

5. 把恋爱当作一种手段

有些大学生贪图享受，希望不劳而获，但受限于自身的经济条件，期望通过恋爱来寻找资金依靠，满足自己的消费需求。也有些大学生希望通过恋爱对象找到好工作。

（四）择偶标准多样化

人们选择配偶总要考虑一定的条件，如道德品质、性格特征、年龄大小、职业性质、兴趣爱好、经济状况及体态容貌等。当代大学生的择偶标准主要有以下三点。

1. 注重人品

有调查结果显示，男女大学生在择偶标准上都首选"人品"。大学生恋爱更注重精神生活，注重人的品行才华，要求对方与自己有共同的理想、兴趣。大多数大学生认为未来的爱人应是生活中的帮手、事业上的支持者和合作者，所以在选择伴侣时会特别注意对方的人品和内在气质。

2. 男生侧重外貌仪表，女生侧重才华

男大学生在择偶条件上对女生的善解人意、外貌漂亮、温柔善良、乐观要求较高，比较看重长相，这样的择偶标准是对中国传统择偶观的继承。女大学生谈恋爱大多是倾慕对方的学识和才华，择偶普遍重视对方的能力。

3. 考虑经济条件

当代大学生一方面追求纯真的爱情，另一方面却又不得不考虑现实，如双方的经济条件等。

（五）性观念开放

当代大学生的性观念呈开放和多元化的趋势。大学生的入学年龄限制放宽使得成年大学生增多，大学生发生性行为的比例有所增加。性再也不是大家羞于启齿的话题，有些大学生信奉“性自由”，追求所谓的“性解放”，主张以玩乐为目的，追求性欲的满足。但是也有很多大学生不赞同婚前性行为，认为大学时期的学习任务非常繁重，不可能有更多的精力投向异性，过早的婚前性行为可能会给自己和他人带来无法预料的影响。

二、大学生恋爱的类型

（一）比翼双飞型

比翼双飞型的恋爱是指恋爱双方有成熟的人格，能够理性地处理恋爱与学习、感情与爱情、情爱与性爱的关系；双方均具有较强的事业心和进取心，有共同的理想和信念，能够正确地处理学习和工作的关系；双方能够很清楚地认识到良好的恋爱关系应该是使双方共同进步、不断成长的。

（二）生活实惠型

生活实惠型的恋爱是指恋爱双方彼此之间的爱慕也许并不强烈，但他们有明确的生活目标，一般在恋爱的过程中就关注各自的家庭条件和个人的发展前途，甚至考虑了就业去向。一般来说，大三是这类恋爱的高发期。这类恋爱虽然理智，但在现实生活中，因诸多外在条件而确定恋爱关系的双方间也会产生不少纷争。

（三）时尚攀比型

时尚攀比型的恋爱有很强的随意性。有时，谈恋爱被看作有魅力、有能力的象征，特别是当舍友都谈恋爱时，如果就自己一个人没谈恋爱会被认为没能力，于是也会学着别人的样子匆匆谈起“恋爱”。这种类型的恋爱没有认真的态度、明确的目标，常常是跟着感觉走，把恋爱当作精神上的一种补偿，最终恋爱双方常以“因为没想那么多”为借口而分开。

（四）玩伴消费型

玩伴消费型的恋爱是指恋爱双方因在精神上空虚、孤独、烦闷，同行朋友少才谈的恋爱，谈恋爱只是弥补精神上的空虚，“恋爱”只是一种暂时的精神需求。尤其是周末，当舍友和恋爱对象成双入对地走出校园，自己一人在宿舍时就会感觉更空虚寂寞。这种心理体验在女生身上体现得特别强烈。据报道，有一所大学的一个班的全部女生在大二时就都有了“相恋对象”，用她们的话说，“我其实不是真的在谈恋爱，只是生活太乏味了，又没有知己，想找个伴”。

（五）追求浪漫型

追求浪漫型的恋爱是指恋爱双方有丰富的情感体验，追逐具有浪漫色彩的爱情。追求浪漫的情侣并非不尊重爱情，他们觉得浪漫比爱情的责任和义务更富有色彩和韵味，但这种韵味冲淡了爱情的本质。这类情侣乐于表达和享受爱情，他们对爱情有较深的体验并乐在其中，他们会沉浸在二人世界里，忘却集体，甚至忘却学业。

（六）功利世俗型

功利世俗型的恋爱以对方的门第、家产、地位、名誉、社交能力等为恋爱的前提条件，恋爱双方没有相应的感情基础，很难相濡以沫、保持长久。

课堂小互动

“我”的爱情

这个互动由4个小游戏组成，每8~10名同学组成一个小组，分别进行游戏，目的是进行自我认识，了解爱情需要，端正爱情观念。

（1）分享自己的性格特点，并进行自我评价。

（2）组员分为男女两组，每组分别派出一名同学在场地中间表演一组能体现性别差异的动作，然后角色交换，以同样的方式进行。最后，分享并讨论大家的感受，促进男女生之间的了解。

（3）每位组员在一张白纸上画“爱情中的你和我”，要求画完后要向其他组员展示自己的作品，谈谈自己对爱情的理解、希望，以及将如何去争取爱情。

（4）每位组员1个橘子，认真观察自己橘子的特点，然后将整个小组的橘子混在一起，看看每个人是否能够找到自己的橘子。最后，组员分享自己的感受，讨论自己对爱情的理解。

三、大学生恋爱的误区

如何对待恋爱、追求爱情，如何把握自己，如何处理好恋爱中出现的各种问题，如何协调恋爱中的各种关系，等等，是每个大学生都要面临的问题。然而，不少大学生处理不好这些问题，不能从中获得全新的自我体验，反而迷失自我，出现各种心理困惑和心理问题，这势必影响他们的人际交往、学习及心理健康，甚至会影响日后的职业选择、事业发展及家庭幸福等。大学生恋爱容易走入以下几个误区。

（一）爱情第一

一些大学生奉行的是爱情至上，认为爱和被爱是唯一的幸福，认为“活着就是为了爱”，终日沉溺于恋爱。他们上课时注意力不集中，下课后又忙于约会，更关心自己的装束和打扮，同其他同学的关系疏远，不愿参加班级的集体活动，把大量的时间用于约会、谈心、逛街和两人间其他的交往上，以致学习成绩下降、考试不及格，有些人甚至不得不因此退学，美好的大学生活变成了痛苦的回忆。

（二）缺乏责任感

有些大学生把谈恋爱看作一种体验，这种缺乏责任感、把真诚的爱情当作儿戏的态度使得一些情侣毕业即分手。

有些大学生以追求自己的人多而骄傲，实际上却是把恋爱当作游戏。有些大学生在校园内尝试“三角恋”或“多角恋”，其结果是不但在同学内部制造了大量情感纠葛，影响了同学之间的团结，而且造成了打架斗殴的恶性事件。这类恋爱不仅妨碍了学校的正常秩序，而且不利于大学生的学习与心理健康。

（三）功利世俗

一些大学生以恋爱作为交易来换取个人利益，或者以门第、家产、地位、名誉作为恋爱条件，他们谈恋爱的目的就是为了金钱、名誉、地位和享受。例如，有些大学生为了能有更多的物质享受，选择与家庭富有的学生恋爱来达到自己的目的；有些大学生为了能找到一个好的工作单位，就千方百计地与家庭有背景的学生恋爱；还有些大学生甚至通过恋爱来满足自己吃喝玩乐的欲望。

（四）排解寂寞

有些大学生把神圣的爱情看成是在校打发时间、等到毕业时就分手的游戏。他们为了弥补内心的空虚与失意而陷入恋爱，一旦寂寞感消失，恋爱关系也就中断。这种恋爱态度既不负责任，也不讲义务，是十分有害的。

成长建议

本节“成长烦恼”中，月月在失恋后很痛苦的原因有多方面：一是她与男朋友有多年的感情，她已经习惯男朋友的存在，突然间失恋，一时习惯不了；二是她自尊心受伤，她不明白为什么男朋友不再爱她，甚至不愿再理她；三是她性格执着，执着地付出了很多，不愿放弃。月月其实是自欺欺人、自我伤害，不敢面对事实。

失恋后，应及时找亲人或朋友倾诉，把自己的烦恼和苦闷告诉他们，从而释放负面情绪，减轻心理负担。然后，要把情感转移到失恋对象以外的其他人、事或物上。多交朋友、游山玩水、培养兴趣爱好等都是很好的办法。

第3节 大学生恋爱中的心理问题及调适

内容导读

恋爱过程其实是两个持不同态度的个体相互理解、相互包容的过程。对于生理发育成熟、心理尚不成熟的大学生来说，面对恋爱，有些人出现不会爱、不懂爱、不知如何爱等问题，有些人出现错误爱、畸形爱、不道德爱等问题，影响了个人的全面健康发展。因此，如果想收获完美爱情，需要树立正确的恋爱观，也要学习一些方法。

本节主要介绍恋爱中的嫉妒心理及调适、恋爱中的挫折心理及调适等内容。

成长烦恼

小李是一名大二的学生，今年21岁。他很喜欢班里一个个子高挑的女孩，但因为自己个子不高，所以总感觉在她面前一点自信也没有。后来，他和女孩都选修了实训课，女孩刚好坐在小李旁边。经过两周的相处后，小李向女孩表白了，但女孩当时就婉言拒绝了。小李对她说，如果做不成恋人，就做朋友吧。

后来，他们偶尔会一起结伴上课，有时还一起去公园玩，甚至有一次他们还合拍了一张照片。可是，小李发现女孩只看自己的照片，几乎不看他的。虽然如此，小李还是越来越喜欢女孩，对她更加呵护。几个月后，小李开玩笑地对女孩说：“你喜欢上我了吧？还不承认。”女孩冷冷地说，那是不可能的。

后来，女孩在一次课外活动中认识了一位高大帅气的男生，并成为男生的女朋友。大学毕业后，女孩和男朋友去了外地工作，小李还是断断续续地和她联系。小李没有找女朋友，因为他觉得自己还是喜欢这个女孩。他无数次地去看女孩的照片，女孩那么美，可对他来说却可望而不可即。

一、恋爱中的嫉妒心理及调适

（一）恋爱中的嫉妒心理的表现形式

恋爱中的嫉妒心理包括自然性嫉妒和变态性嫉妒两种。自然性嫉妒人皆有之，其出发点和归宿都是爱情。瓦西列夫说过：“由于意识到可能失掉亲爱的人而感到潜在的忧虑，渴望亲密的关系永远圆满，这种嫉妒是爱情的一个组成部分。”而一个对爱抱有无所谓态度且毫无嫉妒心的人，也很难会珍视他的爱情。变态性嫉妒又称“醋意”，其表现为无端猜疑、充满敌意和怀恨报复。爱情必须是相互信任的，变态性嫉妒是对信任的蚕食，只会破坏双方关系，导致感情破裂。

（二）变态性嫉妒心理的调适

变态性嫉妒是病态心理，应该从以下几个方面进行调适。

1. 消除病态的占有欲

心理学家认为，变态性嫉妒一般都来源于占有心理。因此，如果能以平等的态度对待恋人，尊重对方的人格和自由，变态性嫉妒将无从产生。

2. 铲除爱情中的自私观念

爱情是排他的、专一的，这种专一性是对爱情权利与义务的道德承担，同自私心和占有欲是完全相悖的。生活告诉我们，爱情中自私的成分越多，嫉妒就表现得越明显；越把爱情当作私有品，就越会要求对方成为自己的附属品，从而会产生各种各样的嫉妒心理。

3. 用理智战胜嫉妒

理智是克服嫉妒的法宝。拥有理智的人即使因嫉妒而产生了疑心，也会冷静分析，正确处置，不会让嫉妒成为爱情的障碍，更不会因嫉妒而产生敌意、进行报复。而毫无理智的人即使产生一点嫉妒，也可能造成严重后果。

二、恋爱中的挫折心理及调适

由于大学生的身心发展并未完全成熟，再加上一些外在因素的影响，恋爱中会出现很多问题。因为恋爱问题处理不当，大学生心里痛苦、人格扭曲，甚至精神失常的事件在大学校园里时有发生。恋爱中的挫折心理主要表现在以下几个方面。

（一）单相思

单相思是一方的倾慕情感苦于不被对方知晓和接受而造成的一厢情愿或对恋爱的渴望，它仅仅停留在个体单方面爱恋而无法发展成双方相恋的状态。大学生心理尚未完全成熟，单相思现象比较常见，且较多地出现在性格内向、敏感、富于幻想、自卑感强的人身上。单相思通常表现为三类：一种是自作多情，明知对方不爱自己，还一味地追求和纠缠；二是误会，一些大学生因缺乏同异性交往的经验，因而在男女相处时，对对方的言行、情感过于敏感，误把对方的友情当成爱情；三是自己深爱对方但怯于表白，从而苦苦思念，导致夜不能寐。

一些大学生处在单相思的情形下，很难从痛苦中摆脱出来，然而只要真正明白自己当前的处境，问题也是不难解决的。

1. 主动避开恋爱错觉

学会准确地观察和分析对方的言行，用心去体会、分辨。如某位男生经常帮助一位女生，而这位男生是热心肠，对谁都乐于帮助，那么女生不应胡思乱想，但如果这位男生只对一位女生特殊照顾，那就必须留心了，或者男生只是偶尔一两次帮助一位女生，女生也不应多想。大学生若已经产生了恋爱错觉，那就必须客观地正视自己目前的问题，不要让自己越陷越深。

拓展阅读

友谊与爱情的区别

日木的心理学家通过研究提出了区别友谊与爱情的五条标准。

第一，支柱不同。友谊的支柱是理解，爱情的支柱是感情。

第二，地位不同。友谊的地位是平等，爱情的地位是一体化。

第三，体系不同。友谊的体系是开放的，爱情的体系是关闭的。

第四，基础不同。友谊的基础是信赖，爱情则伴随着不安。

第五，心境不同。友谊充满“充足感”，爱情则充满“欠缺感”。

异性友谊的发展有两种可能：一是经过努力发展为爱情，二是长期保持朋友关系。

2. 扩大人际交往圈

明知对方不爱自己，但依然深深地爱着对方而不能自拔时，就要用理性来调整自己的感情，扩大人际交往圈子，用更加丰富的生活来冲淡思念的情感。如多参加集体活动或文体娱乐活动以转移注意力，或将自己已积累的相思之情转化为更广泛、更深沉意义上的爱，如对父母更亲近一些、与朋友加强联系等。

3. 体会用心灵去沟通

当单相思出现时，大学生需要拿出十足的勇气，不能顾虑重重，可以挑选一个合适的场合与时间，用直截了当的方式，向对方表达自己心中的爱意。

（二）失恋

失恋是指一方否认或中止恋爱关系后给另一方造成的一种严重的心理挫折。从心理角度来看，失恋可以说是大学生最严重的挫折之一，会引起一系列的心理反应，如难堪、羞辱、失落、悲伤、孤独、空虚、绝望等。这些不良情绪如果不能及时得到化解和转移，失恋者容易抑郁、自卑、激愤等，严重者甚至采取报复等方式来排解心中的痛苦。大学生可以尝试以下方法进行自我调适。

1. 失恋而不失意志

曾有大学生因失恋而轻生，这是非常不明智的行为。因为失恋而选择结束生命，是对生命的亵渎，留给亲人和朋友的是无尽的痛苦和悲伤。

2. 勇敢地面对现实

任何事情都有两面性，恋爱既然有成功的喜悦，当然也会有失败的悲伤。每个人都有自主选择的权利。失恋说明两个人不合适，大学生要勇敢地面对现实，等待合适的人到来。

3. 放松心情，调试情绪

寻找合适的途径把痛苦、难堪和绝望的情绪发泄出来。如找朋友或亲人倾诉内心的苦闷，得到他们的理解、关心和支持，或找个没人的地方大哭一场，再擦干眼泪向前看，还可以进行一次旅游，投入大自然的怀抱或做些体育健身运动，听听美妙的音乐。

4. 转移注意力

大学生失恋后之所以难以摆脱困扰，是因为还让自己沉浸在与昔日恋人的回忆中。所以，大学生应及时适当地把情感转移到别的人、事、物上。如清理掉昔日恋人的物品，不要到曾经两个人经常去的地方；扩大人际交往圈子，积极参加一些社团活动；把身心投入学习、生活中，把失恋的悲伤化作奋发向上的动力，塑造一个全新的自我。

5. 向心理咨询机构求助

大学生失恋时，可以通过专业人员的帮助和鼓励，使自己重新建立起心理平衡，走出失恋的困境。

拓展阅读

“契可尼效应”——初恋难忘

初恋难忘有一个重要原因——“契可尼效应”。

西方心理学家契可尼做了许多有趣的试验，发现一般人对已完成了的、已有结果的事情极易忘怀，而对中断了的、未完成的、未达目标的事情却总是记忆犹新。这种现象被称为“契可尼效应”。

这种心理现象在日常生活中很常见。例如，你在数学考试中要答100道题，其中99道题都完成得很好，就剩下最后一道题把你难住了，未得出答案。下课铃响了，你交卷后走出考场，与同学核对答案，99道题都是正确的结果，而那未完成的一题是同学告诉你答案。从此以后，那未完成的一题被你深刻而长久地记住了，而其他99道题却被你很快遗忘。

一个人告别了天真无邪的童年时代，便进入了青春期。青春期的显著特征就是性意识的萌动，以及对异性产生神秘、向往和爱慕的心理。这个时间段的青年男女之间的悄悄爱意比较单纯、简单。对他们来说，爱情还是有距离的。

神秘的距离感对于进入青春期的男女来说，无疑是一种隐性的阻止。这个时候，如果再有家人或师长的显性干涉，就更容易激起他们的抗拒心理。而这种奇妙的距离体验，在以后的生活中却难以再次感受得到。这是初恋难忘的一个原因。

青年男女到了青春期，一般都会为自己创造一个抽象的理想对象，都会在头脑中形成一个择偶的“模型”，这个“模型”可能是具体的，有时是一个真实的人，有时是几个人的缩影。并且，他们会按照这个“完美的异性模型”在生活中寻觅、在人群中探索。不知不觉，从茫茫人海中发现了一张似曾相识的面孔，眼前的她（他）与自己心目中的理想对象产生了奇妙的吻合。初恋便是异性爱由抽象的意识转变为现实的开始。但初恋往往又是无果而终，记忆中的那个人便成为一个他人永远也无法取代的人了，甚至变成了与他人比较的一个标准。这个人并非最初的那个真实的人，而是被我们自己偶像化的一个标准。

（三）多角恋

多角恋是指一个人同时被两个或两个以上的异性追求，或自己同时追求两个或两个以上异性并建立恋爱关系。多角恋是爱情纠纷的主要原因之一。多角恋是一种不正常、不道德的恋爱现象，必须坚决予以抵制。多角恋潜伏着极大的危险性，一旦一方失去理智，就会给另一方及社会带来恶果。

大学生要正确认识多角恋的危险，要清楚多角恋不会有完美的结果，只会带来多方的痛苦和悲伤。

大学生还要树立正确的爱情观，要清楚爱情是一个男性与一个女性之间的爱慕关系。这种关系包括自己特有的感情和义务，它只能存在于恋爱的两人之间，不容许第三者介入，多角恋的行为是不道德的。

此外，大学生还要明确恋爱是一件非常严肃的事，必须以正确严肃的态度来对待，清楚自己需要的是什么样的爱情，果断做出选择，以免误人误己。

（四）寻觅不到合适的恋人

常有一些大学生为自己还没有恋人而自卑，认为自己对异性没有吸引力，认为别人瞧不起自己，不敢坦然与异性交往，更怕在异性面前失误，只好用回避与异性接触的办法来保护自己的自尊心，并极力掩盖内心深处的痛苦与失落。有些大学生迫切地去寻找爱情，结果一再受挫，导致心理受到严重伤害。

大学生产生这种心理的原因主要有两个。一是自我评价出现偏差。这样的大学生往往过于关注他人对自己的看法，却从未认真、客观地评价自己。二是对恋爱吸引力缺乏科学的认知。从表面上看，似乎人们的择偶心理倾向于外在魅力，实际上，大学生在选择异性对象时，大多认为性格、才能、心理相容、人品和兴趣爱好等因素更具吸引力。

（五）恋爱中的矛盾冲突

恋爱的感觉很美妙，但爱情就像玫瑰花，它在给我们带来馨香的同时，有时也会刺伤我们脆弱的心灵。恋爱的过程时常会伴随各种矛盾冲突，这些矛盾冲突的解决有赖于成熟的人格和健全的心理，同时，矛盾冲突的具体状况又会促进或阻碍人格的发展和心理的健全。

大学生必须培养健康的恋爱心理与行为，让爱变得更加成熟、理智，尽量减少对自己和他人的伤害，学会用建设性的方式去解决冲突。爱需要包容、理解、关心、信任和体谅，需要有效地沟通，需要理智地解决矛盾和问题，伤害性的争吵或冷战都不利于问题的解决。

拓展阅读

“储爱槽”理论

美国心理学家米尔曾提出“储爱槽”理论，并形象地用图画解释了这个理论。他把“储爱槽”画成心形，并把爱比作“储爱槽”中的“水”。“储爱槽”中的“水”是哪里来的呢？米尔又在“储爱槽”的两侧“接通”了两个“储爱槽”，这两个“储爱槽”分别代表爸爸的爱和妈妈的爱。

当一个人还是小孩子时，父母需要不断地向“储爱槽”里注入爱，孩子的“储爱槽”才能渐渐盈满，他才具备爱自己及给予他人爱的能力。同时，这种爱也是一个人建立自信、发展和谐人际关系的基础。

那么，缺“水”的“储爱槽”该如何补“水”呢？心理学认为，恋爱是一个补“水”的好机会，这是因为我们对爱人的高度亲密与我们从小与父母的亲密十分相似。所以，一份高质量的爱情是帮助心灵成长的好机会。然而，一份高质量的爱情又是需要付出真情、需要认真经营的。例如，恰当地表达感受，真心地理解对方、关爱对方，都是经营爱情必不可少的条件。

成长建议

在本节“成长烦恼”中，小李误认为别人爱上了自己，又在明知别人不爱或不可能爱自己时，让自己深深地陷入爱河。这种爱的情感越深，它带来的情感体验就越苦涩。

建议小李要注意以下几点。

（1）分清“爱情”和“友谊”的界限。好感和友谊在一定条件下可能发展为爱情，但它们绝不是爱情本身。

（2）若经过努力争取后仍不能得到对方的回应，要能够适可而止。

（3）倾吐心中的忧郁，当你感到困惑或痛苦的时候，可把单恋的缘由、经过及苦闷，向老师、家长或知心朋友尽情倾吐，听听他们的评说、劝慰。

（4）要多去参加集体活动或体育锻炼，转移注意力。

（5）不断提升自己，相信一定会迎来自己的爱情。

第4节
性心理的发展与特点

内容导读

性是神秘而诱人的，它经常出现在人们的脑海中，但人们又无法坦然面对它。它能使人联想到快乐、美好、享受，或紧张、羞耻、尴尬、不安、厌恶等许多不同的感受。在各年龄段中，青年的性心理变化最大，大学生的性心理在某些方面更带有一些校园文化的色彩。

本节主要介绍性心理的概念、性心理发展的规律、性心理健康标准，以及大学生的性心理特点等内容。

小雨五官清纯美丽，娇小玲珑，一张纯真的脸上总是挂着甜甜的微笑。刚上大学时，小雨觉得自己年龄小，于是决定在大学期间不谈恋爱，但令人没想到的是，上大学时间不长，小雨就心甘情愿地谈起了恋爱。

小雨和男朋友是在学校举办的一场音乐会上相识的，小雨是学生会的成员，当时去现场组织演出。音乐会于晚上七点准时开始，进行得很顺利，但是到了第六个节目——小提琴和钢琴合奏《梁祝》时，女演奏者临时生病无法上场，拉小提琴的男演奏者很是着急。这时，学生会主席看到小雨，灵机一动：小雨会弹钢琴。于是，小雨就被推上舞台上顶替生病的女演奏者。演出结束，全场爆发出热烈的掌声，小雨很惊讶，没想到他们初次合奏竟然配合得那么默契。

此后，两个人相识，经过一段时间的接触，都对彼此产生了好感，于是开始了正式的交往。两个人像其他校园情侣一样，彼此关怀着，在校园里甜蜜地生活着，连其他女生都羡慕她，小雨觉得很开心、很幸福。就这样持续一段时间后，他们的感情越来越好，彼此到了难舍难分的地步。直到有一天，他们为了证明自己的爱情，越过了最后一道“防线”……之后，小雨从梦境中回到了现实，开始对自己的所作所为害怕起来，害怕怀孕，害怕被同学发现，害怕被老师知道，开始担心自己的前途，内心十分痛苦。

知识课堂

人类的存在和发展离不开性。大学生正处在性生理和性心理快速发展的时期，如何恰当地处理性的相关问题影响着大学生的身心健康。

一、性心理的概念

性心理是指在性生理的基础上，与性征、性欲、性行为有关的心理状况与心理过程，也包括与异性有关的心理问题，如男女交往、婚恋等。性生理是性心理发展的生物学基础，性生理发育的障碍或缺陷会使性心理的发展出现偏差，进而出现心理焦虑和不适等。此外，性生理发育得过早也会影响人的性心理。如性成熟过早的男生，胆大、自信；性成熟较晚的男生，胆小、自卑；性成熟过早的女孩，会感到难为情和不适，等等。

（一）生物学角度的性

从生物学的角度来说，性首先是指男女在生理构造上的差异和人生来具有的性的欲望和本能，它是人类生存和繁衍后代的必要基础条件。它是伴随着性生殖出现的。因此，人的基因与性器官的差异形成了雄性和雌性，性征便是两性特点的表达。性作为人类的一种本能，表现为任何一个人，无论其社会地位、道德品质、智力水平的高低优劣，都存在性欲。

（二）社会学角度的性

人是社会的人，性作为人的本能需要，也就必然带上了社会属性。人作为自然界中最高级的动物，不仅有其生物性的一面，而且具有社会性的一面。从社会的角度说，性是人类得以繁衍、进化之本，性活动则是人类社会生活的基本内容之一。无论何时何地，人类的性观念和性行为都受制于一定的社会意识形态和道德规范。

美国学者西尔格德在其所著《心理学导论》中将性的动机列在“社会性动机”中，显示了性和社会的紧密关系。人类的性最重要的意义是其社会性。

（三）心理学角度的性

从心理的角度来说，性是指与其有关的一切心理现象，它不仅包括性交、性爱抚等所有直接的性活动，而且包括人们对于性在情感、态度、价值观等心理方面的表现。心理学角度的性不仅指人们普遍认为正常的性活动，而且包括所有被认为反常或不正常的性行为。

二、性心理发展的规律

性心理有其发展的科学规律，国内外关于性心理发展的理论研究侧重点有所不同。

（一）国外学者的性心理发展理论

国外性心理发展理论以精神分析学派创始人弗洛伊德的性心理发展理论为代表，他的理论主要由三个方面构成：性是人的本能；人的自我可以适当地调控性冲动；性心理发展的阶段。

弗洛伊德把性心理发展分为以下五个时期。

（1）口唇期。这是指出生至1岁左右的时期，这时的婴幼儿主要通过吃奶和吸吮等口唇动作来获得快感。

（2）肛门期。这是指2岁到3岁阶段。这个阶段的幼儿以肛门的忍、排便行为作为快感来源。

（3）生殖器期。这是指3岁到6岁的时期。幼儿进入生殖器期，以生殖器为快感的主要来源。这个阶段的幼儿会通过观察自己、父亲、母亲、兄弟姐妹和其他人，开始注意到男性和女性器官的区别，一些幼儿开始发现刺激性器官能够带来快感，出现早期的性自慰行为。在这个时期，还会出现一种特殊的现象：儿童恋慕父母中异性的一方，男孩恋母，女孩恋父，通过对父母中同性一方“认同”，即在行为、思想和体验上以父母中的同性为榜样，与榜样相一致，来解决矛盾。

（4）潜伏期。这是指从6岁到12岁之间的时期，这时候儿童的性渴望、对父母的敌意情感和恐惧都在某种程度上有所减弱。这个时期儿童的特点是兴趣转向外部，注意发展各种为应对环境所需要的知识和技能。喜欢和同性伙伴玩耍，并在这种游戏中进一步认同自己的性别角色。

（5）生殖期。这一时期又称青春期，是指 12 岁到 25 岁之间的时期。进入这个时期后，以生殖为目的的性要求被重新唤醒。这时，虽然快乐源仍指向生殖区，但人们不只是寻求自我满足，而是考虑他人的需要，在爱情的基础上建立性爱关系。

（二）我国学者的性心理发展理论

我国的心理学家从青少年第二性征的出现时期开始，把青少年的性心理发展分为三个阶段。

1. 异性疏远期

在青春期开始时，男生女生对性别的差异特别敏感。这一时期的少年大多十二三岁，第二性征的出现使男生女生的内心出现了羞涩感。他们把异性的差异和彼此之间的关系看得很神秘，担心他人看到自己在性征上的变化，认为男女接触是很不应该的事情，也害怕与异性接近会遭到他人的耻笑，因而出现了“心有相互吸引之力，而行又互相疏远”的现象，如走路不同行、学习不同桌、活动各结伴等。这种男女之间有意识的隔膜在短时间内是很难消除的。

2. 异性接近期

进入青年期后，随着性生理的发育成熟和个人阅历的增加，青年学生对异性的向往进一步增强，羞涩感减少，他们渴望了解异性，渴望接近异性。但这一时期，他们往往不是想接近特定的某个异性，而是对异性存在泛化的爱恋和憧憬，且注意的对象容易转移。而且，他们希望通过与异性交往，有选择地寻找自己倾心的男生或女生。在这种心态的作用下，青年男女结束了“异性疏远期”，取而代之的是异性间的相互吸引力显著增强。他们乐意与异性一起参加活动，喜欢与异性相处，力求成为对异性来说最有魅力的人。由于女性进入青春期的年龄要比男性早，因此女性对异性产生好感要早于男性。异性接近期的男女之间的爱慕还只是异性间的吸引与好感，不能被称为恋爱。

3. 恋爱期

随着青年男女性生理与性心理的成熟，他们已不再满足于对异性的泛化接近与好感，而是把爱慕的对象集中到某一特定的异性身上，更喜欢与自己爱恋的对象约会，而远离集体活动。男性往往喜欢显露自己的才华来博得所追求的女性的欢心，同时在异性面前尽情表现自己的长处。女性则在外表上学会打扮自己，希望吸引异性的注意，在性格上变得腼腆、矜持，学会深藏自己的感情。

他们通过频繁地约会和交谈，了解对方内在的性格、价值观及家庭情况，不断增强感情，寻求双方内外的和谐统一。一旦一对青年男女建立了恋爱关系，爱情的力量会对他们各自的性格、兴趣爱好等产生巨大影响。

三、性心理健康标准

性心理健康是心理健康的重要内容。随着人类文化和生活水平的提高，人类的性问题对个人健康的影响远比以前更为深入和重要。性的无知或错误观念会极大地影响人们的生活质量。那么，健康的性心理如何界定呢？

世界卫生组织制定的性健康标准包括以下五条。

（1）有正常的性需要和性欲望。

（2）能够正确认识自我，愉快地接纳自己的性别。

（3）性心理特点和性行为符合相应的性心理发展年龄特征。

（4）能和异性保持和谐的人际关系。

（5）性行为符合社会道德规范。

心理学家达拉斯·罗杰斯认为，保持健康的性心理的标准有如下几点。

（1）具有良好的性知识。

（2）对于性，没有由于恐惧和无知而产生不良态度。

（3）性行为符合人道。

（4）在性方面能做到“自我实现”，即能学会拥有、体验、享受性的能力，在社会、道德的允许下，最大限度地获得性活动的快乐与满足。

（5）能负责地做出有关性方面的决定。

（6）能较好地获得有关性方面的信息交流。

（7）接受社会道德和法律的制约。

达拉斯·罗杰斯的标准适用于广义上的成年人。对于大学生而言，其标准应有三项内容，即有正常的性需求和性欲望，有科学、客观的性知识，有正当、健康的性行为方式。正常的性需求和性欲望是性心理健康的基础，科学的性认识是性心理健康的自我调节机制，正当、健康的性行为是指符合法律法规、校纪、道德等规范的行为。大学生只有协调好这三者，才能具备健康的性心理。

四、大学生的性心理特点

大学生在性生理方面基本发育成熟，但在性心理方面还未完全成熟。因而，大学生的性心理发展具有以下特征。

（一）性心理的本能性和神秘性

大学生的性心理主要是生理发育成熟带来的本能反应。大学生往往对异性情不自禁地产生好感和爱慕，再加上缺乏性生理和性心理知识，从而对性有较强烈的好奇感，这使得本能反应又具有了神秘性。

（二）性意识的强烈性和文饰性

大学生已经完成了从少年到青年的转变，非常注重自己在他人心目中的形象，特别是在异性心目中的形象。大学生十分在意来自同龄异性的评价，如男生特别看重女生对自己的评价，哪怕是女生的一个眼神或一个微笑都会让男生思考半天，但其会表现出无动于衷、拘谨、冷漠、羞涩等。

（三）性心理的动荡性和压抑性

青年时期是一个人一生中性欲比较旺盛的时期。大学生虽然生理已经基本成熟，但心理还不够成熟，还未形成稳定的性道德观和正确的爱情观，自控和自制的能力还不够强，其性心理容易受到各种外来因素的影响。也有一些人的性能量以扭曲的方式，甚至变态的行为进行宣泄，如"厕所文学""课桌文学""窥视癖"等。同时，大学生还处在求学的阶段，因而并不具有通常意义上满足性冲动的配偶条件，加之性生理和性心理知识的相对缺乏，因此容易产生性焦虑和性压抑。

（四）性别的差异性

大学生的性心理存在着明显的性别差异。在对异性的感情流露上，男生显得较为外显和热烈，女生往往表现得含蓄而矜持；在内心体验上，男生更多的是新奇、神秘和喜悦的，女生则常是羞涩、敏感和不知所措的；在表达方式上，男生比较主动和直接，女生更喜欢采取暗示的方式。不过，这种差异近年来有缩小的趋势，如在表达方式上，女生变得较为主动的情况也越来越常见。

拓展阅读

关于性，请三思

对于一个经济上尚未独立、心理上尚未足够成熟、对自己的行为还缺乏责任能力的大学生而言，在决定是否要有性行为之前，请先思考以下几个问题。

第一，这与我的价值观和文化观相冲突吗？

第二，我会感到羞耻或罪恶吗？

第三，我害怕如果没有性就会被对方抛弃吗？

第四，是因为周围人都这样做吗？

第五，是想证明自己是个男人或女人吗？

第六，我能否为对方担负起责任？

第七，我了解伴侣过去的性史吗？

第八，我有避孕和预防性病的有效措施和心理准备吗？

少数人认为，可以用性作为达到某种目的的手段，或者性就是爱情，这些观点是错误的。

成长建议

本节“成长烦恼”中，小雨的困惑也是这个年龄段许多女生遇到的问题，即生理和心理的需求与现实和道德的强烈冲突。一方面是性欲的冲动，另一方面是道德观的约束；一方面是情感渴求的需要，另一方面是社会现实的压力。大学生对于性还是似懂非懂的，所以才会心烦意乱。小雨应正确理解和认识性心理，培养和维护性心理健康。

第5节 大学生常见的性困扰及调适

内容导读

爱情是一个古老而又新鲜的课题，就人的内在本质而言，爱情是正常人的生理和心理发展的必然结果。大学生正值青年期，性生理基本发育成熟，但性心理还未完全成熟。这一阶段与性有关的各类问题较多，如性意识、性行为、性压抑等，给他们带来诸多心理压力与困惑。

本节主要介绍大学生常见的性困扰及调适等内容。

成长烦恼

小张，大一男生，因焦虑而咨询，在咨询师的耐心引导下，他说出了自己认为难以启齿的问题。从高二开始，小张就开始看黄色网站，并且开始性自慰。现在不性自慰就睡不着。他觉得自己不正常，有罪恶感，想改掉这个“毛病”，但总是控制不住，并且害怕性自慰对身体有伤害，现在偶尔会感觉到腰酸，他怀疑是性自慰造成的。小张对这个问题感到既害怕又焦虑。

知识课堂

大学生的性生理和性心理逐渐成熟。在性成熟过程中，大学生一方面要面临生理上的巨大变化，另一方面又受到多种价值观、性观念的约束，性知识的匮乏、性观念的混乱及性教育的滞后等给大学生带来了一系列性心理困扰。拥有正确的性观念、性道德和自我保护意识对大学生一生的身心健康发展具有重要的意义。

一、大学生常见的性困扰

（一）性心理困惑

1. 性体像困惑

一些大学生时常为自己的个子过高或过矮而烦恼，有些女大学生为自己的乳房过大或过小而焦虑。有调查数据显示，47% 的男大学生为阴茎的大小而焦虑。其实，个子的高矮不会影响智力的发展；女性受到生活环境、营养程度、遗传等因素的影响，乳房的发育程度有很大的差异，但其大小并不影响其功能的发挥；由于种族、营养等方面因素的影响，阴茎的个体差异较大，所以阴茎的长短在正常值范围内均属正常现象，并不影响其功能。大学生应努力从个人知识、能力、气质、风度和才华等方面提升自己的内在，切勿过多关注外在的不足。

2. 性角色意识的困惑

性角色（或称“性身份”）意识是指每个人对自己和周围人的性别认知与识别。每个人的性别在出生前由父母的遗传基因决定，婴儿一出生，父母和其他社会成员就按照社会认可的不同性别的行为标准，对其进行培养和训练，使其具有恰当的性角色意识。一个人的性角色意识如果发生颠倒、错乱，其本人和家庭成员的生活都将是不愉快的。

很多大学生也为自己的心理和行为是否与性别角色相吻合而忧虑。有些男大学生自认为或被他人认为缺乏男子汉气质，说话、处事、行为比较女性化，由此内心产生不安、焦虑。有时，他们为了证明自己的男性气质，故作深沉或表现出大胆、粗鲁的行为，甚至打架、冒险，产生“过度补偿效应”。有些女大学生觉得自己不够温柔、细致，在温柔和强硬等角色之间难以选择，结果造成心理困扰。

3. 性幻想的困惑

性幻想是指在某种特定因素的诱导下，自编、自导、自演与性交往内容有关的联想。它是一种介于意识和潜意识之间的、带有性色彩的精神自慰行为，是在没有异性参与的情况下，在大脑中进行的自我满足的性欲活动。性幻想可以导致生理上的性兴奋，偶尔也引起性高潮，男性有时还会有性自慰出现。耽于性幻想的大学生往往在学习时容易注意力分散，思想无法集中，而在幻想过后会觉得荒唐、羞愧，甚至自责，并且对学习、生活等产生负面的影响。

4. 性梦的困惑

性梦的产生是无意识的，是指在梦中与异性发生性行为。性梦的内容和表现多种多样，如接吻、拥抱、抚摸、性交等。许多研究发现，男性的性梦发生与睡眠的姿势及膀胱中积尿的数量没有显著的关系，而与睡前身体上的刺激、心理上的兴奋和情感上的激发有关，主要和精囊中精液的充积量有关。女性的性梦与男性相比有较大的差异，未婚女性的性梦往往错落零乱、变化无常，很难有清晰的性梦。有过性梦体验的大学生不必为自己的经历而焦虑或羞怯，应顺其自然，同时应把主要精力放在学习和工作上，避免过多地接受各种性信息和性干扰。

5. 性自慰的困惑

性自慰俗称手淫，它是指用手或其他器具刺激性器官获得快感、宣泄性冲动的一种行为方式，它是生物本能的重要组成，通常也是人们体验性快感的第一种方式。在传统观念的影响下，一些大学生性自慰后产生恐惧、罪恶、自责、可耻等许多不正确的想法，从而产生巨大的精神和心理压力，这种精神和心理状态又进一步引起身体上的症状，不利于身心健康。另外，由于个体经常处于兴奋状态，身体得不到充分的休息而疲劳，会引起食欲下降和身体的免疫力下降，严重者还会出现神经衰弱现象，因此性自慰过度是有害的。同时，毫无节制的性自慰可能会造成泌尿生殖器官的持续充血和其他病变。

6. 性骚扰的困惑

我们常见的性骚扰不仅指行为上的抚摸、搂抱、摩擦等动作，而且包括语言上的侮辱、戏弄、挑逗等，具体表现为故意碰擦异性身体的敏感部位，故意谈论色情的话题，打骚扰电话，等等。一些大学生在遇到性骚扰时，往往惊恐万分、不知所措，不是积极地反抗、自卫，而是自责或消极逃避。性骚扰会使人感到慌张、恐惧，严重的会让人极度抑郁、冷漠或精神衰退。

（二）性行为困惑

1. 边缘性行为

在大学校园里经常可以看到一对对大学生情侣在或明或暗的地方拥抱、热吻、抚摸，这种亲昵的行为就是边缘性行为。同时，大学生的边缘性行为还表现出失当的情况：一是有些大学生不分时间和场合，肆意做出一些亲昵行为，有损社会风尚；二是一些大学生行为举止粗俗无理；三是以身体的接触代替心理的亲密。有些大学生发生边缘性行为后，通常感到不安、烦恼或自责。另外，过多的身体亲昵动作会加剧性冲动，导致性行为的发生，所以大学生要学会调控自己的性冲动，使之得到合理转移和释放。

2. 婚前性行为

对于婚前性行为，一些大学生认为只要双方愿意就可以发生。大学生常常不能对自己的性冲动进行理性的控制，不能对自我和他人负起性行为后果的责任。在对大学生婚前性行为的态度调查项中，半数以上的大学生认为婚前性行为是可以被宽容和接受的。年轻的大学生还没有真正意识到自己当前的主要任务，在无法担负起独立的经济责任和社会责任的情况下，应学会控制自己的冲动。

拓展阅读

艾滋病防治常识

艾滋病，顾名思义是由艾滋病毒引起的一种严重危害患者身体健康的传染病。艾滋病毒主要破坏人体的免疫系统，使人逐渐丧失免疫力，最后因细菌、病毒感染而死亡。防治艾滋病首先要知道艾滋病的传染途径，具体有如下几个。

（1）艾滋病毒可以通过血液传播，不要接触艾滋病患者的血液，更不要随便到不正规的医院打针、输血，拔牙、镶牙等都要到正规的牙科诊所进行。

（2）性接触传播，艾滋病患者是可以通过性行为传播艾滋病毒的，所以大学生一定要洁身自爱。

（3）母婴传播是最直接的传播方式，如果母亲患有艾滋病，婴儿在吃母乳的时候，艾滋病毒就可能会通过母乳传染给新生儿，艾滋病患者应拒绝哺乳。

预防艾滋病的方法有如下几种。

（1）增强社会责任感，艾滋病的预防不是一个人的任务，而是社会全员的责任，大家都要积极地预防艾滋病的传播，创建和谐健康的生活环境。

（2）学习艾滋病的防治知识，知道艾滋病的传染途径及预防要点，了解艾滋病如何传染，如何杜绝传染。

（3）提高自我防范意识，生病时到正规医院输液、输血，洁身自爱，不吸食毒品。

（4）积极检测，如有不适症状要及时到正规的检测机构检测，排除传染可能。

二、大学生性困扰的调适

（一）端正思想，形成正确的性观念

由于受到传统观念的影响，以及缺乏系统的性知识教育，不少大学生对性缺乏正确的认知。他们认为性是肮脏的、下流的、可耻的。这种认识往往导致对性的敏感、焦虑和自卑、抑郁情绪等。大学生应当科学地学习性知识，了解性意识发展的规律，正确看待和处理自己的性幻想、性梦、性自慰及被异性吸引等问题。

（二）积极参加集体活动，消除紧张心理

在实际生活中，一些大学生把性意识、性想法、性冲动视为阴暗的、令人厌恶的，他们一旦注意到自己有涉及性的想法和念头，便自认为下流、可耻、肮脏，整日忧心忡忡，不敢见人。还有一些大学生则对性的兴趣过浓，易受来自各种渠道的性刺激的影响，常常浮躁不安。这两类大学生都没能很好地适应或调节自己的性心理。对性意识、性冲动等的适应与自我调节如前文所述，这些都只是性成熟的一种正常表现，每个性发

育正常的人都会有性心理、性意识，只是表现的形式和反映的程度不同而已。对此，大学生应有正确的认识，并较好地适应和调节性成熟带来的性欲望。

正由于性意识、性冲动等是性成熟者的正常的生理和心理反应，了解了这一点，大学生不应为自己有过或将要出现性冲动而感到难为情、紧张和羞怯，但也不能过分放纵自己，因为性意识、性冲动的出现必然伴有生理和心理的紧张，若不加以控制，就会影响到正常的学习和生活。

（三）进行正常的异性交往，促进心理发展成熟

自然而正常的异性交往有助于大学生身心健康和人格发展，也会为以后的婚恋生活奠定良好的基础。反之，抑制、回避正常的异性交往不仅影响大学生健康人格的发展，而且不利于今后的成长。与异性交往是每个大学生人际交往的重要组成部分。在大学里，学会与异性自然地交往与相处，学会恰当控制与异性的亲疏程度，这对大学生将来步入社会、正确处理人际关系有着十分重要的意义。

（四）找好友交谈，减轻心理压力

许多大学生的性心理困扰源于对自己性身份、性幻想、性欲望、性冲动的害怕，他们以为只有自己遇到这些困扰，因而担心、恐惧。如果将这些情绪一直压抑在心里，则会出现心理问题；反之，如果找好友交谈，则有助于宣泄自己的情绪，并能够交流个人内心想法，从而有助于自我调节。

（五）咨询心理专家，消除心理困扰

有时，大学同学或朋友的建议和意见并不一定是正确和适当的，而且一些严重的心理问题，如失恋时的自贬心理、社交恐惧症、性心理变态等，则必须向心理专家请教，才能获得具体有效的解决方法，从而促进个体心理和人格的健全发展。

（六）勇敢应对性骚扰

为了防范性骚扰，大学生首先要加强自我保护，一旦发现情况不对就应知险而退，避免遭到不必要的侵害。其次，当性骚扰和性侵犯发生时，应机智勇敢地应对，如采取大声呼救、转移犯罪者注意力、暗示在场者等应对方式。最后，受害者不要忍气吞声、姑息迁就，而要勇敢站出来维护自己的权益。

对于性骚扰事件的经历，不要过分恐惧和自责，为了更快地排除自己的心理困扰，可以向父母、老师、知心朋友倾诉，也可以寻求心理咨询师的帮助。

课堂小互动

如何防范性骚扰

在现实生活中，无论是男生还是女生，都需要掌握一些防范性骚扰的知识和技能。请以 4~5 名同性别的学生为一组，组成若干小组，共同探索防范性骚扰的招数。

作为男生，当我感受到有针对我的性骚扰压力出现时，我的应对招数：

（1）____________________

（2）____________________

（3）____________________

作为女生，当我感受到有针对我的性骚扰压力出现时，我的应对招数：

（1）____________________

（2）____________________

（3）____________________

成长建议

本节“成长烦恼”中，小张由于性生理的成熟，对性非常好奇并出现性冲动，这个阶段适度的性自慰是正常的。但小张由于没有正确了解性知识，对其本身的性欲及性自慰不能正确地看待，并把性与“罪恶感”联系到了一起，感到自己很堕落，想压抑又压抑不住，内心出现冲突，因而出现焦虑、恐慌情绪，影响了正常的学习生活。

建议小张要注意以下几个方面：第一，避免不必要的刺激，杜绝黄色影片的影响，减少对性的关注；第二，养成良好的生活习惯和作息，让生活充实有序；第三，多参加体育活动和文艺活动，在丰富的业余生活中释放旺盛精力；第四，加强与同学的沟通和交流，多参加一些男女同学共同参与的活动；第五，学会控制自己的行为，以坚强的意志战胜自我。

心灵感悟

建立积极正确的爱情观

同样的爱国情怀、要为祖国大业做出一份贡献的理想，让钱学森与蒋英走到一起，并且使他们的爱情越来越坚定，他们的故事广为流传。大学生也应该在这种崇高情感的引导下，建立积极正确的爱情观，培养社会责任感和奉献精神，提升民族自豪感，健全人格。

你的恋爱心理是否正常

指导语

在以下各题备选项中选择一项最符合或接近自己想法的选项。

测试内容

（1）你认为恋爱作为人生一个极其重要的环节，其最终要达到的目的应当是（　　）。

A. 找到一个情投意合的伴侣　　B. 成家过日子，养育儿女

C. 满足性的需要　　D. 只是觉得新鲜有趣，没有明确的想法

（2）(男女单独做)

你是男生，你对未来妻子的最主要的要求是（　　）。

A. 善于理家做饭，利落能干　　B. 容貌漂亮，风姿绰约

C. 人品不错，能体贴、帮助自己　　D. 只要有爱，其他一切无所谓

你是女生，你未来在选择丈夫时首先考虑的是（　　）。

A. 潇洒大方，有男子风度

B. 有钱有势，社交能力强

C. 为人诚实正直，有进取心，待人和蔼可亲

D. 只要他爱我，其他都不考虑

（3）你决定和对方建立恋爱关系时的心理依据是（　　）。

A. 彼此各有千秋，但大体相当　　B. 我比对方优越

C. 对方比我优越　　D. 没想过

（4）对最佳恋爱时间的考虑是（　　）。

A. 自己已经成熟，懂得了人生的意义和爱情的内涵，并且确定了事业上的主攻方向

B. 随缘

C. 先下手为强，越早越主动

D. 没想过

（5）你希望自己结识恋人的方式是（　　）。

A. 青梅竹马，情深意长　　B. 一见钟情，难舍难分

C. 在工作和学习中逐渐产生恋情　　D. 经熟人介绍

（6）你认为推进爱情的良策是（　　）。

A. 极力讨好、取悦对方　　B. 尽力使自己变得更好

C. 百依百顺，言听计从　　D. 无计可施

（7）人们通常认为恋爱是一个相互了解、相互适应和培养感情的过程。既然如此，

了解、适应就需要花时间。那么，你希望恋爱的时间是（　　）。

A. 越短越好，最好是“闪电式”　　B. 时间依进展而定

C. 时间要拖长些　　D. 自己无主张，全听对方的

（8）谁都希望完整全面地了解对方，你觉得了解他（她）的最佳途径是（　　）。

A. 精心布置特殊场面，不断对恋人进行考验

B. 坦诚恳切地交谈，细心地观察

C. 通过朋友打听

D. 没想过

（9）随着时间的推移，你十分倾心的恋人暴露出一些缺点和不足，这时你（　　）。

A. 采取婉转的方式告知并帮助对方改进

B. 因出乎意料而伤脑筋

C. 嫌弃对方，犹豫动摇

D. 不知道如何是好

（10）如果你已初涉爱河，一位条件更好的异性对你表示爱慕，你会（　　）。

A. 说明实情，挚情于恋人　　B. 对其冷淡，但维持友谊

C. 瞒着恋人与其来往　　D. 感到茫然无措

（11）当你向倾慕已久的一位异性发出爱的信息时，你忽然发现她（他）另有所爱，你会（　　）。

A. 静观待变，进退自如　　B. 参与角逐，继续穷追

C. 抽身止步，成人之美　　D. 不知道

（12）恋爱进程很少会一帆风顺，你对恋爱中出现的矛盾、波折的看法是（　　）。

A. 最好平常心，既然已经出现，也是一件好事，双方正好趁此机会了解和考验对方

B. 感到伤心难过，认为这是不幸

C. 疑虑顿生，就此提出分手

D. 束手无策

（13）若由于性情不合或其他原因，对方提出分手。这时你（　　）。

A. 千方百计缠着对方　　B. 到处诋毁对方名誉

C. 说声再见，各奔前程　　D. 不知所措

（14）你十分信赖的恋人背信弃义、喜新厌旧，与你分手以后，你会（　　）。

A. 就当自己眼瞎，认错了人　　B. 你不仁，我不义

C. 吸取教训，重新开始　　D. 痛苦得难以自拔

（15）你爱途坎坷，多次恋爱均告失败，而年龄只增不减，你会（　　）。

A. 一如从前，宁缺毋滥　　B. 厌弃追求，随便凑合

C. 检查一下择偶标准是否实际　　D. 叹息命运不佳，从此绝望

测评方法

根据表 7-1，算出自己的得分。

表7-1 你的恋爱心理是否正常计分表

试题号	得分			
	选项 A	选项 B	选项 C	选项 D
1	3	2	1	1
2	2	1	3	1
3	3	2	1	0
4	3	2	1	0
5	2	1	3	1
6	1	3	2	0
7	1	3	2	0
8	1	3	2	0
9	3	2	1	0
10	3	2	1	0
11	2	1	3	0
12	3	2	1	0
13	2	1	3	0
14	2	1	3	0
15	2	1	3	0

（1）35~45 分：科学正确。你是一个成熟的青年，你懂得爱什么和为什么爱，这是你进入情场的最佳入场券。不要怕挫折和失败，它们是在考验你，并终将在你的高尚人格面前逃遁。尽管大胆地走向你理想中的恋人吧。

（2）25~34 分：尚可。你向往真挚而美好的爱情，然而屡屡失败，一时难以如愿。你不妨多看看成功的朋友，将恋爱作为纯洁无比的追求，不断校正爱情之舟的航线，这样你与幸福就相隔不远了。

（3）15~24 分：需要重新考虑。与那些情场上的佼佼者相比，你的恋爱观存在不少问题，甚至有不健康之处，如果你已轻率贸然进入恋爱，劝你及早退出。

（4）0~14 分：还未形成。爱情对于你来说还是个迷蒙未知的世界，你需要防备圈套。建议读几本婚恋指导书籍，待稍许成熟一些，再涉爱河也不迟。

项目活动

失恋助我成长

活动目的

掌握一些恋爱中常见问题的处理技巧。

活动准备

无。

活动步骤

1. 寻找失恋的十大好处。

尽管失恋是痛苦和不幸的，但并非就是绝对的坏事，在某种意义上可能是好事。请以6人为一小组，分别列举出失恋的好处，每个小组最多可以列举10条，之后在全班范围内由全体同学共同评出最合理的好处，并将此作为全班同学共同的情感自卫盾牌。请以下面的句型为模板，完成10句话。

（1）因为我失恋了，所以我获得了____________________

（2）因为我失恋了，所以我获得了____________________

（3）因为我失恋了，所以我获得了____________________

（4）因为我失恋了，所以我获得了____________________

（5）因为我失恋了，所以我获得了____________________

（6）因为我失恋了，所以我获得了____________________

（7）因为我失恋了，所以我获得了____________________

（8）因为我失恋了，所以我获得了____________________

（9）因为我失恋了，所以我获得了____________________

（10）因为我失恋了，所以我获得了____________________

2. 探索放松失恋心情的渠道。

尽管失恋后的我心情很不好，但是我不会永远这样，朋友告诉我，我可以用这样的方法调整我的情绪。

方法一：______________________________

方法二：______________________________

方法三：______________________________

方法四：______________________________

3. 分析失恋的原因。

这一次，我在________方面没有做好，以后我将在______方面改进。

第 8 章 大学生的网络心理

全球互联网自20世纪90年代进入商用以来迅速发展，目前已经成为当今世界推动经济发展和社会进步的重要信息基础设施。中国的互联网虽然起步比国际互联网晚，但在进入21世纪以后发展迅猛。办公自动化、网上课程、电子商务等新生事物层出不穷，互联网正深刻地改变着人与人、人与社会的关系，也正在使人类的生活方式发生着深刻的变革。网络展现的新颖、快捷、方便的特点，与大学生具有活力的内在特点、渴望知识的需求相契合，使得网络以前所未有的自然亲和力吸引着大学生，冲击着大学生的传统生活方式。如今，大学生已经成为我国网络用户中的重要群体，互联网已经成为大学生学习和生活的重要组成部分，对其身心发展产生重大影响。

学习目标

1. 学会理性认识网络。
2. 理解网络给大学生带来的影响。
3. 培养并树立正确的网络心理健康观念。
4. 掌握网络心理障碍的预防策略和自我调节的方法。

第1节 大学生网络心理概述

内容导读

数字化技术蓬勃发展，网络正在影响我们生活的方方面面。我们享受着人类文明进步带来的一切成果，能够通过电视、网络获得地球上各个角落的新闻，倾听维也纳金色大厅的新年音乐会，和远在异国他乡的友人面对面地视频聊天、互诉衷肠，请世界各地的朋友为我们解惑。

然而，网络也像一把双刃剑，可能给大学生的心理健康造成巨大的影响和冲击。由于网络特有的隐秘性和虚拟性，它也会诱发心理问题。调查显示，不少大学生会在网络上表现出现实生活中难以察觉的心理问题，如崇尚暴力、色情，宣扬享乐主义、拜金主义等。

本节主要介绍大学生网络心理的概念、大学生的网络行为、网络对大学生的影响及大学生上网的心理需求等内容。

成长烦恼

小余，男，大二学生，理工科专业。两个星期前，他买了一台电脑放在宿舍，没想到，本应该很高兴的他却烦恼。他自述："自从买了电脑以后，我也不想上课了，心里总想着电脑、游戏、聊天。过度浏览无用信息导致我有时候上网到凌晨三点。我觉得我以前也不是很邋遢的人，但是上网太晚后，也不洗澡直接就去睡了，稀里糊涂的。我心里明明知道这样做很不好，但是打开电脑后就都忘干净了，我该怎么办呢？我现在真的想把电脑锁起来，不想看到它了，可是才买的新电脑，不用会浪费，卖掉肯定亏得多。我真的怕因为控制不了自己而荒废了学业。"

知识课堂

一、网络心理的概念

广义的网络心理是指一切与网络有关的心理。狭义的网络心理则指的是在虚拟的网络时空里网民的思维意识活动。

互联网具有发展性，对人类的影响是深刻的、多方面的，互联网不仅改变了人类的工作方式，而且深刻影响了人类的生活方式。网络产生于以信息产业为中心的信息社会。在信息社会，人类生活的各个方面都将不同于以往。网络不同于现实世界，它具有开放性、全球性、虚拟性，身份的不确定性、去中心化、平等性、个性化等特性。网络的发展对人的心理也具有巨大的影响。

二、大学生的网络行为

中国互联网络信息中心在北京发布的第 51 次《中国互联网络发展状况统计报告》（以下简称《报告》）显示，截至 2022 年 12 月，我国网民规模达 10.67 亿，较 2021 年 12 月增长 3549 万，互联网普及率达 75.6%。大学生作为信息时代最积极最活跃的人群，已经成为网络的主要用户。一方面，大学生通过网络接触到前所未有的广阔空间，能更加有效和广泛地获取信息、学习知识、交流情感和了解社会；另一方面，网络空间又以令人眼花缭乱的事物诱惑着涉世不深的大学生，使得部分大学生比较迷茫。作为网民主体之一的大学生，其上网行为直接关系着网络文明乃至整个未来社会文明的进程。

通过调查，大学生的网络行为可以归纳为网络学习行为、网络生活行为、网络娱乐行为、网络创业行为等。此外，还有一些网络侵权违规行为、网络利他行为等。

（一）网络学习行为

网络学习行为中排在第一位的是在线学习视频。大学生重视使用在线学习视频，特别是在线上教学的推动下，在线教学得到了很大的关注和应用，学习通、智慧树等平台成为在线学习的主流平台。对于常用的学校信息化系统，70.51% 的大学生选择在线教学平台，56.4% 的大学生选择在线学习视频系统，46.46% 的大学生选择电子图书馆，可见大学生对网络学习的重视程度较高。在线学习网络资源丰富、学习时间更加灵活、地点不受限、费用较低，只需手机、平板、电脑、电视投屏等工具就可以实现学习从课堂到线上的转移。

（二）网络生活行为

大学生网络生活行为主要是从事个人社交、校内外工作联络、购物、外卖、网络金融等行为。其中 QQ、微信、钉钉是学生常用的社交平台，用户黏性大。在网络上聊天交友是大学生在网上的主要活动之一，网络的隐蔽性和匿名性使得大学生可以借助聊天工具畅所欲言，很容易找到“知己”，因而“网恋”也成为大学生网络交往的时尚。

（三）网络娱乐行为

大学生网络娱乐行为主要是看短视频、听音乐、看新闻资讯、看长视频、看小说、看动漫、玩网络游戏等，这些行为已经成为大学生休闲、消遣的主要方式。大学生在网络娱乐时更热衷于看短视频，其中哔哩哔哩、抖音等都是当下热门的短视频平台。

（四）网上创业行为

研究资料表明，有超过70%的在校大学生想创业。但现实创业由于投入多、成本高、风险大，限制了大学生创业的热情。随着互联网的快速发展和电子商务的蓬勃发展，具有门槛低、成本少、风险小等优点的网上创业越来越成为大学生创业的一种新选择、新趋势。

三、网络对大学生的影响

（一）网络对大学生的积极影响

网络对大学生的积极影响主要有以下几个方面。

（1）网络的开放性突破了传统教学的局限。传统教学主要以课堂教学为主，师生的交流主要在课堂，教学内容也限定在教材之中，学生与教师交流以面对面为主，没有其他途径。网络的出现给传统教学带来了巨大的冲击，师生能够通过网络在虚拟的环境中以多种方式进行交流、互动。网络能让大学生接触到更多的线上课程，这些课程利用了网络超时空、超大信息量的特性，能不断满足大学生独立学习与求知的需要，增强大学生的学习自主性。大学生如果能充分利用网络开阔视野、更新知识内容、完善知识结构，必然能有效地提高自己的学习能力。

（2）网络扩大了大学生的交往空间。互联网的出现是对大学生人际交往空间的扩展，网上聊天、发送电子邮件等网上活动成为他们人际交往的新方式。尤其是对于内向、不善于人际交往的大学生来说，他们不仅避免了许多尴尬和不愉快，而且可以以自己喜欢的方式进行网络交流，寻求内心的平衡，减轻或消除人际交往中的焦虑和不安，以自得其乐的形式满足自身交往的需要。同时，大学生玩网络游戏、刷视频等，可以减轻精神上的困惑和压力，缓解学习和生活中的紧张与焦虑。

（3）网络可以促进大学生自我意识的发展。个体通过自我意识来认识、调节自己，在环境中获得动态平衡，获得独特发展。网络世界具有的极大的时尚性、前沿性和预见性，这使大学生易于形成全球意识、公共意识、独立意识等现代意识。大学生以网络为媒介，在增长见识、开阔视野的同时，会有意识地对过去的自我进行审视和反省。同时，网络环境能够削弱个体的自卑、内疚等不良情绪，增强个体的自尊、自信、自豪感、成功感和自我效能感等积极的情绪体验。从总体上看，网络可以强化大学生的主体意识，增强主体精神，并通过自我控制和自我教育，反省自己的言行，有效地促进身心健康。

（4）网络可以推动大学生社会化的进程。网络开辟了大学生认识社会的新渠道。他们可以通过对网络虚拟世界的认知体验来进行现实世界中社会角色、职责及义务的思考，使自己具有危机感，从而体验内心冲突、认清自我的社会角色、强化社会责任、改变人生态度。

（二）网络对大学生的消极影响

网络对大学生的消极影响主要有以下几个方面。

（1）垃圾信息和不健康内容挤占了大量的学习时间。目前，网络上的内容质量参差不齐，其中不乏游戏、色情淫秽信息等对大学生吸引力极强的内容，一些大学生因无法抵抗诱惑，沉迷网络，进而直接导致产生不良的学习态度，干扰了正常的学习生活，阻碍了学习质量的提高，最终影响学业。

（2）网络上的虚拟世界使大学生淡化了现实生活中的人际关系。多元化的现实世界和复杂的情境往往使心理相对不成熟的大学生感到难以应对，当心中的愿望得不到期望的结果时，大学生就可能陷入迷惘、惆怅、孤单和空虚的心境中。而网络给他们提供了逃避现实、淡化矛盾的“理想”渠道，他们可以通过在网上寻找“真情”来填补心灵的孤独，消磨时间。然而，建立在虚拟世界中的交往远不能与现实的直接互动交流相比，在“人—机—人”这样一个相对封闭的环境里，个体在很大程度上失去了与他人、与社会接触的机会，这极有可能导致人与人之间关系的疏远，导致个人产生紧张、孤僻、冷漠及其他心理问题。同时，网络交流缺乏交往双方的表情和肢体语言等重要的信息，网络交谈的延时性也使其交流包含了更多的不确定性和虚假性，不利于提高个体的人际交往能力。

（3）部分大学生迷恋网络，自我沉溺。相对于现实社会中各种各样的制约，网络具有极大的自由性和随意性。它不受时间的约束，个体完全可以根据自己的主观需要和兴趣爱好去选择浏览内容，可在网络中扮演任意一种虚拟的角色。然而，这种交往在体现匿名性、丰富性、自由性的同时，道德特征却被弱化。大学生一旦过多地接触消极内容，会使自己难以自拔，变得无助和颓废，甚至偏离人生的正确轨道。

（4）沉迷网络使大学生忽略了规范，淡化了社会责任感。计算机与网络的出现使学习者从传统的教育方式中解脱了出来，然而，如果过度沉迷于网络的虚拟环境中，缺少面对面的情感交流，将会导致大学生逐渐失去接受道德与理想教育的兴趣，对前途产生迷茫，淡化对社会的责任感。

（5）因轻信“裸聊诈骗”“杀猪盘”“刷单”等网络诈骗，导致失常行为。网络诈骗防不胜防，大学生思想单纯、涉世未深、重义气，在遭受网络诈骗时，未及时求救，心理承受能力有限，进而导致了失常行为。

拓展阅读

网络的作用

网络只是一个信息交流的工具。人们要学会利用它，而不是被它束缚。我们应该感谢网络，因为通过网络，我们认识了很多志同道合的朋友，通过网络联系到了久未谋面的同学，通过网络做成了很多生意，通过网络购买了很多物美价廉的商品，通过网络学到了很多书本上学不到的知识，通过网络得到了相隔千里的共鸣……

网络就在我们的身边，我们无时无刻不在享受网络带给我们的变化和便捷。对我们而言，很多时候都会上网。无聊的时候会上网，无奈的时候会上网，无言的时候会上网，无助的时候也会上网。因为在网上，我们能够寻找到一丝快乐，有熟悉而又陌生的朋友，有听不完的美妙音乐，还有最疯狂的能让人忘记烦恼的游戏。网络似乎让人变懒了，让人在现实生活中懒得做事；网络似乎又让人变得勤快了，让人忘记了疲惫、忘记了饥饿……

网络究竟带给我们什么，是联通？是封闭？或是对另一空间的感悟？虽然常伴的是快乐，但为什么心里有时会莫名感到一种的空虚呢？

四、大学生上网的心理需求

大学生上网都有一定的心理动因，都为满足一定的心理需求。了解大学生上网的心理需求是开展大学生网络心理健康教育的重要前提。这些需求可分为积极的心理需求与消极的心理需求。

（一）积极的心理需求

1. 追求开放性与求知求新

网络是一个开放的信息源，多种文化、思想观念共生，为大学生追求开放性和多元性提供了平台。大学生非常渴望了解书本以外的各种知识、信息和周围多彩的世界。网络以其信息快、内容新、手段先进等优势极大地吸引了大学生的好奇心，引起了大学生的特别关注和兴趣，激发了大学生学习、掌握网络知识和应用技能的欲望，满足了大学生了解和探索外部世界的需求。互联网不仅是大学生探索世界的帮手，而且是大学生娱乐的工具，丰富的图文、声音、动画、软件等形式多样、取之不尽的信息，成为大学生闲暇之余的娱乐来源。

2. 满足自我实现的欲望

在网络世界里，每个人在一个非以貌取人的环境下拥有平等的发言权，人们不需要过多的遮掩，个体还可以建立个人主页，把自己的兴趣爱好等资料通过网络展示给其他人了解。由于网络的匿名性，网络还为大学生提供了一个重建自我认同的机会。网络平等自由的氛围适应了当代社会中对自由、平等呼声最高的大学生群体。在网络这个虚拟空间里，种种现实社会的限制都消失了，只要参与，任何人都是互联网的主人，都可以在网上按自己的意愿和想法，做自己想做的事。研究发现，经常上网的大学生能从网络中感受到平等的社会支持和评价，在网络中体验成功与抱负，能够将网络作为个人价值实现的平台。此外，网络对满足个人的自尊也有一定的积极作用。

3. 满足归属感的需求

对人类来说，寻求归属感是一种基本需求。大学生把互联网作为从事社交活动的工具，他们可以通过 QQ、微信和电子邮件等方式与同学、朋友、家人进行沟通，或者在虚拟社区、聊天室和网络多人游戏中与他人组成团队，这在一定程度上促进了大学生的交往与沟通。在互联网上，不同性别、年龄，不同兴趣爱好的人都能够找到自己喜欢的内容，结识自己喜欢的朋友。网络空间提供了许多不同的虚拟环境，让每一个人几乎都可以找到一个让自己感觉自在的地方。在互联网上，大学生的交往范围显著扩大，选择性明显增强，与网友的交往可以使他们隐藏于内心深处的爱与情感的需要得到满足，从而舒缓紧张、宣泄情绪。大学生还可以通过虚拟社区宣泄他们被压抑的不良情绪和情感，向网友倾诉自己的不快。

（二）消极的心理需求

1. 猎奇心理

网络世界既是信息的宝库，又是信息的垃圾场，存在大量低俗、违背传统道德甚至违反法律法规的内容，如宣扬血腥凶杀、恶意谩骂等暴力信息；侵犯他人隐私、侮辱诽谤他人等人身攻击信息；直接或隐晦表现人体性部位、性行为，散布色情交易，宣扬婚外情、一夜情等色情信息。一部分大学生上网是为了追寻一种在现实生活中难以了解、通过正当渠道难以获得的奇、艳事物或信息，并借以获得感官刺激。他们往往会出于好奇或冲动的心理刻意去寻找一些色情、暴力信息。而这些信息极易干扰大学生的正常学习生活，诱发他们的不良思想和行为。

2. 逃避心理

大部分学生在大学生活中都会遇到各种各样的挫折，如学习上的、感情上的、人际关系上的。部分大学生在现实中受挫时，往往愿意到虚幻的网络空间去倾诉，互联网成了他们逃避现实、寻求自我解脱的一个良好渠道。在网络上，大学生可以享受到网络特有的平等、自由、成功、刺激的感觉。学业与就业的压力、社会与家长的希望造成的心理压抑与孤独在网络上一扫而光。一些沉迷网络的人往往存在着现实的或潜在的归属认同危机感，如家庭成员之间的关系危机、在师长及同学面前缺乏认同等。这些大学生上网既是在逃避不愉快的现实，又是在寻觅另类的归属认同。

3. 宣泄心理

网络传播使话语权从少数人手中回归到大众手中，信息发布不再限制于少数渠道，因此，在传统媒介时代不能充分发表看法的人可以利用网络的随意性宣泄自己的观点和感情。在互联网上，大学生可以比在学校里、家庭里更随意地发表自己的看法、抒发自己的爱与憎、表达自己的思想，而不必担心会受到过多限制。现实世界的压抑情感可以被释放到网络上。但是群体讨论使群体的态度朝两极方向发展，原来赞成的更加赞成，原来反对的越发反对，这种群体极化的后果是人们对事物的认识趋于极端，由此更易造成错误的决策和行为。

4. 虚拟的自我实现心理

虚拟的网络可以成为大学生实现自我的一个理想场所，他们可以突破社会及他人对自己行为的评价，轻松实现从小梦想成为的侠客、富翁，可以在模拟战争中指挥千军万马、搏杀疆场。尤其是在网络游戏中，在冲破重重关卡后获胜的成就感和喜悦感能够最充分地满足大学生自我实现的需要，即使他们意识到或未意识到这种需要的满足是虚拟的。

虚拟的自我实现心理造成大学生脱离现实生活的同时，还会导致一些不道德的甚至犯罪的行为出现。有些大学生不能很好地理解自我实现、自我价值的真实含义，往往试图在网络中“大展宏图”。他们为了展示自己的能力，大胆地制造网络病毒、盗用他人电脑信息、刺探他人隐私、通过银行和信用卡盗窃和诈骗，给社会和他人带来严重的损失，也使自己受到法律的严惩。

课堂小互动

网络是一把双刃剑，你在网上交友的过程中有哪些经历或感受呢？网络对我们的影响有利有弊，试着讨论并分享：如何注意合理上网，以免自身受到不良影响？

成长建议

本节“成长烦恼”中，小余的情况在大学校园里较为普遍。近年来，随着网络普及率的提高，接触网络的人越来越多。与此同时，因网络而生的各种心理障碍也相继增多。但实际上，真正的网络成瘾症并不多，更多的是不健康的上网习惯导致网络心理问题，“成长烦恼”中的小余也是如此。因此，大学生需要培养良好的上网习惯，只有这样，在面对网络的诱惑时，才能不被其控制。

第一，养成健康的学习、生活习惯。上网之前先限定时间，明确上网的目的，把具体要完成的任务列在纸上，估计一下大概需要的时间。第二，不要把上网作为逃避现实生活问题或释放消极情绪的工具。否则，过度上网不仅不会帮助你解决问题，反而会在不知不觉中强化你的上网行为。大学生要学会利用网络发展自己，充分利用网络资源提高学习效率、工作水平和综合素质。

第2节
大学生常见的网络心理问题及调适

内容导读

随着网络技术的发展，互联网作为传播文化的新媒体，已经成为大学生学习知识、交流思想和休闲娱乐的重要平台，极大地满足了大学生信息资源共享、进行超越时空限制的交流等需求。网络的便捷性、交互性、广阔性深深地吸引了大学生，得到了大学生的高度认同。然而，网络本身存在着一定缺陷，网络环境往往较为复杂，并缺乏有效的管理和保护，再加上大学生正处于从不成熟向成熟转折的时期，自控力及自律能力较弱，世界观、人生观和价值观还没有完全形成，其行为易受外界影响，面对网络这个具有强大吸引力的工具，一些大学生非常容易迷失其中，从而产生各种心理问题。

本节主要介绍网络心理健康的概念和标准、大学生网络心理问题的表现，以及网络心理障碍的调适等内容。

成长烦恼

小谭，女，大一新生。她从小体弱多病，但聪颖好强，写作和音乐方面才能较突出，个性自负、任性、叛逆、敏感。其父母对她的期望非常高，从小到大对她的教育方式都比较专制，高考报志愿时，强迫她报考了自己不喜欢的专业，小谭的抵触情绪虽然很强，却不敢违背和顶撞父母，只有压抑在内心。收到大学入学通知书后，父母满心欢喜，减少了对小谭的约束，小谭自由地在网上聊天，倾诉苦闷，网络成了她最好的精神慰藉载体。

进入大学后，小谭很难融入大学的学习和生活，与他人相处总感到难以沟通，于是她几乎把所有的空闲时间都用在了网上聊天上。时间一长，她生活不规律，身体日渐消瘦；上课时注意力不集中，作业只能靠抄袭同学的才能按时上交，学习成绩受到影响；觉得做什么都没有意思，只有在网上找到与她心情相同的网友，才觉得能得到理解和支持；只有在网上搜集、浏览自己喜欢的信息时，她才会忘记一切不快和烦恼。而回到现实生活中时，不快和烦恼好像变得更加强烈，驱使她重新回到虚拟的网络世界中。如果一天不上网，她就感觉日子就没法过。她自己意识到过度上网对自己的伤害，但仍无法摆脱。万般无奈之下，她去了学校的心理咨询中心。

一、网络心理健康

（一）网络心理健康的概念

网络心理健康是心理健康的一个方面，是伴随着网络心理问题的出现而提出的。简单地说，网络心理健康就是人们在使用网络时能够保持积极的心态，不使用时能够保持心理平衡，能够较好地把握虚拟与现实之间的关系。在虚拟性与现实性之间以现实性为主导，使用网络时和离开网络时能够保持人格统一。

（二）大学生网络心理健康的标准

关于网络心理健康的标准，在心理学界还没有一个科学的、统一的标准，但是，一个心理健康的大学生在网络心理方面至少要做到以下几个方面。

1. 有正确的网络心理健康意识或观念

一个心理健康的人首先要具有正确的心理健康意识或观念，认识到心理健康的重要意义和现实价值；其次，要能够运用正确意识指导自己的心理和行为。

2. 良好的自我控制能力

网络只是我们生活的一部分，而不是生活的全部。上网应该有较强的目的性和时间性。不论是为了获取信息还是为了休闲消遣，都应该有节有度，不要因为上网影响了正常的学习、工作和生活，扰乱了自己的生物钟。因为浓厚的兴趣而不分昼夜、放弃原定的安排，沉溺网络，显然是不正常心理。大学生培养自我控制能力，对于保持心理健康是非常重要的。

3. 能保持良好人际交往和环境适应能力

网络交往因为具有隐蔽、间接的特点，对于一些没有“慎独”素质的大学生而言，其自律行为和责任心就会下降，在网上交往时具有明显的欺骗性，如进行人身攻击，讲脏话、谎话、黄色笑话等。有些大学生对网络环境下的交往方式很不适应，遇到上述问题，往往会心理失衡、生闷气等。所以，健康的心理应该是用平静的心态去面对这些状况。如果不是对方造谣生事、恶意诽谤，都应该泰然处之，不必大动肝火。同时，在离开网络后能够进行正常的人际交往，保持和谐的人际关系，积极适应周围的环境。

4. 对信息有辨认真伪的能力

网络世界的信息让人目不暇接、真伪难辨。如果用怀疑一切的心态对待网络信息，势必有失偏颇，也得不到任何有用的东西。如果盲目地接收一切网络信息，势必囫囵吞枣，可能产生错误的判断。例如，有人在网络上恋爱多时，见面才发现对方与网络上的相差甚远。健康的心理表现为能运用现有知识，理智地辨认和分析错误信息，能够有勇气及时纠正自己的认知和行为。

5. 能正确对待和处理网络与现实生活的关系

网络信息是现实生活的反映。虽然这种反映有正确反映和歪曲反映之分，但网络信息的基础仍然是现实社会。逃避现实生活其实是人格不健全的表现。使用网络的时间应以身体健康为底线，以不影响身体健康为前提，离开网络后不会因为使用网络导致身体的感觉器官、神经系统及其他身体机能下降或失调，能够保持机体的平衡。

二、大学生网络心理问题的表现

（一）痴迷网恋

随着网络的迅速发展和普及，网恋在当代大学生群体中普遍存在。大学生网恋不仅具有比例高、公开化的特征，而且具有轻率、速度快的特点。有些大学生第一次接触便迅速在网络中确立恋爱关系。一项相关调查显示，超过 40% 的大学生相信网恋有成功的可能性，超过 60% 的大学生对网恋持中立态度。恋爱一旦与现代化的网络联系在一起，就被蒙上了神秘的色彩，因此大学生很容易沉迷网恋，把网络爱情视为生活的唯一追求。

某网络公司的一项网恋调查显示，网恋成功率仅为千分之一，见过面就分手是网恋的普遍现象。还有一些大学生因为网恋失败，不得不到心理咨询中心求助，问题严重的甚至出现精神崩溃现象。此外，网恋的欺骗性对一些大学生更是一个沉重的打击。许多不良分子利用网络扮演网恋者的角色，欺骗大学生的感情，使得大学生上当受骗，一些受到打击的大学生由于得不到及时的引导，而断送了一生的前程。因此，大学生要充分认识到网络世界存在的虚拟性和险恶性，对网络恋情多一分清醒，少一分沉醉，时刻保持高度的警惕性。

拓展阅读

当心利用网恋诈骗

据媒体报道，海口市公安局刑警队曾抓获一名以网恋的形式疯狂诈骗大学生钱财的女骗子王某。她在一年多的时间里，先后骗取了海南多所院校在校大学生的钱财 10 万余元，受骗学生达 20 人之多。

大学生受骗有四个方面原因。一是大学生正处于强烈情感需求阶段，渴望友情和爱情，期待与同龄人的心灵交流。二是网络的隐匿性从一开始就给了网恋发展的空间，并且使网恋笼罩上了一层神秘而浪漫的面纱。三是网恋的神秘和浪漫对于大学生有着强烈的吸引力，再加上现实人际交往中有种种问题存在，这些都促使相当一部分大学生选择了网恋，试图给自己的大学学习生活带来快乐。四是在网恋中大学生心思单纯、戒备心低，容易信任陌生人。

网络信息真假难辨、良莠不齐，大学生在进行网络交往时要提高警惕，增强法律意识和网络安全意识，健康上网、文明上网。

（二）网络依赖

网络依赖是近年来出现在大学生群体中的一种心理障碍，它起源于大学生对于网络空间的无限想象。网络内容良莠不齐，难以被监控和筛选，但其超出想象的刺激性和娱乐性又极易使人上瘾，对大学生群体具有特殊的吸引力。大学生自控能力较弱、模仿能力强，致使许多大学生上网后极易坠入虚拟的网络世界而不能自拔。他们长时间沉溺于短视频、网络游戏、上网聊天、网络技术（安装各种软件、下载使用文件、制作网页等），醉心于搜索信息、网上猎奇，对网络过度依赖。

在虚拟的网络世界，大学生下意识或无意识地将网络当成自己的另一番天地，把上网当成人生最大的快乐，导致个人身心受损，正常学习、工作、生活及社会交往都受到严重影响。

（三）人格障碍

网络人际交往还可能诱发各种人格障碍，比较突出的有攻击型人格障碍、双重人格或多重人格障碍等。鉴于网络人际交往具有匿名性的特点，大学生在网络生活实践中养成的攻击性言行特点可能会强化其人格特质中的攻击性因子，使其形成攻击性人格。双重或多重人格是指在一个人身上体现出双重或多重人格，在不同时间与地点交替出现。由于虚拟社区和聊天室普遍采用化名式的“网名”，大学生往往都有自己的虚拟身份，部分大学生在网上交际时经常扮演与自己实际身份和性格特点相差悬殊甚至截然相反的虚拟角色。有些大学生还同时拥有多个分别代表不同身份和性格特点的网络角色，男扮女、女扮男的现象也非常普遍。在这种情况下，很多大学生经常面临线上线下判若两人的多重角色差异和角色冲突。当多重角色之间的冲突达到一定程度或角色转换过于频繁时，大学生就会出现心理问题，产生双重或多重人格障碍。

（四）网络迷失、自我认同混乱和网络越轨行为

在以手机、平板、计算机为终端的网络中，人们由于匿名性而隐去了身份，许多现实社会中的道德规范在虚拟世界中无法发挥作用，大学生在网络上表现个人自我而把社会自我抛得越来越远，甚至企图借助网络在现实社会中凸显自我，将自我凌驾于社会之上。由于网络道德体系尚处于建构和规范之中，大学生自我约束能力不足，道德自律行

为和意识淡薄，就很容易产生在网络中特别自由、无所限制、为所欲为的感觉和冲动，进而做出一些不道德且在现实社会中不可能做的事情。

三、大学生网络心理障碍的调适

（一）具备正确的网络认知

大学生应认识到网络只是一个工具，网络资源是人类社会不可缺少的资源，对网络的破坏与滥用就是对社会正常秩序的极大破坏，会危及我们每一个人。大学生应该认清网络社会并非真实的社会，网上暂时的成功并非真实的成功，虚拟的情感宣泄与满足也并非能带来真正的快乐。那些迷恋上网而不能自拔的大学生，随着上网时间不断延长，他们的记忆力开始下降，对学习也逐渐产生厌烦感，并进而出现逃课上网、对各种活动漠不关心、进取意识减弱、与周围同学关系紧张等现象。

夸大网络的功能并进而认为网络是解决一切问题的“灵丹妙药”，或因为网络的消极作用进而全盘否定网络的作用都是错误的。大学生只有对网络树立正确的认知，才能合理地使用网络资源，准确把握自我，认清自己的真实需要，处理好虚拟与现实社会的关系，避免网络心理问题的产生。

（二）加强自律与自我管理，培养健康文明的网络心理素质

1. 养成良好的上网习惯

养成良好的上网习惯是进行自律与自我管理，培养健康文明的网络心理素质的首要条件。良好的上网习惯包括良好的心理习惯、良好的行为习惯和良好的道德习惯。良好的心理习惯包括良好的上网心理需要、动机、兴趣、信念、理想和网络管理，它贯穿于包括认知、情感和意志过程在内的整个网络心理活动过程。良好的行为习惯主要是指大学生上网的时间、频率及各种安排应当合理，并做到行为文明。良好的道德习惯是指大学生必须具备优良的网络道德品质和修养，遵从善恶标准，维护网络环境。同时，大学生应安装国家反诈中心 App，自觉保护自身安全。

2. 养成健全的网络自我意识和网络人格

网络自我意识是指个体在网络行为活动和网络社会中对自己的身心状况、自己与他人，以及自己与周围世界关系的意识，是人格结构的核心部分。自我意识是人的心理区别于动物心理的重要标志，是人的意识的本质特征。网络自我意识是人在网络这个特殊环境中的一种特殊的认知过程。大学生在网络环境中不能丧失这个认知能力，必须保持清醒的认知意识。

健全的网络人格是指在使用网络时能保持健全的人格。健全的网络人格包括在网络环境中客观的自我认识、社会适应良好而独立、适宜的人际关系、稳定乐观的情绪、协

调的人格结构等。只有具备良好的自我意识和健全人格的网络主体，才能成为适应网络和现实社会的人。

3. 养成高尚的网络道德和心理品质

网络道德和心理品质是网络心理素质的重要组成部分。网络给道德伦理带来的问题主要有信息污染和信息欺诈、“信息崇拜”的负效应、对个人隐私的挑战、对知识产权保护的威胁、对网民道德人格的考验等。大学生在面对诸多网络道德伦理的考验时，要学会自尊、自爱、自律、自省和自我管理，提高网络道德意识和水平。

高尚的网络心理品质是指个体在网络环境中积极、健康、平和，以集体和他人利益为重的心理品质。大学生要不断提高网络道德认知和实践水平，培养高尚的网络道德和心理品质。

4. 培养优雅的网络情趣和审美格调

面对网络这个良莠不齐、充满诱惑的空间，大学生必须提高自己的辨别能力，同时要提高自己的审美能力，在网络环境中，保持高昂的情调、高雅的格调和较高的审美能力，拒绝使用低俗的语言，不要观看庸俗的内容，不要发表不堪入目的言论，等等。大学生应提高包括对网络图片、文字、广告、影视在内的审美情趣。

（三）积极配合团体心理辅导

团体心理辅导是由心理辅导者指导，借助团体的力量和各种个体心理辅导理论与技术，就团体成员面对的心理问题与他们共同商讨，进行行为训练的活动。它能为团体成员提供心理帮助与指导，使每一位团体成员学会自我疏导，以促进团体成员共同发展或解决他们共有的心理障碍，最终实现改善行为和发展人格的目的。

团体心理辅导把求询者放入辅导与治疗团体中，建构一个群体环境。在团体中，网络心理障碍者会发现自己的心理问题并不是独一无二的，团体中的其他人有着相似的忧虑和许多相似的情绪体验，从而可以降低心理上的担忧与焦虑程度。他们的心理认同感很强，群体归属感增强，感受到社会和心理的支持，服从群体的从众行为增加，群体的稳定性提高。在团体中，网络心理障碍者在讨论交流等相互辅导活动中可以意识到，不论是在交流解决问题，探索个人价值、人格形成，还是发现共同的情绪体验上，同一团体的人都可以提供更多的观点，并分享团体中的共同资源。而且，在团体辅导的环境中，求询者之间存在着情绪、态度和行为意向的互动，相互感染的群体氛围和群体压力，成员之间的模仿与监督，这些都有利于网络心理障碍者健康心理的获得与稳固。更为重要的是，团体是社会的缩影或反射，是一个微型社会，因而它为网络心理障碍者提供了行为训练的练习场所。在团体相对安全的氛围里，网络心理障碍者共有的或相似的情感、行为，以及一些态度（如对抗、恐惧、怀疑、孤立等）都可以被辨别出来并加以讨论。辅导者提供的行为训练理论与操作技巧指导可以在这里得到检验、反复练习和强化，这样心理障碍者更容易培养健康的态度和行为并稳定下来。

拓展阅读

网络心理障碍的团体心理调适

团体辅导方式有师生辅导、成员互相辅导、讲座、小组讨论、行为示范等。网络心理障碍的团体心理调适的内容至少要包括以下几个方面。

（1）缓解求询者的心理紧张和焦虑情绪，利用成员的相互介绍和成员共同参与度高的游戏活动转移他们对心理障碍的过度关注，放松心情，初步拉起一道心理安全网。

（2）在此基础上，让成员讲述各自的成长经历，并做自我评价。其他成员获得和他人一样的体验，产生情感与心灵的共鸣。

（3）开展网上信息认识的讨论交流，引导他们正确评价网上信息，共同为提高自身的信息素养出谋划策。

（4）展开网络与网络技术的研讨，使他们明了网络的两面性、技术中立性和网络技术的工具性。

（5）运用“头脑风暴法”让求询者把网上人际交往与现实中的人际交往的异同一一列举出来，并进行归因。之后，再让全体成员倾诉各自在人际关系上的困惑，成员间进行互相辅导，帮助对方寻根究源，寻找人际关系改善的途径。

（6）设定基本的人际交往情境，辅导者对交往行为进行示范，求询者模仿学习。

（7）小组讨论上网行为的自我管理，彼此订立互相监督的上网契约。

课堂小互动

制订《健康上网的心理训练计划》

（1）列举三件自己认为上网应该做的事，按重要程度排序；再列举自己实际上网最常做的事及所花的时间，并按所耗时间排序。

（2）小组分享：将上网应该做的事和实际上网最常做的事进行比较，找出两个答案不一致的地方，分析造成不一致的原因。

（3）小组讨论制订《健康上网的心理训练计划》，小组成员共同执行，相互提醒、检查与督促。

（4）坚持定期检查总结，最好每月一次，发现问题，及时解决。

成长建议

本节“成长烦恼”中，小谭已经明显地表现出对网络的交际依恋。当需求无法在生活中得到满足，网络就成为大学生的精神寄托。在网上耗费的时间越久，与现实脱离的时间就越长。随着上网时间不断延长，学业荒废，对各种活动漠不关心，进取意识减弱，人际关系更加紧张，而现实生活中的打击不断，大学生就会随之挫败感增强，失去自我调节和控制的能力，再逃回到网络的理想化状态中来弥补现实的遗憾，造成了对网络依恋的进一步加深。

大学生防治网络依恋应该做到以下三点。第一，有节制地上网，培养自制力。第二，积极投身于现实生活。第三，要学会正视挫折，不要把上网作为逃避现实生活或缓解消极情绪的工具，要认识到使自己沉迷网络的现实压力因素，勇于面对生活中导致挫折感的具体问题，努力寻求解决问题的办法。

第3节 网络成瘾及其防治

内容导读

在现实生活中的社交不断遭遇挫折，而在网络上社交游刃有余，势必导致更多的重复上网行为。具体来说，寻求社会赞许需求较高的人、社交焦虑比较严重的人，他们有可能在现实生活的交往中遇到相对较多的困难，而网络具有的匿名性、有限的感官接触等特点，使他们在网上社交中易获成功，因此这些人容易网络成瘾。

网络成瘾倾向较为严重的个体，不仅在社交焦虑、羞耻感的水平上显著高于正常的网络使用者，且抑郁程度也显著高于正常群体。现代医学证明，一个人如果不能控制对网络的依恋，很容易患上“网络成瘾”，医学上又称之为“病态性使用网络”。这种行为会损害人的身体健康，使人在生活中出现各种行为异常、心理障碍。

本节主要介绍网络成瘾及其防治等内容。

成长烦恼

“我要变身，变成血龙就能打死他们……”20岁的小辉一边大喊，一边用指甲在手臂上抓出一道道血痕。这样的场景，几乎每天都发生在小辉的家中。心理医生说，这是小辉长期上网成瘾导致的精神障碍，被称为习惯与冲动控制障碍，这种精神障碍令小辉在某种强烈欲望的驱使下，做出伤害自己或他人的行为。“都是网络游戏害的！”小辉的母亲含着泪说。小辉读小学时就开始逃学上网，之后一发不可收拾。后来网瘾加重，常幻想自己是游戏人物，轻则胡言乱语，重则自残或动手打父母。如今，小辉的精神状况时好时坏，无法控制。有时口中痛骂“网络害人”，视线却离不开电脑屏幕。医生说他必须入院治疗，靠开摩托载客为生的父亲却为治疗费发愁。为小辉治病多年，这个家庭已花光所有积蓄。

一、网络成瘾

（一）网络成瘾的概念

成瘾是指外来物质进入人体引起的一种心理生理过程的依赖性。日常生活中对烟、酒、茶、咖啡的嗜好，因医疗用药不当而造成的对医源性药物的依赖，以及对毒品的瘾癖，都是机体对这些物质产生了依赖性。

网络成瘾又名病理性网络使用，是指长期使用网络导致的一种慢性或周期性的着迷状态，并带来难以抗拒的再度使用网络的欲望。其主要表现为如下几个方面：对网络有一种心理上的依赖感，不断增加上网时间；从上网行为中获得愉快，不上网时感觉不快、焦虑和抑郁，强行中断会出现戒断症状；在个人现实生活中极少参与社会活动或与他人交往；以上网来逃避现实生活中的烦恼与情绪问题。

（二）网络成瘾的类型

原北京军区总医院成瘾医学中心在对3000多例网络成瘾患者进行临床诊断、获得治疗经验的基础上，把网络成瘾分为了六种类型。

A型：单纯性网络成瘾症。此类成瘾者沉迷于网络，是以玩各类游戏、聊天及观看网络节目为主的一种类型。

B型：情感性网络成瘾症。此类成瘾者把全部的情感和精力都投入网络交友中，把网络上的朋友看得比家庭成员更为重要。

C型：网络游戏性成瘾症。此类成瘾者将大量的时间和金钱花费在网络游戏等活动中。

D型：信息性网络成瘾症。此类成瘾者花费大量的时间在搜索和搜集与自己工作、学习无关或不迫切需要的信息上，造成工作和学习效率下降。

E型：程序性网络成瘾症。此类成瘾者往往自认为能成为一流的游戏和计算机程序设计者，不能自拔，影响正常的工作和学习。

F型：强迫行为性网络成瘾症。此类成瘾者不可自控地参加网上赌博、网上购物及网上拍卖等商业活动。

（三）网络成瘾者的心理问题

网络成瘾者容易滋生出很多心理问题，比较典型的有以下几种。

1. 孤独感增加

心理学家指出，当一个人专注于某一事物时，对其他事物都有不同程度的忽视。长时间与网络相处，会在情感上对网络产生眷恋和过分依赖，一旦离开网络，就很难表达自己，无法与他人沟通，产生心理上的孤独感。网络隔绝了人与人之间的直接交流，必然会产生心理上的孤独。

2. 自我迷失感加剧

在网络世界里，人们频繁地更换角色，以致无法确定自己的角色和位置。在网络里，人们的表现可以和现实生活中截然不同。一个现实生活中内向、不善言辞的人，也许在网络上非常幽默风趣；一个胆小怕事的人，在网络上也许是一个爱表现自己的人。长期的性格错位会让人逐渐迷失自己，忘记自己在现实生活中的真实角色。

3. 自我约束力降低

由于网络中的网友彼此不见面，平常不敢说的话可以说了，不能做的事也可以在网上实现，因此人们可以在网络上充分地暴露和宣泄自己压抑在内心深层的需要和欲望。但是，这种无谓的宣泄带来的后果却是自我约束力的下降，人若沉迷其中，正常的生活、学习、工作就无法继续。很多有网瘾的大学生可能都有这样的体会：几次痛下决心戒网，但在关键时刻又不由自主地忘记了自己的决定。

4. 导致思维的惰性

网上资料应有尽有，有求必应，只要点击鼠标，想要的东西就会成倍地展现在面前，这就使人产生了思维的惰性。有些大学生一遇到难解的问题，就会不自觉地想到网上去找答案。网络成了万能的“老师”，自己的头脑却越来越迟钝了。

5. 学习兴趣下降

很多大学生经常以牺牲学习时间和减少睡眠时间来获得更多的上网时间。通宵达旦的网上生活使他们即便在学习时也会经常想到聊天、游戏相关的内容，逐渐对学习失去兴趣，导致学习成绩下降。学习成绩的下降又会使他们自暴自弃，更加沉溺于网络的虚拟世界中。

拓展阅读

网络成瘾临床诊断标准

症状标准

（1）对使用网络有强烈的渴望或冲动感。

（2）减少或停止上网时间后会出现周身不适、烦躁、易被激怒、注意力不集中、睡眠障碍等戒断反应。上述戒断反应可通过使用其他类似的电子媒介（如电视、掌上游戏机等）来缓解。

（3）下述5条中至少符合1条：①为达到满足感而不断增加使用网络的时间和投入的程度；②使用网络的开始、结束及持续时间难以控制，经多次努力后均未成功；③固执地使用网络而不顾其明显的危害性后果，即使知道网络使用的危害仍难以停止；④因使用网络而减少或放弃了其他兴趣、娱乐或社交活动；⑤将使用网络作为一种逃避问题或缓解不良情绪的途径。

严重程度标准

日常生活和社会交际能力受损（如社交、学习或工作能力方面）。

病程标准

平均每日连续使用网络的时间达到或超过6小时，且符合症状标准已达到或超过了3个月。

二、网络成瘾的预防与治疗

（一）预防大于治疗

从个体角度看，科学地认识和使用网络可以最大程度地减少网络依恋及网瘾的产生。大学生预防网络成瘾可以从以下两方面着手。

1. 通过自我调节有效预防网络成瘾

第一，大学生要建立健康向上的心态，以形成对网络成瘾的自然“免疫”。定期进行心理自我调节和疏导，让日常的紧张情绪得以放松，从而建立并保持对网络成瘾的自然“免疫”。

第二，大学生要培养对所学专业的兴趣，不断提高自制能力。可以通过如下方式进行：一是针对自己所学专业制订一个切实可行的计划，并在每晚睡前检查完成情况；二是选择一个同学协助你完成计划，既可以相互监督，又可以相互学习；三是试着在生活中找一些难度不大的计划，如每天坚持体育锻炼30分钟，用自己的努力和毅力完成它，如果完不成，就要找原因并用日记本记录下自己感受和困惑。

2. 通过主动寻求专业帮助预防大学生网络成瘾

大学生可以主动要求心理咨询中心的老师对自己进行单独咨询。大学生可以通过面对面的交流及时解决大学生心里的烦恼和困惑，提升学习和生活的信心。大学生还可以通过组织班级同学集体进行心理辅导，通过班级内的人际交互作用，运用团体动力和适当的心理咨询技术，帮助全体同学认识自我、探索自我，调整、改善与他人的关系，学习正确的学习态度和方式，从而促进整个班级同学的自我发展和自我实现。

（二）综合治疗模式

随着社会对网络成瘾问题的关注，治疗网络成瘾的尝试增多，形成了各具特色的治疗网瘾的方法。治疗网络成瘾大致可以分成两种模式：一种是教育和心理治疗模式，另一种是医疗机构药物治疗模式。

1. 教育和心理治疗模式

在采用教育和心理治疗模式的最初阶段，治疗者或治疗机构通常首先采用说服教育、感化的方式让网络成瘾者深刻认识到网络成瘾的危害性，使其承认并正视这个问题，从而主动配合各种方案的治疗。通常使用的方法是认知疗法、行为矫正法或团体辅导法。

认知疗法是对网络成瘾者进行领悟指导，使他们意识到真正产生网瘾的原因并不是电脑或网络本身，而是个体使用电脑或网络的主观活动。认知疗法通过与患者的讨论或辩论来动摇他们对网络的依赖信念。

行为矫正法包括行为干预和习惯矫正。行为干预通过厌恶疗法、系统脱敏法、行为契约法等削弱不良的上网习惯，从而实现控制上网行为。习惯矫正通常是采取军事化管理、越野等方式养成新习惯，一般都是封闭式训练 1 个月，有些需要 3 个月甚至 6 个月以上。

与个别咨询相比，团体心理辅导具有一些有利于治疗网络成瘾的独特特点。例如，团体能够为成瘾者提供一个相对安全的环境，成瘾者在团体中获得归属感；团体成员之间可以互相交流学习；在团体中通过助人与自助也可增强成瘾者的自信心，帮助其注意到自身的优势和力量，等等。团体咨询的小组成员人数以 6~8 名为宜，由 1~2 名咨询员主持，通常每周会面一次，每次的会面时间为 2 小时左右。

2. 医疗机构药物治疗模式

坚持使用药物治疗的学者认为，网络成瘾是由生物学因素引发的。临床治疗发现，在超过一半的网络成瘾者中，存在大脑前额叶细胞代谢功能低下、葡萄糖代谢比正常人低、注意力缺陷及多动障碍等生理性特点；有部分网络成瘾者伴有抑郁、焦虑、社交恐惧等症状，脑科学证明，这些症状的部分原因也是脑功能出现了问题。要应对这些问题，单纯的说服教育、行为矫正起不到明显效果，必须使用药物治疗。《网络成瘾临床诊断标准》明确了网络成瘾者应由具有精神科的医疗单位收治，因为除医疗单位以外的其他单位不具备应有的医学知识，且没有科学手段来鉴别网络成瘾者是否由生物学因素引起，从而不能对症下药。

专家认为，网络成瘾是可以治疗的，一般治疗时间为3个月左右。80%的患者都可以通过治疗摆脱瘾病。无论是哪种模式的网络成瘾治疗，目前都处在不断争论、探索和实践尝试之中，不科学的办法会逐渐被放弃。如果医疗机构和社会机构共同配合，把两种模式中的科学方法有效结合起来，更快更好地治疗网络成瘾则指日可待。

拓展阅读

电脑综合征

电脑综合征是最近几年提出的。电脑显示器是高亮度、有闪烁、带辐射的，长时间注视易导致临时性近视，同时眨眼次数减少也会引发视觉疲劳，眼睛干涩、发红，有灼热感，有时还伴有眼睑、额头部位的疼痛，部分人群表现出恶心、呕吐，甚至头部发热等不良症状。

1. 电脑综合征产生的原因

用电脑时，人们的坐姿很少有变化，持续过久容易导致腰背肌群疲劳，严重者还会有颈椎和腰椎劳损。每天用鼠标重复工作，手腕长期、密集、反复地过度活动，会逐渐形成关节损伤，也就是人们常说的“鼠标手”。在操作电脑的过程中注意力高度集中，眼睛和手指快速频繁运动，生理、心理都不堪重负，从而造成头晕目眩、失眠多梦、神经衰弱、身体免疫力下降。同时，长期面对电脑也会对人的心理产生一定的影响，过度上网容易使人产生社会隔离感及沮丧、孤僻、悲观等心理障碍，甚至诱发一些精神方面的疾病。电脑综合征对身心带来的伤害是累积性的，对其进行有效预防也应从生活点滴做起，才能避免引发更加严重的疾病。

2. 临床症状

（1）“鼠标手”。“鼠标手”是电脑族出现后的又一个新兴医学名词。网络游戏者或那些在工作中必须使用电脑的人每天重复在键盘上打字和移动鼠标，易引起腕管综合征，俗称“鼠标手”。

腕管综合征的主要症状表现为正中神经分布部位出现感觉异常（主要是拇指、食指、中指掌侧），随症状加重，患者会在夜间出现疼痛和感觉异常，如果症状持续发展，可使正中神经进一步损伤，引起皮肤感觉缺失和鱼际肌肌力减退，对掌活动乏力，晚期可有鱼际肌萎缩。腕部掌侧韧带和腕骨形成的腕管中有正中神经穿过，当腕部处于背屈状态时，腕部肌产生的力作用于韧带，从而压迫腕管中的正中神经。

（2）角膜炎、结膜炎。在电脑前的时间过长，容易患干眼症，又称角结膜干燥症。这是由于长时间注视电脑屏幕，眨眼次数减少引起的，正常人眨眼间隙大约5~6秒钟，而这些注意力高度集中于电脑的人，其眨眼间隙可高达30秒之长，而且眨眼程度不完全。这样，人眼前保护眼球的泪水被空气蒸发，导致角膜和结膜干燥，会引发角膜炎、结膜炎等一系列眼部疾病，特别是处于空调环境或配戴隐形眼镜的人，眼干燥症状更加明显。

（3）脊椎变弯错位。医院门诊处接待的颈椎病人越来越低龄化，很多20多岁的年轻人得了以前50多岁的人才会得的病。这是由于年轻人在电脑前坐的时间越来越长，长时间不正确的姿势极易导致颈椎病变。据卫生部门一项调查，每天使用电脑超过4小时的人中，81.6%的人的脊椎都出现了不同程度的侧弯。脊椎侧弯是指在两脚长短差距大于0.3厘米时，全身脊椎有3个以上脱位。电脑族脊椎侧弯部位以上段胸椎和肩胛骨为主。脊椎错位不但令关节失去功能，影响灵活性，而且会有肌肉抽紧剧痛和乏力，胸闷、脖子痛、腰痛、膝痛、脚麻等症状，甚至可能造成肌肉萎缩。由于脊椎神经受压，严重者更会令心肺等各器官功能不断衰退。

（4）癫痫。某大一学生小林在网上连续玩了10个小时游戏后，忽然感到视线模糊、头痛、恶心，最后全身抽搐。送到医院后，他被医生诊断为“光敏感性癫痫”。医院癫痫外科诊疗中心对1000多例癫痫患者的临床诊疗统计表明，由长时间使用电脑、观看电视、打游戏机等诱发的癫痫病屡见不鲜，这部分患者年龄大多集中在20岁至40岁之间，大约占癫痫患者的1/3。

研究表明，癫痫发作是由大脑皮层异常兴奋引起的，诱发因素多种多样，包括疲劳、兴奋、气味和光刺激等。其中，由闪烁的光线刺激诱发的癫痫在临床上被称为“光敏感性癫痫”。有关此类疾病的最著名事件是1997年日本儿童的集体癫痫发作。当时，电视台播放动画片《皮卡丘》，由于画面强烈闪烁和色彩急剧变化，当晚共有近700名日本儿童因癫痫发作就诊。

3. 对应措施

（1）注意正确的姿势。操作电脑时，坐姿应正确舒适。将电脑屏幕中心位置安装在与操作者胸部同一水平线上，眼睛与屏幕的距离应在40~50厘米，最好使用可以调节高低的椅子。

（2）注意周围环境。放置电脑的房间内光线要适宜，不可过亮或过暗，避免光线直接照射在屏幕上而产生干扰光线。

（3）注意劳逸结合。一般来说，连续使用电脑一个小时后应休息10分钟左右。

（4）保持皮肤清洁。应经常保持脸部和手的皮肤清洁，防止静电辐射。

（5）注意养成良好的卫生习惯。使用电脑时不宜一边操作电脑一边吃东西，也不宜在电脑边上就餐，否则易造成消化不良或胃炎。若接触电脑键盘较多，使用完毕应洗手以防细菌入体。

（6）使用电脑时如果采取一些防护措施，或许能减少电脑带来的伤害。例如，在电脑屏幕前加一个视线保护屏，就能减少屏幕对眼睛的刺激。

成长建议

本节“成长烦恼”中，小辉患上了网络游戏成瘾症。网络游戏成瘾症主要表现为玩电脑游戏的时间失控，随着乐趣的增加而深陷其中，难以自拔，并且忽视现实，人际关系淡漠。对于网络游戏，从精神上依赖进一步发展为躯体上依赖，出现情绪失常、头昏眼花、两手发抖等症状。这是因为持续上网使神经中枢高度兴奋，肾上腺素分泌增多，血压升高，体内神经递质分泌紊乱。长期玩游戏还会导致自我意识的混乱。

对此，网络成瘾者应寻求心理医生的帮助，严重者需要到医院精神科进行治疗。

心灵感悟

遵守行为规范　共建文明社会

行为规范是社会群体或个人在参与社会活动中遵循的规则、准则的总称，是社会认可和人们普遍接受的具有一般约束力的行为标准，包括行为规则、道德规范、行政规章、法律规定、团体章程等。行为规范是在现实生活中根据人们的需求、好恶、价值判断而逐步形成和确立的，是社会成员在社会活动中应遵循的标准或原则。行为规范是建立在维护社会秩序理念基础之上的，因此对全体成员具有引导、规范和约束的作用。引导和规范全体成员可以做什么、不可以做什么，以及该怎样做，是社会和谐的重要组成部分，是社会价值观的具体体现和延伸。

大学生在使用网络的过程中，不要触碰红线，应提高警惕性，增强防范意识，不信谣、不造谣、不传谣，增强法律意识、提高法治素养，明辨网上信息真伪，谨防受骗。要遵守网络行为规范，共建文明社会。

心理指南

网络依赖度问卷

☑ 指导语

你是否怀疑自己的网络行为已经开始成瘾？请你根据自己的实际情况对以下 20 道

题进行选择。

☑ 测试内容

（1）你发现自己上网的时间会超出预计时间。（　　）

A. 罕见　B. 偶尔　C. 较常　D. 经常　E. 总是

（2）由于上网时间太多，你忘记了要做的事情。（　　）

A. 罕见　B. 偶尔　C. 较常　D. 经常　E. 总是

（3）你觉得上网的愉悦已经超过了与朋友间的相处。（　　）

A. 罕见　B. 偶尔　C. 较常　D. 经常　E. 总是

（4）你会与网上的人建立各种关系。（　　）

A. 罕见　B. 偶尔　C. 较常　D. 经常　E. 总是

（5）你的亲友会抱怨你花太多时间在网上。（　　）

A. 罕见　B. 偶尔　C. 较常　D. 经常　E. 总是

（6）由于你花在网上的时间太多，耽误了学业和工作。（　　）

A. 罕见　B. 偶尔　C. 较常　D. 经常　E. 总是

（7）你宁愿去查收电子邮件，也不愿去完成必须做的工作。（　　）

A. 罕见　B. 偶尔　C. 较常　D. 经常　E. 总是

（8）上网影响了你的学习或工作。（　　）

A. 罕见　B. 偶尔　C. 较常　D. 经常　E. 总是

（9）你会尽量隐瞒你在网上的所作所为。（　　）

A. 罕见　B. 偶尔　C. 较常　D. 经常　E. 总是

（10）你会同时想起网上的快乐和生活的烦恼。（　　）

A. 罕见　B. 偶尔　C. 较常　D. 经常　E. 总是

（11）在你准备开始上网时，你觉得早就渴望上网了。（　　）

A. 罕见　B. 偶尔　C. 较常　D. 经常　E. 总是

（12）没了互联网，生活会变得枯燥、空虚和无聊。（　　）

A. 罕见　B. 偶尔　C. 较常　D. 经常　E. 总是

（13）上网被人打扰时，你会恼怒或吵闹。（　　）

A. 罕见　B. 偶尔　C. 较常　D. 经常　E. 总是

（14）因深夜上网而睡不着觉。（　　）

A. 罕见　B. 偶尔　C. 较常　D. 经常　E. 总是

（15）睡觉时你仍全身心地想着上网或幻想着上网。（　　）

A. 罕见　B. 偶尔　C. 较常　D. 经常　E. 总是

（16）你总是想上网时间再长一些。（　　）

A. 罕见　B. 偶尔　C. 较常　D. 经常　E. 总是

（17）你尝试减少上网时间，但却失败了。（　　）

A. 罕见　B. 偶尔　C. 较常　D. 经常　E. 总是

（18）你会向人掩饰自己上网的时间。（　　）

A. 罕见　B. 偶尔　C. 较常　D. 经常　E. 总是

（19）你选择花更多的时间上网，而不是去和别人出去玩。（　　）

A. 罕见　B. 偶尔　C. 较常　D. 经常　E. 总是

（20）当你外出不能上网时，你会感觉到沮丧、忧郁和焦虑，但一旦上网，这些感觉就消失了。（　　）

A. 罕见　B. 偶尔　C. 较常　D. 经常　E. 总是

测评方法

选择 A 计 1 分，选择 B 计 2 分，选择 C 计 3 分，选择 D 计 4 分，选择 E 计 5 分。请把你选择的各项分数加在一起，合成一个总分。对照以下不同分数段的解释，自我评判自己对网络的依赖程度。

24~49 分：你是一个一般程度的上网者，只是有时会多花时间上网，但总体上仍能自我控制，尚未达到沉溺的程度。

50~79 分：由于上网开始引起了一些问题，你应该谨慎对待上网给你带来的影响，以及对你身边亲友带来的影响。

80~100 分：上网已经给你和你的生活带来了很多问题，你必须马上正视并予以解决。

项目活动

模拟网络信息传递方式

活动目的

通过人为模拟网络信息传递方式，真切地体会网络信息传递的弊端，从而更加正确地认识和使用网络。

活动准备

10 根颜色各异的塑料棍。

活动步骤

1. 教师在每个桌子上分别放上 10 根塑料棍。

2. 全班学生 4 人一组，每两个小组作为一个竞赛小队。一个竞赛小队中的一个组，背对着另一组先将自己桌上的 10 根塑料棍摆成任意形状，然后通过语言描述给同队中的另一组，另一组听到描述后即开始摆放。另一队亦然。10 分钟后，哪一队两组摆放图形最相似又最具有创意，就算哪一队为胜者。

3. 讨论

（1）第一名的队获胜，是想象力特别丰富的组吗？

（2）最后一名的队为什么会失败？

（3）只有声音的交流与通常的面对面交流有什么不一样？

4. 总结

任何东西都有其利弊，网络信息传递高速便捷，但与此同时又存在着种种弊端，存在种种消极因素。

（1）网络传递信息不具有人格化，不能给予双方充足的压力，在接收信息时兴趣如果不高的话，效果可能会打折扣。

（2）网络传递的内容，不管是不是重点与难点，都采用同样的表达方式，容易使人产生过于紧张或过于松弛的感觉。

（3）网络信息表达中，单一的信息传递方式不能发挥所传递的信息对交流双方多种感官的刺激作用。

第9章 大学生的压力与挫折

人的一生并非一马平川、万里坦途，总是会布满荆棘坎坷、困难和挫折。大学是个体人生发展的重要阶段，大学生群体在主观上要求独立自主的愿望和意识非常强烈，但生活阅历少，对社会感受敏锐，思想不成熟，因而遇到的压力和挫折会更集中而复杂。而他们对挫折的应对能力有限，挫折引起的消极身心反应往往是导致心理行为障碍和疾病的主要原因，也是产生心理危机的主要根源，因而，正确认识挫折，积极应对挫折，增强挫折承受力，是大学生心理健康教育的重要内容。

学习目标

1. 理解压力与挫折的含义及其产生的心理机制。
2. 了解大学生压力和挫折的形成原因。
3. 掌握压力管理与挫折应对的方法和技巧。

第1节

压力与挫折概述

在人生旅程中，有人因为挫折自暴自弃，自甘堕落；有人则越挫越勇。在人的一生中，我们会遇到各种各样的压力和挫折。压力是一种主观反应，由压力源引起，其大小由个人的身心承受能力决定。挫折是一种社会情境，具有两重性，并且是相对的、可以转化的。大学生要学会正确看待压力和挫折，并适时将压力和挫折转化为前进的动力。

本节介绍压力与挫折的含义、形成机制及特点等内容。

小康，男，大二学生，高中学习成绩非常优秀，某市的高考前几名，本来报考的第一志愿是重点大学，但是因为该大学报考的人太多，而小康又不服从调剂，所以就被录取到了普通大学，很多分数不如小康的同学却被重点大学录取。小康因此内心充满委屈，曾经一度想退学，但由于家庭经济贫困，很难退学复读。所以，小康决定不退学，试着让自己适应大学生活，但是由于学习效率不高，他的成绩也比较落后。如此一来，平淡无奇的相貌、朴素的衣着、经济拮据的家庭，这些小康原来从没有在意过的方面让他原本骄傲的心受到了沉重的打击。小康开始自暴自弃，不愿意和同学在一起，每天沉溺于网络游戏，逃课更是常有的事，因为只有在游戏中，小康才能恢复高中时的自信。

一、压力概述

（一）压力的含义

“压力”这一概念最早是由加拿大著名生理、心理学家汉斯·薛利提出的，他被称为“压力之父”。汉斯·薛利认为，压力就是表现出某种特殊症状的一种状态，这种状态是由生理系统中应对刺激的反应引发的非特定性变化组成的。我国将压力译为应激，对此通常有三种解释：第一种是指环境中存在的导致个体产生紧张反应的刺激；第二种是指个体对刺激的紧张性反应；第三种是指由于个体与环境之间的失衡而产生的一种身心紧张状态。

目前，心理学上对压力的解释多指第三种，即压力是指由刺激引起的伴有躯体机能及心理活动改变的一种身心紧张状态，通常也被称为心理压力。压力是一种心理状态，是个体在心理能量和外界能量失衡时的一种体验。

拓展阅读

“感觉剥夺”实验

很多人追求没有压力的生活，觉得这样才能过得轻松自在。1954年，加拿大心理学家贝克斯顿、赫伦与斯科特进行的“感觉剥夺”实验却颠覆了这一观念。他们召集了一些大学生参加实验。实验中，他们给被试者戴上半透明的护目镜，使其视觉受阻；用空气调节器发出单调声音，限制其听觉；手臂戴上纸筒套袖和手套，腿脚用夹板固定，限制其触觉。大多数被试者在实验开始后的24~36小时内要求退出，没有人坚持72小时以上。被试者产生了许多病理性的心理现象：出现错觉、幻觉；注意力涣散，思维迟钝；紧张、焦虑、恐惧等，实验后需数日方能恢复正常。该实验证明，生命活动的维持需要一定水平的外界刺激。

（二）压力的形成机制

从生理学角度看，压力的形成机制是个体受到外界刺激时，机体的交感神经兴奋并导致垂体和肾上腺皮质激素分泌增多，引起血糖升高、血压上升、心率加快、呼吸加促等各种功能及代谢的异常。这些反应对机体具有一定的保护作用。

从心理学角度看，心理的压力有一部分是由已经发生或即将发生的生活事件引起的，如未完成的作业、即将来临的考试、必须面对的冲突等。我们很清楚这些压力的来源，所以处理起来就容易得多。心理压力的大小虽然可以用一些客观标准来衡量，但归根结底，它们对人的影响有着非常明显的个体差异。同样一件事在一些人眼里不值一提，而在另一些人看来，却是非常重要的。那些对自己要求过多、过严的人，就容易把小事放大，小压力也就成了大压力。

一般来说，构成心理压力的事件多半都是不好的事件。但是，好的事件一样可以变成巨大的压力。例如，职务升迁虽然是好事，但要承担的责任和工作量随之增加，心理素质不好的人可能很快就被自己的心理压力困扰得寝食难安。所以，心理压力主要由生活中的心理困扰引起，不同的人面对相同的压力源会表现出不同的行为特点。

拓展阅读

伊本·西拿的公羊

在中世纪，享有“医学之王”美誉的著名医学家伊本·西拿曾做过一个实验。他把两只公羊分别系在两个不同的地方，给它们喂食同样的食物。第一只公羊待在平静、安稳、没有危险的草坪，第二只公羊则待在旁边关着狼群的动物馆。第二只公羊由于经常看到狼在身边窥视而整天提心吊胆，精神一直处于高度紧张的状态，不久就死了，而第一只公羊却一直生活得很好。

哈利叶与母羊

哈利叶是英国约克郡的兽医，他在去拜访一个农夫时注意到有一只母羊非常痛苦。稍微检查后，他发现这只母羊的子宫受到感染，但农夫不想花钱治疗这只母羊，因为农夫认为此羊必死无疑。哈利叶想帮助这只可怜的动物，所以，他表示愿意免费给这只羊一些维生素。但哈利叶给的其实不是维生素，而是一些镇静剂之类的药物，让这只母羊可以安睡，让它从痛苦中解脱。几周后，哈利叶在镇上的酒吧遇到农夫，农夫对哈利叶说："这些维生素真的很有用，母羊睡了三天，醒后便不药而愈了。"

哈利叶努力回顾治疗过程，得出了下面的结论：所有动物，包括人类，都有自愈能力。这只可怜的母羊非常痛苦，这让它的免疫系统和自愈能力失去了作用，因此任由感染蔓延。哈利叶注射的镇静剂让它睡了三天。在睡梦中，它感觉不到痛苦和忧虑。在没有痛苦和忧虑的情况下，它的免疫系统发挥功效，让它自然痊愈。

（三）压力的特点

1. 压力是一种主观反应

压力是主观思维对客观存在的一种反应，这个反应是基于客观事实的，可以准确，可以过度，也可以不足，这取决于我们的主观态度和观点。很多在一般压力面前太脆弱的人，就是对压力反应过度。同样是考试不及格，有些大学生可能会非常伤心难过，有些大学生却可能毫不在乎。而基于压力的这种属性，人们实际上常常在用切断或转变压力信息的办法，不让主观进行反应或让其反应不足，从而有效地进行压力管理。

2. 压力由压力源引起

压力源即压力的来源，是使我们感到紧张的事件和环境。例如，考试不及格、失恋等都属于压力源。它的属性是客观的，不以我们的主观意志改变而改变。

3. 压力的大小由个人的身心承受能力决定

压力的大小是指人们不适应的心理感觉强度，它是由压力源事件的客观性和自我感觉的主观性两种因素共同决定的，即压力的大小 = 压力源 / 承受力。对于同一件事，不同人的心理承受力是不一样的。学习压力管理，就是要提高心理承受力，改变对待压力事件的态度。

二、挫折概述

（一）挫折的含义

挫折是指人们在有目的的活动中，遇到无法克服或自以为无法克服的障碍或干扰，使其需要或动机不能得到满足而产生的障碍。挫折是一种社会情境，是由于个体能力与主观现实之间有差距而产生的一种境况。

人类社会生活的实践表明，只要人存在着，就会产生种种需要，就会因需要得不到满足或目标无法实现而产生挫折。对于每个人来说，挫折的产生是必然的，从某种意义上讲，挫折也是社会生活的组成部分，人们随时随地都可能遇到挫折。因此，认识挫折、适应挫折、学会理性地面对挫折和积极地化解挫折，是每个人终生的课题。

（二）挫折的形成机制

挫折的产生与以下五个方面有关。

其一是需要和由此产生的动机。

其二是在动机驱使下有目的的行为。

其三是使需要不能获得满足或目标不能实现的内外障碍或干扰的情境状态，这被称为挫折情境。挫折情境可以是实际存在的，也可以是当事人想象中的。

其四是对挫折情境的知觉、认识和评价，称为挫折认知。挫折认知既可以是对实际遇到的挫折情境的认知，又可以是对想象中可能出现的挫折情境的认知。

其五是因受到挫折而产生的情绪和行为反应，称为挫折反应。

在以上五个方面中，挫折认知是产生挫折最重要的因素。因为只有在挫折情境被知觉后人们才会产生挫折感，否则，即使挫折情境实际存在，只要不被知觉，人们也不会有挫折感。所以，挫折感的实质是人的一种主观感受。人有挫折感与否和挫折反应的强弱，主要取决于其对挫折情境及对自己的动机、目标与结果之间关系的知觉、认识和评价。不同的人的需要和动机的强度、对实现目标的评价标准、对自我的预期，以及对挫折的归因等都不尽相同，所以，即使面对同样的挫折情境，不同的人也会产生不同的挫折反应。挫折产生的机制如图 9-1 所示。

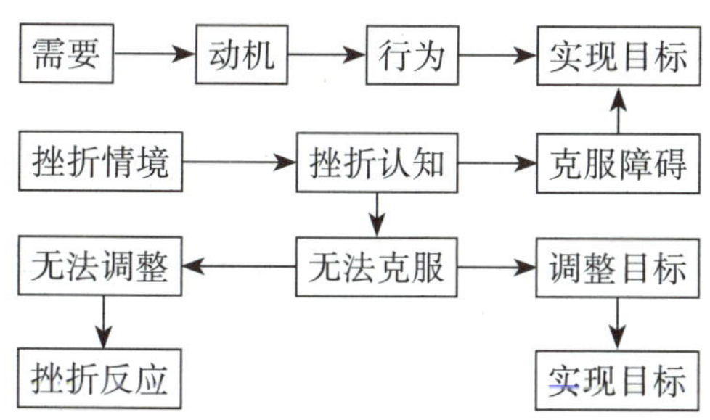

图9-1 挫折产生的机制

（三）挫折的特点

1. 挫折的两重性

一方面，挫折具有消极性，使人失望、痛苦、沮丧或引起粗暴消极对抗行为，甚至导致人的攻击侵犯行为，给人本身和他人造成严重损失。另一方面，挫折又具有积极性，使人认识错误、接受教训，磨炼人的意志，使人更加成熟、坚强，从而获得进一步的发展。

2. 挫折是可以转化的

挫折的消极性和积极性都是相对的，是可以转化的。挫折的转化是指当人们遇到挫折时，以积极的态度将挫折变为动力，以顽强的毅力继续奋斗或重新调整目标，从而使需要或动机获得新的满足的心理过程和实践过程，即减少挫折的消极因素。寻找挫折积极的一面，促使挫折产生的消极因素向积极方面转化。

拓展阅读

挫折理论

1. 挫折的本能论

美国心理学家麦独孤认为，人的一切行为的动力是本能，而本能有着与其对应的特殊情绪，人在活动中遭受挫折而产生的情绪，以及由此而引发的各种挫折行为反应，都是本能冲动的结果。

2.“力比多”挫折理论

弗洛伊德认为，人的一切行为都是以心理性欲和“力比多”为动力的，如果心理性欲受到压抑或阻碍，即挫折。挫折使人格结构中的“本我”“自我”和“超我”三者之间失去平衡而引发焦虑，焦虑反过来又使各种心理防御机制发生作用。这种防御机制在一定程度上能使人遭受挫折后的内心冲突得到缓和，但过分使用防御机制也会造成更大的损害。挫折心理产生的原因既有社会生活条件因素，又有个体主观的生理、心理因素，特别是服从快乐原则的“本我”与服从现实原则的“超我”之间的冲突。挫折的产生意味着个体生命的能量释放受阻，因此，挫折的产生对个体人格形成的消极作用大于积极作用。能运用人格升华或补偿适应机制对待挫折的人仅为少数，大多数人采取了不利于生理和心理正常发展的渠道去释放能量。弗洛伊德还认为，努力创造有利于人心理健康发展的社会外部环境，减少或避免个体受挫，即截住挫折的社会因素源头，比指导受挫者渡过挫折心理难关更为重要。

3.“自卑”挫折理论

阿德勒认为，人的一切行为都受到“权力意志”的支配，要求高人一等，如果这种驱力受到挫伤，人就会形成自卑感，自卑感如果得不到补偿，则会产生反社会行为或神经症。阿德勒认为，补偿作用是推动一个人去追求优越目标的基本动力，但过度的补偿作用也会产生消极作用甚至造成神经症。

4.“挫折—侵犯”理论

1939年，美国心理学家多拉德、杜波等人提出了“挫折—侵犯”理论。该理论指出，由挫折产生的人的否定性情绪是一定要以某种方式发泄出来的。他们认为，是否产生侵犯行动依赖四种因素：受挫折驱力的强弱、受挫折驱力的范围、以前遭受挫折的频率、随着攻击反应而可能受到惩罚的程度。

5. 挫折的行为理论

20世纪50年代，美国心理学家阿姆塞尔提出“挫折—奋进”理论，也称“挫折效应”理论。该理论从操作的性质上给挫折下定义，提出挫折是当前有机体在先体验到奖赏再体验到无奖赏时出现的情况。该理论认为，人在受挫后，可能出现努力奋进的情况。20世纪70年代，美国心理学家巴克等人及后来的蔡尔德和沃特豪斯等提出了“挫折—倒退”理论，该理论认为挫折会引起行为的倒退，使个体出现与其年龄不相称的幼稚行动。

6. 挫折的需要理论

美国心理学家勒温认为，个体在其需要得不到满足时，就会产生挫折体验。瑞士心理学家荣格认为，一个人在其自我实现得不到满足时，就会产生挫折感。美国心理学家马斯洛和罗杰斯从心理治疗的临床实践出发，提出了“自我实现的需要受到压抑是挫折产生的根源”的理论。

7. 挫折的“ABC理论”

这一理论是美国临床心理学家艾利斯于20世纪50年代创立合理情绪疗法时提出来的一种理论。该理论认为，诱发性事件只是引起情绪及行为反应的间接原因，人们对诱发性事件所持的信念、看法、解释是引起人的情绪及行为反应的直接原因。

课堂小互动

成长三部曲

全班同学分组进行，依次分为“全蹲”“半蹲”“单脚独立”“站立”四种形态，一开始大家都是全蹲形态，组员间进行“石头、剪刀、布”的游戏，胜者进入下一形态，输者退回上一形态，小组的最终目标是前三种形态的同学各一位，其他人全部是站立形态。结束后，请小组成员讨论以下问题。

1. 在游戏的过程中你有过什么样的感受？

2. 假如你不能很顺利地进入下一个状态，你会怎样想？怎样做？

3. 大学入学后的适应过程需要完成哪些任务？可能会有什么困难？你准备怎样克服？

4. 你将如何面对自己的适应比他人更慢？怎样的心态可以帮助你更好地适应呢？

成长建议

心理学中，挫折情境是指阻碍需要获得满足的内外障碍等情境状态或情境条件，如考试不及格、交往受挫、失恋、出国不顺利等。本节“成长烦恼”中，小康高考失利就是一种挫折情境。小康对挫折情境的认知和评价是将家庭贫困归为命运不公，内心充满委屈。小康对挫折的反应就是逃避，于是自暴自弃。

面对挫折情境，个体如何认识、如何反应是关键因素，应积极寻找自我的长处，合理调整学习目标，重新自我定位。

第2节

大学生压力和挫折的成因

—内容导读—

大学生处于一个日新月异、充满竞争的时代，虽然身处校园，但还是会面对各方面的压力，如人际交往压力、学习压力、经济压力、就业压力等，在学习、生活中也会遇到各种挫折。大学生要明白，遇到压力和挫折不可怕，可怕的是因为压力或挫折就一蹶不振，不能主动分析问题并解决问题。对于大学生来说，要想缓解压力、战胜挫折，首先应了解压力和挫折的成因。

本节介绍大学生压力和挫折的成因等内容。

—成长烦恼—

小王，女，大一学生，高中从来没有住过校，来到大学后因为生活琐事与宿舍里的一个女生发生了争执。她感觉无法面对这个舍友，不愿意回宿舍。而且同宿舍的都是来自另一个地方的学生，自己不会和她们交流，只有一个舍友勉强能和自己谈心。不管是学习还是生活，小王自进入大学以来就没能融入这个新集体。小王感觉那个和她产生争执的女生总是和她作对，她觉得那个女生穿衣服、买东西都会模仿她，这让小王很不舒服，而且这个女生在小王上台讲话时总会咳嗽，这也会让小王心里猛地发颤，两人关系越来越僵。初入大学有一段时间小王特别郁闷，跑到高中一个好朋友那里待了一周。她现在感觉好像没办法扩大交往面，觉得自己没有一个知心朋友。

一、大学生压力的成因

（一）人际关系的烦扰

许多大学生从小学到高中都是成绩优秀者，也得到过教师的疼爱和同学的夸奖，很容易以自我为中心。然而进入大学后，大家来自五湖四海，都是优秀的学生，而且各自有着自己的兴趣，每个人都有自己的想法。在这种新的环境下，交往需要磨合，人际关系的紧张在所难免。对大学生的问卷调查表明，交往的困难已经成为当代大学生心理压力的首要原因。

（二）学习任务重

大学生的主要任务还是学习。一方面，大学生要应对学校各门学科的期末检测，拿到相应的学分，修够学分才能毕业。另一方面，大学生为了在今后的就业中给自己加分，还要努力提高自身的综合素质，参加社会职业性质的考试，如各类从业资格及水平考试、计算机及英语等级考试等。这两方面都需要大学生投入大量的时间和精力，当两者在时间上发生冲突时，大学生还得分出精力去处理，这让他们深感压力之重。

（三）家庭经济问题

大学阶段学费的增加和消费观念的转变，给当代大学生带来相当大的经济压力，特别是来自经济欠发达的山区、农村的大学生，他们一方面为自己的努力感到庆幸，希望通过大学知识的习得来改变自己的命运；另一方面，他们不得不为高昂的学费而发愁，那些有幸筹到学费的困难学生还得承担校内同学间经济差距的压力。他们害怕经济优越的同学瞧不起自己，日常生活中的一个小小的玩笑或手势都会刺伤他们的心，甚至影响他们正常的人际交往。有些大学生对自己的家人怀有深深的愧疚感，因为为了供养他们上学，有些父母积劳成疾，这也使得他们背上了沉重的心理负担。“想到自己的父母为自己缩衣减食，就难过。”这种想法表明了他们对自己的家庭和亲人有很深的愧疚感。

（四）恋爱问题

大学生大都对爱情有着美好的向往，都期望与异性接触，尤其是看到身边的人都成双成对时，就格外渴望爱情。一些大学生可能会面对来自父母的压力，还有一些大学生不知如何处理和面对谈恋爱产生的心理冲突，进而产生了心理压力。

（五）就业择业问题

当代大学生在享受自由择业权的同时，也面临着更激烈的就业竞争。社会对高学历、高素质人才的需求急剧增加，对大学生的综合素质、知识水平、能力提出了更高的要求。近几年，国际形势的波动对国内大学生的就业也产生了一定的影响。同时，在择业过程中，大学生多方面寻求就业信息、进行面试考察等，也需要长时间等待，这些都让他们在心理上产生焦虑。

（六）认知的偏颇

大学生对自己缺乏客观的认识，容易形成过高或过低的自我定位。一旦现实中遇到了挫折，他们就容易失望、自责甚至自卑。而对心理矛盾缺乏客观的分析和理解也是造成他们情绪失衡的重要原因。认知的偏颇加剧了他们的心理压力。

拓展阅读

校园压力源

据调查显示，校园中的压力源主要有15种，它们分别是学习、就业、人际关系、生活、恋爱关系、经济、社会、考试、家庭、生活和学习环境、未来、能力、个人（成长、外貌、自信）、健康和竞争。这里主要介绍三种类型的校园压力源：个人烦恼、学习烦恼和消极生活事件。

1. 个人烦恼

（1）渴望真（爱）情却得不到。

（2）青春期成长。

（3）同学关系紧张。

（4）外形不佳。

（5）身体不好。

（6）同学间互相攀比。

（7）居住条件差。

（8）遭受冷遇。

（9）社会上的各种诱惑多。

（10）晚上宿舍太吵。

（11）找不到异性朋友。

（12）没有人说知心话。

（13）没有学到多少真本领。
（14）独立生活能力差。
（15）各种交往有困难。
（16）家庭经济条件差。

2. 学习烦恼

（1）有些科目怎么努力成绩也不好。
（2）学习成绩总体不理想。
（3）讨论问题时经常反应不过来。
（4）考试压力大。
（5）同学间的竞争激烈。
（6）学习效率低。
（7）每学期考试成绩排名靠后。
（8）完成课业有困难。
（9）有些课程作业太多。
（10）各种测验繁多。

3. 消极生活事件

（1）当众出丑。
（2）被人当众指责。

二、大学生挫折的成因

造成挫折的原因是多方面且复杂的，挫折的形成与自然环境、社会环境、自身条件及个人的动机冲突等多种因素有关。大学生处于人生发展的关键时期，一方面，他们精力充沛，思想活跃，自我意识强，发展欲望强烈，需求广泛，个人的理想抱负水平普遍较高。另一方面，他们的人格发展尚不够成熟，社会阅历浅，挫折经验不足，加上大学校园也存在着激烈的竞争。因此，大学生遇到挫折是必然的。

（一）外界因素

造成挫折的外界因素是指个人自身因素以外的自然因素和各类社会因素，它们会给人带来限制与阻碍，使人的需要和目标不能满足和实现而产生挫折。

构成挫折的自然因素是指个人不能预料和控制的自然事件，如地震、洪水、交通事故、疾病、死亡等。每个人都可能遇到自然因素造成的挫折，其后果可能很严重，对人的影响很大，如亲人去世、因交通事故致残等；也可能不严重，对人只产生暂时的影响，如有些大学生刚入学时对当地的气候不适应、不习惯集体住宿等。

构成挫折的社会因素是指个人在社会生活中受到的各种人为因素的限制与阻碍，包括政治、经济、法律道德、宗教、风俗习惯等方面。任何人都生活在一定的社会历史条件下，社会生活及其变化对人的影响和限制是无处不在的，因社会因素而产生的挫折是普遍存在的。当前，随着科学技术的飞速发展，社会生活节奏不断加快，人们的紧张感和心理压力大大增加，挫折感不断增强。大学生进入大学以后，面对的是一个全新的环境，他们不仅受到自然环境的影响，而且受到大学社会环境的影响，如他们要面对繁重的学业和考试压力、人际关系的冲突等。

（二）个人因素

构成挫折的个人因素是指由于个人在生理、心理及知识、能力等方面的阻碍和限制，使人的需要和目标不能得以满足和实现而产生挫折。例如，体形、容貌、知识结构、健康状况、表达能力、自我期望、经济条件等都可能是挫折的来源。大学生普遍自视较高，有强烈的自尊心，争强好胜和追求完美的心理较强，所以，大学生的挫折很多都来自个人自身因素。

在构成挫折的个人因素中，大学生的自身条件和能力与自我期望之间的矛盾是造成挫折的重要因素。许多大学生往往过于自信，高估自己的能力，对自我发展的预期和要求不是从客观实际情况出发，而是从主观愿望出发，常常对自己提出不切实际的要求，制订过高的甚至无法达到的目标和计划。一旦这些目标和计划因为能力不及无法实现，而自己又不能清醒地认识到这一点，他们就会产生强烈的挫折感。

拓展阅读

写出你的压抑

书写对具体化地表达情感具有重要价值。压抑内心的情感是一件非常令人痛苦的事情。随着时间的推移，积累的压力会损害生理免疫力。倾诉或书写可以让我们把情感变成语言，并能达到分类整理的效果。它能帮我们理解并接受这些创伤性事件。我们体验到释放和控制的感觉，也降低了受压抑的有害影响。

为了支持以上观点，以往研究抽取了一部分人作为样本，让被试者写出创伤体验，尤其是过去痛苦的、被埋藏起来的情绪和情感。写完以后，被试者表现出不良压力减轻的症状，很少请假休息，看医生的次数也少了，情绪得到了改善，并能从积极乐观的角度看问题。

当有事情困扰你的时候，尝试把事情写下来。下列是把写作当作心理疗愈的一些技术指导。

（1）不仅探寻事实，还要探寻最深层的情感，以及你有这样的情感的原因。保证一定要仔细探寻那些消极情感，如悲伤、受伤、厌恶、气愤、恐惧、负罪感和愤恨等。

（2）制订一个具体的计划，例如，连续4天每天用15分钟书写，或连续4周每周用一天书写。

（3）在一个你不会被打扰或不易被分神的地方书写。

（4）不一定和别人分享你写的东西，根据自己的意愿保存或销毁你的文稿。

（5）连续书写而不担心语法、拼写或句子结构，不要担心组织性或连贯性。如果思路能够清晰并连贯，那更好。如果你没有事情可说或思维阻塞，那就重复你已写过的事。

（6）即使刚开始你觉得写得很糟糕，也要努力坚持下去，它将逐渐变得容易起来。如果你真的不能舒服地写作，试着用录音的方式说出最深层次的思想和情感，并坚持15分钟。

（7）如果你是遭遇到了其他更大的创伤，不要期望写出来能让你立即感到好一些。但可能会让你更好地了解自己的思想和情感，并对自己的生活有一个更清晰的看法。

（8）当最深层的情感表现出来时，你可能感到悲伤或抑郁，这常常在一个或两个小时之内存在，但最多一两天便会消失。多数人在连续书写了几天后，有解脱、快乐和满足的感觉。

（9）不要把写作当成行为的替代物或作为逃避事件的方式。在大多数情况下，写作会帮你明确你需要采取什么行动。

（三）动机冲突

在现实生活中，人们的需要是多种多样的，常常会因多种需要而产生多个动机，并指向多个目标。当这些并存的动机相互排斥，或者由于种种条件的限制不可能全部实现，而必须有所取舍时，就形成了动机冲突。动机冲突常常导致部分需要不能满足，于是就形成了挫折。动机冲突在每个人的生活中都会经常出现，也是大学生的主要挫折来源，其表现形式主要有双趋冲突、双避冲突、趋避冲突和多重趋避冲突。

（1）双趋冲突是指人们在有目的的活动中，同时有两个并存的具有同样吸引力的目标，而这两个目标因条件所限又无法同时实现，从而产生难以取舍的冲突情境。例如，有些大学生在谈恋爱期间同时对两个异性有好感，但只能选择其中一个而放弃另一个；有些大学生想做好社会兼职工作，又想不影响学习，等等。

（2）双避冲突是指人们同时遇到两个具有相同威胁性的目标，两者都想躲避，但因条件所限而必须选择其一，从而产生左右为难的冲突情境。例如，品学均差的大学生怕学习又怕受处分，这二者对其而言都是一种威胁，都想逃避，但他必须选择其一。

（3）趋避冲突是指人们在面对同一目标时产生的互相矛盾的心态，即这一目标既具有吸引力，能够满足某些需要，同时又具有排斥力，构成某些威胁。例如，考试时，有些大学生因平时没有认真学习和复习害怕考试不及格，于是就产生了作弊的想法，但又怕被监考老师发现而受到学校处分；有些大学生想参加演讲比赛，但又怕失败有损自尊心，等等。

（4）多重趋避冲突是指人们同时遇到两个或两个以上的目标，而每一个目标又同时存在趋避冲突。例如，开学之初，一个大学生想选修双学位课程，但又害怕考试失败；想参加校足球队为学校争光，但又害怕耽误时间太多；想竞选学生会或参加学生社团组织，但又怕不能被接受而面子上不好看。这种复杂的矛盾心理就是多重趋避冲突。

课堂小互动

学会欣赏他人

该活动能够让你懂得发现并欣赏别人的优点，促进相互肯定。具体操作如下。

（1）全班学生分成若干小组，每组 5~10 人。

（2）小组成员围坐成一圈，请一位成员站起来，其他人轮流说出他的优点（如性格、相貌、处世等方面）。注意，必须说优点，态度要真诚，努力去发现他人的长处，不能毫无根据地吹捧。

（3）被称赞的人说出哪些优点是自己已经察觉到的，哪些是自己不知道的。

（4）每个成员依次轮流站起来一次。

成长建议

本节“成长烦恼”中，小王在人际交往方面遇到了挫折。由于小王从未住过校，她面对朝夕相处的舍友有一些不知所措，对与舍友日常相处中发生的小摩擦和小冲突缺乏处理技巧，从而导致小摩擦和小冲突不仅没有得到及时缓和，反而愈演愈烈，引发她心理上长期的压力。此外，她较为内向的性格特点，缺乏社会支持来源，使她的负面情绪不能得到及时的宣泄。再加上自己的认知评价模式，以及对人际交往的不信任感和自身安全感的缺乏，导致小王的挫折承受力较低，因为感觉没有一个知心朋友，而在人际交往方面产生挫折感。

对此，小王应首先学会交流与沟通，要学习人际交往技巧；其次要提高挫折承受力；最后，要悦纳自我。

第3节
压力管理与挫折应对

大学生在挫折和压力影响下会产生一系列生理和心理上的反应。这些反应在一定程度上是有机体主动适应环境变化的需要，它能够唤起和激发个体的潜能，增强心理承受能力和抗压能力。但是，如果压力引起的身心反应过于强烈和持久，就会大大消耗体内的能量，使个体的免疫机能下降，从而影响机体组织器官的正常功能。所以，大学生遭遇压力和挫折时，要学会调适自己，从而把压力和挫折转化为动力。

本节介绍压力管理的方法和技巧、意志力的培养等内容。

小张，女，大一学生，身高1.55米，较胖，左手在13岁时由于车祸受伤截肢。更为不幸的是，她自14岁开始患上了强直性脊柱炎，现在左腿受神经压迫，行走不便，不能跳跃，必须长期服用药物来控制病情。小张内心很自卑，对未来生活、工作、婚姻都很绝望。自高中以来，她情绪就一直不太稳定，但是由于当时学习成绩不错，并没有感到太多的挫折。来到大学后，随着学习压力的减轻、视野的开阔，小张突然意识到自己的身体缺陷是如此明显，现在不能接受自己左手和他人不一样的现实。她晚上总失眠，总盼望自己能拥有和他人一样健全的四肢，后悔自己当时车祸发生中的错误行为。

一、树立积极乐观的态度，直面压力与挫折

没有压力和挫折的人生是苍白虚幻的，不经历挫折磨炼，就无法真正体验成功的喜悦。尽管压力和挫折会让我们难受，给我们的学习和发展带来阻碍，但同时也是人生的宝贵财富，它能磨砺我们的意志、丰富我们的经验、提升我们的能力。面对压力和挫折，我们应保持积极乐观的态度，不悲哀、不气馁、不怨天尤人、不畏惧，以大智大勇来直面生活中的失败和不幸，承受挫折，化解挫折并超越挫折。

（1）认清压力和挫折具有普遍性。在充满竞争的现实生活中，压力无处不在，要保持理性的应对态度，做好思想准备，坦然接受它。

（2）以辩证的视角看待压力和挫折。压力和挫折具有两面性，除了带来紧张、不愉快之外，也会带来动力和启迪。面对压力和挫折，我们要做一个积极思维者，努力寻找压力和挫折的积极因素，以积极方式看待压力和挫折，走出压力和挫折的消极困扰。

二、压力管理的方法和技巧

（一）正确认识和勇敢面对压力

大学生对压力要有一个正确的态度，这是调适的关键。首先，大学生要认识到压力的不可避免性，并坦然接受它。压力是生活中必不可少的一个组成部分，尤其是在个体成长的道路上，压力更是普遍存在的。其次，大学生要认识到压力作用的双重性。压力及其反应并不全是有害的，适度的压力有助于发挥人的潜能。可以说，没有压力，也就没有个体的不断发展。因此，大学生要接受压力，并且要对已经出现的和将要出现的压力做好准备。最后，大学生要勇于面对压力，有效处理压力的方法就是勇敢面对。因此，每一个大学生都应该了解自己在压力情境下的应对方式，学习他人有效处理压力的策略。当心理压力出现时，勇敢地正视它，从而使自己在战胜一个个压力的过程中积累经验，不断地强大起来。

（二）寻求社会支持

任何人都不能离开他人而生存。人与人之间是需要互相关心、互相帮助、互相爱护的，这是一种社会支持，它可以调适个体的压力反应。研究发现，社会支持可以降低压力对大学生的消极影响，并且降低如头痛、消化不良，高血压等一系列由于压力导致的疾病的发生率，因此，对于大学生而言，面对心理压力时，主动寻求社会支持是非常有益的。这就要求每一个大学生在生活中都应积极构建自己的社会支持网。社会支持包括家庭、朋友、同学、社会组织、学生社团、教师等，就一般的生活状态而言，这些社会支持能够满足个体安全、自尊、归属的需要。大学生面对心理压力时，可以找一位朋友或亲人诉说，从而寻求他们的支持，既可以是感情上的支持，如同情、理解、照顾等；也可以是物质上的支持，包括金钱或其他物质上的帮助等；还可以是信息上的支持，主要指他人给予的忠告和指导。社会支持对减轻心理压力十分重要。

（三）学会放松自己

大学生面对心理压力最常见的表现是心理和肌肉的紧张。因此，大学生调适压力的一个重要策略就是要学会放松自己，让自己的身体或心理由紧张状态转向松弛，从而逐渐消除紧张。常用的放松方法有游泳、做操、散步、听音乐等。当压力事件不断涌现时，持续数分钟的放松对缓解压力的作用相当显著。另外，还可以学习一些自我放松的应对技术，这是一种通过机体主动放松来增强自我控制能力的方法，它可以降低机体唤醒水平，增强适应能力，调节因压力反应而造成的心理和生理功能的紊乱。自我放松的应对技术有很多，如深度呼吸训练、肌肉放松训练、静坐训练、意向训练、系统脱敏训练等。

（四）丰富课余生活

大学生的课余生活占大学生活的四分之一，健康的课余生活可以愉悦身心，获得朋友，增进友谊，减少因压力导致的紧张感。课余生活种类很多，如阅读书籍、报刊，参加各种学术、社会活动，参加志愿者服务活动，等等。丰富的课余生活既锻炼了能力，拓宽了知识面，又在一定程度上增强了个体应对压力的信心和勇气。大学生尤其要多参加体育锻炼活动，体育锻炼可以使大学生身体健壮、精力充沛、应对能力增强，因此，体育锻炼可以明显地减轻压力。而且，由于体育锻炼使个体暂时与压力情境分离，这就给大学生提供了一个调整的机会，可以增进他们对问题的反思，从而寻求解决问题的最佳策略。但体育锻炼要适度，过度的体育锻炼不但不能减轻心理压力，反而会成为新的压力源。

拓展阅读

缓解压力小处方

处方A：减少紧张的呼吸技巧。

当你紧张、焦虑时，一定有喘不过气来的感觉。做几个缓慢、有规律的深呼吸会让你觉得轻松许多。

步骤如下。

1. 端正坐好或站直，把所有的烦恼和琐事丢在一边。
2. 开始缓慢地、深深地吸气。
3. 吸住气，默数到三。
4. 慢慢地把气呼出。
5. 暂停呼吸，默数到三。
6. 重复上述步骤三次。

注意：把手放在胃上，呼吸时跟着胃一起起伏，你会感到吸气很轻松。呼气也应该是平缓轻松的，放松胸腔，自然地把空气推出去。慢慢呼吸几分钟，让自己熟悉这种感觉。

处方B：压力应对的思考。

积极的思考可以缓解紧张、安定情绪，帮助你从焦虑的生理反应中解脱出来，使身体放松。

步骤如下。

1. 准备可以随身携带的卡片或记事本。
2. 列出个人用来应对压力的自我言语，把它背下来，当面临压力时，就可以用它来帮助自己克服焦虑。

下面是帮助你积极思考的一些鼓励性言语：在压力面前，一切都会很顺利的；没有什么好担心的；我相信我可以面对它。

感到紧张害怕时的言语：深呼吸，没什么大不了的，以前遇到过更糟糕的情况，还不是度过了；这件事没那么可怕；一步一步慢慢来，不要慌；只要尽力就好，问心无愧；深呼吸可以帮助我放松。

注意：最有效的自我言语是自己写的，当句子失去效力时就应该更换，使它对你有意义。

三、培养意志力，提高挫折承受能力

意志力是指人们为达到既定目的而自觉努力的意志品质。意志品质是一个人在生活中形成的比较稳定的意志特征，是个性的重要组成部分。人的意志力不是与生俱来的，而是在社会实践活动中逐渐培养锻炼出来的。

（一）意志力与挫折承受力的关系

在遇到挫折时，意志力强的人能够自觉控制和调节自己的心理和行为，面对现实，找出失败的原因，施展所有的本领来对付困难，善始善终地将计划执行到底，直至目标实现，并且对挫折的适应能力、承受能力都较强，且能将挫折进一步转化为促进目标实现的积极因素，进一步增进自己的自信心。意志力薄弱的人往往缺少信心和主见，对自我的控制和约束力较差，在遇到挫折时，容易改变行为的方向，容易回避现实，采取消极的应对方式，其结果不仅严重影响既定目标的实现，而且会进一步降低自信心和对挫折的承受能力与适应能力，甚至使人意志消沉并出现精神障碍。

（二）大学生面对挫折时的自我调节机制

自我调节是在自我意识的作用下，发挥自身的主观能动性和内在潜力而实现的。

任何自我调节活动都必然要有自我认知、自我体验、自我监控参与其中。自我调节是大学生根据自己掌握的心理学知识和生活经验，对自己心理发展过程中产生的心理困扰进行干预，促使挫折带来的不良情绪得以缓和，保持心理健康发展。

1. 完善自我

（1）要自我分析，达到自我统一。根据自我意识的发展特点，分析自我是否已具备了生理“我”、心理“我”、社会“我”三种成分，三者是否达到了统一，自我感觉如何，以及是否有能力改善自己。大学生只有通过自我分析才可以清楚地达到自我认识并感受到自我体验，最终做出可能进步的调整。

（2）正确认识自我。一个人真正的伟大之处在于他能够正确地认识自我，深刻了解自我，如知道自己的优点、缺点，自己的现实、潜能；客观地评价自我，如学会正确地认识社会认识人生，积极地获取信息进行分析、比较，将现实“我”与过去“我”、理想“我”进行比较，扬长避短；经常反省自我，敢于面对客观的“我”，严于解剖自己，敢于批评自我。

拓展阅读

成功，在190次失败之后

因发现治疗疟疾的药物青蒿素，拯救了全球数百万生命。2011年9月24日，81岁的中国科学家屠呦呦，登上了国际生物医学大奖“拉斯克奖”的领奖台。2015年10月，屠呦呦获得诺贝尔生理学或医学奖。1967年，37岁的屠呦呦开始抗疟疾药物的研究。她从整理历代医籍开始，四处走访老中医，做了2000多张资料卡片，经过对200多种中药的380多个提取物的细致筛选，最后将焦点锁定在青蒿上。但大量实验发现，青蒿的抗疟效果并不理想。屠呦呦认为，很有可能在高温的情况下，青蒿的有效成分被破坏掉了。她改用乙醚制取青蒿提取物。在经历了190次失败之后，1971年，屠呦呦课题组在第191次低沸点实验中终于发现了抗疟效果为100%的青蒿提取物，打开了成功之门。

屠呦呦的成功，偶然中带着必然。这种必然就是无数次艰苦的试验，以及无数次失败后的不放弃。这种脚踏实地的科研作风，正是一个科学家有所建树的前提。爱迪生为发明灯丝，仅植物类的碳化试验就达6000多次，经历上万次挫败，在连续三年里每天废寝忘食。他的很多伟大发明均是在成千上万次的“试错”后“偶然”发现的。水稻专家袁隆平谈及他的“择徒观”，第一个条件就是“要下田”。科学是一种奇妙的东西，要摘取其王冠上的珍珠，必须挽起袖子和裤脚，亲自“下田”，用不计其数的汗水方能“妙手偶得之”。这其中来不得半点急功近利，也没有任何的捷径。

2. 调节情绪

消除矛盾和冲突，需要大学生有较高的心理调节水平，即对自己的心理状况有调节能力。这是一个以调节为手段，从痛到通的过程。由挫折带来的痛表现在如心理矛盾、认同危机、自我意识发展的缺陷、困惑等方面，它是心理受挫的具体体现，要消除痛就要用通的方法，这就是调节，它包括生理和心理调节方法和行为控制。因此，调节情绪是一个痛为症状、通为目标、调为手段的有机统一的过程。受挫后的大学生常采用的情绪调节法有以下几种。

（1）音乐调节法。音乐对人的精神状态具有神奇的调节作用。

（2）书籍陶冶法。有益的书籍会使人的灵魂得到净化、升华，冲淡人们心中的烦恼，给人以力量和勇气。

（3）情趣陶冶法。人的情趣来自生活中对美的感受、对生活的热爱，如进行郊游、听喜欢的歌曲、下棋、练书法、绘画等。

3. 调整心态

调整心态的步骤一般包括四个环节：一是确定自我心理的困扰；二是从主客观两方面寻找导致困扰的原因，三是采取合理有效的应对策略；四是监督、巩固心理调适的成效。要注意的是，认识到心理问题而不去行动并不能解决问题。大学生要做自己的主人，进行自我观察、自我管理、自我调整、自我监督。

拓展阅读

乐观与悲观

悲观主义者无疑会谴责乐观主义者不够现实，但是，健康和主观幸福感往往正是因为我们对自身和所处的环境有一些“积极的幻想”。积极幻想并不等同于否认。乐观主义者并不否认他们的问题或避免面对坏消息。相反，他们可能是比悲观主义者更积极的问题解决者。他们会从朋友那里获得支持，会去主动寻找能帮助自己的信息。他们不会一遇到挫折就放弃。他们具有幽默感，为未来制订计划，并能从积极的角度重新解释情境。悲观主义者能消除自己对前途的消极看法吗？乐观主义者认为能。有一项研究，通过向学生成功地灌输一种乐观的解释风格以克服他们的悲观思想，他们到青春期就能战胜抑郁。另一项研究要求健康的人们和有神经肌肉疾病的人们要么关注自己的负担，要么想想自己的幸福。结果发现，那些心存感激的人们往往有较高的主观幸福感和较少的身体症状。

4. 总结经验

正确认识挫折的双重性，树立积极乐观的应对态度。挫折是人生的重要组成部分，是人生的必然，挫折不仅使我们获得了宝贵的经验教训，而且使我们的生活更加丰富多彩、更有意义。

5. 放松调节

挫折带来了紧张焦虑情绪，引发的生理反应也很明显，而对身体各部分主要肌肉系统进行放松练习，则可以抑制这些伴随紧张而产生的生理反应，从而减轻心理上的压力和紧张焦虑的情绪。放松调节法的表现方式很多，如选择一个安静而不受干扰的地方，躺着或坐着均可，闭眼，注意力集中到与挫折情境无关的另一情境中。放松调节法有助于克服紧张、焦虑、烦躁的情绪。

6. 转换视角

任何事物都是发展变化的。在实施目标的过程中，由于受到主客观原因的影响，原来的目标无法实现，或原来的目标已不适合目前形势的要求，大环境改变以后，如果按原计划进行，势必受到环境的阻碍。此时，应重新考虑确立目标之事。一是改变策略，近处着手，脚踏实地。当一种动机经一再努力尝试仍无法成功，达不到预定目标时，个体需要调整目标，转换策略，使目标与自己现有的条件差距小一些，经过努力能够实现，这样会减少挫折情境和挫折感的产生。二是审时度势，当机立断，善于调整。这是每一个大学生从失败和挫折走向成功的必经之路。在实现目标的过程中，大学生需要选择最适合自己的行动路线和策略。因为每个大学生不可能只有一个奋斗目标，而且每一个目标也未必就只有一个标准。既然我们的自身条件、学习环境、人际环境、生活环境、社会环境等各种人生要素都在不断变化着，我们就必须学会变通。

拓展阅读

意义换框法

意义换框法就是找出一个负面经验中的正面意义。世界上所有的事情本身是没有意义的，所有的意义都只是人赋予的。既然是人赋予的意义，则一件事情就有两个方面。

（1）可以有其他的意义，也可以有更多的意义。

（2）可以有不好的意义，也可以有好的意义。

试想一下，当你用一块石头去锤打一颗钉子或赶走一只老鼠，你赋予这块石头的意义是什么？它本来有这些意义吗？再想想，一块石头可以有多少种用途？同一件事情总有不止一个意义。找出最能帮助自己的意义，便可以把事情的价值改变，使事情由绊脚石变为垫脚石，因而使自己有所提升，这便是意义换框法。用意义换框法来看待遇到的挫折有利于减轻压力。例如，“因为我家境贫寒，所以我很自卑。”意义换框法是把句子中的“所以……”改为它的反义内容，再把句首的“因为”二字放到最后，成为“我家境贫寒，所以我很勤奋，因为……”。然后反复思考，得出下面六条。

（1）因为这样我能拥有更多的机会。

（2）因为这样我能够获得奖学金。

（3）因为这样我成长得会更快。

（4）因为这样我能独立创造属于我的生活。

（5）因为这样我更能发挥潜力。

（6）因为这样我更能克服惰性。

试试挑选出一条你觉得最好的，然后把整句话反复读数遍。然后，你再来读原来的一句："因为我家境贫寒，所以我很自卑。"你感觉有什么不同？原来的一句和后来的一句。你觉得哪句更舒服一点？

总之，面对挫折，我们不能怨天尤人。人生没有坦途，只有幸运与不幸的交叉与起伏。那么，把挫折与不幸看作生活的一部分，遇到挫折和压力时坦然面对，也就能够帮助我们正确地对待压力和挫折。有一句西方谚语，大意是幸福和不幸犹如一根棍子的两端，一旦你拿起了生活这根"棍子"，也就同时拿起了愉快和烦恼，幸福与不幸。因此，任何人都不能只要求幸福，而完全回避不幸。这样的认识和态度能够帮助我们以一种坦然的心态来应对心理压力。

7. 倾诉

倾诉是指完全说出心里的话，它是用语言宣泄自己的方法。宣泄的心理实质就是把积蓄的情绪通过语言或行为进行代偿性的输出，是一种尽快达到心理平衡、心理净化的手段。大学生遭遇挫折后，可以将积蓄于心的所有痛苦、委屈、困扰、愤怒等向周围人倾诉出来。倾诉是朋友之间最常用的宣泄形式，也是应对挫折、促进良好适应的较好方法。

课堂小互动

我的想法

遇到一些特殊的情境或困难时，你是积极的想法多，还是消极的想法多？请你在下列项目中（如表 9-1 所示）选择较能代表你平常想法的一项。

表9-1　我的想法

特殊的情境或困难	积极的想法	消极的想法
还剩半瓶水	还好，我还有半瓶水	真惨，我只剩下半瓶水
这次英语考试不及格	我这次的准备不够充分，还有一些地方不够细心	我知道我很笨，永远没办法把英语学好
好朋友从我旁边走过去，没和我打招呼	他是在想事情而没注意到我，或者心情不好而不想理会别人	我是不受人喜欢的，所以他不想理我
在学校走廊有人撞了我一下	他是不小心的，或是为紧急的事而慌张	他看不起我，向我挑衅
做错事父母责备我	他们关心我，希望我能改正	他们不再爱我、关心我了

成长建议

生理缺陷、疾病造成的挫折是大学生常见挫折的一种。本节“成长烦恼”中，小张高中学习成绩不错，这是她对抗缺陷强有力的砝码，所以高中尚未对自己的缺陷有强烈体验。进入大学以后，对挫折的归因不良，因挫折而衍生出来的对未来生活、工作、婚姻的绝望感打倒了小张。她对自己左手缺失的现实不认可、不接纳，感觉自己是见不得人的，更加重了挫折感，采取了悲观主义认知模式。

金无足赤，人无完人。大学生要学会坦然面对自己的缺陷。坦然面对，缺陷不会因为我们的想象而变得恐怖，试图掩盖只能让我们更加缺乏勇气面对现实。

心灵感悟

迎难而上，坚忍不拔

挫折承受力较强的人，往往挫折反应小，挫折时间短，挫折的消极影响少；而挫折承受力较弱的人，则容易在挫折面前不知所措，挫折的不良影响大而易受伤害，甚至导致心理和行为的失常。

意志是自觉确定目的，支配自己克服困难去实现目的的心理过程。意志健全的主要标志是行为的自觉性、果断性和意志的顽强性。心理健康的人无论做什么事都有明确的目的，能坚定地运用切实有效的方法解决遇到的各种困难和问题，不优柔寡断、裹足不前，也不轻举妄动、草率行事。意志顽强的人能较长时间保持专注和控制行动去实现某一既定目标，不屈不挠，不达目的，绝不罢休。

心理指南

意志力测试

指导语

下面A、B卷共26道测试题，请根据你的情况作答。完全符合你的情况，则选A；比较符合你的情况，则选B；一时难以确定是否符合你的情况，则选C；不大符合你的情况，则选D；完全不符合你的情况，则选E。

测试内容

A卷

（1）你喜爱体育运动，因为这些运动能够增强你的体质和毅力。（ ）

A. 完全符合 B. 比较符合 C. 不确定 D. 不太符合 E. 完全不符合

（2）你总是很早起床、从不睡懒觉。（ ）

A. 完全符合 B. 比较符合 C. 不确定 D. 不太符合 E. 完全不符合

（3）你坚持“不做则已，做就要做好”的原则。（ ）

A. 完全符合 B. 比较符合 C. 不确定 D. 不太符合 E. 完全不符合

（4）你投入地做一件事，是因为它重要、应该做，而不是因为兴趣。（ ）

A. 完全符合 B. 比较符合 C. 不确定 D. 不太符合 E. 完全不符合

（5）当学习和娱乐发生冲突的时候，你会放弃娱乐，虽然它很有吸引力。（ ）

A. 完全符合 B. 比较符合 C. 不确定 D. 不太符合 E. 完全不符合

（6）你下定决心要坚持做下去的事，不论遇到什么困难，你都能持之以恒。（ ）

A. 完全符合 B. 比较符合 C. 不确定 D. 不太符合 E. 完全不符合

（7）你能长时间做一件非常重要但却无比枯燥的事情。（ ）

A. 完全符合 B. 比较符合 C. 不确定 D. 不太符合 E. 完全不符合

（8）一旦决定行动，你一定说干就干，决不拖延。（ ）

A. 完全符合 B. 比较符合 C. 不确定 D. 不太符合 E. 完全不符合

（9）你不喜欢盲从别人的意见和说法，而善于分析和鉴别。（ ）

A. 完全符合 B. 比较符合 C. 不确定 D. 不太符合 E. 完全不符合

（10）凡事你都喜欢自己拿主意，别人的建议只作参考。（ ）

A. 完全符合 B. 比较符合 C. 不确定 D. 不太符合 E. 完全不符合

（11）你不怕做没做过的事情，不怕独自负责，你认为那是锻炼机会。（ ）

A. 完全符合 B. 比较符合 C. 不确定 D. 不太符合 E. 完全不符合

（12）你一直希望做一个坚强的、有毅力的人。（ ）

A. 完全符合 B. 比较符合 C. 不确定 D. 不太符合 E. 完全不符合

（13）你和同学、朋友、家人相处，从不无缘无故发脾气。（ ）

A. 完全符合 B. 比较符合 C. 不确定 D. 不太符合 E. 完全不符合

B 卷

（1）你给自己订了计划，但常常因为主观原因不能完成计划。（ ）

A. 完全符合 B. 比较符合 C. 不确定 D. 不太符合 E. 完全不符合

（2）你的作息时间没什么标准，完全靠一时的兴趣与情绪决定，且常常变化。（ ）

A. 完全符合 B. 比较符合 C. 不确定 D. 不太符合 E. 完全不符合

（3）你认为凡事不能太累，做得成就做，做不成就算了。（ ）

A. 完全符合 B. 比较符合 C. 不确定 D. 不太符合 E. 完全不符合

（4）有时你临睡前发誓第二天要做一件重要的事情，但第二天却又没兴趣做了。（ ）

A. 完全符合 B. 比较符合 C. 不确定 D. 不太符合 E. 完全不符合

（5）你常因为读一本妙趣横生的小说或看一个精彩的电视节目而忘记时间。（ ）

A. 完全符合 B. 比较符合 C. 不确定 D. 不太符合 E. 完全不符合

（6）如果你在生活中遇到了困难，首先想到的是请教他人。（　）
A. 完全符合　B. 比较符合　C. 不确定　D. 不太符合　E. 完全不符合
（7）你的爱好广泛而善变，做事情常常心血来潮。（　）
A. 完全符合　B. 比较符合　C. 不确定　D. 不太符合　E. 完全不符合
（8）你喜欢先做容易的事情，困难的能拖就拖，不能拖时则马虎、应付了事。（　）
A. 完全符合　B. 比较符合　C. 不确定　D. 不太符合　E. 完全不符合
（9）凡是你认为比你能干的人，你都不会太怀疑他们的看法。（　）
A. 完全符合　B. 比较符合　C. 不确定　D. 不太符合　E. 完全不符合
（10）遇到复杂莫测的情况，你常常拿不定主意。（　）
A. 完全符合　B. 比较符合　C. 不确定　D. 不太符合　E. 完全不符合
（11）你生性胆小怕事，没有百分之百把握的事情，你从来不敢做。（　）
A. 完全符合　B. 比较符合　C. 不确定　D. 不太符合　E. 完全不符合
（12）与人发生争执，有时明知自己不对，你却忍不住要刺伤甚至辱骂对方。（　）
A. 完全符合　B. 比较符合　C. 不确定　D. 不太符合　E. 完全不符合
（13）你相信机会的作用大大超过个人的艰苦努力。（　）
A. 完全符合　B. 比较符合　C. 不确定　D. 不太符合　E. 完全不符合

测评方法

A 卷试题中，A、B、C、D、E 依次为 5、4、3、2、1 分。

B 卷试题中，A、B、C、D、E 依次为 1、2、3、4、5 分。

A、B 卷得分加起来为总得分。总得分 110 分以上，表明意志力十分坚强；总得分 91~100 分，表明意志力较坚强；总得分 71~90 分，表明意志力一般；总得分 51~70 分，表明意志力比较薄弱；总得分 51 分以下，表明意志力十分薄弱。

项目活动

心理健康集体游戏

活动目的

1. 培养积极应对大学学习、生活等方面的困惑和挫折的能力。
2. 能够换位思考和接受团队帮助，或通过团队合作解决问题。
3. 在团队协作中感悟成长，汲取能量。

活动准备

无。

活动步骤

通过游戏的方式增进个体与小组成员之间的理解，大家充分信任，以一种坦诚、开放的心态参与，彼此支持、互守秘密。人数在30左右为宜，3~4个游戏，加强心得体验的分享。

1. 请你认识我。

（1）每位参与者在1分钟之内介绍自己的姓名、个性、特点和家乡风土人情等，请其他人认识自己。之后请参与者在30秒内尽可能多地和其他成员握手并打招呼。

（2）请大家推荐3~5个有特点的同学进行深度表演节目，之后共同分享心得体会。

总结：迈过了那道心门，我们可以自由交往，微笑着去打开每一扇窗。

2. 让我认识你。

（1）先围成一个圈，每个人都找一个好朋友，以对角的关系建立联系后两两牵手排成两队，开始齐步走。

（2）伴随音乐舞蹈的节奏，采取分、合、交叉、叠加等各种形式，进行热身活动。

（3）最后又形成一个圈，找到之前建立联系的同学齐步走，再坐下来交流心得。

总结：在成长的道路上，我们需要相互陪伴，彼此收获欢笑和快乐的喜悦。

3. 我来说，你来画。

（1）8人一组，每人一支笔和一张白纸。

（2）两两背靠背坐好。其中第一个人讲一个很短但印象很深刻的故事，第二个人开始绘画。然后换第二个人讲，第一个人绘画。每个故事约10分钟。

（3）请各组派出相互配合非常默契的组员和大家一起分享体验。

总结：昨天再大的事到今天也不再那么重要；今天再大的困难，到了明天可能就不那么困难了。

4. 朋友一起来。

团队全体再次围成一个圈，拍手齐唱《同一首歌》。

总结：做自己梦想的主宰，勇敢地用心去赢得下一场精彩。

第10章 大学生生命教育及心理危机干预

大学阶段是个体人生观与价值观塑造的重要阶段，个体的自我意识也逐步发展，走向成熟。与此同时，步入大学意味着大学生离开家庭的庇护，逐步开始独立参与社会生活，独自面对生活、学习、工作上的困难与挫折，面临诸多的压力与挑战，这一阶段也是人生中最迷茫的阶段之一。在这个阶段，大学生往往会对生命的意义产生或多或少的疑问，以及产生些许心理危机。但大学生若是能够在这时正确地认识生命的意义，不迷失自我，克服心理危机，便能使生命更加充实，使生命更富有意义。

学习目标

1. 理解生命的意义。
2. 明确生命的价值与责任。
3. 了解大学生心理危机的表现。
4. 掌握预防与干预心理危机的方法。

第1节 认识生命

人们常常会问自己：我为什么会来到这个世界？我是谁？自己有何价值？人生的意义是什么？这些关于生命的疑惑将会伴随一生。大学生应认识自己的生命，认识生命的价值，同时尊重他人的生命，并在此基础上探寻生命的意义，找到自己存在的价值，正确定位自己，提升生命的质量。

本节主要介绍生命的定义、存在形式、特征、价值等内容。

班长晚上12点之后发现小洛在社交平台发了一条动态，内容大意是要离开这个世界了，向班上同学告别。班长立即报告了辅导员，辅导员当即赶到小洛的宿舍做好监护工作。第二天，小洛的父母也赶到了学校。小洛说自己是当时心情不好随意发了一条状态，并没有真的想这样做，大家都反应过度了。但辅导员与心理咨询医生依然坚持要做好监护工作，后来发现小洛已经在做自杀的准备，如果不是有他人的监护，小洛可能真的会实施自杀行为。

一、生命的定义

生命是一切价值的根本。人的生命是指有意识地存在。生命具有感情，生命的由来是伟大而富有精神意义的，对人类具有重要作用。人不仅要有信念、精神、意志，而且要有对生命的敬意与感怀，认同生命。人能认同生命，能用爱对待他人，就不会出现社会犯罪心理。所以，认同生命并爱它是极为重要的自爱表现。对生命的理解、珍爱、关怀、敬畏与欣赏，在生命与自我、生命与社会、生命与自然这三种关系中得以实现。

那么何为生命？古今中外，各学科、各学派给出了各自的解释。古代哲学认为，“生”的本义是指草木从地下长出，引申为事物的产生、发生，再引申为生命的孕育、发展、生生不息。生命有无限可能，值得被珍惜、被探索、被发展，生命要不断地自我开创、更新，最终达到不断相生、永续生存的目的。现代生物学认为，生命是“主要由核酸、蛋白质大分子组成的、以细胞为最基本单位的复合体系的存在方式。恩格斯也曾提出，生命是蛋白体的存在方式，这个存在方式的基本因素在于和它周围的外部自然界不断的新陈代谢，而且这种新陈代谢一旦停止，生命就随之停止，结果便是蛋白质的分解。生命哲学则认为，生命是世界的绝对的、无限的本原，它跟物质和意识不同，是积极地、多样地、永恒地运动着的。生命不能借助于感觉和逻辑思维来认识，只能靠直觉或体验来把握。由此可见，无论是从哲学角度还是生物学角度，对于生命的定义都有一个共同点：自我更新与发展是生命的本质含义。

生命主要包括新陈代谢、生长、发育、遗传、变异、感应、运动等。生长和发育是生命的基本过程，而新陈代谢是生命最基本的过程，是其他一切生命现象的基础。

拓展阅读

神奇的生命之初

生命的起源应当追溯到与生命有关的元素及化学分子的起源。大约在 66 亿年前，银河系内发生过一次大爆炸，其碎片和弥漫物质经过长时间的凝集，大约在 46 亿年前形成了太阳系，作为太阳系一员的地球也在 46 亿年前形成了。生命的构成元素如碳、氢、氧、氮、磷、硫等是来自大爆炸后元素的演化。在星际演化中，某些生物单分子，如氨基酸、嘌呤、嘧啶等可能形成于星际尘埃或凝聚的星云中，接着在行星表面的一定条件下产生了如多肽、多聚核苷酸等生物高分子。经过漫长的演化，地球上最终形成了最原始的生物系统，即具有原始细胞结构的生命。距今约 35 亿年，地球上出现了生命物体，最初诞生的是细菌和浮游生物（池塘中生长的水藻的同类）。浮游生物利用太阳光及地球表面的二氧化碳繁殖（碳酸同化作用），并产生氧气。后来，这些氧气形成了今天地球上的空气，使鱼、鸟、爬虫类、恐龙及人类等利用氧气的高级生物得以生存。人类的祖先猿人是在距今约 100 万年前诞生的。在各种生物中，人类的诞生是最晚的。

二、生命的存在形式

生命构成了世界存在的基础，世界正是因为有了生命才精彩。而人是地球上所有生命中认识超越其他一切生命的存在。人的生命具有三重属性，即生物性、精神性和社会性。人的生命存在形式有生物性、精神性和社会性三种形态。

（一）生物性的存在

人是生物性的存在，生物性是人的生命的最基本的特性，是人的生命的社会性、精神性存在的基础和前提。人作为自然生理性的肉体生命而存在，其生长和发展就必然要服从生物界的法则和规律。所以，生老病死是每个人都无法逃避的。

（二）精神性的存在

人不仅仅为了满足自己的自然生命而活，而且为了追求超越生物性存在的精神性存在而活。人要规划自己的人生，创造自己的价值，指导和提升生物性的存在。正是有了生命的精神性的存在，人的生命才有了人文意义和价值，有了理性的意蕴和道德的升华。

（三）社会性的存在

每个人要想生存下去，就必须参与和融入社会活动，在与人的沟通、交往和互动中保存自己的生命，追求自己生命的意义，实现自己生命的价值。正是这种社会性存在使人面对千差万别、千变万化的社会生活时，能够使自己有一种生命的智慧和坚定的信念；使人面对有限人生和多变命运时，有一种豁达的胸怀和安然的态度。

三、生命的特征

生命主要有五大特征，即不可逆性、不可再生性、不可换性、有限性和曲折性。

（一）生命的不可逆性

从胚胎起，生命便一直生长、发育，以至衰亡。它绝不会倒退。所以，人应活在当下，努力做好每一件事情，让每天过得充实而有意义。

（二）生命的不可再生性

生命对任何人来说都只有一次。“人死不能复生”道出的便是这个真理。因此，对于每个人来说，生命都是最珍贵的。

（三）生命的不可换性

生命为个体私有，相互不能交换，彼此不可替代。每一个生命都是独一无二的，世界上没有任何一个人能被代替，所以，人不仅应尊重自己的生命，而且应尊重他人的生命。

（四）生命的有限性

生命的有限性表现在三个方面：第一，生命存在的时间有限；第二，生命具有无常性，表现为生老病死、旦夕祸福等不可预测性，任何人都逃脱不了死亡；第三，生命不能离群索居；每个人都需要他人的帮助、支持和关怀。从一定意义上来说，正是生命的有限性才促使人去努力思考，发奋创造，积极生活，去实现自己生命的意义。

（五）生命的曲折性

生命是一个过程，自然会遇到许多艰辛、挫折、困顿，这些苦难和幸福一样，都是生命的一部分，是无法选择的。生命的进程曲折起伏，所以，人需要具备承受挫折和失败的能力与素质，不畏艰难，历经风雨，在艰难中磨砺意志，在困苦中增长智慧，始终保持乐观的心态和昂扬的姿态，不断成长成熟。

生命的特征是自然规律，不可违背，也无法违背。享受人生，须善待生命。

四、生命的价值

生命的价值是人的价值的重要组成部分。人作为生命的存在物，但又不同于一般生命，因为生命只具有物的价值，而人的生命却有生命价值。裴多菲说："生命的多少用时间计算，生命的价值用贡献计算。"人的生命价值具体表现为生命存在的价值、生命延续的价值和超越生命的价值。无论是寿命的长短和个人的享受多少，个人在延续生命过程中创造的价值的大小才是衡量人的生命延续价值的唯一尺度。

（一）对生命价值的认识

生命本身没有价值，关键在于人如何赋予生命价值，如何最大限度发挥生命的价值，实现自我发展和自我超越。

生命的价值不在于时间的长短，而在于生命的宽度。一个人若是长命百岁，可毕生碌碌无为，也未曾给他人或社会做过贡献，那么他的生命就是平凡的。如果一个人虽然英年早逝，可在有限的生命里，他乐善好施，助人为乐，奉献社会，那么他的生命便无比崇高，这样的人完美地诠释了生命的价值。人的生命之所以具有价值，还在于它能创造价值，即人的生命具有潜在的创造性劳动能力。这种劳动能力的展开和发挥就是生命的社会价值。

拓展阅读

花季永恒，时代楷模

黄文秀，北京师范大学硕士，她放弃在大城市工作的机会，毕业后回到家乡，于2018年担任广西壮族自治区百色市乐业县百坭村的驻村第一书记。黄文秀带领全村通过易地扶贫搬迁脱贫18户56人，教育脱贫28户152人，发展生产脱贫42户209人，共计88户417人，贫困发生率从22.88%降至2.71%；村级集体经济收入达6.38万元，实现翻倍增收。她坚持扶贫与扶志相结合，注重乡风文明建设，成立"乡村振兴、青年作为"小志愿者服务队，开展村规民约吟诵比赛和文明家庭评选活动。百坭村获得百色市2018年度"乡风文明红旗村"荣誉称号。2019年6月17日凌晨，黄文秀在从百色返回乐业的途中遭遇山洪因公殉职，年仅30岁。黄文秀被授予"时代楷模""全国五一劳动奖章""全国敬业奉献模范""最美奋斗者""全国优秀共产党员""2019十大女性人物""感动中国2019年度人物"等荣誉称号。

黄文秀毕业后放弃留在大城市工作的机会回到家乡，到边远的深度贫困村担任第一书记，她把双脚扎进泥土，为群众脱贫攻坚殚精竭虑，将年轻的生命永远定格在扶贫路上。她不忘初心、牢记使命，无私奉献，在平凡的岗位上实现了生命的价值。

（二）珍爱生命

对于每个人来说，生命都只有一次，生命的进程不可以推倒重来。正是由于生命有这种特征，人才应更加关注、珍惜和呵护自己的生命。

对于每个人来说，没有了生命就等于失去了一切活动的基础。所以，生命道德律的第一条就是善待生命，人不仅应该珍惜自己的生命，而且要珍惜他人的生命。珍惜生命首先要学会保护自己的生命，珍视自己的生命，同时也要尊重他人的生命。

拓展阅读

如何爱自己？

（1）接受本来的自己。

（2）要有目标和追求，有目标就会有奋斗，从而会获得充实感和成功。

（3）学会和他人分享喜悦。

（4）学会和他人愉快地相处。

（5）学会宽容。

（6）不要苛求自己。

（7）保持一个好的心态。

（8）不要陷入自私的误区。

（三）敬畏生命

敬畏生命是指敬畏自然界的一切生命。历史上最早提出“敬畏生命”观念的是医学家、哲学家阿尔贝特·施韦泽，他认为，敬畏生命意味着对一切生命，不仅是人的生命，而且包括其他生物的生命，都应该保持敬畏态度。在生命伦理思想史上，他是第一个明确指出应该把伦理的范围扩展到一切动植物的人。

阿尔贝特·施韦泽认为，善是保存生命，促进生命，使可发展的生命实现其最高的价值；恶则是毁灭生命，伤害生命，压抑生命的发展。

拓展阅读

这条小鱼在乎

在暴风雨后的一个早晨，一个男人来到海边散步。他一边走一边注意到，在浅滩的浅水洼里，有许多被昨夜的风雨卷上来的小鱼。它们被困在浅水洼里，虽然大海近在咫尺，但也回不了大海，被困的小鱼也许有几百条甚至上千条。用不了多久，浅水洼里的水就会被沙砾吸干，被太阳蒸干，这些小鱼就会干死。

男人继续往前走，他忽然看见前面有一个小男孩，走得很慢，并且不停地在每一个水洼旁弯下腰，他在捡起水洼里的小鱼，并且把它们用力扔回大海。男人停下来，看着男孩，看他拯救它们的生命。

终于，这个男人忍不住了，他走过去："孩子，这水洼里的鱼有成百上千条，你是救不过来的。"

"我知道。"男孩头也不抬地回答。"哦！那你为什么还扔？谁在乎？"

"这条小鱼在乎，还有这条小鱼在乎！还有这一条、这一条、这一条……"

在小男孩的眼里，一条小鱼就是一个生命，捡一条小鱼就是挽救了一个生命。每一个生命都具有不可逆性，每一个生命都应该受到同等尊重。敬畏生命不仅包括尊敬自己和他人的生命，而且包括对非人的生命给予一定的尊重。

（四）生命的意义

生命的意义是关于生命的积极思考，是个人正在努力实现的、自己给予高度评价的生命目标。具体来说，生命的意义包括个人存在的意义，即寻求和确定获得有价值的目标，并去接近这些目标。因此，生命的意义主要是指以下两个方面。

（1）人生最珍贵的宝藏是自己，人生的最大事业是经营自己。

（2）人生的最大价值与生命的意义就是追求自我的不断发展与成长。

课堂小互动

万物之灵——生命线

人类的生命具有 3 层意义，即生物层面的基本意义、社会层面的社会意义及个体层面的独特意义。个体独特的生命意义则包括了其独特意义与社会意义。然而，人类为万物之灵，人类的大脑功能非其他动物能及，这也就使人类的行为不完全受到本能的约束，而有个人自由意志的选择性行为也是人类生命最有价值之处。

（1）畅所欲言，预测 60 年以后大家相聚的情景，并分享给大家。

（2）在纸上画一条线，在右侧标出箭头，这一条线代表你的生命线。起点代表你出生的时候，在终点写出你预测自己生命结束时的年龄，然后找出自己现在所处的位置。回忆过去发生在你生活中的事情，并将它们按时间顺序在生命线上列出来，根据感受，将愉快的事放在线条上方，不愉快的事放在线条下方。接着，再想象未来想要做的事情及可能发生的事情，仍然按愉快或不愉快分别放在线条的上下方，最后形成你的生命地图。画完后，请你思考下列问题。

（1）面对生命线你想到了什么？

（2）它给了你什么启示？

成长建议

当今，越来越多的大学生像本节“成长烦恼”中的小洛一样萌生过自杀的想法，无论是学业上的挫折还是生活中的挫折，他们都希望寻求自身的解脱。有这种想法的大部分大学生是因为学习上、就业上有沉重的压力，或者在情感上有挫败感。

当今，许多大学生在成长过程中都受到了娇惯和过度的保护，生活一帆风顺，经历的挫折和困难较少。此外，他们缺乏解决实际生活问题的能力，面对各种诱惑难以抵制，难以逾越生活中的障碍。

生命的价值一直是人们思考和探索的问题，任何生命都是有存在价值的。大学生应认识生命的价值，尊重生命，了解自我，努力活出属于自己的精彩人生。

第2节 生命教育

内容导读

近些年来，大学校园里屡屡出现因学业压力、就业压力、情感困惑等问题而选择自杀的大学生。研究数据表明，中国每年自杀的人数有28万人之多，其中绝大多数（约25万人）是青少年。由此可知，生命教育迫在眉睫。

本节主要介绍生命教育的内涵及心理辅导等内容。

—成长烦恼—

大三学生小李因男朋友与别人相恋，长时间情绪低落，不与人交往，拒绝外出实习，积忧成疾，感到非常痛苦。她实在不知如何才能从这种状态中走出来，渐渐开始觉得生活没有任何意义，甚至产生了自杀的念头。

—知识课堂—

在大学生的现实生活中，除了欢声笑语、鲜花掌声，还有烦恼苦闷、颓废无聊。社会的变革，大学生自我意识的冲突，世界观、人生观、价值观的不确定甚至扭曲，都在很大程度上让大学生对生命产生了困惑。了解、认识和处理这些严重影响大学生生命观念的刺激事件，树立正确的生命观，是当代大学生的重要任务。

一、生命教育概述

（一）“三生”教育

1.“三生”教育的含义

“三生”教育就是通过教育的力量，使受教育者接受生命教育、生存教育和生活教育，树立正确的生命观、生存观、生活观的主体认知和行为过程。也就是说，要通过整合学校教育、家庭教育、社会教育的力量，激发大学生的主体认知和行为实践，最终达到帮助大学生确立正确的世界观、人生观、价值观的目的。

2.“三生”教育的意义

（1）生命教育。大学生应该认识生命、尊重生命、珍爱生命，主动、积极、健康地发展生命，提升生命质量，凸显生命的意义和价值。大学生应认识人类自然生命、精神生命和社会生命的存在和发展规律，认识个体的自我生命和他人的生命，认识生命的生老病死过程，认识自然界其他物种的生命存在和发展规律，从而树立正确的生命观，领悟生命的价值和意义。大学生要学会在与自我、他人、自然建立和谐关系的过程中，促进生命的和谐发展。

（2）生存教育。大学生需要学习生存知识，掌握生存技能，保护生存环境，强化生存意志，把握生存规律，提高生存的适应能力、发展能力和制造能力，树立正确的生存观念。生存教育使大学生认识生存及提高生存能力的意义，树立人与自然、社会和谐发展的正确生存观；帮助大学生建立适合个体的生存追求，学会判新和选择正确的生存方式；使大学生学会应对生存危机和摆脱生存困境，善待生存挫折，并形成一定的劳动能力，能够合法、高效和较好地解决安身立命的问题。

（3）生活教育。通过生活教育，大学生能够了解生活常识，掌握生活技能，实践生活过程，获得生活体验，确立正确的生活观，追求个人、家庭、团体、民族、国家和人类幸福生活，并认识生活的意义，热爱生活，为生活而奋斗并幸福生活。

生活教育让大学生理解生活是由物质生活和精神生活、个人生活和社会生活、职业生活和公共生活等组成的复合体；帮助大学生提高生活能力，培养大学生的良好品德和行为习惯，培养他们的爱心和感恩之心；培养大学生的社会责任感，促使他们形成立足现实、着眼未来的生活追求；使大学生学会正确的生活比较和生活选择，理解生活的真谛，从而处理好收入与消费、学习与休闲、工作与生活的关系。

（二）生命教育及其目标

1. 生命教育的含义

自杰·唐纳·华特士于1968年提出生命教育的思想以来，他创立的生命教育理念受到了人们的高度重视，生命教育实践在全球得到了迅速发展。1979年，生命教育中心在悉尼成立，提出生命教育的目的和宗旨在于防止“药物滥用、暴力与艾滋病”。日本1989年修订的《教学大纲》中明确提出以尊重人的精神和对生命的敬畏之观念来定位道德教育的目标。

关于生命教育的内涵有多种表述。有专家认为，生命教育就是引导学生正确认识人的价值、人的生命，理解生活的真正意义，培养学生的人文精神，培养学生对终极信仰的追求，养成关爱情怀，使他们学会过现代文明生活。还有些专家认为，生命价值观是个体对生命及其意义的总体观点和个体体验，是生活态度和生活理想的具体体现。大学生生命教育应依据人的生命特征，遵循生命教育的规律，按照大学生心理特点，唤醒大学生的生命意识，开发其生命潜能，促使大学生提升生命质量，关注人的全面发展。

生命教育是指在个体从出生到死亡的整个过程中，对其有目的、有计划、有组织地进行生存意识熏陶、生存能力培养、生命价值提升，最终实现生命质量充分展现的活动过程。生命教育是一种全人类的教育（认识生命现象，感悟生命境界），是一种自我认识及自尊的教育（了解自己的优缺点和性格，并对各种生命现象持尊重态度和人道关怀），是一种生活教育（在生活中发生，也需要在生活中实践），是一种体验教育（身临其境的感受和体会）。

2. 生命教育的目标

生命教育的宗旨是珍惜生命，注重生命质量，体验生命价值。大学生应该探索与认识生命的意义，尊重与珍惜生命的价值，热爱与发展个人独特的生命，实践并活出天、地、人、我共在的和谐关系。所以，生命教育的任务和目标是关注大学生的生理、心理、灵性三个层面。具体表现在以下三个方面。

（1）培养大学生珍爱生命的意识。让学生在整个教育历程中能够体会身为人类的意义与价值，重视生死大事，珍爱自己，保护生命，了解生命来之不易，也体验生命成长的艰辛与苦难，认真生活，发挥生命的光与热，获得尊严。

（2）促进大学生发展生涯。大学生在整个教育过程中，在体会人性、获得尊严之后，能够更进一步构建生命前景，从个人的“自我、休闲、人际”等层面，明确未来的方向，并为之发奋努力。

（3）促进大学生自我实现。大学生在整个教育过程中，学会适时构建自己的理想，并努力使现实与理想吻合，完成自我实现。在生命成长与发展的过程中，能够新增无数的“理想与现实吻合”的自我实现。

二、生命教育心理辅导

人生是个有始有终的过程。我们每个人无法决定生命的长度，但可以掌握自己生命的宽度，即实现生命的意义、活出精彩、体现价值。因此，进行生命教育心理辅导是非常重要的。

（一）生命教育心理辅导的概念

生命教育主要辅导大学生体验与构建生命的意义，进而尊重生命，热爱生命。而在这一过程中，辅导大学生认识自我，建立自尊与自信，辅导大学生反省与确立人生观及价值观，提升对人的关怀，增进大学生人际互动能力，都是生命教育的目标。从生命教育的目标、实施内容与实施方式来看，生命教育需要通过许多促进手段，才能达到效果，且重视大学生自己的思考、判断能力，促进其自我发展。

拓展阅读

审视生命意义感

生命意义分为生命意义感和寻求意义感两个部分。生命意义感包括 10 个内容：我正在寻觅我人生的一个目的或使命、我的生活没有明确的目的、我正在寻找自己生活的意义、我明白生活的意义、我正在寻觅让我感到自己生活有意义的东西、我总在尝试找寻自己生活的目的、我的生活有一个清晰的方向、我知道生命能够使自己的生活有意义、我已经发现一个让自己满意的生活目的、我总在追求一些能够让生活显得重要的东西。

不同文化下，寻求生命意义的状态对生命意义感水平有不同影响，生命意义感与寻求意义感在不同的群体中可能存在不同的关系。一般认为有四种关系：一是生命意义感强，寻求意义感强；二是生命意义感强，寻求意义感弱；三是生命意义感弱，寻求意义感强；四是生命意义感弱，寻求意义感弱。

研究显示，生命意义感与心理健康呈正相关，而与抑郁和负性情绪呈负相关。但寻求意义感与抑郁和负性情绪没有相关性，而与未来取向应对和正性情绪呈正相关。寻求生命意义感不一定会引起焦虑沮丧，也可能与积极心理学相关。

心理专家认为，生命意义感和寻求意义感不相关。一个人缺乏生命意义感容易患神经症，但寻求生命意义感正常，说明他们是相互独立的。神经症患者不知道自己的需求，心理咨询就是帮助患者分析，并且明确自己的需求。

（二）生命教育心理辅导的内容

生命教育心理辅导的内容涉及以下四个方面，如图 10-1 所示。

（1）指导大学生认识生命的意义，进而尊重生命、热爱生命。

（2）增进大学生对人的关怀，丰富生命的内涵，提高生命价值。

（3）协助大学生检视自己的生命历程。

（4）教育大学生尊重自己和他人，关怀社会。

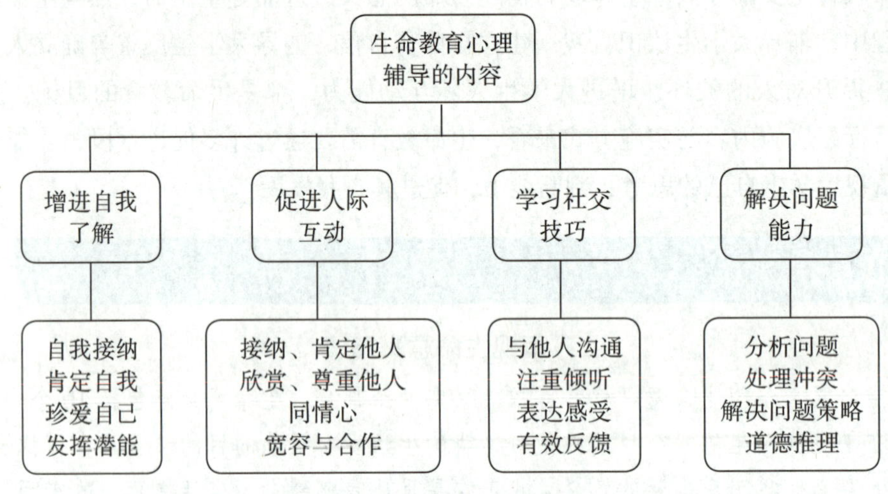

图10-1　生命教育心理辅导的内容

课堂小互动

从遗愿清单开始倒推你的人生

假设你现在躺在临终前的床上，你最可能后悔的是什么呢？花 10 分钟想一想，至少在纸上写下 10 条，并与周围人分享。

例如：

（1）没有充分表达最本真的、最真实的自己。

（2）________________

（3）________________

（4）________________

（5）________________

（6）________________

（7）________________

（8）________________

（9）________________

（10）________________

（三）开展大学生心理健康教育的途径

心理健康教育有其特殊性，不能像知识教育那样主要通过教师的讲授来完成。它需要渗透到学生日常生活的各个方面，通过多种方式进行。

随着大学生群体心理问题日渐凸显，学校方面也通过多种渠道积极开展大学生心理健康教育。

1. 开设有关课程

心理健康教育与辅导有丰富的内容和独立的体系，需要专门设置一门课程。从目前国内学校开展心理辅导的情况来看，这种专门开设的心理健康课程一般有两种形式。

（1）以讲授为主的有关课程。

（2）心理辅导活动课。

大学生在学校学习专业知识的同时，更应该积极参加心理健康教育的相关课程，让自己拥有健康的心理状态，积极投入学习和生活之中。

2. 在学科教学中渗透

学科教学是学校教育最主要、最基本的活动形式。学生获得知识、发展能力、塑造品格、树立人生观很大程度上是在学科教学过程中实现的。

在学科教学中渗透心理健康教育具有时间和空间上的优势，大多数学校通过这样的方式使心理健康教育在学校里得以全方位展开。

3. 结合班级、团队活动开展

通过班会活动、课外活动、团体活动开展心理健康教育也是一种常见的途径，心理辅导同学校、班级活动的宗旨是并行不悖的，从某种意义上说，学校心理健康教育与辅导还拓宽和加深了学校、班级的活动领域，解决了大学生成长中遇到的难题。

大学生在参与心理健康教育的班级、团队活动时，应该积极配合参与，在团队合作学习的过程中逐渐调整自己的心理状态。

4. 个别心理辅导或咨询

个别辅导是辅导教师通过与学生一对一的沟通互动来实现的专业助人活动，是对个别存在心理问题或心理障碍的学生提供针对性的辅导或矫治，以缓解学生的心理困惑或压力，并促使学生学会自我调节，从而使个人的心理得到健康发展。

有些大学生认为需要一对一心理辅导或咨询的都是心理有问题的人，这其实是很多人对心理咨询的误区。大学生应该正确看待心理咨询。

（1）心理咨询并非“开药方”。每个人都存在差异，面对的问题也大不相同，医生在与咨询者聊天的过程中，会注意咨询者的言行举止，以及咨询者面对问题的心态，总结出一套特定的解决方法。

（2）心理咨询并非迷信。大学生不应该将心理医生“夸大”或“神化”，认为他们能猜到人们的心思，就像懂得“读心术”一般。心理医生只是利用他们所学的心理知识判断前来咨询的人的心理状态，根据不同的情况，找出适合来访者的解决方法。

（3）心理咨询是正常需求。心理咨询更像是一种倾诉，将内心的想法向心理医生或心理老师说出来，以此缓解内心压力，心理医生或心理老师也不会将咨询者的隐私泄露，因此可以放心与他们交流。心理咨询是正常需求，每个人或多或少会有一些心理压力，我们不能将它“异化”。大学生要正确看待心理咨询，有问题时及时咨询心理医生或心理辅导教师，让自己健康快乐成长。

拓展阅读

朋友自我施暴，我该怎么帮助TA?

自我施暴指的是一个人没有自杀意图地对自身造成故意伤害的行为。如果身边的人有这样的行为，该如何帮助他们呢？以下是一些普通人可以做的事情。

1. 公开讨论自我施暴

不管是否谈论，自我施暴行为都是真实存在的，它不会因为人们假装它不存在而消失。谈论自我施暴是必要的，只有对自我施暴的公开讨论，才能帮助那些正在自我伤害的人，降低他们的羞耻感，使他们主动与他人建立联系。

2. 提供积极的支持方式

交谈是提供支持的一种方式，确定如何提供支持的最有效方法之一是直接询问，知道提供什么样的帮助，以及什么时候提供帮助是必要的。在提供支持的过程中，帮助者应该隐藏消极的想法和感受。

3. 保证帮助的有效性

大多数自我伤害的人不会在别人面前这样做。帮助者和那些伤害自己的人在一起的机会越多，他们自我伤害的机会就越少。陪伴和支持可以有效地降低自我施暴的可能性。

许多伤害自己的人很难识别或陈述自己的需求，因此，有必要让他们知道何时、以何种方式能够依赖帮助者，这需要与自我伤害的人共同设定并保持清晰一致的界限。帮助者如果不愿意在晚上九点后接紧急电话，那么就要向他们表明这一点；帮助者如果只能通过电话而不是亲自提供支持，也需要及早向他们说明。

4. 容许自我施暴行为的发生

作为一种应对方法，当其他方法失败时，自我施暴通常被用来试图缓解情绪上的痛苦，所以人们有这种选择是必要的，尽管这看起来很受伤，也不合理。

如果可以的话，大多数人都会选择不伤害自己。虽然自我施暴会令人产生羞耻感、神秘感、罪恶感和孤立感，但有些人还是会做出这样的行为，帮助者要做的是向他们提供支持，而不是直接否定和限制他们的行为。

5. 认识到自我施暴人群痛苦的严重程度

大多数选择自我施暴行为的人是由严重的情绪困扰导致的，他们几乎没有其他应对的办法。帮助者要能够理解他们痛苦的严重程度，适当建立沟通和联系。不要害怕提出有关情感痛苦的话题，应该让他们说出内心的混乱，而不再以自我伤害的方式表达这种混乱。

成长建议

本节“成长烦恼”中，小李向心理咨询医生吐露自己性格敏感、从小缺乏自信，刺激事件发生后受到巨大打击，甚至产生了自杀的念头，由此可见小李的生命教育是欠缺的。

对此，我们可以建议小李通过心理咨询，改变不合理认知，逐步认识生命的意义和重要性。

第3节

大学生心理危机与危机干预

一项对2019级大学新生进行的心理健康水平问卷调查显示，刚进入大学的新生群体的人格问卷阳性率为19.28%，症状自评量表阳性率为24.94%，情况不甚乐观。由于学业、情感、就业及原生家庭等各方面的压力，加上各种价值观的冲击，他们容易出现心理失衡的情况，从而导致心理危机的爆发。基于此，对大学生开展心理危机预防与干预至关重要，要分析心理危机肆意爆发的根源，探究建立健全高效的大学生心理危机干预体系。

本节主要介绍心理危机的内涵、大学生常见心理危机，以及大学生心理危机的预防与干预等内容。

以下为小婷的一篇日记。

困惑，无休止地困虑，生活太痛苦了，多一天我就多一天精神折磨，我对所有一切排斥感太严重，只是目前还没有到达完全崩溃的地步。为什么我的大脑会这样？我觉得我的承受力已达到极限，我对自己已无能为力了，现在我怀疑和排斥一切外来的东西，对它们有很大的不确定感，而自己已有很强的不安感，时时刻刻都是这样。上学期还曾有过“我自己到底是不是人”的疑问，精神很痛苦，我忧虑和害怕一切东西。事实上，我意识到我写这段话都显得语无伦次了，但我没办法控制。还有另外一个事情：我脑海里甚至连心理咨询都怀疑上了，我怕它强制将我脑子里原有的信息删去，那将是一件难以想象的事情。我太忧虑了……

我的担忧无休无止，任何事都可能成为我担忧、顾虑的对象。我太累了。我不是没有担心过终有一天我会疯掉或自己解决掉自己。我根本没办法用常理分析自己，更没办法解决问题，感觉自己很荒谬，是不是我的人格出了问题？不知道心理咨询医生会不会看不起我。不知道……不知道……体力似乎已透支，身心很疲惫。我太累了！这世界还有和我一样有荒谬想法的人吗？

一、心理危机概述

（一）心理危机的含义

心理危机是指面对突然或重大生活事件，如亲人亡故、突发威胁生命的疾病、灾难等，个体既不能回避又无法用常用的方法来解决问题时出现的心理失衡状态。一事件是否会成为危机，受到以下三个方面因素的影响。

（1）个体对事件发生的意义及事件对自己将来的影响的评价。

（2）个体是否拥有一个能够为自己提供帮助的社会支持系统。

（3）个体是否获得有效的应对机制，即个体能否从过去的经验中获得解决问题的有效方法，如哭泣、愤怒、向他人倾诉等。

由于个体的这三个影响因素可能存在着较大差异，因此，相同事件不一定对每个人都构成危机。

（二）心理危机的种类

1. 发展性危机

发展性危机是个人在正常成长和发展过程中对急剧的变化或转变所产生的异常反应，如升学危机、性心理危机等，是大学生生命中必要和重大的转折点。

2. 境遇性危机

境遇性危机指突如其来、无法预料且难以控制的心理危机，如交通事故、人质事件、突然的绝症或死亡、自然灾害等。

3. 存在性危机

存在性危机是指一些生活中的重要事件出现问题而导致的个人内心的冲突和焦虑，是伴随重要的人生目的、人生责任和未来发展等内部压力、冲突和焦虑的危机。

（三）心理危机的特征

1. 易察性

大学生生活在大学校园环境中，学习、生活相对有序和单一。因此，大学生心理危机具有易察性。

2. 危险性

危机之中隐含着危险，这也是我们必须注意到的一个重要方面，这种危险性可能影响大学生的日常学习与人际交往等，严重的还可能危及大学生的生命。

3. 普遍性

普遍性是指心理危机在一定意义上是每个大学生在成长过程中都会遇到的问题，没有人能够幸免。

4. 无助性

心理危机常常使人无所适从，使人的未来计划受到威胁和破坏。由于先前的应对方式无法应对危机，社会支持系统不完善，大学生常常感到无助和绝望。

5. 潜在性

大学生的心理危机常常不以直接爆发的方式体现，而是潜藏于个体内心，遭遇特定应激事件，就会容易引发大学生的心理危机。

6. 时代性

时代性是指当代大学生的心理危机反映了时代、社会对大学生的要求，反映了大学生个人对理想的追求，表现为成才、实现理想与现实的矛盾和冲突。

（四）心理危机的反应

由于受危机事件刺激，大学生会产生一系列身心反应。一般情况下，危机反应会持续 6~8 周，主要表现在生理方面、情绪方面、认知方面、行为方面和人际关系方面。

1. 生理方面

大学生在危机事件的刺激下会产生如肠胃不适、食欲下降、头痛、疲乏、失眠、做噩梦、胸闷、肌肉紧张等生理问题。

2. 情绪方面

由于受到危机事件的刺激，大学生在情绪方面表现出高度的焦虑、恐惧、抑郁、愤怒、沮丧、紧张、绝望、烦躁、害怕等。

3. 认知方面

（1）积极思维：调整认知—用理性情绪调节自我—积极寻找解决办法—达到自我成长。

（2）消极思维：关注负性情绪—过分强调自身的感受—忽视周围环境和他人感受—不会换位思考—陷入狭窄的思维怪圈—“钻牛角尖”。

4. 行为方面

（1）积极的行为反应：坚持、升华、解决问题等。

（2）消极的行为反应：否认、攻击、逃跑、放纵、退缩等。

（3）中性的行为反应：转移、合理化、投射等。

5. 人际关系方面

处于心理危机中的个体常常把自己封闭起来，不太愿意与人交往，尽量避免人际沟通。他们常对朋友的建议和劝告抱有怀疑的态度，从而使人际关系恶化。

（五）心理危机的反应阶段

人们对危机事件的心理反应不会马上消失，通常会经历以下四个不同的阶段。

1. 冲击阶段

冲击阶段也称强烈的情绪反应阶段，一般发生在危机事件出现后不久或当时。如果刺激过大，人就会产生震惊、恐慌、不知所措等情绪反应，也可以称之为类休克状态。

2. 安定阶段

安定阶段也称逐渐接受现实阶段。人们会采取各种努力应对心理上的危机，控制焦虑和情绪紊乱，恢复受到损害的认知功能。然后采用各种心理防御机制，或争取亲人、朋友的支持。

3. 解决阶段

解决阶段也称寻求改变阶段。人们会将自己的注意力转向产生压力的危机，并设法去处理它。可能采取逃避行为而远离产生压力的原因，如依赖药物、酗酒等；也可能提高自己的应对技能，改变策略和行为，直接面对危机、解决困扰，如求助等。

4. 成长阶段

心理危机过后，有些人会变得更成熟，获得应对危机的技巧，但也有些人会消极应对而出现种种心理不健康的行为。

二、大学生常见心理危机

（一）大学生常见心理危机的类型

1. 生命认知粗浅，不能理性面对冲突和危机

一直以来，由于没有系统的、专门的生命教育课程，大学生对生命普遍缺乏客观的认识和深入的探究，对生命的存在、生命的价值、生命的意义、生命的潜能、生命的终结等问题仍处于粗浅的认知阶段，也不能深刻理解生命的独特性、有限性、宝贵性、唯一性、创造性等特性。在面对生死问题、亲情爱情冲突、理想责任矛盾、激情现实差异等问题时，大学生往往感情用事，不能理性地处理。在遇到危机和挫折时，大学生容易消极对待，采取逃避甚至更加极端的手段，一些大学生还会沉迷网络游戏、虚拟世界，肆意挥霍宝贵的光阴。

2. 生命意义的迷失

随着物质资料的日益丰富，大学生缺乏对生命内涵等实质性问题的正确认识和深刻思考。进入大学后，以往身上耀眼光环的消失让其一时无法适应，加上大学生活理想与现实之间巨大的落差等问题的出现，其心理调适能力受到严重干扰。在残酷的现实面前，有些大学生企图逃避，表现出消沉、颓废、苦闷、忧郁等状态，甚至滋生出自杀念头等严重心理问题。

3. 个体生命的焦虑

焦虑在某种程度上是人类生存的必需心理，适度的焦虑是心理对所承受压力的正常防御反应。它能使人们调动一切防御器官应对刺激，超常发挥生命潜能。但是，焦虑过度则会使人陷入与环境极不相称的痛苦的情绪体验之中，对任何一件微小的事情都会做出可怕的联想。由于学业压力、交往困惑、青春萌动等因素的影响，大学生经常会陷入焦虑之中，失落、迷茫、悲观、抑郁等情绪时常环绕在一些大学生的周围，有些大学生为了摆脱负面情绪的困扰、得到生命的解脱，往往会选择结束逃避。

4. 个体幸福的失落

幸福是人类追求的终极价值目的。长期以来，很多人认为只要给学生灌输的知识越多，能够让学生记住的越多，教育就越成功，而根本不管这些知识是否与学生的兴趣爱好相符合。这种教育很少注意这些知识是否已经被学生内化为生活的智慧，也较少关注学生幸福感的培养。

5. 情感世界的荒芜

情感是个体生命的重要内涵，一个没有感情的人肯定是一个心理不健全的人。情感生活是人类精神生活的重要组成部分，是人们生命力量的重要体现。当今社会，学习、工作等方面的竞争压力不断增大，变化日益加剧，这就造成了部分大学生情感的不稳定性和无助性。家庭成员数量的变化及生活居住环境的不断变化也使得人与人之间的交流减少。各种通信工具、新闻媒体的迅速发展使得人与机器之间的关系在一定程度上替代了人与人之间的关系。大部分学生沉迷虚拟的空间不能自拔，以此来寻找情感上的慰藉，时代呼唤着教育对大学生情感世界的关注。

6. 对生命的漠视

近年来，大学生践踏生命的现象屡屡发生，这些触目惊心的悲剧不得不引起我们的深思。这些践踏生命的现象归结起来主要表现在两个方面：一是不尊重与伤害他人或其他生命的暴力事件，二是大学生自我伤害与自杀。无论是伤害他人生命还是伤害自己的生命，都是对生命的不尊重、不珍惜，都是缺乏生命意识的表现。

7. 生命缺乏责任感，习惯以自我为中心

一些大学生由于缺少与兄弟姐妹共同生活的经验，养成了凡事以自己为中心的个性，较少顾虑他人的感受和需求，自我意识强，自信心也极强。过分强调个人利益，社会责任意识差，习惯家人照顾。面对现实困难缺乏独立面对和解决问题的能力，遇到人生中的逆境习惯推卸责任或逃避责任。此外，他们认为生命是属于自己的，与亲人、朋友、社会、国家等没有联系，一旦遇挫，有些大学生就会自寻短见或伤害他人性命，没有想过死亡给亲人、同学、学校和社会带来的悲痛与影响。

8. 生命体验单一，遇到挫折缺少弹性

不少大学生在学业和就业的重负下，一味埋首于知识性的学习，生命体验非常单一，习惯于顺境中成长，喜欢享受生活。当代大学生虽然从小受到宠爱，但由于较少有知心的、可倾诉心声的伙伴，所以缺少化解压力、解决危机的人际资源，抗压能力非常低。在严峻的就业形势下、在失恋失意的情况下或在相对贫困的经济状况下，往往不能正视困难，克服不了心理上的障碍与生活上的挫折，一旦碰壁就失去信心、自暴自弃，个别大学生甚至因为一些微不足道的小事就轻易舍弃生命或残害他人。

（二）大学生心理危机形成的原因

大学生的心理危机产生的根源是非常复杂的，既有大学生个体主观心理因素的影响，又有学校教育、社会、家庭等方面因素的影响。认识大学生危机产生的根源有助于大学生分析、评估与处理相关的危机事件和危机状态。

1. 青春期的心理矛盾与冲突发展

随着青春期的到来，大学生生理上出现了明显变化，同时也在其心理上产生巨大影响。他们的心理活动往往处于矛盾状态，其心理水平呈半成熟、半幼稚状态。这种成人感与幼稚性的并存使得他们身上同时体现反抗性与依赖性、闭锁性与开放性、勇敢与怯弱、高傲与自卑。处于青春期的大学生的身心发展失去了平衡，感受到许多心理冲突和压力，处于各种心理矛盾之中。这些矛盾如果不能得以顺利解决，就可能在情绪、情感、性格特征及日常行为等方面出现种种问题，导致大学生心理崩溃，甚至出现较严重的心理行为偏差。

此外，大学生在思维品质上也显示出了明显的矛盾性：再度出现自我中心。自我中心是指主体在思考问题或进行判断时受自己需要和情感强烈影响的倾向。自我中心式思维的结果之一，就是他们在心理上制造出假想的观众，想象自己生活在舞台上而受到他人的欣赏与批评。大学生非常重视他人对自己的评价，所以需要花很多时间和心力来应对这些假想的观众，常会有加倍的负罪感。这也是大学生自我伤害的重要因素之一。许多自杀者会把他们的行动视为对那些排斥他的人的一种惩罚，他们会沉溺于想象自己的死留给他人的哀伤和后悔。

2. 自我价值取向单一化

人格的核心是价值观，基础教育阶段是学生价值观念形成的关键时期。但我国基础教育存在着某些偏差和缺失。在中小学教育中，教师、家长有意无意给予学生的价值取向都是比较单一的。在这种单一价值取向的影响下，很多学生都把学习成绩看作评判自己价值的唯一标准，而忽略了自己在这一阶段很多的成长任务，如对自我的了解和认识，增强自主性和独立意识、人际交往能力、自我管理能力等。进入大学后，他们开始独立面对这些学习和生活中的问题，但往往难于应对，若再发现自己学习上不如他人，就会很容易产生焦虑和挫折感，进而导致自我认知的偏差，引发心理危机。一些大学生从小被娇生惯养，容易形成冷漠、依赖、自我为中心、不善交际、缺乏合作精神、心理承受能力差等不良的性格特征，这些性格特征往往使一些大学生在面对困难和挫折时不能很好地进行自我调节和排遣。

3. 心理求助方式片面化

心理求助是指当个体遇到心理和情绪方面的困难时，向他人寻求帮助以解决困扰和痛苦的过程。有关研究发现，大学生在遇到心理问题时，都是先力图自己解决，然后才求助。而且，大学生对于心理求助存在一些不利于心理问题解决的观念，如认为“只有严重的问题才需要寻求专业的帮助”“非专业的帮助是第一选择，专业的帮助是最后的选择”等。相关人员在心理咨询实践中也发现，大学生虽然对心理咨询持肯定态度，但当自己面临心理困惑时，出于不愿意暴露自己的隐私或害怕被贴上“精神病人”标签等方面的顾虑，往往对心理咨询持否定态度，更倾向于“自己的问题自己解决”。正是心理求助方式的片面化，致使大学生长期存在心理矛盾和冲突，进而导致心理危机的产生。

4. 家庭教育失当

父母的处世态度及家庭氛围对大学生心理健康的影响是非常大的。一般来说，良好的家庭氛围容易使个体形成谦虚、诚实、乐观、大方等良好的人格特征；不良的家庭氛围容易使个体形成粗暴、孤僻、冷漠等不良的人格特征。有关调查显示，当前我国家长对子女的成长缺乏科学的教育态度，对子女的发展存在过高的期望与要求，因而往往采用过度溺爱或过度干涉的教养方式，影响了子女的心理健康和人格发展。同时，现代家庭不稳定因素增多，一些家庭存在父母关系严重不和或离异问题，这也对子女的心理健康也造成了严重的影响。

5. 心理支持系统缺乏

研究表明，大学生在寻求心理求助时，多数人倾向于先从家人和朋友那里获得帮助，最后才是专业心理咨询人员。可见，大学生要维持自己的心理健康，则需要有一个来自亲人、朋友、同学等多方面的心理支持系统。有很多大学生的心理比较闭锁，不善于同他人交流，有什么事情都自己承担；有些大学生在同学中虽有一些好朋友，但遇到一些大的事情，就连好朋友也不得而知；有些大学生则特别爱面子，如果缺乏一个有力的支持系统，又不愿意寻求专业帮助，当其面临心理问题时，则有可能长时间走不出心理困境，从而产生心理危机。

（三）识别大学生心理危机

从宏观方面来讲，心理障碍、生理疾患、学习和就业压力、情感挫折、自我期望值过高、在学习上遇到挫折后产生很深的失落感和心理落差、经济压力、家庭变故及周边生活环境等诸多因素，都会导致大学生心理危机。此外，抑郁心理、孤独性格、自卑心理、抑郁症、精神分裂等精神疾病是引起心理危机、导致自杀等极端行为的主要原因。抑郁心理与孤僻性格往往与人格发展、早期经历不良等因素有关。自卑心理往往与自身缺陷、自我期望过高或过低等因素有关。而抑郁症和精神分裂是已经危机化的心理问题，并且患者随时随地都有可能发生极端行为。

从微观方面来看，识别大学生个体心理危机可从以下几个方面来判断。

（1）心理学认为，情绪是个体需要是否得到满足的反应，需要是情绪的基础。当需要被满足时，人就会产生积极的情绪体验；反之，就会产生消极的情绪体验。良好的情绪是心理健康的重要标准之一，不良的情绪体验是心理发生问题的主要因素。大学生的情绪突然改变、明显不同于往常或出现不良情绪反应，如情绪低落、悲观失望、焦虑不安，无故哭泣、意识范围变窄、忧郁苦闷、烦恼或喜怒无常、自我评价丧失、自制力减弱等时，心理危机就有产生的可能。恶劣的情绪也是判定个体产生抑郁症的重要临床表象。

（2）正常的行为活动是一个人心理健康的重要表现之一。当个体出现行为异常，如饮食或睡眠出现反常、个人卫生习惯变坏、不讲究修饰、自制力丧失、孤僻独行等，就要注意其是否有心理危机了。行为异常也是判定个体发生抑郁症的重要条件之一。行为变化也与情绪变化密切相关，不良的情绪必然导致行为变化反常。

（3）学习兴趣下降。这具体包括上课无故缺席、常迟到早退、成绩突然下降、根本无法正常地学习和听课等。心理学认为，正常、有效、良好的学习能力是个体心理健康的前提和标准。如果个体在智力正常的情况下突然丧失了学习这一功能，就说明心理状态发生了问题。

（4）丢弃或损坏个人平时十分喜爱的物品也是十分典型的识别根据。如果个别大学生不能正常有序地学习和生活，把自己平时很喜欢的东西随意丢弃或毁坏等，就意味着不正常的心理状态出现了，而且心理障碍达到危机程度。

（5）自杀意图流露。大学生若谈论自己的死或与死有关的问题，或写下遗嘱之类的东西，说明其心理问题较严重。有些大学生甚至已经试图采取某些手段自杀。

三、大学生心理危机的预防和干预

（一）预防和干预的对象

在大学里，心理危机干预的重点对象主要包括以下十类人：①遭遇突发事件而出现心理或行为异常的学生，如家庭发生重大变故、遭遇性危机、受到自然或社会意外刺激的学生；②患有严重心理疾患的学生，如患有忧郁症、恐慌症、强迫症、癔症、焦虑症、精神分裂症、情感性精神病等疾病的学生；③身体患有严重疾病，个人很痛苦、治疗周期长的学生；④因学习压力过大、学习困难而出现心理异常的学生；⑤个人感情受挫后出现心理或行为异常的学生；⑥人际关系失调后出现心理或行为异常的学生；⑦性格过于内向、孤僻、缺乏社会支持的学生；⑧严重环境适应不良导致心理或行为异常的学生；⑨家境贫困、经济负担重、深感自卑的学生；⑩由于身边的同学出现个体危机状况而受到影响，产生恐慌、担心、焦虑、困扰的学生。

也有人根据受害者的程度分类，将校园危机干预分为三类：初级被害者，即亲历了危机事件的人（如遭受校园暴力者、自杀未遂者）；次级受害者，即目击危机事件中的救助者（如置身现场的师生或警察等）；三级受害者，即遭受危机事件非直接影响的人（如受害者家属、同学）。

拓展阅读

人生不受限

尼克·胡哲出生于1982年12月4日。他一生下来就没有双臂和双腿，只在左侧臀部以下的位置有一个带着两个脚趾头的小“脚”。看到儿子这样，他的父亲吓了一大跳，甚至忍不住跑到医院产房外呕吐。他的母亲也无法接受这一残酷的事实，直到尼克·胡哲4个月大才敢抱他。

13岁之前，他面对同学的欺凌和嘲笑，十分消沉，曾经三次试图自杀。在这期间，他的父母一直鼓励他学会战胜困难，他也逐渐交到了朋友。直到13岁那年，尼克·胡哲看到一篇刊登在报纸上的文章，介绍一名残疾人自强不息，给自己设定一系列伟大目标并完成的故事。他受到启发，决定把帮助他人作为人生目标。尼克·胡哲从17岁起开始做演讲，向人们介绍自己不屈服于命运的经历。当他决定以“激励他人”作为自己的奋斗目标时，他成立了“没有四肢的人生”非营利组织，并通过各种创意行善，在超过150个国家举办了1500场演说。他在各个国家的大型场所进行演讲。他传播希望与爱的行为获得了人们的赞誉。21岁，他获得会计与财务规划双学位，熟稔投资，并拥有了自己的公司。2005年，他被提名为澳洲年度青年楷模。他出版了2张畅销全球的DVD，写了一本书。为他量身打造的电影《蝴蝶马戏团》在2009年获“门柱影片计划”最大奖。2012年，尼克·胡哲找到了自己一生的伴侣，并在2013年拥有了一个健康可爱的儿子。

尼克·胡哲曾说过，人生最可悲的并非失去四肢，而是没有生存希望和目标。人们经常埋怨什么也做不了，但如果我们只记挂着想拥有或欠缺的东西，而不去珍惜所拥有的，那根本改变不了现状。真正改变命运的，并不是我们的机遇，而是我们的态度。

（二）自杀危机的识别与预防

自杀是“一种不必要的死亡”。尽管自杀在大学生总体中只占极少比例，但由于生命的不可逆性，它给社会、家庭和个人带来的后果和创伤十分严重，而且会严重干扰学校的正常秩序，甚至可能带来法律纠纷，影响社会稳定。因此，自杀危机的识别与预防对于维护生命安全就显得很有必要。

1. 认识自杀

自杀是指自愿的、自己动手让自己死亡的行为。自杀是一种医学现象，同时又是一种社会现象，区别于被他人结束生命的他杀和顺应生态平衡制约而日渐消逝的自然死亡。

自杀的诱因有：家庭变故；与朋友、同学绝交；自己敬爱的人或对自己有重要意义的人死亡；恋爱关系破裂；与他人产生纷争；发生违法违纪事件；受到同伴排斥、孤立；受人欺负或迫害；学习成绩不理想或考试失败；在考试期间，承受过度压力；患艾滋病或出现经济问题；堕胎；患其他性传播疾病；重病；自然灾害，等等。

拓展阅读

珍爱生命，预防自杀

2003年9月10日是世界卫生组织和国际自杀预防协会共同确定的第一个“世界预防自杀日”。自杀已经成为全世界共同关注的公共卫生和社会问题。资料显示，我国每年有28.7万人死于自杀，是世界上自杀率最高的国家之一（是国际平均数的2.3倍），自杀已成为中国全部人口第五位、15~34岁人口第一位的死因。

1897年，法国社会学家埃米尔·迪尔凯姆写下了著名的《自杀论》。书中指出，自杀是“任何由死者自己完成并知道会产生这种结果的某种积极或消极的行动直接或间接地引起的死亡”。迪尔凯姆认为，自杀必须被列为不道德的行为。有人说，自杀的人只是伤害他自己。迪尔凯姆认为这是错误的，因为面对自杀事件，社会也受到了损害。

据世界卫生组织的估计，一个人的自杀会使6个家人或朋友的生活深受影响。根据这一推算，中国每年有150万人承受着自杀事件带来的严重心理创伤。每年在疾病给中国造成的经济负担中，自杀带来的经济负担占五分之一，位居第一位。

生命的意义不仅属于个体，更属于社会。关注生命，预防自杀，是现代社会走向文明的表现。请珍惜自己的生命！

自杀一般有四个阶段。

（1）自杀萌生阶段。有些自杀意念是一念之间的，而有些自杀意念则是一经产生就很难消除的，特别是理智性自杀想法，一旦萌生，很难改变。

（2）内心生死矛盾冲突阶段。这是犹豫不决、彷徨徘徊阶段，可能做一些理论上的准备，如搜集有关自杀的信息、搜集自杀主题的作品，或观看有关的影视录像。

（3）自杀决定阶段。自杀者做出自杀决定，心态恢复了平静，认为最终找到了解决问题的出路。这时可能会有一些反常的举动，例如，忽然话多了起来，与同学非常亲近，表露出歉意，以及处理后事的一些行为。与此同时，自杀者也在积极准备行动计划，如写遗书、准备工具、交代后事、打电话或写信告知相关人员。

（4）自杀实施阶段。并非每一个自杀者都经过这一激烈的思想斗争，有些自杀个体因为冲动发生情境性自杀，也叫应激性自杀。

自杀危机事件具有很强的前期隐匿性、突发性、多因果性和教育指导不可预见性，因而自杀危机的预警识别就显得非常重要。预警识别主要是指，有关人员对学生自杀危机的相关诱因保持敏感并对学生的自杀危机有相当的辨别能力，它是对危机性质给予判断并进行及时干预的前提。要做到这一点，必须以相关的自杀危险因素和个体表现出的危机反应为线索，构建预警识别系统。通过对各种常见危机事件和状态的介绍，使人们了解并将其作为一种常识性工具，进而对危机重点人群进行有针对性的排查，将危机干预工作由被动转为主动。

研究表明，我国自杀的八大危险因素分别为抑郁程度重、有自杀未遂史、死亡当时急性应激强度大、生命质量低、慢性心理压力大、死前两天有严重的人际关系冲突、有血缘关系的人有过自杀行为、朋友或熟人有自杀行为。大学生自杀的原因主要包括青少年人格的不平稳，学业压力及学校、社会竞争氛围等。

2. 预防自杀的策略

（1）预防自杀的可能性主要从以下三个方面入手。

①想要自杀的学生，从遇到生活中的危机到实施自杀之间要经过几天或几周的时间。

②自杀的学生中大多数人有想死和期待得到帮助的矛盾心情。

③想自杀的学生在采取行动之前，在考虑到自己的死将给至爱朋友带来极大痛苦和震惊时，心理压力特别沉重，会有一些可观察到的反常表现。只要周围的人有一定的敏

感性和观察力，就有可能挽救一个有自杀危机的同学的生命。

（2）预防自杀的措施主要有以下三点。

①正确认识自杀。要正确认识自杀就要消除对自杀的一些误解。对于自杀的误解如下：威胁他人说要自杀的人不会自杀；自杀者有精神疾病；自杀发生在家庭中，具有一种遗传倾向；自杀总是一种冲动性行为；如果一个人曾经想过自杀，那么他永远都会有自杀的企图；想要自杀的人已经做出很明确的自杀决定；自杀过一次的人恢复正常，情绪好转，就没有再次自杀的危险了。

②觉察言语上的征兆。例如，直接向人说“我想死”“我不想活了”，或间接向人说“我所有的问题马上就要结束了”“现在没有人可以帮助我”“没有我，他们会过得更好”“我再也受不了了”“我的生活毫无意义”；谈论与自杀有关的事或开自杀方面的玩笑，如跟同学开玩笑说“我死了你会伤心吗”；谈论自杀计划，包括自杀方法、日期和地点；流露出无助或无望的心情；突然与亲朋告别；谈论一些可行的自杀方法，等等。

③觉察行为上的征兆。例如，出现突然的、明显的行为改变（如中断与他人的交往或出现很危险的行为）；退缩和独处明显增加，减少与生活中的重要人物的交流；表现抑郁；无故送东西、送礼物给亲人或同学，无理由地向他人道谢或致歉；有条理地安排后事。

（3）帮助有自杀征兆的人，具体有以下四个方面。

①表达你的关心，询问其目前面临的困难。

②保持冷静，耐心倾听，让其说出自己内心的感受，试图说服他们改变自己的感受。

③要接纳他们，不对其做任何道德或价值评判，因为在相同境遇下，你可能也会有同样的感受。

④给予希望，让其知道面临的困境是能够改变的，但不要认为凭借自己的能力就能够帮他们解决问题。

有自杀倾向的人也许会拒绝你要提供的帮助，他有时会否认自己面临的问题，不要认为他的拒绝是针对你本人；大胆询问他是否有自杀的想法：“你是否感觉到痛苦、绝望，以至于想结束自己的生命？”“有时候一个人经历非常困难的事情时，他们会有结束生命的想法。你有那种感觉吗？”询问一个人有无自杀念头不但不会引起自杀，反而可以拯救生命，但不要这样问：“你没有自杀的想法，是吧？”相信他说的话，当他说要自杀时，应认真对待。如果他要你对其想自杀的事情给予保密时，不要答应。让他相信别人是可以给予他帮助的，鼓励他再次与你讨论相关的问题，并且要让他知道你愿意继续帮助他。同时，要说服相关人员共同承担帮助他的责任。如果你认为他当时自杀的危险性很高，不要让其独处，要立即陪他去学校心理健康教育中心或医院接受评估和治疗。对于刚出现自杀行为（服药、割腕等）的人，应立即送到最近的医院进行抢救。

（4）寻求专业的心理援助。自杀危机干预得及时、准确，关键在于专业人员的有效介入，如心理医生等。作为自杀危机的干预主体，进行危机干预的专业人士必须保持头脑清醒、思维冷静。自杀是一种病，相信他们会根据患者自杀意识的强度、伴随精神障碍的严重程度、社会支持的可能性大小，来判断患者是需要住院治疗、药物治疗还是心理治疗。如果患者近期自杀危险性高，应立即住院治疗；如有必要，甚至应强迫其入院。住院后，对自杀危险性高的患者，必须实行特别监护，必要时约束患者。药物治疗以对症治疗为主，根据病情需要使用镇静剂和抗焦虑、抗抑郁等药物。心理治疗以支持性心理治疗为主，目的是激发患者的自尊与自信，增强患者的生活自理能力，恢复心理和社会功能，包括解释、倾听、劝告、指导、保证等，其他心理学派的治疗方式还有行为治疗、现实主义治疗、格式塔治疗等。

拓展阅读

驴子与枯井

有一天，有个农夫的一头驴子不小心掉进一口枯井里，农夫绞尽脑汁想救出驴子，但几个小时过去了，驴子还在井里痛苦地哀号着。最后，这个农夫决定放弃。他想，这头驴子年纪大了，不值得大费周章去把它救出来，不过无论如何，这口井还是得填起来。于是，农夫便请来左邻右舍帮忙一起将井中的驴子埋了。农夫的邻居们人手一把铲子，开始将泥土铲进枯井中。

当这头驴子了解到自己的处境时，刚开始哭号得很凄惨。但出人意料的是，一会儿之后，这头驴子就安静下来了。农夫好奇地探头往井底一看，出现在眼前的景象令他大吃一惊：当铲进井里的泥土落在驴子的背部时，驴子的反应令人称奇——它将泥土抖落在一旁，然后站到铲进的泥土堆上面。就这样，驴子将大家铲在它身上的泥土都抖落在井底，然后再站上去。很快，这只驴子便得意地上升到井口，然后在众人惊讶的表情中快步跑开了。

在生命的旅程中，有时候我们难免会陷入“枯井”里，会有各式各样的“泥沙”倾倒在我们身上，而要从这些“枯井”中脱困而出，秘诀就是将“泥沙”抖落掉，然后站到上面去。

（三）哀伤辅导

大学生是社会重要的力量，其自杀不仅导致人才资源的浪费和损失，而且给其所在的家庭乃至社会造成相当大的负面影响。世界卫生组织统计，平均一个人的自杀会使6个家人和朋友的生活受到影响，而自杀未遂则会使2个亲人和朋友陷入长期的悲伤阴影之中。这些亲人、朋友和同学中的某些人由于哀伤反应强烈，需要接受专业危机干预人员给予的哀伤辅导。

在哀伤辅导的初期，危机干预人员基本不说话，主要是耐心倾听，给予被辅导者们关心、温暖、支持，帮助他们把悲情表达出来、发泄出来。例如，组织一些缅怀死者的活动，以寄托哀思，让深受影响的亲人或朋友宣泄悲情事件引起的抑郁、焦虑等负面情绪；还可以通过在集体活动中充分表达自己的感受，使他们意识到别人也曾经或正在遭受自己的某些痛苦体验，自己并非孤独地面对这些不幸。通过倾诉，达到疏泄的目的；通过交流，获得同感，进而促进彼此理解、相互支持、相互鼓励，一起直面悲伤，逐步摆脱抑郁的心理，重新获得心灵的阳光。

（四）在危机中成长

心理学家认为，没有危机就没有成长。在现实生活中，我们也会发现这样一种现象：许多人在经历重大挫折后，表现出沮丧、抑郁，有些甚至出现了创伤后应激障碍，然而一段时间后，他们不但没有被打倒，反而获得了成长，拥有了比之前更强大的心理能量。其实，危机本身是有积极意义的，它在给人带来压力的同时也带来了成长的契机。因为，人只有在承受和克服困难的努力中，才能深切感受生命的顽强与伟大。并且，只有在这样的过程中，才更能发现自身的不足，进而发挥潜力，学习新的技能，完善自我。但危机或创伤并不是对所有人都有益，要将危机或创伤转变为成长，应做到以下几点。

1. 接纳危机反应

首先，要认识到创伤后信念的崩塌是正常反应，这并不意味着自己有问题；其次，对于各种症状不必过于焦虑，要知道这是一个正常的、过渡的过程，随着时间的推移，它会慢慢减少；再次，建设性地表露自己的创伤经历，视创伤为成长的过程，描述创伤后自己积极的改变，尤其是在悲痛的过程中自己的优势是如何被激发的，自己是如何走出来的，这一过程有何启发与收获；最后，总结因创伤而产生的更加坚强、更加无惧挑战的人生原则和立场。

2. 评估危机的影响

当危机发生时，必定会带来精神上的苦恼，但同时我们也要客观分析危机会给我们造成的影响。通常情况下，我们在处于危机时会过分夸大危带来的痛苦和后果，而危机被解决后，我们会发现危机并没有我们想象的那么令人恐惧。而且，危机也会带给我们许多启发。

3. 总结危机处理经验

一个人处理危机的能力在很大程度上取决于以往处理危机的经验。生活的能力不是凭空生成的，它需要在具体的生活实践中一点点地培养、获得。因此，在危机解决后，我们应及时总结成功的经验，不断提升处理问题的能力，促进自我成长。

4. 在危机中成长

个体经历危机或创伤后，其原有的关于世界的信念会受到很大的冲击。随着与危机或创伤的抗争，个体也在重建自己的世界观，出现一些生命哲学上的积极改变，如个体更加珍惜生命，珍惜每一天的价值；有些人会改变自己生命事务的优先顺序，如改变自己的日程表，将一些过去自己不重视的、以为理所当然的事情放到重要的位置等。从传统智慧来看，在危机发生之后，人们往往更珍惜生命，更注重追求人际关系和精神层面的幸福，更可能采取行动，发挥优势。着眼改变也会更容易获得成长，更有机会体验到幸福。

拓展阅读

浮生如茶

一个屡屡失意的年轻人千里迢迢来到普济寺，慕名寻到老僧释圆，沮丧地对释圆说："像我这样屡屡失意的人，活着也是苟且，有什么用呢？"

释圆静静地听着这位年轻人的叹息，什么也不说，只是吩咐小和尚："施主远途而来，烧一壶温水送过来。"少顷，小和尚送来了一壶温水，释圆抓了一把茶叶放进杯子里，然后用温水沏了，微笑着请年轻人喝茶。杯子上袅绕着几缕水汽，茶叶静静地浮着。年轻人不解地询问释圆："贵寺怎么用温水泡茶？"释圆微笑不语，年轻人轻轻呷了两口细品，摇摇头说："这是什么茶？一点儿茶香也没有。"释圆笑笑说："这是闽浙的名茶铁观音，怎么会没有茶香？"年轻人又端起杯子品尝，最后放下杯子肯定地说："真的没有一丝茶香。"

释圆微微一笑，又吩咐小和尚："再去烧一壶沸水送过来。"少顷，小和尚便提来一壶沸水。释圆起身，又取一个杯子，撮了把茶叶放进去，稍稍朝杯子里注了些沸水，放在茶几上。年轻人俯首去看杯子里的茶，只见那些茶叶在杯子里上上下下地沉浮，丝丝清香不绝如缕，令人望而生津。

年轻人忍不住去端杯子，释圆微微一笑说："施主稍候。"说着便提起小壶朝杯子里又注了一缕沸水。茶叶翻腾得更厉害了，一缕更醇、更醉人的茶香袅袅地升腾出杯。释圆又连续注了五次水，杯子终于满了，茶水清香扑鼻，沁人心脾。

释圆笑着问道："施主可知道，这两杯茶同是铁观音却为什么茶味迥异吗？"年轻人思忖道："一杯用温水冲沏，一杯用沸水冲沏，用水不同吧？"

释圆笑笑说："用水不同，则茶叶的沉浮就不同。用温水沏的茶，茶叶就轻轻地浮在水之上，怎么会散逸它的清香呢？而用沸水沏的茶，反复几次，茶叶沉沉浮浮，就释出了它春雨的清幽、夏阳的炽烈、秋风的爽朗、冬霜的清冽。世间芸芸众生，又何尝不是茶呢？那些不经风雨的人就像温水沏的茶叶一样平静地悬浮着，弥散不出他们生命和智慧的清香；而那些栉风沐雨的人被坎坷和不幸一次又一次冲击，就像被沸水冲沏的酽茶，在风风雨雨的生活中沉沉浮浮，才溢出了他们生命的脉脉清香。"

课堂小互动

心灵探索

假设今天就是世界末日，我们生活的地方会被海水淹没。现在你有一艘船，可以带 9 样东西上船，如各种物品、食物等，也可以带上自己的亲人、朋友，但只能带 9 样，请你把他们一一写在纸上，你打算带的是 ______________________。

突然，船遇难，你每次可以抛弃一样东西，请按顺序把想抛弃的东西划掉。每抛弃一样，请说明原因。最后，只能留下一样东西，你和__________上岸，理由是__________。

成长建议

本节“成长烦恼”中，小婷的心理问题在部分大学生身上也曾出现过，不知道怎么去合理处理自己的情绪与思想。小婷找不到更有效的方法，缺乏交流的技巧，不会倾诉，不自信，害怕别人看不起自己，这是大学生共同的心理困惑。

对此，周围的同学、教师可以帮助小婷分析导致情绪失控的原因，师生多关心、理解、支持和帮助小婷与人沟通，帮助其建立自信。

心灵感悟

生命的意义

困难和挫折是生命成长过程中不可缺少的，人们往往讨厌痛苦，享受快乐。当困难到来时，有些人往往不知所措，不堪一击。困难和挫折对成长更有价值，跨过困难，我们才能成长，才能获得真正的快乐。生命中的困难不是阻碍我们的绊脚石，而是我们登上高峰的一级级阶梯，它给了我们拼搏的机会。无论痛苦还是快乐，在不断奋斗、前进中成长，在苦难中锤炼，用有限的生命发挥出无限的价值，才能够让生命更有意义。

心理指南

贝克抑郁自评量表

指导语

贝克抑郁自评量表是专门用来评测抑郁程度的。整个量表包括下面 21 组项目，每组有 4 句陈述，每句之前标有的阿拉伯数字为等级分。可根据一周以来的感觉，把最适合自己情况的一句话前面的数字圈出来。21 组都做完后，将各组的圈定分数相加，便得到总分。依据总分，就能明白无误地了解自己是否抑郁，以及抑郁的程度。

☑ 测试内容

（1）

0. 我不感到悲伤。

1. 我感到悲伤。

2. 我始终悲伤，不能自制。

3. 我太悲伤或不愉快，不堪忍受。

（2）

0. 我对将来并不失望。

1. 我对未来感到心灰意冷。

2. 我感到前景黯淡。

3. 我觉得将来毫无希望，无法改善。

（3）

0. 我没有感到失败。

1. 我觉得自己比一般人的失败要多一些。

2. 回首往事，我能看到的是很多次失败。

3. 我觉得我是一个完全失败的人。

（4）

0. 我能从各种事件中得到很多满足。

1. 我不能从各种事件中感受到乐趣。

2. 我不能从各种事件中得到真正的满足。

3. 我对一切事情不满意或感到枯燥乏味。

（5）

0. 我不感到有罪恶感。

1. 我在相当的时间里感到有罪恶感。

2. 我在大部分时间里觉得有罪恶感。

3. 我在任何时候都觉得有罪恶感。

（6）

0. 我没有觉得受到惩罚。

1. 我觉得可能会受到惩罚。

2. 我预料将受到惩罚。

3. 我觉得正在受到惩罚。

（7）

0. 我对自己并不失望。

1. 我对自己感到失望。
2. 我讨厌自己。
3. 我恨自己。
（8）
0. 我觉得自己并不比其他人更差。
1. 我要批判自己的弱点和错误。
2. 我在所有的时间里都责备自己的错误。
3. 我责备自己把所有的事情都弄糟了。
（9）
0. 我没有任何想自杀的想法。
1. 我有自杀想法，但我不会去做。
2. 我想自杀。
3. 如果有机会我就自杀。
（10）
0. 我哭泣的频率与往常一样。
1. 我比往常哭得多。
2. 我一直要哭。
3. 我过去能哭，但现在要哭也哭不出来。
（11）
0. 和过去相比，我生气的频率并不会更多。
1. 我比往常更容易生气发火。
2. 我觉得所有的时间都容易生气。
3. 过去使我生气的事，目前一点也不会使我生气了。
（12）
0. 我对其他人没有失去兴趣。
1. 和过去相比，我对别人的兴趣减少了。
2. 我对别人的兴趣大部分失去了。
3. 我对别人的兴趣已全部丧失了。
（13）
0. 我做出决定没什么困难。
1. 我推迟做出决定的次数比过去多了。
2. 我做决定比以前困难得多。
3. 我再也不能做出决定了。
（14）
0. 我觉得我的外表看上去并不比过去更差。

1. 我担心自己看上去显得老了，没有吸引力。
2. 我觉得我的外貌有些变化，使我难看了。
3. 我相信我看起来很丑陋。
（15）
0. 我工作和以前一样好。
1. 要着手做事，我目前需额外花些力气。
2. 无论做什么我必须努力催促自己才行。
3. 我什么工作也不能做了。
（16）
0. 我睡眠与往常一样好。
1. 我睡眠不如过去好。
2. 我比往常早醒 1~2 小时，难以再睡。
3. 我比往常早醒几个小时，不能再睡。
（17）
0. 我并不感到比往常更疲乏。
1. 我比过去更容易感到疲乏无力。
2 几乎不管做什么，我都感到疲乏无力。
3. 我太疲乏无力，不能做任何事情。
（18）
0. 我的食欲和往常一样。
1. 我的食欲不如过去好。
2. 我目前的食欲差得多了。
3. 我一点也没有食欲了。
（19）
0. 最近我的体重并无很大减轻。
1. 我体重下降 2.27 千克以上。
2. 我体重下降 5.54 千克以上。
3. 我体重下降 7.81 千克以上。
（20）
0. 我对健康状况并不比往常更担心。
1. 我担心身体上的问题，如疼痛、胃部不适或便秘。
2. 我很担心身体问题，想别的事情很难。
3. 我对身体问题如此担忧，以致不能想其他任何事情。
（21）
0. 我没有发现自己对性的兴趣最近有什么变化。

1. 我对性的兴趣比过去降低了。
2. 我现在对性的兴趣大大下降。
3. 我对性的兴趣已经完全丧失。

☑ 测评方法

总分10分：你很健康、无抑郁。
总分10~15分：你有轻度情绪不良，要注意调节。
总分大于15分：表明已有抑郁，要去看心理医生了。
总分大于25分：说明抑郁已经比较严重了，必须看心理医生。

项目活动1

沧海一粟——树与人

☑ 活动目的

感受人生的短暂，体悟生命的意义。

☑ 活动准备

纸、彩笔。

☑ 活动步骤

1. 每个人画出自己喜欢的大树，想象它有多少岁，经历了多少风风雨雨，饱受了多少世间沧桑？它都有哪些价值，自己和它相比有怎样的感觉。
2. 每个人与自己画的树进行一次心灵的对话，并将对话写在树的下方。
3. 小组之间开展分享与讨论。
4. 班内开展分享与讨论。
5. 教师结合大家的“作品”进行总结。

项目活动2

意外人生——盲人打棒球

☑ 活动目的

1. 将心比心，体验盲人的不便之处。
2. 了解珍惜自己生命的重要性。

☑ 活动准备

全班同学坐在自己的座位上放松闭目1分钟，注意自己能听到几种声音。

请思考：什么是盲人棒球？“盲人”真能打“棒球”吗？他们生活中走路都得靠手杖小心翼翼地走，连快速走路都不敢，又如何会跑甚至打棒球呢？(允许同学发言)

☑ 活动步骤

1. 要了解，“盲人打棒球与正常人打棒球有所不同，他们用听觉来代替视觉，用的球也比一般棒球大，会发出‘哗哗哗’的声音。投球手通常由正常人担任，而且和打击手同一队，他们必须培养默契投出好球，让盲人球员击中，用的垒包也会发出声响。现场的观众禁止发出声音，以免影响盲人棒球员根据声音判断方位。但是，一旦有人打击出去，在场任何一个人都会莫名感动。”这个活动就是要让大家体会一下眼睛看不到时内心的感觉是什么样的。

2. 将桌椅挪到一旁，中间尽量空出大空间；每一组人站成一条直线，一组8人，共4组。

3. 组员蒙上眼睛向前走，同组的同学指挥被蒙眼睛者。经同组同学的指挥，被蒙眼睛者拿到棒球后，便返回出发点，并将其放置于水桶内。

4. 一位同学完成上述任务后，换下一位同学戴上眼罩前去取棒球，直到8人都做完为止。每组可以进行组内会议，彼此沟通，想想如何以最短时间达成目标。

5. 请思考下列问题。

（1）你觉得盲人在生活上有何不便？

（2）如同盲人生活上有许多不便之处，若你生命中遇到挫折，心里会有何感受？该如何克服？

（3）说说自己该如何珍惜自己的生命。

参考文献

[1] 江光荣 . 大学生心理健康 [M]. 武汉：华中师范大学出版社，2018.

[2] 张海涛，丁晓 . 阳光·梦想：大学生健康心理导论 [M]. 北京：航空工业出版社，2014.

[3] 陈秀珍，吉家文 . 大学生心理健康教育 [M]. 北京：高等教育出版社，2021.

[4] 周艳 . 心理健康教育教程 [M]. 上海：上海交通大学出版社，2016.

[5] 吴少怡 . 新编大学生心理健康教程 [M]. 西安：西安交通大学出版社，2016.

[6] 闫华，张澜 . 当代大学生心理健康教育认知与训练 [M]. 长春：吉林人民出版社，2012.

[7] 刘嵋，刘岳 . 大学生心理健康教育 [M]. 成都：电子科技大学出版社，2020.

[8] 徐辉 . 心理健康与思想政治教育 [M]. 北京：首都经济贸易大学出版社，2019.

[9] 马建青 . 高校心理健康教育与思想政治教育结合 30 年的研究 [M]. 杭州：浙江大学出版社，2017.

[10] 张春兴 . 现代心理学：现代人研究自身问题的科学 [M]. 上海：上海人民出版社，2020.

[11] 夏永林，曲江月 . “90 后”大学生恋爱心理及矫正研究——以西安 2000 例“90 后”大学生恋爱心理调查为例 [J]. 北京青年政治学院学报，2013，22（4）：72-77.

[12] 樊富珉，费俊峰 . 大学生心理健康十六讲 [M].2 版 . 北京：高等教育出版社，2006.

[13] 胡春贞 . 大学生恋爱心理的偏差、成因与纠正策略 [J]. 河南教育学院学报（哲学社会科学版），2009，28（2）：111-112.

[14] 赵国秋 . 心理压力与应对策略 [M]. 杭州：浙江大学出版社，2006.

[15] 张大均，吴明霞 . 大学生心理健康（修订版）[M]. 北京：清华大学出版社，2015.

[16] 赵雪莲 . 大学生心理健康教育实务 [M]. 北京：清华大学出版社，2016.

[17] 吴少怡 . 大学生团体辅导与团体训练 [M]. 济南：山东大学出版社，2009.

[18] 朱育红，潘力军，王爱丽 . 大学生心理健康教育课堂互动手册 [M]. 上海：华东理工大学出版社，2015.

[19] 张丽宏，赵阿勐 . 大学生心理健康教育导论 [M]. 上海：第二军医大学出版社，2008.

[20] 汪海燕，吴才智 . 活着没商量：自杀心理及其预防 [M]. 北京：高等教育出版社，2008.

[21] 李玉春 . 新编大学生心理健康教程 [M]. 长春：吉林大学出版社，2015.

[22] 梁芹生，张秋艳，台蕾 . 大学生心理健康教育 [M]. 北京：航空工业出版社，2018.

[23] 路晓英，孙锋，许明超 . 大学生心理健康教育 [M]. 天津：天津科学技术出版社，2019.

[24] 彭聃龄 . 普通心理学 [M].5 版 . 北京：北京师范大学出版社，2018.

[25] 孟然，崔正华 . 大学生心理健康与素质培养 [M]. 北京：首都师范大学出版社，2017.

[26] “十三五”规划教材编委会 . 大学生心理健康教育 [M]. 长春：吉林大学出版社，2017.

[27] 方平，张潮，杨晓荣 . 自助与成长：大学生心理健康教育：高职高专版 [M].3 版 . 北京：教育科学出版社，2016.

[28] 杨晶晶，宋霞 . 教育心理学 [M]. 沈阳：辽宁大学出版社，2013.

[29] 高兰 . 大学生心理健康教育：心灵成长自助手册 [M].2 版 . 北京：教育科学出版社，2020.

[30] 周家华，王金凤 . 大学生心理健康教育 [M].3 版 . 北京：清华大学出版社，2010.

[31] 鲁忠义，安莉娟 . 大学生心理健康教育 [M]. 北京：教育科学出版社，2015.

[32] 吴红耘，皮连生 . 学与教的心理学 [M].6 版 . 上海：华东师范大学出版社，2019.

[33] 格里格，津巴多 . 心理学与生活 [M]. 王垒，王甦，等译 .16 版 . 北京：人民邮电出版社，2003.

[34] 崔诣晨 . 大学生心理健康：理论、案例、自测 [M]. 南京：东南大学出版社，2015.

[35] 王红菊，尹红霞 . 大学生心理健康教育 [M]. 成都：电子科技大学出版社，2020.

[36] 文书锋，胡邓，俞国良 . 大学生心理健康通识 [M].3 版 . 北京：中国人民大学出版社，2018.

[37] 向群英，黄诚，刘颖 . 大学生心理素质教育与训练 [M].2 版 . 北京：科学出版社，2013.

[38] 吴晨 . 生命价值有几何——关于生命价值的生命教育活动课的设计 [J]. 思想理论教育，2011（20）:75−78.

后　记

本书是学校多年来在大学生心理健康教育中体现校本化和特色化实施的一个缩影，凝聚了我校教师的智慧和情感。教师力图结合大学生心理发展特点，培育学生自尊自信、理性平和、积极向上的健康心态，让学生能积极应对不可避免的心理冲突和心理压力，真正成为自己心理健康的第一责任人。

在编写过程中，心理健康教育和咨询中心的教师对本书内容的修改和完善给予了悉心指导；一线优秀教师结合教学实际需要，提出了修改意见，保证了教学的适切性；学校教研部门给予了大力支持，为教材质量的进一步提升提供了保障。

本书编者也参阅了许多专家学者的著作及研究成果，在此表示衷心感谢！

后记